国际贸易教程
——理论·政策·案例

International Trade Course
Theory, Policy and Case Study

薛伟贤 编著

经济管理出版社
ECONOMY & MANAGEMENT PUBLISHING HOUSE

图书在版编目（CIP）数据

国际贸易教程：理论·政策·案例/薛伟贤编著 . —北京：经济管理出版社，2024.5
ISBN 978-7-5096-9710-8

Ⅰ.①国… Ⅱ.①薛… Ⅲ.①国际贸易—教材 Ⅳ.①F74

中国国家版本馆 CIP 数据核字（2024）第 100278 号

组稿编辑：杨国强
责任编辑：王　洋
责任印制：黄章平
责任校对：王淑卿

出版发行：经济管理出版社
　　　　　（北京市海淀区北蜂窝 8 号中雅大厦 A 座 11 层　100038）
网　　址：www.E-mp.com.cn
电　　话：（010）51915602
印　　刷：唐山昊达印刷有限公司
经　　销：新华书店
开　　本：720mm×1000mm/16
印　　张：19.25
字　　数：378 千字
版　　次：2024 年 6 月第 1 版　　2024 年 6 月第 1 次印刷
书　　号：ISBN 978-7-5096-9710-8
定　　价：49.00 元

序

纵观全球，国际贸易已有数千年的历史。资本主义生产方式产生后，特别是产业革命以后，由于生产力迅速提高，商品生产规模不断扩大，国际贸易迅速发展。19世纪末形成了统一的世界经济体系和世界市场。"二战"结束以后，由于新科技革命带来的巨大生产力，使国际贸易空前活跃，贸易中的制成品已超过初级产品而占据主导地位，新产品不断涌现，交易方式日趋灵活多样。面对错综复杂的国际形势以及百年未有之大变局，借鉴世界各国先进经验，学习国际贸易理论与知识也就变得尤为重要。

历史上著名的经济学家都把研究和探讨国际贸易问题作为其经济理论的重要组成部分。随着互联网技术的发展及平板、智能手机等通信工具的普及，大学生获取理论与业务知识的渠道极大增加，对理论和政策学习的偏好转移到案例研究，进而对案例分析提出更高要求。从适应新时代大学生获取知识偏好转向案例学习的新特点出发，以提高国际经济与贸易专业及相关经济类、工商管理类专业学生分析和解决国际贸易问题的能力为目标，编写国际贸易理论与应用案例高度融合的教材很有必要。

本书以"案例教学"为主，注重实践，提供了大量实际案例及相关资料数据，以实战增强学生理论应用的能力。

我认为本书的特点及独到之处体现在以下几个方面：

第一，在指导思想方面，突出服务于案例教学法的国际贸易学课程。在引导和启发学生学习的基础上，让学生围绕案例材料进行理解、归纳和讨论，通过双向或多向的教学方式，使学生对相关国际贸易问题提出自己的见解。在案例分析、探讨并利用理论知识解决国际贸易具体问题的过程中，启发学生将理论的"学、会、用"相融，融会贯通，侧重于培养学生的综合素质及提高讨论与交流等能力。将理论与案例分析相结合编写教材，是推进国际贸易课程实践性教学改革与探索的一个重要方面。对于展现国际贸易领域的最新成果，反映新时代国际贸易领域出现的新变化和新特点，不断提高教材实用性具有重要的现实意义。

第二，在内容范围方面，突出基于国际贸易学的基础、理论、政策、措施和发展五大知识块的案例分析。一方面，注重建立案例分析的基本框架，立足国际贸易基本概念和基本理论，系统分析国际贸易案例。本书梳理了大量国际贸易案例，在对国际贸易学知识框架充分理解的基础上，对每一案例所体现的国际贸易学基本概念进行归类和描述，并结合国际贸易所亟须解决的关键问题，提出其适用的国际贸易基本理论，而不仅仅是对案例基本情况的介绍，可以使读者掌握国际贸易学案例分析的方法，为读者理解和规划国际贸易活动提供借鉴。另一方面，基于发展历程的案例分类，突破了以往按商品形态分类和按货物移动方向分类的理论知识割裂，使读者获得更具历史感的学习体验。本书在案例归类过程中，每一发展阶段选取有一定代表性的中国案例和国外典型案例，将每一案例与国际贸易学相关的知识块联系起来，以真实反映案例的基本情况，保证案例分析的客观性。同时，本书更关注教材内容的实用性和时代性，将热点贸易问题融入教材、带进课堂，使学生更好地了解国际贸易的发展现状和未来趋势。

第三，在结构体系方面，本书不同于传统的章节目体例，而是采用了知识块引领和案例支撑的教材结构体系。本书仅保留国际贸易理论的发展脉络和研究思路，教材结构突出以知识块为项目、以基本理论为任务点、以案例分析为主体的框架。根据国际贸易学知识块的基本概念和基本理论，设定案例分析的教学目标、学习目标和技能目标。根据教育学规律对每一案例设定配套的思考与讨论题，本教材的结构突出知识块逻辑关联与案例教学模式的结合，有利于提高学生发现问题、分析问题和解决问题的能力。

第四，在写作特点方面，突出应用分析，使得国际贸易学理论学以致用，易于理解。本书内容的编排和处理以基本概念和基本理论为指引，力求使国际贸易学案例分析不仅符合新时代大学生的学习偏好，还能体现国际贸易学的基本原理。本教材编写形式推陈出新，实现理论与案例相结合，使读者能够更好地了解国际贸易。同时，本书作为专业教材，具有内容系统、结构新颖、语言简练的特点，并且能够紧密结合国际贸易发展实践。案例分析的编写集理论性、知识性、实用性于一体，更有利于学生扩大知识面。

是为序。

西安交通大学经济与金融学院教授

冯宗宪

2024 年 5 月

目　录

第一章 绪论

主要内容

- 国际贸易学概述
- 国际贸易中的基本概念和常用术语
- 国际贸易的分类与特点
- 国际贸易的产生与发展
- 国际贸易与经济发展的关系
- 国际贸易理论和政策的基本分析方法

学习要点

- 国际贸易的概念、分类、发展及其与经济发展的关系
- 国际贸易中的基本概念和常用术语
- 当代国际贸易的新特点
- 我国进出口贸易的发展状况
- 国际贸易理论和政策的基本分析方法

本章重点

- 国际贸易中的基本概念和常用术语，包括国际贸易、对外贸易、贸易额、贸易量、贸易条件、对外贸易依存度、国际贸易商品结构、国际贸易地理方向等

本章难点

- 国际贸易的分类及其与经济发展的关系
- 国际贸易理论和政策的基本分析方法

第一节　国际贸易学概述

一、国际贸易学的定义

国际贸易学（International Trade）是研究国际间商品、技术与服务交换过程中的生产关系及有关上层建筑发展规律的科学。作为一门科学，它的任务是研究国际间贸易产生与发展的原因和贸易利益在各国间进行分配的制约因素，并揭示其中的特点与运动规律。

二、国际贸易学的研究对象

（一）各个历史发展阶段，特别是当代国际贸易发展的一般规律

马克思的经济理论指出，经济学是一个历史范畴，它随着社会生产力的发展而发展。这对于国际贸易也完全适用。在人类产生初期，并不存在国家，也无所谓国际贸易。随着人类生产力的发展，开始出现社会分工，并且人们的生产品除满足人们最基本的需要外，开始出现剩余产品，不同部落间出现了这种剩余产品的交换，与此同时，人类原始社会的末期产生了私有制，并且导致国家的产生。最初的国家是奴隶制的，在这些奴隶制国家间的商品交换，便是最早的国际贸易。随着人类生产力的提高，进入国际贸易的产品种类和数量也有所增加，但在奴隶社会和封建社会，国际贸易的范围和规模都很有限，总体上处在微不足道的水平上。资本主义时期，人类生产力的发达已要求突破自然经济的限制，商品生产和交换渐渐地成为人类生产力存在和发展的必要条件，而且人类科学知识的进步也使人对地球和世界有了全面的认识，因此，国际贸易获得了前所未有的大发展，而且成为现代生产力存在的基础。

当代国际贸易的现象表明，国际贸易格局在第二次世界大战后，已从垂直分工为主过渡到水平分工为主，即以发达国家和发展中国家的贸易为主过渡到以发达国家之间的贸易为主，这表明，人类生产力的发展越来越依靠技术进步。而且发达国家的跨国公司在当代国际贸易中的作用越来越大。事实上，在第二次世界大战后，也确实有一些发展中国家通过实施出口导向的经济发展战略，积极参与国际分工和国际贸易，使自己的经济快速增长，在一个不太长的时期内，使自己进入了新兴工业化国家的行列。这些事实对于目前仍然贫穷落后的发展中国家来说无疑具有启示意义。研究当今国际贸易的特点和规律，结合本国的实际情况，从中找出发展本国经济的道路，正是许多国际贸易学者正在从事的工作。

（二）各国对外贸易发展的特殊规律

不同的国家对应不同的国情、要素禀赋、经济发展水平等，其对外贸易发展

的规律也不同。如发达国家以出口技术密集型和资本密集型商品为主，进口劳动密集型商品；发展中国家以出口劳动密集型商品为主，进口技术密集型与资本密集型商品。

（三）国际贸易理论与学说

对国际贸易现状的研究导致国际贸易理论的产生和发展。从资本主义生产方式开始萌芽，即资产阶级在国际贸易中起的作用不断加大的时候起，就有了资产阶级最初的国际贸易理论——重商主义。不过这种国际贸易理论并没有揭示出国际贸易的本质和意义。随着资本主义生产方式的发展，资产阶级对国际贸易的认识不断加深，以亚当·斯密和大卫·李嘉图为代表的英国古典经济学家对国际贸易产生的原因和意义作出了比较科学的解释。他们先后提出了绝对优势理论和比较优势理论，认为劳动生产率不同的国家，可以发展自己的绝对优势或相对优势，进行国际分工，专门生产自己具有绝对优势或相对优势的产品，通过国际贸易，各国都能从中获利。在此基础上，其他经济学家对国际贸易中交换比价问题、国际贸易利益分配问题等展开了深入研究。瑞典的赫克歇尔和俄林在 20 世纪初，在斯密和李嘉图理论的基础上，进一步提出生产要素禀赋理论，认为各国生产要素禀赋的差异引起的产品成本差异是产生国际贸易的主要原因。他们和斯密及李嘉图的理论都强调自由贸易能给国际贸易参加国带来好处，因而形成国际贸易中的自由贸易理论。

但是，在国际经济贸易关系研究中，也有人提出与自由贸易理论相对立的保护贸易理论。美国的汉密尔顿提出保护幼稚工业的论点，认为每个国家要发展自己的民族工业，必须用关税对本国的幼稚工业进行保护。德国的李斯特更加系统地提出保护贸易理论，认为后进国家要发展本国的生产力，使自己跻身于发达国家行列的唯一途径是对本国有战略意义的工业部门进行保护，只有待到本国工业部门成长起来之后，才可以与发达国家平等地在市场上竞争。这种保护贸易理论不同于闭关锁国的自然经济理论，而是强调保护本国产业的目的在于参与世界市场的竞争，而且这种理论也为许多后进国家成为世界先进国家的事实所证实，因而对后进国家的现代化战略具有深刻的影响。

（四）对外贸易政策与措施

不同的国际贸易理论指导对外贸易的实践，便会产生各种各样具体的贸易政策和措施。自由贸易理论认为，应尽量消除妨碍贸易发展的各种措施，如削减关税和非关税壁垒。而保护贸易理论认为，应根据本国产业发展的需要，采取关税和其他非关税措施，限制某些产品的进口，鼓励某些产品的出口。各种政策措施对进口和出口的影响程度各不相同，究竟采用哪种措施，或者是几种措施结合起来使用，达到某方面的目标，还需要我们作专门的研究分析。现代国际贸易的实践表明，国际贸易市场上既存在着竞争，又存在着合作。于是不同国家会通过签订各种协定、条约或参加某些国际经济组织对自己的行为进行约束和规范。这些协定、条约和国际经济组织究竟会给成员国带来多少具体的经济利益或损失，通常需要研究人员进行专门的分析研究。事实告诉我们，国际经济贸易关系涉及各国的长远利益，各国采取的贸易政策措施通常贯穿着政治、军事、社会文化上的考虑，因此，在研究国际贸易政策与措施时，不能单纯从经济的角度，还应该从经济、政治、军事、社会文化的角度看问题。

三、国际贸易与国内贸易的区别

首先，国内贸易所使用的货币是本国货币，而国际贸易只能采用国际通用货币或贸易双方共同接受的货币进行计算和支付。目前世界上通用的国际贸易结算货币主要为美元、欧元和日元。

其次，国内贸易一般是在国家统一的贸易战略指导下进行，并且有统一的法律依据，而国际贸易要针对不同的国家采取不同的策略，必要时会做一些退让以求双赢，或与他国结盟。此外，需遵循一些国际惯例，并受制于一些附加的规定，诸如关税、配额和外汇管制等。

再次，国际贸易的障碍多于国内贸易。为了争夺市场，保护本国工业和市场，各国往往采取各种关税和非关税壁垒限制外国商品的进口。不仅如此，各国海关对于进出口货物的包装、规格、商标等都有许多规定。上述措施给国际贸易造成了很大的困难。

最后，国际贸易在获得市场信息方面往往比较困难，收集和分析有关市场行情变化的资料不如国内贸易容易，从而使得国际贸易面临着更大风险。此外，国家与国家之间开展国际贸易还存在着语言、法律、风俗习惯等一系列的障碍，而这些障碍都远远高于国内贸易。有鉴于此，我们必须在掌握商品与服务交换一般规律的基础上，对国际贸易进行专门研究。

第二节　国际贸易中的基本概念和常用术语

一、国际贸易与对外贸易

国际贸易（International Trade）又称"世界贸易"或"全球贸易"，是指国际间商品、技术和劳务的交换活动，由各国、各地区的对外贸易构成。世界各国的出口或进口相加，即为国际贸易的总和。国际贸易是各国、各地区之间分工的表现形式，反映了世界各国各地区在经济上的相互依存。

对外贸易（Foreign Trade）是指一个国家或地区与别国或其他地区间的商

品、技术和劳务交换活动，包括出口与进口两部分。

国际贸易和对外贸易是总体与局部的关系。当我们从世界范围看这种交换活动时，可称它为国际贸易或世界贸易；当我们从一个国家角度看它时，则是该国的对外贸易。

二、贸易额与贸易量

贸易额（Trade Value）是指用货币表示的反映贸易规模的指标，又叫贸易值。

贸易量（Trade Quantum）是指用进出口的计量单位来表示进出口商品的规模。

三、贸易差额与国际收支

贸易差额（Balance of Trade）是指一国在一定时期内出口总额和进口总额之间的差额。

国际收支（Balance of Payments）是指一国在一定时期内对外全部经济交易所引起的收支总额对比。

近年来，中国的货物贸易收支差额显著为正。如在 2020 年的中国国际收支平衡表中，货物项目的贷方为 24972 亿美元，借方为 −19822 亿美元，收支差额为 5150 亿美元；2021 年的中国国际收支平衡表中，货物项目的贷方为 32159 亿美元，借方为 −26531 亿美元，收支差额为 5628 亿美元。

四、进口替代和出口导向

进口替代（Import Substitution），即通过引进技术和设备，发展国内不能生产或质量差的产品的生产，实现国产化，以国产制成品替代进口制成品。

实施进口替代战略后，进口商品结构中制成品的比例下降，但原材料、机器设备的进口会上升。此外，由于工业的发展，对原材料、机器元件的需求扩大，对外汇的需求增长。

出口导向（Export-led），即通过引进技术，利用外资，发展本国工业，以制成品替代初级产品的出口，通过出口贸易的增加，带动经济发展。

在我国的对外开放中，沿海特区积极利用外资，引进技术，发展面向国外市场的产业，扩大出口贸易，外向型经济成分不断增加，已经脱离了进口替代的经济模式，逐步形成以进口替代和出口导向相结合的模式，并向以出口导向为主的经济模式过渡。

五、贸易条件

贸易条件（Terms of Trade），即在一个具有两种贸易商品的世界中，指一国在一定时期内的出口商品价格与进口商品价格间的比率，又称为进出口交换比价。在一个具有多种贸易商品（不止两种）的世界中，一国的贸易条件定义为一国出口商品价格指数与该国进口商品价格指数的比值。

人们通常用计算一国贸易条件指数的方法来了解该国贸易条件的变化情况。通常可以区分为净贸易条件、收入贸易条件（购买力贸易条件）、单要素贸易条件、双要素贸易条件。

净贸易条件＝出口价格指数/进口价格指数×100

收入贸易条件＝净贸易条件×出口商品数量指数

单要素贸易条件＝净贸易条件×出口商品劳动生产率指数

双要素贸易条件＝净贸易条件×出口商品劳动生产率指数/进口商品劳动生产率指数

六、对外贸易依存度

对外贸易依存度（Degree of Dependence upon Foreign Trade）又称对外贸易系数，是指该国对外贸易额在该国国民生产总值中所占的比重。外贸依存度可以细分为：货物贸易依存度和服务贸易依存度；出口贸易依存度和进口贸易依存度；对某些国家的贸易依存度。

七、国际贸易商品结构

国际贸易商品结构（Composition of International Trade）是指一定时期内各类商品在各国进出口贸易或世界贸易中所占的比重。它可以反映一国或世界的经济发展水平、产业结构变化、服务业水平等。

例如，2020年，国际贸易总额为226042.64亿美元，其中，货物贸易出口额为176189.35亿美元，占78%；服务贸易出口额为49853.29亿美元，占22%。

2020年，世界货物贸易出口额为176189.35亿美元。其中，农产品为18031.25亿美元，占10.2%；燃料及矿产品为23257.13亿美元，占13.2%；制成品为121308.89亿美元，占68.9%。

八、国际贸易地理方向与对外贸易地理方向

国际贸易地理方向（International Trade by Regions）又称国际贸易地理分布，是指各洲、各国（地区）在国际贸易中所占的地位，即参与国际商品流通的水平。计算各国在国际贸易中的比重，既可以计算各国的进、出口额在世界进、出口额中的比重，也可以计算各国的进出口总额在国际贸易总额（世界进出口总额）中的比重。

对外贸易地理方向（Foreign Trade by Regions）又称对外贸易地区分布或国别结构，是指一定时期内各个国家或区域集团在一国对外贸易中所占有的地位，通常以它们在该国进出口总额或进口总额、出口总额中的比重表示。对外贸易地理方向指明一国出口商品的去向和进口商品的来源，从而反映一国与其他国家或区域集团间经济贸易联系的程度。一国的对外贸易地理方向通常受经济互补性、

国际分工的形式与贸易政策的影响。

第三节　国际贸易的分类与特点

一、国际贸易的分类

1. 以商品的流向为标准划分

出口贸易（Export Trade）又称输出贸易，是指将本国生产的商品销往别国市场的贸易活动。

进口贸易（Import Trade）又称输入贸易，是指将外国的商品输入本国市场的贸易活动。

过境贸易（Transit Trade）又称通过贸易，是指货物通过一国国境，不经加工地运往另一国的贸易活动。在过境贸易中，商品所有权无须向第三国商人转移，只收取少量的手续费。

复出口（Re-export Trade）是指输入本国的外国货物未经加工再输出。

复进口（Re-import Trade）是指输出国外的本国货物未经加工再输入。

2. 按交易内容划分

有形贸易（Visible Trade）是指国际贸易中有形的货物贸易，即通常意义上的商品买卖活动。

无形贸易（Invisible Trade）是指国家（地区）间进行的以无形商品（如技术、劳务等）为交易对象的贸易活动。

一般认为，有形贸易因要结关，故其金额显示在一国的海关统计上。无形贸易不经过海关办理手续，其金额不反映在海关统计上，但显示在一国国际收支表中。自20世纪90年代以来，由于电子科学技术的迅速发展，服务产品具有无形性特征的结论被修改了，部分服务产品有形化了，如光盘音像是有形产品，但就其性质而言，应是服务产品。

3. 以贸易的清偿工具不同划分

自由结汇贸易（Free—liquidation Trade）又称现汇贸易，是指以国际货币作为清偿工具的一种贸易方式。

易货贸易（Barter Trade）又称换货贸易，是指以经过计价的货物作为清偿工具的一种贸易方式。政府间的易货贸易也称协议贸易，需要签订贸易协定与支付协定。民间的易货贸易包括补偿贸易，也可以部分现汇与部分易货相结合。

传统的易货贸易一般是买卖双方各以等值的货物进行交换，不涉及货币的支付，也没有第三者介入，易货双方签订一份包括相互交换抵偿货物的合同，把有关事项加以确定。在国际贸易中，使用较多的是通过对开信用证的方式进行易货，主要表现为两种形式：

直接易货又称为一般易货。从严格的法律意义上讲，易货指以货换货。这种直接易货形式，往往要求进口和出口同时成交，一笔交易一般只签订一个包括双方交付相互抵偿货物的合同，而且不涉及第三方。它是最普遍也是目前应用最广泛的易货形式。

综合易货，多用于两国之间根据记账或支付（清算）协定而进行的交易。由两国政府根据签订的支付协定，在双方银行互设账户，由双方银行凭装运单证进行结汇并在对方国家在本行开立的账户进行记账，然后由银行按约定的期限结算。

4. 按贸易是否有第三者参加划分

直接贸易（Direct Trade）是指贸易商品由生产国直接运到消费国，没有第三方参与的贸易活动。直接贸易的双方直接谈判，直接签约，直接结算，货物直接运输。

间接贸易（Indirect Trade）是指通过第三国或其他中间环节，把商品从生产国运到消费国的贸易活动。对生产国来说，是间接出口贸易；对消费国来说，是间接进口贸易。

转口贸易（Entrepot Trade）是指一国（或地区）进口某种商品不是以消费为目的，而是将它作为商品再向别国出口的贸易活动。即货物生产国与消费国之间，或货物供给国与需求国之间，经由第三国贸易商分别签订进口合同和出口合同所进行的贸易；对第三国而言，是转口贸易。在转口贸易中，以盈利为目的，商品的所有权先从生产国出口者那里转到第三国（或地区）商人手中，再转到最终消费该商品的进口国商人手中，通常有一个正常的商业加价。

5. 按货物运输方式不同进行划分

陆路贸易（Trade by Roadway）是指陆地相邻的国家通过陆路各种交通工具运送货物的行为。

海路贸易（Trade by Seaway）是指通过海上各种船舶运送货物的行为。

空运贸易（Trade by Airway）是指通过航空器具运输货物的行为，它适合鲜活食品、贵重物品和急需商品的运送。

多式联运贸易（Trade by Multi-Modal Transportation）是指海、陆、空等各种运输方式结合运送货物的行为。

邮购贸易（Trade by Mail Order）是指通过邮政系统进行的贸易。

6. 按统计标准不同进行划分

总贸易体系与专门贸易体系是国家记录和编制进出口货物的统计方法。一般来讲，大部分国家只根据其中一种统计方法进行记录和编制。目前采用总贸易体系的约有 90 个国家和地区，包括日本、英国、加拿大、美国、澳大利亚以及中国等；采用专门贸易体系的约有 80 个国家和地区，包括德国、意大利、法国等。总贸易和专门贸易说明了不同的问题，前者说明一国在国际货物流通中所处的地位和作用；后者说明一国作为生产和消费者在国际货物贸易中具有的意义。

总贸易体系（General Trade System）是指以货物通过国境作为统计进出口贸易的标准。

专门贸易体系（Special Trade System）是指以货物通过关境作为统计进出口贸易的标准。

关境是各国政府海关管辖内的并要执行海关各项法令和规章的区域，也称为关税领域。从一般情况来看，关境与国境是一致的，但有些国家境内设立经济特区，而这些经济特区不属于关境范围内，这时，关境比国境小。有些国家相互间缔结关税同盟，把参加关税同盟国家的领土连成一片，在整个关税同盟的国境范围内设立关境，这时的关境就比国境大。关境是海关学的一个基本概念，指适用于同一海关法或实行同一关税制度的领域。关境同国境一样，包括其领域内的领水、领陆和领空，是个立体的概念。

我国的关境范围是除享有单独关境地位的地区以外的中华人民共和国的全部领域，包括领水、领陆和领空。目前，我国的单独关境有香港、澳门和台、澎、金、马单独关税区。在单独关境内，各自实行单独的海关制度。因此，我国关境小于国境。

7. 按贸易过程中是否使用有关单证等商业性文件进行划分

有证贸易（Documentary Trade）是指通过单证等商业文件的交接进行结算支付的一种贸易方式。

无证贸易（Electronic Data Interchange，EDI），即电子数据交换，是一种将贸易、运输、保险、海关、银行等部门的电子计算机联网，对商务信息按国际统一标准进行格式化处理，并把这些数据通过计算机网络，相互交换和自动处理，在不使用纸质单证的情况下完成询问、订单、托运、投保、报关、结算等业务手续的一种使用现代化通信管理方式的新型贸易。

8. 按经济发展水平不同进行划分

水平贸易（Horizontal Trade）是指经济发展水平比较接近的国家之间开展的贸易活动。

垂直贸易（Vertical Trade）是指经济发展水平不同的国家之间开展的贸易活动。

9. 按参与贸易收支结算的国家或地区个数划分

双边贸易（Bilateral Trade）是指两国之间的贸易往来，一国与另一国之间彼此保持贸易收支平衡的贸易。双边贸易有两层含义：①泛指两国间的贸易往来；②两国间彼此保持收支平衡的贸易。即两国都以本国的出口支付来自对方的进口，贸易支付在双边的基础上进行（两国之间通过协定，在双边结算的基础上进行贸易）。这种贸易的特点是可以不用现汇支付，只用记账方式冲销。它是 20 世纪 30 年代西方国家外汇管制盛行时期的产物，近年来，由于各国放松外汇管制，多边结算扩大，双边贸易支付逐步减少。

三角贸易（Triangular Trade）是指以便利贸易支付的总体平衡为目的，涉及三个国家或地区方面的贸易活动。当两国在贸易谈判中，双边贸易由于商品不对路、进出口不平衡、外汇支付有困难而不能达成协议，可将谈判扩大到第三国，在三国之间相互搭配商品，平衡进出口，解决外汇支付上的困难，签订贸易协定。三角贸易具有与双边贸易相同的特点。

多边贸易（Multilateral Trade）是指三个以上的国家或地区间进行贸易多边结算的贸易活动。在贸易往来中，每个国家都可以用对某些国家的出超支付对另一些国家的入超，在若干个国家之间进行多边结算，以求整个进出口的平衡。

二、国际贸易的特点

（1）国际贸易与国内贸易的相同点：

1）都是商品和服务的交换；

2）交易过程大同小异；

3）经营的目的都是取得利润或经济效益。

（2）国际贸易与国内贸易的不同点：

1）国际贸易难度大：语言不同、法律风俗习惯不同、市场调查困难、交易争端解决难度大；

2）国际贸易复杂：贸易政策与措施不尽相同、各国的货币与度量衡差别很大、海关制度及其他贸易法规不同、国际汇兑复杂、运输与保险复杂；

3）国际贸易风险大：信用风险、商业风险、汇兑风险、价格风险、运输风险和政治风险。

第四节　国际贸易的产生与发展

一、国际贸易的产生

社会生产力的提高和分工的扩大，是国际贸易产生和发展的基础。国际贸易的产生须具备以下两个基本条件：

（1）经济条件，即社会生产力水平有了较大发展，具有可用于交换的剩余产品。

（2）政治条件，即国家的产生和发展，可以在各自为政的社会实体间进行商品交换。

二、国际贸易的发展

1. 奴隶社会

奴隶社会是以奴隶主占有生产资料和奴隶为基础的社会。生产力水平和社会文化比原始社会都有了很大发展，国际贸易初现端倪。最早的贸易方式非常奇特——因胆小而不敢当面交易的方式。

在奴隶社会，自然经济占统治地位，生产的直接目的是消费。商品生产在经济生活中微不足道，进入流通领域的商品很少。生产技术落后和交通工具简陋大大地限制了对外贸易的范围。尽管对外贸易有限，但对手工业的发展促进作用很大，一定程度上推动了生产的进步。

2. 封建社会

国外：在封建社会，生产力和商品经济进一步发展，尤其是在封建社会中期，实物地租转变为货币地租，与奴隶社会相比，国际贸易有了较大发展。封建社会晚期，城市手工业的进一步发展，使资本主义因素开始孕育和生长。

国内：在封建社会，中国的对外贸易有所发展。公元前 2 世纪的西汉时代，就开辟了从新疆经中亚通往中东和欧洲的丝绸之路。中西商人沿丝绸之路互通有无，中国的丝、茶等转销到地中海沿岸各国，从西方来中国的使者和商人络绎不绝，开创了中国同西方在经济、文化、宗教等领域交往的美好开端。

3. 资本主义生产方式准备时期

16~18 世纪，是欧洲封建社会转向资本主义社会的过渡时期。这一时期，城市手工业的发展为国际贸易的发展提供了物质基础，地理大发现和世界市场初步形成促进了国际贸易的发展。这一时期国际贸易的商品除奢侈品外，工业原料和食品的比重也开始增加。

4. 自由竞争资本主义时期

产业革命使社会生产力空前进步，促进国际贸易发展。18 世纪末期到 19 世纪中叶，英国首先完成了产业革命，建立起机器大工业的生产体系，成为世界工厂。其次欧洲其他国家先后发生了产业革命。大工业在欧洲的广泛发展，大大提高了生产力的水平，供交换的产品规模空前增加。殖民主义国家在这一时期疯狂掠夺和扩张，英国、法国、德国、美国等在国际贸易中居于重要地位。最后大工业也使交通运输和通信得以发展，极大地推动了国际贸易的发展。

5. 垄断资本主义时期

从 19 世纪 70 年代开始，自由竞争的资本主义向垄断资本主义即帝国主义阶段过渡。国际贸易在这一时期具有了垄断的特征：少数国家垄断世界市场；少数先进国家垄断殖民地和后进国家的对外贸易；垄断组织垄断了国际市场价格；国际垄断组织分割着世界经济。

三、当代国际贸易发展态势

1. 国际贸易发展速度总体呈双峰型

以货物贸易为代表的国际贸易发展速度，1950~1973 年为 7.88%，1973~1998 年为 5.07%，1980~1990 年为 6.0%，1990~2000 年为 6.7%，2000~2005 年升高到 10.0%。此后，货物出口量平均增长率回落，2005~2010 年年均为 7.4%，2010~2022 年年均为 4.5%。

2. 货物与服务在国际贸易大类商品的比重呈逆向发展

20 世纪 70 年代以前，国际贸易中货物贸易比重占 90% 以上，此后，随着服务业的兴起，货物贸易占国际贸易的比重回落至 80% 以上，1985 年为 83.9%，2012 年为 80.3%，2018 年为 77.1%；同期，国际贸易中的服务贸易所占比重从 1985 年的 16.1% 提高到 2012 年的 19.2% 和 2018 年的 22.9%。2019 年，服务贸易在全球贸易中的占比为 20%。2020 年服务贸易在全球贸易中的占比为 22.02%，2021 年下跌至 20.51%。

3. 发达国家在国际货物贸易中地位明显下降，但服务贸易的地位较高

发达国家在国际贸易中整体居于主体地位，但货物贸易所占比重降低，服务贸易所占比重居于优势。

发达国家在世界货物贸易中的比重从第二次世界大战后的 2/3 下降到 2018 年的稍高于 50%，2022 年上涨到 58.2%。发展中国家所占比重同期从近 1/3 提升到接近 50%，2022 年略有下降。经济转型国家一直低于 5%。具体如表 1-1 所示。

表 1-1 大类型国家在世界货物出口中的比重　　　　　　单位：%

年份	1950	1960	1970	1980	1990	2000	2006	2018	2022
世界	100.0	100.0	100.0	100.0	100.0	100.0	100.0	100.0	100.0
发达国家	62.82	70.76	76.36	66.18	72.50	65.70	58.71	52.0	58.2
发展中国家	34.02	24.50	19.08	29.65	24.12	31.91	37.54	44.5	41.8
经济转型国家	3.16	4.75	4.55	4.17	3.39	2.39	3.75	3.5	—

注：独联体被视为贸易集团。

资料来源：根据联合国贸易与发展会议（UNCTAD）及《国际贸易与发展统计手册 2022》。

2006 年、2012 年和 2017 年，发达国家在世界服务出口贸易中的比重为

72.7%、68.0%和68.2%；同期，发展中国家的相应比重为25.2%、29.2%和29.5%，经济转型国家的相应比重为2%、2.8%和3.1%。根据WTO数据显示，2022年全球数字服务贸易出口前10的国家中，六成为欧美发达国家，出口规模占全球比重合计达47.4%。其中，美国数字服务贸易出口6561亿美元，占全球数字服务贸易出口的16.1%，是排名第二英国的近两倍。与此同时，随着信息通信技术、电子商务领域竞争力的不断增强，印度、中国等新兴经济体数字服务贸易出口规模迅速扩大。

4. 国际贸易依存度逐步提高

国际贸易或对外贸易依存度指货物与服务贸易出口额或进口额占世界或国内生产总值的比重。

《世界经济千年史》的作者按1990年价格计算了世界和主要地区商品出口占国内生产总值的比重。其中，1950年的国际贸易出口依存度为5.5%，1973年为10.5%，1998年为17.2%。世界银行《世界发展指标》显示：世界货物和服务出口依存度从1990年的19.4%提高到2000年的26.0%、2008年的30.8%和2018年的30.1%。

5. 国际贸易中的科技作用日益增强

第一，科学技术发展使国际贸易商品结构向高级、优化方向发展。

第二，科技进步使拥有劳动力优势的国家竞争力下降。

第三，拥有科技创新成果并转化的企业竞争力强于其他企业。

第四，科技的发展给国际贸易运输带来"集装箱"革命，形成全球通信网络，电子商务和数字贸易得以发展。

第五，科技提高贸易服务水平与质量，降低交易成本，使企业内部运作过程合理化。

6. 国际贸易过程中产生了世界货币

随着世界市场和国际贸易的形成与发展，出现了世界货币。它除作为价值尺度外，还具有国际支付、购买和财富国际转移的职能。

第二次世界大战前，经贸强国英国的英镑成为世界货币。在第二次世界大战中，美国取代英国成为经贸强国，战争结束前，在1944年的布雷顿森林会议上，确定以美元作为各国货币定值的标准和储备货币，以此形成以美元为中心的国际货币制度，美元成为国际商品交易的主要货币。当前，随着新兴经济体的崛起，国际货币体系呈现多元化发展态势。美元在国际储备中的份额下降，而人民币、欧元、新加坡元等货币的份额有所上升。在金融交易领域，新兴经济体增加了以本币进行债务融资的比例，同时新兴经济体间也加强了以本币计价的交易。未来国际货币体系将趋向多元化，形成由多个货币共同组成的篮子，这种多元化的货币篮子将减少单一货币的风险，提高国际经济的稳定性。同时，不同国家货币间的相互补充和互动将有效推动国际贸易的发展，实现更加均衡和可持续的全球经济增长。

7. 多边贸易体制形成并加强

第二次世界大战后，在世界经贸恢复与发展中，贸易自由化成为主流。为了促进贸易自由化，1947 年成立关税与贸易总协定（GATT），成为世界多边贸易体制的组织和法律基础。通过八轮贸易谈判，关税不断下调，非关税壁垒受到约束，推动了缔约方的贸易自由化和经济全球化的发展。在经济全球化的推动下，1947 年成立的 GATT 转变为 1995 年建立的具有法人资格的世界贸易组织（WTO）。世界贸易组织推动成员在 WTO 规则基础上进行"开放、公平和无扭曲"的竞争，促进发展中成员尤其是最不发达成员的贸易发展。截至 2022 年，世界贸易组织拥有 162 个成员国，成员国贸易总额达到全球的 97%。

8. 数字贸易方兴未艾

20 世纪 90 年代，互联网技术快速发展，数字经济出现。2016 年 9 月在杭州 G20 峰会上，与会代表签署了《二十国集团数字经济发展与合作倡议》，该倡议指出数字经济是以数字化的知识和信息为关键生产要素，以现代信息网络为重要载体、以信息通信技术的有效使用为效率提升和经济结构优化的重要推动力的一系列经济活动。在此基础上，出现通过互联网等电子化手段传输有价值产品或服务的贸易活动。

2013 年 7 月，美国国际贸易委员会（USITC）在《美国与全球经济中的数字贸易 I》中提出"数字贸易"概念，数字贸易是指互联网和互联网技术在订购、生产以及传递产品和服务中发挥关键作用的国内商务或国际贸易活动。

数字贸易与传统贸易在贸易属性、动因和经济意义上相同，但二者也有所不同：①时代背景不同。后者产生在第三次工业革命以后，前者产生在第三次和第四次工业革命以后。②时空属性不同。后者交易周期长，受地理距离制约；而前者贸易时间不确定性降低，交易效率高，地理限制弱化。③行为主体不同。后者中间环节较多，直接交易困难；前者中间环节大幅压缩，直接交易成为可能。④交易标的不同。后者的交易标的主要是货物、服务和生产要素；前者的交易标的相对广泛。⑤运作方式不同。后者交易方式需要固定场所和纸面文件；前者交易在网络平台达成，不需要实体材料。⑥监管体系拓展。后者监管机构涉及国家和国际组织的机构和法规；前者在此基础上加入数据监管。⑦发展速度不同。后者发展速度比较缓慢；前者集电子化、虚拟化、平台化、集约化、普惠化、个性化和生态化特点于一体，短期内效益显现，发展迅速，日益受到重视。

2008 年，世界主要经济体先后发布数字经济相关的战略，2016 年出台数字战略的国家明显增多，数字贸易相应扩大。电子商务作为数字贸易的重要组成部分在全球贸易中的角色日益重要。在网络零售方面，2017 年，全球网络零售交易额达到 2.304 亿美元，较 2016 年增长了 24.8%；2021 年，全球网络零售交易额为 4.938 万亿美元，同比增长 16.3%，比全球零售交易总额增速高出 6.6 个百分点；2022 年，全球网络零售交易额为 4.95 万亿美元，较 2021 年增长了 15.8%。可以预见数字贸易势将成为各国贸易增长的新引擎。

9. 中国在世界贸易中崛起

从新中国成立到 1978 年改革开放，中国对外货物贸易在世界货物贸易中的比重从 1% 左右提高到 2000 年的 3.9%。2001 年，中国加入 WTO 后，中国对外贸易进入高速发展时期，在世界货物出口贸易中的比重从 2001 年的 4.3% 上升到 2003 年的 5.9% 和 2017 年的 13.2%，成为世界第一货物贸易大国。中国服务贸易出口所占比重从 1982 年的 0.53% 提高到 2017 年的 4.3%。近年来，我国成长为全球货物贸易第一大国，外资流入稳居全球第二，既是世界工厂，又是世界市场。对外贸易实现历史性跨越，形成了全方位、多层次、宽领域的全面开放新格局。

四、中国对外贸易的发展

新中国成立后，通过计划经济体制，实行对外贸易统制和保护贸易政策，确立了独立自主的高度集中的贸易体制。对外贸易从恢复到发展，整体呈现低速、低质、低位的局面。自 1978 年中国实行经济体制改革和对外开放以来，对外贸易保持了强劲的增长势头。2001 年我国加入世界贸易组织，外贸进出口总额首次突破 5000 亿美元大关。2019 年，我国货物贸易进出口总值 31.54 万亿元，比 2018 年增长 3.4%。2020 年中国外贸在下降后稳步回升逆势增长，中国对外贸易总额高达 46462.57 亿美元，较 2019 年增长了 1.5%。2021 年进出口规模首次突破 6 万亿美元大关。2022 年，我国外贸进出口总值 42.07 万亿元，比 2021 年增长了 7.7%。2023 年上半年，我国进出口总值为 16.77 万亿元，同比增长 4.7%。其中，出口 9.62 万亿元，增长 8.1%；进口 7.15 万亿元，增长 0.5%；贸易顺差 2.47 万亿元，扩大 38%。

第五节　国际贸易与经济发展的关系

一、国际贸易对经济发展的作用

国际贸易出现后，对经济发展发挥了十分积极的促进作用。主要表现为：

（1）利用国际分工，节约社会劳动，生产更多的使用价值；

（2）利用国际市场，使一部分商品的价值得以实现；

（3）有利于生产要素的充分使用；

（4）有利于发挥规模效益；

（5）有利于解决劳动力就业问题；

（6）有利于提高国民的多样化消费水平；

（7）是世界经济兴衰的重要传递渠道；

（8）有利于国际间的经济合作和技术交流，有利于企业提高自我改进的能力。

国际贸易对发展中国家经济的影响作用，除了上述的一般作用外，还包括以下几点：

（1）国际贸易是获得外国先进技术的主要渠道；

（2）增强了国内企业的竞争压力，能够刺激生产效率的提高；

（3）有利于改善国内落后的产业结构；

（4）国际贸易是保障经济协调发展的重要环节。

二、经济发展对国际贸易的影响

国际贸易促进经济发展，而经济发展也会对国际贸易产生影响，主要包括：

（1）一国在国际贸易中的地位；

（2）一国进出口贸易的商品结构；

（3）一国对外贸易政策的制定；

（4）一国国际贸易发展的深度和广度。

第六节　国际贸易理论和政策的基本分析方法

一、局部均衡分析和一般均衡分析

（一）局部均衡分析

主要是分析一种商品或一种要素市场上供求变动或政府政策对本产品价格、产量以及直接涉及的消费者和生产者的影响。

阿尔弗雷德·马歇尔于 1920 年创立了局部均衡理论。假设单一商品市场规模足够小，以至于消费者对单一商品变动影响甚微，可以视为无影响。商品市场的小规模使得一种商品的价格变化对其他商品的价格影响很小，几乎不存在商品间的互补效应或替代效应。因此可认为商品价格变化不影响其他商品的价格变动。在局部均衡分析中常用的分析工具是供给曲线和需求曲线。

局部均衡分析方法着重考察个别经济单位的行为，而不考察各经济单位间的相互关系和影响。只分析某一物品本身的供求关系，不考虑该商品和其他商品的相对供求关系。通过其他情况不变的假定，使需要进行经济分析的对象孤立于经济整体外，排除整体经济及经济中其他部分的变化对它的影响。

国际贸易的局部均衡分析，是在假设需求、供给和贸易在一个产业之中发生的情况下，分析一种产品在两个国家之间的贸易政策效应。也就是撇开其他行业与宏观总量变动的影响，孤立地考察某行业（部门）可能的变动情况，由此得出某一贸易政策有利或不利影响的分析结果。

（二）一般均衡分析

同时决定所有商品和要素市场的价格及数量，承认了供求与市场上各种商品价格存在相互联系和相互影响的条件下，所有市场上各种商品的价格与供求的均衡状态。

一般均衡是经济学中局部均衡概念的扩展，在一般均衡的市场中，每个单独的市场都是局部均衡的。一般均衡理论是 1874 年法国经济学家瓦尔拉斯在《纯粹经济学要义》一书中首先提出的，经希克斯、萨缪尔森、阿罗、德布鲁等延伸和完善。

一般均衡理论是微观经济学的一个分支，寻求在整体经济框架内解释生产、消费和价格。一般均衡指经济中存在着这样一套价格系统，它能够使：①每个消费者都能在给定价格下提供自己所拥有的生产要素，并在各自的预算限制下购买产品以达到自己的消费效用最大化。②每个企业都会在给定的价格下决定其产量和对生产要素的需求，以达到其利润的最大化。③每个市场（产品市场和要素市场）都会在这套价格体系下达到总供给与总需求的均衡。当经济具备上述条件时，就达到了一般均衡，这时的价格就是一般均衡价格。

国际贸易的一般均衡分析，假设需求、供给和贸易至少是在两个产业间发生的情况下，分析两种产品在两个国家间的贸易政策效应。不仅包括商品市场上进、出口两个部门的分析，还包括商品市场与要素市场两个市场的分析。概括来说，一般均衡分析是综合考察某行业变动对其他行业与宏观总量变动的影响，由此得出实施某一贸易政策有利或不利影响的分析结果。

二、微观分析和宏观分析

在社会科学中，一般来说，我们通常把从大的方面、整体方面去研究把握的科学叫作宏观科学，这种研究方法叫作宏观方法。通常把从小的方面、局部方面去研究把握的科学，叫作微观科学，这种研究方法叫作微观方法。

（一）微观分析

微观的研究对象是单个，通过个量分析的研究方法，解决资源配置问题，即生产什么、如何生产和为谁生产的问题，以实现个体效益的最大化。微观经济学重点研究家庭、企业等个体经济单位的经济行为，旨在阐明各微观经济主体如何在市场机制调节下做出各种理性选择，以谋求效用或利润的最大化。

国际贸易中的微观分析主要考察国际市场的交易行为，研究国际市场的价格、资源配置、收入分配、经济效率和福利等问题。

（二）宏观分析

宏观的研究对象是整个，通过总量分析的研究方法，把资源配置作为既定前提，研究社会范围内的资源利用问题，以实现社会福利的最大化。宏观经济学研究了整个社会的总体经济活动，着眼于国民经济的总量分析，包括总产量（或总收入）、总就业量、物价水平等。

国际贸易中的宏观分析主要研究国际收支的均衡过程、调整机制以及它们与国民收入的相互影响等。

三、静态分析和动态分析

静态分析：指在研究某一因素对过程的影响时，假定其他变量固定不变的一种分析方法。静态分析不考虑时间因素，不考虑均衡达到和变动的过程，因而静态分析是一种状态分析。静态分析的特点是简单，因为它只关注经济事物的结果。在一定程度上我们可以把静态分析的价值比喻为经济事物的"照片"。

动态分析：要求对事物变化的过程以及变动中的各个变量对过程的影响加以分析。动态分析引入时间因素，分析均衡达到和变动的过程，因而动态分析是一种过程分析。

在一定程度上，我们可以把动态分析的价值比喻为经济事物的"全程录像"。经济学动态分析是在假定生产技术、要素禀赋、消费者偏好等因素随时间推移发生变化的情况下，考察经济活动的发展变化过程。在宏观经济学中，特别是在经济周期和经济增长研究中，动态分析方法占有重要地位。

多数国际贸易学者经常采用的一种分析方法是比较静态分析法。遵循着上述比喻，我们可以把比较静态分析的价值比喻为经济事物的"幻灯片"。它既不假定影响研究对象的诸条件是稳定不变的，也不对变量与过程的变动加以研究，而是对变化的不同阶段的一些既定结果加以比较分析。在微观经济学中，迄今占有重要地位的仍是静态分析和比较静态分析方法。

四、定量分析和定性分析

定量分析：侧重于对数量关系的变化进行考察，需要运用数学原理及公式，形成一定的数学模型，来说明所研究的经济现象中所有的有关经济变量间的依存关系。尤其是随着科学技术的发展，数理经济学与计量经济学的应用越来越广泛，如进行市场预测、生产效率分析、因果关系检验等，强调对事物量的考察。

定性分析：旨在揭示事物和过程的质的、结构性的联系，强调用逻辑推理的方法阐述事物性质与发展趋势。定性分析并不一定带有价值判断。该分析方法演绎经济发展的一般规律，对事物进行非数量化分析。

五、实证研究和规范研究

实证研究：用假说、定义对社会经济现象进行解释。其特点是研究和说明经济过程本身，回答"是什么"的问题，也叫作"客观的"研究。例如，分析政府对某种产品征税而对该产品价格与产量的影响属于实证分析，可以用事实或者从逻辑上证实或证伪自己所提出的命题。

实证研究偏重"纯理论"研究，其操作过程为：从调查、观察或实验获得的样本数据和材料中发现事物的起源，从个别到一般总结出规律性的结论。

规范研究：以一定的价值判断为基础，提出某些分析处理社会经济现象的标准，并研究怎样才能符合这些标准，回答"应当是什么"的问题。例如，分析政府对某种产品征税的后果是好是坏属于规范分析，不同的人可以有不同的价值判断标准。

规范研究具有政策倾向性，其操作过程为：在一些假设的前提下，根据事物的内在联系和逻辑关系，从纯理论中推导出结论。

六、小国和大国假设

小国假设：指那些不能通过改变其进口或出口的数量来影响贸易商品在世界市场上价格的国家。

小国的贸易政策没有贸易条件的收益效应。小国在国际市场上所占份额很小，而且不因产地不同而区分产品，可以视为一个竞争市场中的小企业。作为"小国"是一个价格接受者，不能影响其贸易条件。

大国假设：指那些可以通过改变其进口或出口的数量来影响贸易商品在世界市场上价格的国家。

大国的贸易政策具有贸易条件的收益效应。如果进口国是一个大国，当它对进口商品的需求量占到出口该商品国家出口量的相当大的比重时，它就成为一个垄断的购买者，具有影响进口商品国际价格的能力。"大国"是一个价格的改变者，能够影响其贸易条件。

第二章　国际贸易基础

主要内容

- 国际贸易利益
- 国际分工
- 世界市场

学习要点

- 国际贸易在国家、企业和国民三个层面的利益
- 国际分工的含义与作用、发展条件、当代国际分工的特点与类型
- 世界市场构成与发展、开拓、交易方式、竞争以及世界市场价格

本章重点

- 国际贸易在国家、企业和国民三个层面的利益
- 国际分工的含义与作用、发展条件、当代国际分工的特点与类型
- 世界市场构成与发展、开拓、交易方式、竞争以及世界市场价格

本章难点

- 国际分工的发展条件
- 当代国际分工的特点与类型
- 国际分工理论
- 世界市场的开拓、竞争、交易方式
- 世界市场价格的种类、作用

第一节　基本概念

一、国际贸易利益

国际贸易利益（International Trade Benefit）是指参加国际贸易的国家或地区

得到的直接和间接的利益。

二、国际分工

国际分工（International Division of Labor）是指世界各国（地区）间的劳动分工，表现为生产的国际化和专业化。它是社会分工发展到一定历史阶段，国民经济内部分工超越国家界限而形成的国家之间的分工，具体指各国货物、服务和生产要素的交换。

三、世界市场与世界市场价格

世界市场（World Market）是指世界各国交换产品、服务、技术的场所。在国家存在的情况下，各国国内市场有其独立性，世界市场和国内市场通过对外贸易联系起来。

世界市场价格（World Market Price）是指国际市场上在一定时期内客观形成的具有代表性的成交价格。

四、国际竞争力及常用指标

国际竞争力（International Competitiveness）迄今还未形成共同确认的含义，比较常见的含义有以下几种：

经合组织（OECD）：一国在自由和公平的市场条件下，能够生产出满足国际市场需求的产品和劳务，同时能够维持和扩大本国人民长期的实际收入水平的程度。

美国国际竞争力委员会：一国公民的生活水平可以在长期得到可持续性的提高，同时该国生产可以经受国际市场考验的货物与服务的经济能力。

世界经济论坛在《国际竞争力报告》（1996）中指出，企业目前和未来在各自的环境中比其国内外竞争者更有吸引力的价格、质量而进行设计、生产并销售货物以及提供服务的能力和机会。

联合国贸易和发展会议：国家竞争力并不是单个企业竞争力的简单集合，要考虑一系列更为广泛的因素，如生产率、技术创新、投资、进出口价格、贸易和资本平衡、税收、政治稳定性等。

常用指标：

（1）贸易专业化系数（Trade Specialization Coefficient，TSC），计算公式为：

$$TSC = \frac{X-M}{X+M}$$

式中，X 表示一国出口额；M 表示一国进口额。当 $TSC=1$ 时，为完全出口专业化；当 $TSC=-1$ 时，为完全进口专业化。

（2）显示性比较优势（Revealed Comparative Advantage，RCA）指数，计算公式为：

$$RCA_{ij} = \frac{X_{ij}/\sum_i X_{ij}}{\sum_j X_{ij}/\sum_i \sum_j X_{ij}}$$

式中，RCA_{ij} 为 j 国 i 商品显示比较优势的指数；X_{ij} 为 j 国 i 产品的出口值；$\sum_i X_{ij}$ 为 j 国全部产品的出口值；$\sum_j X_{ij}$ 为世界上 i 产品的出口总值；$\sum_i \sum_j X_{ij}$ 为世界所有产品的出口总值。

一般 $RCA_{ij} \geq 2.5$，表明 j 国 i 产品（或产业）具有极强的竞争力；若 $1.25 \leq RCA_{ij} < 2.5$，则表明 j 国 i 产品有较强的竞争力；若 $0.8 \leq RCA_{ij} < 1.25$，则表明 i 产品具有中等程度的竞争力；若 $RCA_{ij} < 0.8$，则表明 i 产品竞争力较弱。

第二节　基本理论

一、国际分工理论

（一）亚当·斯密的国际分工理论

亚当·斯密（Adam Smith）在其代表作《国民财富的性质和原因的研究》（以下简称《国富论》）中，提出国际分工与自由贸易的理论，并以此作为反对重商主义的"贸易差额论"和保护贸易政策的重要武器。

亚当·斯密认为，分工可以促进生产力的发展，能够提高劳动生产率，增进全社会的普遍财富，并且适用于一国内部的不同职业之间、不同工种之间的分工，也适用于各国之间，从而形成其国际分工理论。自由贸易会引起国际分工，国际分工的基础是有利的自然禀赋，或后天的有利生产条件。它们都可以使一国在生产上和对外贸易方面处于比其他国家有利的地位。如果各国都按照各自有利的生产条件进行分工和交换，使各国的资源、劳动力和资本等要素得到最有效的利用，将会大大提高劳动生产率及增加物质财富。

亚当·斯密指出，分工的产生来源于人类互通有无、物物交换和相互交易的天性；分工发展受到交换能力大小、产业领域发展、商品经济与交换媒体三个因素的约束。他主张以商品生产成本绝对优势为标准进行国家间产品的分工，在自由贸易下可以实现这种分工。

（二）大卫·李嘉图的国际分工理论

大卫·李嘉图（David Ricardo）的代表作是《政治经济学及赋税原理》，他所提出的"比较成本说"是在亚当·斯密绝对成本理论的基础上发展起来的。李嘉图认为，每个国家不一定生产各种商品，而应集中生产那些利益较大的商品，然后通过国际贸易进行商品交换。在资本和劳动力不变的情况下，生产总量将增加。如此形成的国际分工对贸易各国不仅都有利，而且比按绝对成本优势生产获利更大。

大卫·李嘉图认为，在资本与劳动力在国际间不能自由流动的情况下，按照比较成本理论的原则进行国际分工，可使劳动配置更合理，也可增加生产总额，对贸易各国均有利。但其前提必须是完全的自由贸易。

（三）马克思的国际分工理论

马克思（Karl Heinrich Marx）在《资本论》等著述中，从历史唯物主义的高度对以英国为中心的国际分工做了考察和研究，提出从社会生产方式的演变中分析国际分工产生和发展的理论，反对抽象地研究国际分工，认为资本主义国际分工是资本主义社会分工发展的深化过程，从而揭示了资本主义国际分工的双重性：进步性（肯定分工有助于提高社会生产力）和不平等性（反对不合理的国际分工格局）。

马克思的国际分工理论主要有以下三方面的内容：

（1）比较系统地论述了资本主义国际分工的基础。马克思认为，社会分工是提高劳动生产率的手段，为劳动生产率的提高创造了条件，能够创立社会劳动的一定组织，对社会生产的发展作用巨大，使产品和劳动者得到改善。国际分工是社会分工发展过程中的一次飞跃。18世纪后半期开始的西欧工业革命，加速了这一进程，商品流通逐渐越出国界发展为世界性贸易。于是，一种新的适应于资本主义生产的国际分工体系便产生了。

（2）点明了资本主义国际分工形成的条件。马克思认为，机器大工业极大地促进了生产力的发展，在资本主义国际分工形成中起了重要作用；自然条件提供了国际分工的可能性，但把它变成现实必须有一定的条件，即自然因素与社会因素的结合；在资本主义国际分工体系形成过程中，国家起着巨大作用；市场发育程度影响参与国际分工的深度和广度；影响市场面貌的因素有市场的垄断程度、封闭的状况、贸易政策的类型等。

（3）指出了资本主义国际分工的作用、格局和形式。马克思认为，国际分工使世界连成一体，形成垂直型的国际分工。

马克思也对已有的分工理论进行评析，他反对抽象地谈论分工，揭露了古典学派国际分工理论的虚伪。

（四）布哈林的国际分工理论

布哈林（Nikolai Ivanovich Bukharin）在《世界经济和帝国主义》一书中，对国际分工进行了比较深入的探讨。首先，在现代社会里，各种商品交换过程表现出来的是这些商品各种经济单位间的分工；国际分工的表现是国际交换，国际商品交换的基础是国际分工。其次，国际分工存在两种前提：自然前提和由于各国文化程度、经济结构以及生产力发展水平不同所决定的社会前提，且后者重于前者。再次，一切发达的、以商品交换为媒介的分工基础都是城乡的分离。最后，资本主义国际分工的意义与问题有：国际分工使劳动成为世界性劳动；国际交换已成为受一定规律支配的社会经济生活的一种过程；世界分工和国际交换是世界市场和世界价格存在的前提；国际分工利益分配存在不平等的现象。

（五）俄林的国际分工理论

俄林（Bertil Ohlin）在《地区间贸易和国际贸易》一书中，以生产要素禀赋说为立论基础，深入探讨国际贸易产生的原因，论证国际分工和自由贸易的必要性。

俄林的国际分工理论认为，商品和生产商品要素价格在不同区域或国家间存在差异而成为地区间或国际贸易存在的必要条件；货物价格的差别来源于国家间生产要素（自然资源、资本、劳动力）禀赋的差异；生产要素的比例决定具体产业的设立；要按要素丰缺和比例进行地区和国家之间的分工，即在国际贸易中，一国出口的应是那些较多使用本国丰裕要素生产出来的商品，进口的应是那些较多使用本国稀缺要素生产出来的商品。

俄林的国际分工理论的贡献与不足：深化了李嘉图比较成本产生的来源；从个量分析扩大到总量分析，直接比较两国生产要素总供需的差异；为参与国际分工提供产业范畴；舍弃了技术的差别和经济条件的差别，使之静态化，忽视了自由、保护与垄断的存在。

（六）当代国际分工理论

"二战"后，国际分工理论出现以下发展趋势：第一，对俄林的分工学说进行检验和深化；第二，加强了对产业内部分工理论的研究；第三，加强了跨国公司内分工理论的研究；第四，出现了国家竞争优势理论，对比较优势的分工理论形成了挑战。

1. "里昂惕夫之谜"对俄林要素禀赋理论的挑战

如果 H-O 理论成立，尽管美国进口替代品比美国实际进口品资本更密集，但其密集程度仍将低于美国的出口商品。但使用美国 1947 年数据进行检验，结果表明，美国进口替代品的资本密集度比美国出口商品的资本密集度高出大约30%。这意味着，美国进口的是资本密集型商品，出口的是劳动密集型商品。这与赫—俄理论的预测完全相反，被称为"里昂惕夫之谜"。

破解"里昂惕夫之谜"的主要理论有三个：一是熟练劳动理论，里昂惕夫认为"谜"是由于美国工人的劳动效率比其他国家工人效率高造成的；二是人力资本理论，美国经济学者凯南等提出，以人力投资的差异来解释美国对外贸易商品结构；三是技术差距理论，美国经济学家波斯纳指出，技术资源相对丰裕的国家，享有生产和出口技术密集型产品的比较优势。

2. 产业内分工说

美国经济学家格鲁贝尔等提出产业内分工说。他们认为，当代国际贸易产品结构大致可分为产业间贸易和产业内贸易两大类，前者指不同产业间的贸易，后者指产业内部同类产品之间的贸易。其特点为：同类产品的相互交换；具有双向流向，同一产业内的产品可以在两国之间相互出口；产品具有多样性，其中包括资本密集型产品、劳动密集型产品和技术密集型产品；该理论成立条件是消费上能够相互替代，在生产中需要相近或相似的生产要素的投入。

产业内贸易形成的原因：一是同类产品的异质性是产业内贸易的重要基础；二是规模经济收益递增是产业内贸易的重要成因；三是经济发展水平是产业内贸易的重要制约因素。

3. 小岛清的国际分工理论

日本经济学家小岛清在考察了经济共同体分工原因后，在《对外贸易论》（1950）一书中提出了协议性国际分工理论。协议性国际分工指同一范畴商品内的更细的分工。小岛清认为，以前的传统国际分工理论所讲的只是在成本递增的前提下通过竞争原理达成国际分工和平衡，而对成本递减或不变的情况下的国际分工没有提及。随着经济一体化的出现，规模经济条件下生产的商品，完全可以通过各国政府的协商机制确立国际分工，发展国际贸易；建立在国家协调基础上的国际分工，会有效地配置国家间的资源，增加贸易利益。

他指出了实行协议性分工的条件，具体表现在以下三个方面：一是必须是两个（或多数）国家的资本、劳动禀赋比率没有多大差别，工业化水平和经济发展阶段大致相等，协议性分工的对象商品在哪个国家都能进行生产；二是作为协议分工对象的商品，必须能够获得规模经济的商品；三是无论对哪个国家，生产协议性分工的商品的利益都应该没有很大差别。

他认为，由国家间的计划决定的分工，就是协议性国际分工的典型例子。在发达工业国家间，可以进行协议性分工的商品范畴较广，因而利益较大。在生活水平和文化等相似的地区，容易达成协议，并且容易保证相互需求的均等增长。

4. 劳尔·普雷维什的国际分工理论

拉美最杰出的经济学家劳尔·普雷维什在《拉美的经济发展及其主要问题》报告中以"中心—外围"学说为中心，批评传统国际分工学说，为发展中国家经贸发展出谋划策，倡导建立国际经济新秩序。他指出，在拉美，现实正在削弱陈旧的国际分工格局，这种格局在19世纪获得很大的重要性，而且作为一种理论概念，直到最近仍继续发挥着相当大的作用。在这种格局下，落到拉美这个世界经济体系的外围部分的专门任务是为大的工业中心生产粮食和原材料。即在传统的国际分工下，世界被分成了两部分：一部分是"大的工业中心"；另一部分是"为大的工业中心生产粮食和原材料"的外围。它们之间是不对称、不平等的。

普雷维什在研究大量资料后认为，在"中心—外围"体系下，由于技术进步及其成果在两者间的不平衡分配、贸易周期运动对它们的不同影响以及初级产品与工业品间在需求收入弹性上的差别等因素，外围国家的贸易条件将出现长期恶化趋势，使外围国家创造的"经济剩余"转向中心国家，导致外围国家发展缓慢。

普雷维什认为，外围国家要摆脱贸易条件长期恶化趋势的困扰，唯一的出路是实行进口替代工业化战略。实行进口替代的内部主要措施包括对油脂工业采取有选择和适当的保护政策，加强国际在经济生活中的干预作用采取必要措施提高资本积累，增加国内储蓄；建立一种"社会主义与自由主义相结合"的经贸新体制。与此同时，吸收外国资金作为辅助，大力提高外资利用率。实行进口替代的外部主要措施：首先，加强与外围国家的经济合作，建立拉美共同市场和经济一体化。这一过程必须在平等互利原则的前提下，根据不同国家的发展程度而确定它们的权利与义务，对于经济发展水平较低的国家，应当给予适当的优惠待遇。其次，通过联合国贸易和发展会议，建立国际经济新秩序。

5. 迈克尔·波特对传统国际分工理论的批评

美国著名的管理学家迈克尔·波特在《国家竞争优势》一书中指出，当代国际贸易实践实际上已经脱离了李嘉图和俄林的比较利益分工理论，不能解释产业内贸易，应以国家竞争优势理论取代他们的理论。

波特教授在对以生产要素为基础的比较优势理论考察后，提出当代竞争理论必须从比较优势理论提升到国家竞争优势理论上。他指出，国家是企业最基本的竞争优势基础，创新没有国界。产业竞争优势的创造与持续是一个本土化过程。竞争的成功源自各个国家的经济结构、价值、文化、政治体制以及历史文化的差异。在经济全球化背景下，国家在产业竞争中的地位更加重要。当贸易自由化深入发展，保护壁垒逐步取消后，以产业技术与现场经验为支柱的国家，重要性将大大提高。国家不但影响企业决策，也是创造、持续生产与技术发展的核心。在资本全球化流动的背景下，企业的国籍不再成为主要问题。一个国家要想保持并提升其自身生产力的关键在于，它是否有资格成为一种先进产业或重要产业环节的基地。动态与不断进化的竞争是国家竞争优势理论的前提，必须把"技术进步"和"创新"放在重要位置。

波特把他所构建的国家竞争优势理论体系冠名为"国家钻石体系"。钻石体系说明，一国竞争优势取决于生产要素，需求条件，企业策略、结构和同业竞争，相关与支持产业等方面。这些因素可能会加强本国企业创造国内竞争优势的速度，也可能会造成企业发展停滞不前。生产要素指一个国家在特定产业竞争中有关生产方面的表现，如劳工素质或基础建设的良莠等。需求条件指本国市场对该项产业所提供产品或服务的需求如何。相关与支持产业的表现指该项产业的相关和上游产业是否具有国际竞争力。企业策略、结构和同业竞争指一个国家的基础、组织和管理形态，以及国内市场竞争对手的表现。在国家环境与企业竞争力的关系上，还有"机会"和"政府"两个变数。产业发展的机会通常出现在基础发明、技术、战争、政治环境发展、国外市场需求等方面出现重大变革与突破的情况下。政府在构成一国整个竞争力中具有重要作用，比如反托拉斯法有助于国内竞争对手的崛起，法规可能改变国内市场的需求，教育发展可以改变生产要素，政府的保护收购可能刺激相关产业兴起等。

6. 全球价值链与国际分工

美国学者杰里菲（Gereffi）于 1994 年提出全球商品链（Global Commodity Chain）概念：通过一系列国际网络将围绕某一商品或产品而发生关系的诸多国家作坊、企业和政府等紧密地联系到世界体系中。这些网络关系一般具有社会结构性、特殊适配性和地方聚集性等特性；任一商品链的具体加工流程或部件一般表现为通过网络关系连接在一起的节点或一些节点的集合；商品链中任何一个节点的集合都包括投入（原材料和半成品等）组织、劳动力供应、运输、市场营销和最终消费等内容。

进入 21 世纪，学术界逐渐用全球价值链来取代全球商品链。斯特恩（Sturgeon）从组织规模（Organizational Scale）、地理分布（Geographic Scale）和生产性主体（Productive Actor）三个维度来界定全球价值链。从组织规模看，全球价值链包括参与某种商品或服务的生产性活动的全部主体；从地理分布看，全球价值链必须具有全球性；从参与主体看，有一体化企业、零售商、领导厂商、交钥匙供应商和零部件供应商。他还对价值链和生产网络的概念进行了区分：前者描述了某种商品或服务从生产到交货、消费、服务的一系列过程；后者强调一群相关企业之间关系的本质和程度。

联合国工业发展组织（UNIDO）在 2002～2003 年产业报告中给出了全球价值链的概念。全球价值链指在全球范围内为实现商品或服务价值而连续生产、销售、回收处理等过程的全球性跨企业网络组织，涉及从原料采集和运输、半成品和成品的生产和分销直至最终消费和回收处理的过程。它包括所有参与者和生产销售等活动的组织及其价值利润分配，并且通过自动化的业务流程和供应商、合作伙伴以及客户的链接，以支持机构的能力和效率。它强调全球价值链不仅由大量互补的企业组成，还通过各种经济活动连接在一起的企业网络的组织集，关注的焦点不只是企业，还有契约关系和不断变化的联结方式。

杰里菲和汉弗莱等依据交易的复杂性、交易信息的可编码程度差带来的合同欠缺、供应商能力和权力不对称，提出全球价值链的五种形式：市场型、模块性、关系型、俘获型和等级型。

全球价值链对国际分工理论的贡献主要有以下三点：

一是突破分工的界限。鉴于资本流动的不自由，古典学派提出比较优势理论，北欧学派提出生产要素禀赋理论。在全球价值链下，生产过程可以被"分割"成不同的生产环节或某个环节对应某个特定的任务，如设计、零件采购、装配、分销等。这些环节一般被企业跨境外包到能够最有效完成任务的地方进行，这样，原有国际分工就从产业间贸易延伸到产业内部和生产环节上。

二是比较优势的深化。在全球价值链下，由于目标市场扩大，企业有较大空间吸纳由更有效率的跨境劳动分工所带来的商品产量的增加；参加生产网络的国家由于要素成本各有差异，因此离岸外包企业有更好的机会利用比较优势。未来全球价值链商品生产环节有进一步细分的可能，因此有可能出现更精细劳动分工的机会，这会导致更高效的资源配置和更低的边际成本。

三是分工利益具体化。目前研究对全球价值链各个环节增值的分析，细分了参与全球价值链的国家、企业所获得的实际价值效益。在传统国际贸易理论下，统计上是以海关进出口界定商品贸易额，企业从贸易中得到的实际利益并不具体。全球价值链生产环节的增值分析研究可以明确参与全球价值链，扩大国际分工的价值效益。

二、世界市场理论

第一个明确提出"世界市场"概念的是法国古典经济学代表让·西斯蒙第，他认为，国内市场只有在国家繁荣、国民收入增加以后才能扩大，资本主义生产的盲目增长必然导致同国内市场、世界市场的矛盾。

英国古典政治经济学的另一位重要代表人物亚当·斯密（1723~1790）在其名著《国民财富的性质和原因的研究》中阐述了世界市场思想。一是有关"世界商场"的思想。二是"大商业共和国"和"大商业共和国货币"即世界货币思想。他还提出了新航路的开辟有利于世界市场的形成与扩大，以及希望市场广阔的国家和其他市场狭小的国家也积极走向世界市场的观点。

英国资产阶级古典政治经济学的完成者大卫·李嘉图（1772~1823）有关世界市场的论述是为扩大资本主义自由竞争而提出的。在其名著《政治经济学及赋税原理》中，李嘉图提出了对外自由贸易能够增加资本主义的利润的观点，并将资本主义的利益同人民的利益联系在一起，认为这会促成世界各民族形成统一的社会。他写道：在商业完全自由的制度下，各国必然把资本和劳动用在最有利于本国的用途上，由于增加生产总额，它使人们都得到好处，并以利害关系和互相交往的共同纽带把文明世界各民族结合成一个统一的社会。这里的"世界各民族结合成一个统一的社会"，即李嘉图对于初步形成的世界市场的认识。

马克思在对前人成果批判性吸纳的基础上，形成了对世界市场的相关论述。马克思在1859年6月公开出版的《政治经济学批判》的"序言"中，第一次公开宣布了其政治经济学研究的"六册计划"，世界市场理论在马克思"六册计划"中占有十分重要的地位。马克思世界市场理论认为，集市的兴起与城市的发展是世界市场形成的基本前提；新航路的开辟是世界市场形成的历史条件；工业革命是世界市场形成的主要原因；交通运输、通信的发展是世界市场形成的技术条件；世界市场既是资本主义生产方式的前提和基础，又是它的伴侣和结果；世界市场危机是资产阶级经济一切矛盾的现实综合和强制平衡；国际价值规律是世界市场运行的基本规律。

第三节　案例分析

一、商用客机的生产

（一）案例内容——国际分工（商用客机的生产）

主旨：美国的波音飞机和欧洲的空中客车是商用客机的两大竞争对手，都采取了分工协作这种国际化生产形式来生产产品。

目前，在世界商用客机的生产上有势均力敌的两大竞争对手，一个是美国的波音飞机，另一个是欧洲的空中客车，两大飞机制造公司竞争激烈，甚至达到了白热化的程度。抛开其竞争、销售、市场争夺手段，我们应该注意到这样一个事实，即波音飞机虽来自美国的西雅图，空中客车来自法国的图卢兹，但并不意味着它们分别是美国和法国生产，或者说是独立生产的。美国波音飞机有450多万个零部件分别由6个国家、1100家大企业、15000家中小企业共同协作生产，西雅图只是其最后的总装厂。而法国空中客车是由德国MBB公司与其他欧洲国家联合生产的。其中，英国生产机翼，西班牙生产机尾，荷兰和比利时提供生产机翼的一部分部件和仪表，法国生产驾驶舱。这些零件则须全部运到法国的图卢兹总装，之后，飞机试飞到汉堡安装座位，进行机内装饰，最后交付航空公司使用。

从以上两家公司的生产可以发现，两者具有一个共同特点，即都采取了分工协作这种国际化生产形式。

（二）分析要求

（1）国际间生产分工是如何出现的呢？

（2）两家飞机公司为何不在一个国家内部独立完成其全部生产过程，而进行了这种生产安排呢？由此进行的国际间生产分工有什么意义？

（3）简述本案例对我国提高国际分工地位的启示。

参考答案：

（1）国际间生产分工出现的历程。

1）萌芽阶段（16~18世纪中叶）：自然经济占统治地位，生产力水平低下，仅存在不发达的社会分工和不发达的地域分工。随着生产力的发展，特别是地理大发现和随后的殖民地开拓，形成了宗主国与殖民地之间国际分工的初级形式。

2）形成阶段（18世纪60年代到19世纪60年代）：第一次产业革命使人类从手工场时期迈入了大机器工业时代，从而使生产力与生产规模空前提高，也使供给规模不断扩大与国家内部市场相对饱和的矛盾不断激化，最终导致机器大工业日益脱离本国基地，完全依赖于世界市场和国际贸易。这一时期西欧资本主义国家的生产力空前提高，使其社会分工空前加深，也促进了国际分工最初形态的形成。

3）发展阶段（19世纪中叶到第二次世界大战）：第二次产业革命，机械、电气工业发展迅速，石油、汽车、电力、电气工业的建立，交通运输工具的发展，特别是苏伊士运河（1869年）和巴拿马运河（1914年）的竣工通航，电报、海底电缆的出现，都大大促进了资本主义生产的迅速发展。资本主义垄断代替了自由竞争，资本输出成为垄断资本主义控制和掠夺他国经济的重要手段。第二次产业革命推动了欧、美、日资本主义经济的快速发展，国际分工的中心也从英国变为一组国家，发达国家之间互为市场，在经济部门之内的国际分工得到了初步发展。

4）深化阶段（第二次世界大战后）："二战"后，世界经济进入到一个新的历史阶段，战争期间及战后形成的科学技术发展高潮，促成了一系列社会新兴产业部门的形成和快速发展，第三次产业部门随之兴起。第三次产业革命直接导致了一系列社会新兴产业部门的诞生，如高分子合成工业、原子能工业、电子工业、宇航工业等。它使社会分工的形式更加复杂化、专业化和精细化。在越来越多的生产领域中，以国内市场为界限的生产已经不符合规模经济的要求，从而导致不同型号规格的产品专业化、零配件与部件的专业化和生产工序流程的专业化，在一国部门间的分工逐渐向部门内部分工发展的同时，越来越多产品的工序流程开始跨越国界形成产品内国际分工。

（2）进行这种生产安排的原因和意义。

国际分工是国际贸易的基础；国际分工的发展速度决定国际贸易的发展速

度；国际分工的发展引起国际贸易地理方向的相应变化；国际分工的发展引起国际贸易商品结构的相应变化；国际分工的发展使对外贸易依存度不断提高；国际分工影响国际贸易的利益分配；国际分工促进国内分工的发展；国际分工推动世界市场的扩大；国际分工影响国际贸易格局。因此，两家飞机公司采取国际分工的方式，在生产过程中进行了这种生产安排。

（3）对我国提高国际分工地位的启示。

一方面，须大力发展先进设备制造等发达国家处于垄断地位的产品，强化具有高增长率、高附加价值的产业。另一方面，传统优势部门的技术升级要选准方向，从提高生产率、降低生产成本，转向提高产品档次、增加技术含量、培育品牌、提高附加价值。

二、什么是一辆真正的"美国"汽车

（一）案例内容——国际分工（什么是一辆真正的"美国"汽车）

主旨：随着国际分工的深化，界定一辆美国汽车日益变得困难。全球化发展过程中，为了增强竞争力，汽车制造商必须从全球购买更便宜、质量更好的零部件，同时须将汽车销往世界各地以取得规模生产的经济效益。

要回答什么是一辆美国汽车并非易事，这听起来也许有些奇怪。一辆产自俄亥俄州的本田雅阁算是美国车吗？那么在加拿大生产的克莱斯勒小货车呢（特别是现在克莱斯勒已经成为德国戴姆勒-克莱斯勒的一部分）？近50%的部件进口自日本的肯塔基丰田或马自达可以算是美国车吗？显然，要确定真正的美国汽车正日益变得困难，人们的观点也大相径庭。

一些人认为，凡是在北美（美国、加拿大和墨西哥）组装的汽车都是美国车，因为它们用的是美国制造的零件。但汽车工人协会认为，在加拿大和墨西哥制造的汽车抢走了美国人的工作岗位。有些人认为，由在美国的日本工厂生产的汽车应视为美国的，因为它们为美国人提供了工作岗位。另一些人则认为，这些日本"跨国工厂"生产的汽车应算是国外的，理由是利润又汇回了日本。那么，如果这些工厂使用的部件75%甚至90%是美国生产的，又该怎样算呢？由马自达位于密歇根的工厂为福特生产的福特 Probe 车，可以算是美国车吗？

要想准确地界定一辆美国汽车的确有困难，尽管1992年的美国汽车标签法要求所有在美国出售的汽车均须标明其部件产自国内或国外的比例。也许有人怀疑在当今日益相互依存和全球化的世界，这样的问题是否还重要？为了增强竞争力，汽车制造商必须从全球购买更便宜、质量更好的零部件，同时须将汽车销往世界各地以取得规模生产的经济效益。福特在7个地区设计它的汽车（美国2个，英国、德国、意大利、日本和澳大利亚各1个），在30个地区拥有制造厂

（北美3个、南美3个、亚洲7个、欧洲17个），其员工来自国外的人数比来自美国的还要多。事实上，和其他市场一样，汽车市场上正在迅速发展出少数真正全球化且独立的公司。

福特汽车生产网络如图2-1所示。

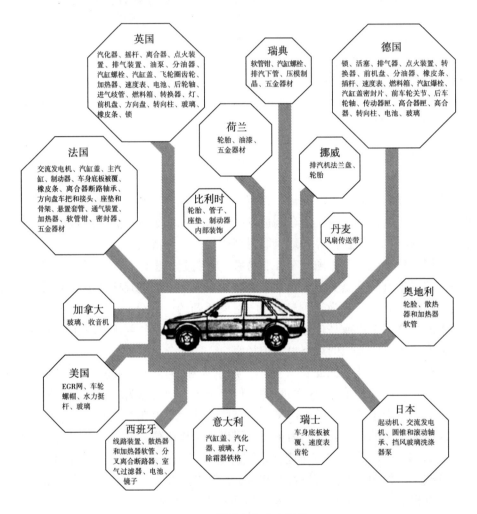

图2-1 福特汽车生产网络

（二）分析要求

（1）汽车跨国公司内部如何进行分工？

（2）美国福特汽车生产网络的出现表明了什么样的国际分工？

（3）中国汽车的生产是否也要走福特的道路？

参考答案：

（1）汽车跨国公司内部的分工方式。

汽车跨国公司的分工形式主要是网状型的分工。跨国公司通过直接投资，进行全球性生产和经营，形成网状国际分工体系。根据案例材料，福特在7个地区设计它的汽车，在30个地区拥有制造厂，许多经济贸易活动通过设立的全球生产体系和销售体系进行，通过"转移价格"进行公司内部的交易运作。同时，跨国公司为了充分利用东道国本身的比较优势，常常安排不同型号、不同规格产品或零配件和部件或者是工艺过程的跨国界分工，获取各种分工的效益，实现利润最大化。

（2）美国福特汽车生产网络出现表明的国际分工类型。

美国福特汽车生产网络的出现表明了水平型国际分工的充分利用。例如，在不同型号、不同规格产品的分工方面，荷兰和比利时都为福特提供轮胎这一配件，不同国家对同一类产品按不同型号或者规格进行分工，从事专业化生产，适应福特公司的需要；在零配件和部件生产的分工方面，以上15个国家分别为福特提供不同零部件的生产，实现汽车零件的整装；在工艺分工方面，以上汽车生产过程中所需的中间产品体现了生产工艺的分工，它以中间产品的形式具体表现了工艺的分工。

（3）中国汽车的生产道路。

福特之路值得我国汽车行业借鉴，但必须结合实际，具体问题具体分析。福特开展网状化的国家投资活动进行世界范围内的分工生产，为求成本的降低。但是结合我国实际，我国劳动力成本低是公认之实，故寻求成本的降低不应作为我国汽车产业进行国际分工安排的主要目的。在提倡自主创新的大潮流下，领先技术的获得、市场的开发应是我国汽车行业做强做大、实现"走出去"战略的首要目标。

三、苹果公司组织方式的选择

（一）案例内容——国际分工（苹果公司组织方式的选择）

主旨：苹果公司采取比较彻底的分割和外购国际分工方式，不仅提高了行业竞争强度，还使企业利润增加。

苹果公司（Apple Inc.）总部位于美国加利福尼亚州库比提诺，主要从事计算机、移动通信和传播设备、便携式音乐播放器及相关软件等产品的设计、制造和销售，在设计和开发自己的操作系统、硬件、应用软件和服务领域形成了核心能力。根据苹果公司2010年报披露的情况，公司选择将所有产品及其零部件均由第三方企业制造，产品运输和后勤管理采用外购的组织方式。公司最终产品组装目前分布在美国加利福尼亚州、得克萨斯州以及中国、捷克、韩国，关键部件制造和供应分布在美国、德国、爱尔兰、以色列、日本、韩国、马来西亚、荷兰、菲律宾、中国台湾、泰国和新加坡，其中，苹果计算机、iPhone、iPad 和 iPod 装配在中国完成。可见，苹果公司产品制造企业位于美国以外，分布在亚洲、欧洲等地区。

从经济学角度来看，苹果公司采取比较彻底的分割和外购方式有其内在动力。一是手机行业竞争强度高，逼迫苹果公司寻找成本更低的制造地点和协作企业，把组装等劳动密集型环节转移到劳动力富集国家。二是企业利润最大化，即使把一些零部件放在美国国内生产可以实现利润，但只要海外外购能实现更多利润，企业在利润驱使下将采取外购方式。

由表 2-1 可见，iPhone 主要零部件多已转移到美国以外地区，美国生产零部件价值占比较低，产品价值链由多个国家的多个企业共享。

表 2-1　iPhone 3G 的主要部件和成本　　　　　　单位：美元

制造商	部件	成本
日本东芝	闪存	24.00
	显示组件	19.25
	触摸屏	16.00
韩国三星	应用处理器	14.46
	随机存储器	8.50
德国英飞凌	基带	13.00
	照相机	9.55
	无线电收发器	2.80
	GPS 接收器	2.25
	Power ICRF Function	1.25
美国博通	蓝牙	5.95
美国恒忆	多重晶片封装记忆体	3.65
日本村田	射频前端模组	1.35
德国对话半导体	电力集成电路应用处理器	1.3
美国凌云逻辑	多媒体数字信号编解码器	1.15
其他	—	48.00
材料和零部件总计		172.46
富士康深圳	组装	6.50
总计	—	178.96

（二）分析要求

（1）什么是国际分工，其与国际贸易是什么关系？

（2）国际分工有哪些类型，苹果公司属于哪一类型？

（3）苹果公司采取国际分工的方式对其他公司未来的发展带来哪些启示？

参考答案：

（1）国际分工的定义。

国际分工（International Division of Labor）是指世界上各国（地区）之间的劳动分工，是各国生产者通过世界市场形成的劳动联系，是国际贸易和各国（或地区）经济联系的基础。它是社会生产力发展到一定阶段的产物，是社会分工从一国国内向国际延伸的结果，是生产社会化向国际化发展的趋势。

国际分工与国际贸易的关系：国际分工是国际贸易的基础，国际贸易是国际分工的表现，二者相辅相成，互相制约，互相促进。

（2）国际分工的类型。

按参加国际分工经济体的生产技术水平和工业发展情况的差异来分类，可划分为三种不同类型的国际分工形式，即垂直型经济分工、水平型经济分工、混合型国际分工；按照分工是否在产业之间或产业内部，分为产业间经济分工和产业内经济分工。

苹果公司的国际分工类型：苹果公司的国际分工按生产技术水平分工属于混合型经济分工。苹果公司分工主要集中在经济发展水平相同或接近的国家（如发达国家以及一部分新兴工业化国家），德国、日本、韩国和美国是资本主义经济体且都很重视产品研发和科技创新，因此苹果公司技术含量高的中间产品由这些国家的企业研发制造和控制，这属于水平型经济分工；最终产品组装在中国，这属于垂直型经济分工。

苹果公司国际分工按产业差异分工属于产业内经济分工，产业内经济分工是指在同一产业内产品的"差别化"分工和产品生产工序中的分工，即中间产品与组装成品的分工。

（3）苹果公司采取的国际分工方式对其他公司带来的启示。

苹果公司采取比较彻底的分割和外购方式，提高了企业竞争力，降低了生产和技术成本，使公司实现利润最大化。其他公司未来在发展时，应当结合企业的实际情况，充分发挥自己的技术优势和低成本优势，利用生产分割方式组织生产，在世界范围内优化生产能力布局。

四、生产还是进口

（一）案例内容——国际分工（生产还是进口）

主旨：美国通过国际分工合作，进口低于本国生产价格的滑雪板，再以高价卖出，获得差额利润。分工合作提高生产专业化，减少不必要的要素资源浪费。

拿起任何一件制造品，你很可能会发现它是一件许多国家间的贸易品。以滑雪板为例，2005年美国以每块平均批发价44美元从20个不同国家进口了134万块滑雪板，滑雪板的进口额是5900万美元。根据美国海关进口数据，2005年对美国出口滑雪板金额最大的10个国家或地区具体如表2-2所示。

表2-2　2005年美国的滑雪板进口

排名	国家或地区	进口额（百万美元）	滑雪板数量（千块）	均价（美元/块）
1	中国	18.1	355	51
2	奥地利	17.8	186	95
3	加拿大	9.1	123	74
4	墨西哥	5.0	565	9
5	西班牙	2.2	25	84
6	波兰	1.9	25	74
7	突尼斯	1.3	7	163
8	法国	1.1	9	118
9	德国	1.0	8	119
10	中国台湾	0.5	20	24

向美国出口滑雪板最多的是中国，价值超过1800万美元的滑雪板；其次是奥地利，出口略少于1800万美元。这两个国家的出口大大超过了加拿大和墨西哥组成的第二集团，它们分别向美国出口了约900万美元和500万美元。然后是一个主要由欧洲国家——西班牙、波兰、法国和德国组成的大集团，它们各自向美国出口了100万~200万美元不等的滑雪板。中国台湾和其他10个国家（地区）各出口了不到100万美元。

（二）分析要求

（1）美国完全拥有制造所有滑雪板的能力，为什么还要从这些国家或者地区进口呢？

（2）一旦某些国家或地区制造滑雪板的成本价升高，美国是否还愿意从这些国家或地区进口滑雪板呢？它会选择怎么做？

（3）简述本案例对国内国际双循环背景下中国参与国际分工的启示。

参考答案：

（1）美国从别国或地区进口滑雪板的原因。

通过低买高卖，获得差额利润。美国虽然拥有制造所有滑雪板的能力，但通过对比各国家的出售价格可以看出，美国大量进口价格低的国家的滑雪板，可以减少成本，低买高卖，提高利润。

（2）别国或地区制造滑雪板成本升高后美国的做法。

一旦某些国家或地区制造滑雪板的成本价升高，美国将衡量其升高后的成本价是否低于本国生产制造的滑雪板。若价格仍低于本国生产成本，将会继续进口；若高于本国生产成本，美国将不愿意继续进口该国家的滑雪板。

（3）案例对双循环背景下中国参与国际分工的启示。

就分工目标而论，要集聚全球先进要素，建设现代化经济体系，推动国内经济高质量发展；就分工优势而论，要培育内源主导、内外联动的内生发展能力，发挥技术、市场、资源、制度、产业等多要素系统集成优势；就分工角色而论，要在"世界工厂"和"世界市场"的基础上，实现由全球价值链参与者到主导者、引领者的角色升级。

五、部分国家的专业化生产与出口集中化

（一）案例内容——专业化生产（部分国家的专业化生产与出口集中化）

主旨：科威特是海湾石油国家，1961 年建国以来，改变单一石油经济模式，在以石油美元带动经济多样化战略的指导下，科威特的海外投资取得了成功，国家经济发展不断进步。

由于存在成本递增，在现实世界中没有哪个国家仅专业化生产一种产品。最接近完全专业化生产和贸易的国家是科威特，该国 2010 年的石油出口占出口总值的 92.1%。阿根廷是另一个高度专业化生产自然资源的发展中国家，该国的食品出口占出口总值的 49.5%。美国、欧盟 27 个成员国（EU-27）出口最多的产品占其出口总值的比例还不到 16%。日本和韩国的这一比例介于 19%~21%，而中国和巴西的这一比例则介于 28%~30%。如表 2-3 所示。

表 2-3　2010 年部分国家主要出口产品占出口总值的百分比

国家	主要出口产品	占出口总值的百分比（%）
美国	化工产品	14.8
欧盟（27 国）	化工产品	15.8
日本	汽车产品	19.4

国家	主要出口产品	占出口总值的百分比（%）
韩国	办公及通信设备	25.7
中国	办公及通信设备	28.5
巴西	食品	30.1
阿根廷	食品	49.5
科威特	燃料	92.1

科威特是一个仅有 420 万人的小国，大部分国土为沙漠，境内无河流，雨量稀少，发展农业自然条件差。除石油外，其他资源贫乏。英、美等国家长期控制和掠夺科威特油气资源，使其成为英、美等国家的原油供应地，一直以单一、畸形的石油经济为主。20 世纪 70 年代，随着第三世界石油斗争的胜利，科威特的石油收入迅速成倍增长，石油、天然气工业成为国民经济的主要支柱。科威特独立以来，随着石油价格的提高，石油和石化产品出口量的增加，获得了巨额的石油美元。通过石油美元盈余带动社会发展，改变单一石油经济模式，实现国家工业化和经济多样化发展是科威特建国以来不变的经济发展战略。

据统计，2015 年石油产值占科威特 GDP 的 50%，占出口收入的 94%，占政府收入的 89%；2018 年，石油、天然气工业依然是科威特国民经济的主要支柱，其产值占国内生产总值的 45%，占出口收入的 92%。

（二）分析要求

（1）什么是完全专业化生产与不完全专业化生产？

（2）科威特为什么改变单一石油经济模式，放弃完全专业化生产石油？

（3）试评价科威特以石油美元带动经济多样化发展战略对该国经济发展有何利弊？

参考答案：

（1）完全专业化生产与不完全专业化生产的含义。

完全专业化生产指各国根据比较优势理论进行专业化分工，在机会成本不变的情况下，每一国只生产其具有比较优势的产品，即全世界对某种产品的需求完全由具有比较优势的国家来生产。而不完全专业化指各国根据比较优势理论进行专业化分工，在机会成本递增条件下，各国只生产部分其具有比较优势的产品并出口，同时也生产其不具有比较优势的产品。

（2）科威特改变单一石油经济模式，放弃完全专业化生产石油的原因。

首先，从机会成本递增角度分析科威特不进行完全专业化生产的原因，具体如图 2-2 所示。

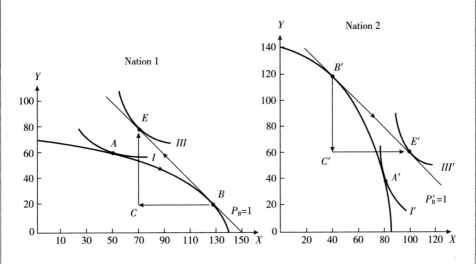

图 2-2 成本递增条件下的贸易所得

当国 1（科威特）专门生产 X（石油）时，它生产 X 的机会成本不断提高，机会成本呈现递增态势；当国 2 专门生产 Y（农产品）时，它生产 Y 的机会成本不断提高，机会成本也呈现递增态势。两国的相对商品价格将会逐渐接近，直到相等，即 $P_B = P_B' = 1$。在该均衡点上，任何一个国家都不会继续扩大其具有比较优势的商品的生产，而这通常发生在任何一个国家在生产上达到完全专业化前，因此，科威特放弃完全专业化生产石油。

其次，从科威特的经济结构分析其不进行完全专业化生产的原因。如果纯粹地专业化生产具有比较优势的产品，那些不具有比较优势的产品纯粹依靠进口的话，则具有太大的依赖性，一旦与这些进口产品的国家贸易条件恶化，则对国家经济甚至政治的影响都是无法想象的。因此，需要适当地生产一些不具备比较优势的产品。

（3）科威特以石油美元带动经济多样化发展战略对国家经济发展的利弊。

1）好处：

①利益最大化。科威特的石油在国内生产的相对价格低于国际市场的相对价格，具有绝对优势，根据比较优势原理，科威特仅通过出口石油与别国进行贸易就可获得更多的产品，满足国家的需求，不必把资源去生产处于相对劣势的商品，资源得到合理利用的同时实现了利益最大化。

②促进本国经济增长。石油作为战略性物资，被称为"黑色金子"，是世界各国发展所必需的储备物资。此外，石油还是现代工业社会最重要的原料。比如，绝大多数运输工具使用石油及其衍生品驱动；发电设备需要使用石油；化学工业原材料需要石油。石油工业的发展给科威特带来了翻天覆地的变化，使其成为因石油而走上富裕道路的国家之一。

③吸引外资流入。科威特本身劳动力匮乏，技术人员也极度缺乏，面临着各种各样的掣肘，但因出产石油而具有巨额资金，使得科威特可以通过引资吸引外国先进技术和具有先进管理技能的高端人才，从而促进本国发展。

④开展对外投资。科威特通过出口石油而获得巨额利润，使得其可以应用大量的本国资本进行投资。联合国贸易和发展会议发布的 2015 年全球投资报告指出，科威特是中东地区最大的海外投资者，全球排名第七位，直接对外投资额为 140 亿美元，位居西亚第一。通过海外投资使得科威特本国的资本得到有效利用，极大地促进了本国资本的流动和增长，从而推动本国的发展。

2）弊端：

①加剧其单一经济结构的不合理性。虽然科威特政府多年来一直致力于经济多元化战略，但石油天然气工业是国民经济的主要支柱，单一的石油经济结构依旧没有改变，经济体系仍然比较单一和脆弱，经济发展易受制于世界石油市场的供求关系，目前石油仍作为支柱产业，油价高时收入就丰，反之收入就少。

②经济极易受到威胁。石油作为不可再生资源，一旦出现资源枯竭，科威特如果没有其他具有相对优势的支柱产业作为替代，该国的经济发展将面临诸多威胁。

③以外籍劳工为主的劳动力构成结构给经济发展带来了不稳定因素。科威特的经济发展对外籍劳工形成严重依赖，人口高度集中的分布状况给城市就业、住房、交通、安全和资源供给都带来沉重压力。外籍劳工与本国人之间的贫富差距使双方形成对立面，宗教文化差异和外籍劳工的不稳定性都给科威特的经济发展和社会稳定带来隐患。

④物价易出现不稳定性。科威特在国内将大量石油美元用于资本投资，容易引发通货膨胀。

⑤政府和议会间的斗争使经济发展战略难以落地。科威特在经济多样化方面进展缓慢，不仅因为发展贸易的条件不完善和投资法规不健全，更是因为议会与政府部门的关系持续紧张，许多发展计划推出以后得不到实施，造成了经济改革进程缓慢。这种对政府政策有令不行或者说有令难行的状况使很多投资者望而却步。

六、海尔走向世界市场

（一）案例内容——世界市场（海尔走向世界市场）

主旨：海尔不断调整战略方式和商业模式，以用户需求为中心，加大创新投入，实现持续发展，逐步走向世界。

海尔是全球大型家电第一品牌，1984 年创立于青岛。创业以来，海尔坚持以用户需求为中心的创新体系驱动企业持续健康发展，从一家资不抵债、濒临倒闭的集体小厂发展成为全球大型家电第一品牌。2016 年，海尔在全球有十大研发中心、21 个工业园、66 个贸易公司、143330 个销售网点，用户遍布全球 100 多个国家和地区。2017 年，海尔进入世界品牌 50 强。

海尔始终秉承"以用户为是，以自己为非"的理念，历经五个战略发展阶段：名牌战略、多元化战略、国际化战略、全球化品牌战略、网络化战略阶段。创业 35 年的拼搏努力，使海尔品牌在世界范围的美誉度大幅提升。"创新驱动"型的海尔集团致力于向全球消费者提供满足需求的解决方案，实现企业与用户之间的双赢。

（1）名牌战略（1984~1991 年）：要么不干，要干就干第一。20 世纪 80 年代，正值改革开放初期，很多企业引进国外先进的电冰箱技术和设备，包括海尔。那时，家电供不应求，很多企业努力上规模，只注重产量而不注重质量。海尔没有盲目上产量，而是严抓质量，实施全面质量管理，提出了"要么不干，要干就干第一"的口号。当家电市场供大于求时，海尔凭借差异化的质量赢得竞争优势。

（2）多元化战略（1991~1998 年）：海尔文化激活"休克鱼"。20 世纪 90 年代，国家政策鼓励企业兼并重组，一些企业兼并重组后无法持续下去，或认为应做专业化而不应进行多元化。海尔的创新是以"海尔文化激活休克鱼"思路先后兼并了国内 18 家企业，使企业在多元化经营与规模扩张方面，进入了一个更广阔的发展空间。当时，家电市场竞争激烈，质量已经成为用户的基本需求。海尔在国内率先推出星级服务体系，当家电企业纷纷打价格战时，海尔凭借差异化的服务赢得竞争优势。

（3）国际化战略（1998~2005 年）：走出国门，出口创牌。2001 年，中国加入 WTO，很多企业响应中央号召"走出去"，但出去之后非常困难，又退回来继续做贴牌。海尔认为"走出去"不只为创汇，更重要的是创中国自己的品牌。因此海尔提出"走出去、走进去、走上去"的"三步走"战略，以"先难后易"的思路，首先进入发达国家创名牌，再以高屋建瓴之势进入发展中国家，逐渐在海外建立起设计、制造、营销的"三位一体"本土化模式。

（4）全球化品牌战略（2005~2012 年）：创造互联网时代的全球化品牌。互联网时代带来营销的碎片化，传统企业的"生产—库存—销售"模式不能满足用户的个性化需求，企业必须从"以企业为中心卖产品"转变为"以用户为中心卖服务"，即用户驱动的"即需即供"模式。互联网也带来全球经济的一体化，国际化和全球化之间是逻辑递进关系。"国际化"是以企业自身的资源去创造国际品牌，而"全球化"是将全球的资源为我所用，创造本土化主流品牌，是质的不同。因此，海尔整合全球的研发、制造、营销资源，创全球化品牌。

（5）网络化战略（2012~2019 年）：网络化的市场，网络化的企业。互联网时代的到来颠覆了传统经济的发展模式，而新模式的基础和运行则体现在网络化上，市场和企业更多地呈现出网络化特征。在海尔来看，网络化企业发展战略的实施路径主要体现在三个方面：企业无边界、管理无领导、供应链无尺度，即大规模定制，按需设计，按需制造，按需配送。

海尔通过不断调整战略方式和商业模式，以用户需求为中心，加大创新投入，实现持续发展，逐步走向世界。

（二）分析要求

（1）企业进入世界市场一般要经过几个阶段？试分析海尔集团目前所处阶段。

（2）你认为海尔集团开拓世界市场的主要理念有哪些？

（3）简述你从海尔的成功中得到的启发。

参考答案：

（1）企业进入世界市场一般要经过的阶段及海尔集团目前所处阶段。

1）企业进入世界市场需要经过以下三个阶段：

第一阶段是产品出口阶段。一般先间接出口，即通过代理人出口，其好处是投资少，风险小。缺点是需拿出佣金，容易被中间商控制和垄断。待间接出口到一定阶段，取得经验，就转为直接出口。其优点是直接面向市场，能及时了解、掌握市场信息，获得较多利润，缺点是投资较多，风险较大。

第二阶段是国外生产阶段。一般采取以下三种方法：合资企业；国际分包，即外国控制的承包商将其承包工程的一部分分包给承包商；按照许可制造，即外国持有人（许可人）给予买方（被许可人）该产品的制造和在当地市场及指定的出口市场的专有权。

第三阶段是跨国经营阶段。在此阶段，企业在不同的国家和地区设立子公司或分支机构，从事国外生产、销售活动；母公司对子公司具有直接控制能力，以全球为出发点考虑全部企业的经营管理。

2）海尔集团母公司直接控制其子公司，以全球为出发点考虑企业经营管理，因此海尔集团目前处于第三阶段。海尔集团为了适应全球经济一体化的形势，开始运作全球范围的品牌，以中国为主要基地，向全世界辐射；全球化品牌战略则是在每一个国家的市场创造本土化的海尔品牌。海尔实施全球化品牌战略要解决的问题在于提升产品的竞争力和企业运营的竞争力，与分供方、客户、用户都实现双赢利润。

（2）海尔集团开拓世界市场的主要理念。

从1984年开始创业，海尔集团经过了名牌战略、多元化战略、国际化战略、全球化品牌战略四个发展阶段，截至2012年12月，海尔集团宣布进入第五个发展阶段：网络化战略阶段。随着海尔征战互联网，张瑞敏的管理思维再次突破传统管理模式的桎梏，将"人单合一双赢模式"升级为"人单合一2.0——共创共赢生态圈模式"。"人"从员工升级为攸关各方，"单"从用户价值升级到用户资源，"双赢"升级为共赢，最终实现共创共赢生态圈的多方共赢增值。

（3）从海尔的成功中得到的启发。

1）发展战略的成功。无论其是多元化还是专业化的发展战略，都随着企业的现实资源在调整。在编制和实施中，海尔重视对战略的总体规划和分步执行，可以这样说，海尔在编制战略发展中，是集结了整个海尔的力量，经过分级讨论，最后形成了董事会的决定。

2）企业文化的成功。每一个海尔人，都可谓是以海尔为家、为福祉。海尔有了，大家都有了；改制后，海尔以一家股份制企业，将曾经竭力想做到却未能做到的实现了，可谓是一个企业的奇迹。

3）市场定位的成功。海尔深谙市场的魅力，在目标市场的锁定上，海尔是下了大功夫的。在市场调研方面，海尔准确地把握了目标市场的需求；在客户需求的提炼上，海尔针对市场做了海量的数据，且予以存入数据库，以供随时调取；在市场定位上，海尔及时地锁定了自己的目标市场，并将之写进长期的发展规划和年度计划中。

4）目标市场攫取及市场开拓的成功。海尔设定了有效的销售渠道，并将渠道捆绑一体化发展，在海外市场上，海尔的做法不是大众化的一体化策略，而是根据各个国家和地区的消费习惯、需求和合作客户，做出了准确的取舍、维护和利益分享。

七、联想计算机集团公司开拓世界市场

（一）案例内容——世界市场（联想计算机集团公司开拓世界市场）

主旨：联想计算机集团公司通过选择与香港导远公司和中国技术转让公司作为合作伙伴，打开国际市场；而后成功地与美国IBM公司实现战略合作，收购

IBM 的 PC 业务，一跃成为当今世界上 PC 业三大巨头之一，在世界市场的品牌认知度迅速提升。

联想计算机集团公司成立于 1984 年 11 月。公司靠 11 个人、20 万元贷款起家，从搞维修、培训等技术服务起步，在以联想汉字系统这一拳头产品打开市场的基础上，从 1988 年开始走外向型发展道路，通过在香港开办合资公司，积极参与国际竞争，充分发挥自己的技术优势，促进了公司的快速发展。

联想能够在较短的时间内成功打入国际市场，关键在于从公司实际出发，制定并实施了一套行之有效的海外发展战略和策略。

1. 成立一个贸易型公司

联想进军海外市场的第一步，是成立一个贸易型公司。在积累资金、了解市场的基础上，逐步形成了技工贸一体化的产业结构。在这一过程中，从合作对象的选择、产业结构的布局，到指定产品开发和市场销售的策略，每一步都按照预定计划和目标往前走，从而大大减少了盲目性，增强了主动性。

2. 创办合资公司，优势互补

在香港办合资公司，首先面临的是如何选择合作伙伴的问题。如果找资本雄厚的大公司合作，可以比较容易地解决资金问题，但大公司一般都有自己的一套运行方式，与其合作容易受到限制。而联想进军海外市场的目的不仅在于盈利，而是要发挥自己的技术优势，使自己研制生产的产品在国际市场上占有一席之地。为此，联想实行了"瞎子背瘸子"的合作策略，选择了香港导远公司和中国技术转让公司作为合作伙伴。

中国技术转让公司是由中银、华润、光大、中国保险公司、中国专利公司等几家大公司投资经营的，经济实力和信誉有保证，可以比较容易地得到贷款；导远公司是由几名毕业于英国伦敦大学计算机专业的年轻人创办的，虽然资金并不雄厚，但他们比较熟悉海外市场，有在国际市场上销售的经验，好比是心明眼亮的"瘸子"；联想公司虽然有雄厚的技术实力、国内的保底市场和维修服务网络，却对海外的销售渠道不甚熟悉，好比是身强力壮的"瞎子"。"瞎子背瘸子"，目标一致，精诚合作，加上强有力的资金支持，自然就取得了成功。

3. "两头在外，中间在内"，内外互补策略

"两头"指产品开发和销售这两个环节。开办合资公司后，除了产品销售要面向国际市场外，联想公司最受益之处在于其能够把研发部门直接设在香港。这样做的好处是：能够迅速得到市场需求变化和技术发展动态方面的信息；能够及时获得齐全的技术资料；能够及时采购到高质量的元器件。这一良好的开发环境，使得科研开发人员能够对市场变化迅速做出反应，开发适销对路的产品，大大缩短了开发周期。

"中间在内"是把批量生产这一环节放在深圳的基地进行。深圳从房地产价格、加工费到劳动成本，都比香港便宜。在深圳建立生产基地，可以大大降低成本。为了适应国际市场行情变幻不定的特点，公司还采取自己生产与委托加工结合的方法，在自有工厂保持适度规模的同时，同航天部和机电部所属的华星、光明、珠峰、雅德等企业建立了委托加工的合作关系，既避免了大量投资，又可以保证订货量大时及时供应。

香港联想实行"两头在外，中间在内"，是以北京联想雄厚的技术储备和充分的人力资源为后盾的。实际上，联想公司已经逐步做到整个集团公司的战略决策统一制定，资金统一调拨，重要人员统一安排，形成了内外互补的良性循环，因而能在竞争中发挥独特的优势，抵御风险的能力也大大增加。

4. 在海外设立分公司，提升国际市场竞争力

20 世纪 90 年代中后期，联想集团发展迅速，分为北京联想和香港联想两大部分，并在美国的洛杉矶、费城，加拿大的多伦多，德国的柏林、德斯多夫，澳大利亚的悉尼，新加坡等地设有 24 个分公司，形成了一个跨国横向经营的体系。公司内部集科研、生产、销售于一体，已经从最初的贸易型公司转变为生产型企业。1990~1998 年，全公司的营业额平均每年增长 93.7%，1991 年达到 10 亿元，出口创汇达 5500 万美元，累计创利税 8300 多万元。

从 1990 年起，北京联想公司开始从经销国外计算机产品为主向生产经销自制产品为主转变，微机、汉卡等自制产品产值已占公司营业额的 87%。

但联想集团仍然缺乏足够的国际市场竞争力，无论是业务和技术能力还是知名度和信誉度都较为有限。为了实现跳跃式发展的战略目标，联想成功地与美国 IBM 公司实现了战略合作，2004 年联想花费 17 亿美元的巨资收购了 IBM 的 PC 业务，一跃成为当今世界上 PC 业三大巨头之一，在世界市场的品牌认知度迅速提升。

近年来，联想集团在各方面都有了较大发展。2013 年，联想电脑销售量升居世界第一，成为全球最大的 PC 生产厂商。2014 年 10 月，联想集团宣布已经完成对摩托罗拉移动的收购。2015 年 8 月 27 日，中国民营企业 500 强榜单显示，联想控股以 2894.76 亿元的营业收入位居榜首。2018 年 5 月 8 日，联想集团董事会宣布成立全新的智能设备业务集团。在产品竞争力上，联想集团保持全球领先地位。根据互联网数据中心（Internet Data Center，IDC）报告，2018 年前三季度，联想全球 PC 出货量重返第一，并保持 PC 及平板计算机市场的领导者地位，市场份额创历史新高，达 24%，利润率保持了 5% 的行业领先水平。在移动业务上，该公司采取聚焦策略，减少开支、简化产品组合以及专注于拉丁美洲和北美核心市场的战略，在新兴市场国家则专注于中国和印度两大市场。此外，联想还大力孵化智能垂直行业的解决方案，专注于智能制造、智能零售、智能教育及智

能医疗领域。

（二）分析要求

（1）联想集团开拓世界市场的主要途径和手段有哪些？

（2）你认为联想集团在世界市场的竞争力如何？该怎样进一步加强？

（3）通过本案例试分析企业不断开拓市场，走向国际的动因。

参考答案：

（1）联想集团开拓世界市场的主要途径和手段。

1）联想集团开拓世界市场的主要途径：

①从公司实际出发，结合当时的市场环境、商品市场动向，制定并实施了一套行之有效的海外发展战略和策略。联想进军海外市场的第一步，是成立一个贸易型公司。

②在积累资金、了解市场的基础上，逐步形成了技工贸一体化的产业结构。在这一过程中，从合作对象的选择、产业结构的布局，到指定产品开发和市场销售的策略，每一步都是按照预定计划和目标往前走，从而大大减少了盲目性，增强了主动性。

2）联想集团开拓世界市场的手段：

①创办合资公司，优势互补。联想公司虽然有雄厚的技术实力、国内的保底市场和维修服务网络，却对海外的销售渠道不甚熟悉。导远公司是由几名毕业于英国伦敦大学计算机专业的年轻人创办的，虽然资金并不雄厚，但他们比较熟悉海外市场，有在国际市场上销售的经验。

②适应变幻不定的市场行情，采取自己生产与委托加工结合（按照许可制造）的方法，联想公司同航天部和机电部所属的华星、光明、珠峰、雅德等几个企业建立了委托加工的合作关系，既避免了大量投资，又可以保证订货量大时及时供应。

③在海外设立分公司，形成了一个跨国横向经营的体系。联想集团有了迅速的发展，分为北京联想和香港联想两大部分，并在美国的洛杉矶、费城，加拿大的多伦多，德国的柏林、德斯多夫，澳大利亚的悉尼，新加坡等地设有24个分公司。

（2）联想集团在世界市场的竞争力及其进一步加强竞争力的举措。

1）联想集团在世界市场的竞争力有待提升。联想集团通过对IBM的PC业务的大规模跨国并购，迅速成为世界上较有影响力的第三大PC制造商，取得了令世人瞩目的经营业绩。但就其国际竞争力而言，与国际竞争对手惠普和戴尔相比，还存在较明显的差距。

2）联想集团进一步加强竞争力的举措：在经济全球化背景下，联想集团要想在激烈的国际竞争中长久立于不败之地，就必须实现赶超国际竞争对手，最终成为世界PC行业的"领头羊"的长远目标。这需要联想集团必须不断地借鉴美国等发达国家企业国际化经营的成功经验，通过构建战略合作伙伴关系，利用产生的协同作用，形成优势互补；或采取标杆管理战略，向世界一流企业学习，找出差距，不断提高与改进；抑或通过加大研发投入，依靠技术、成本、服务、供应链、营销等方面的创新来实现产品的差异化和技术领先地位，从而持续提升联想集团国际竞争力。

（3）本案例表明企业不断开拓市场，走向国际的动因。

1）为现有的产品和服务寻找新的顾客。企业从事国际化活动最直接的动因是开发海外市场，在国内市场趋于饱和时为现有的产品和服务寻找新的顾客。随着经济全球化的发展，不同国家的消费者在需求偏好和消费习惯上有趋同倾向，使得企业有可能将产品和服务推向更广阔的市场。

2）寻找低成本的资源。企业在海外市场寻找更优质和更低廉的资源，以降低生产成本，获得低成本优势。可以带来低成本优势的资源主要包括原材料、劳动力和技术。

3）打造核心竞争力。核心竞争力是企业竞争优势的源泉，是企业比竞争对手更优秀的根本性原因。企业将经营活动领域从单一的国内市场扩展到海外市场，可以在更大的范围内学习新的技术、管理经验，积累对顾客需求的认识，由此打造出更强的核心竞争力。

八、格兰仕成功进入国际市场

（一）案例内容——世界市场（格兰仕成功进入国际市场）

主旨：格兰仕通过引进先进的生产线及生产技术，成功使企业转型，并凭借其产品的质量优势及价格优势迅速发展，从一家名不见经传的乡镇小企业，最终在世界市场中占得一席之地。

材料一：广州顺德格兰仕企业集团成立于1992年6月，其前身是一家乡镇羽绒制品厂。1992年10月，格兰仕引进日本松下具有当时国际先进水平的微波炉生产线和生产技术，大举进入家电领域。在之后的10多年间，格兰仕一直保持着稳健、快速的发展势头。1993年，格兰仕试产1万多台微波炉并投放市场，之后几年时间，销售额连年递增。1995年，格兰仕以25.1%的市场占有率稳居全国第一，并于之后一直稳居第一位，且大大超过国际产业、学术界确定的垄断线。在国内市场微波炉单项冠军地位巩固的基础上，格兰仕集团于1998年开始实施新的战略，通过国际化与多元化，实现全球市场小家电多项冠军的宏伟目标。2000 年，格兰仕产销量达 1200 万台，占有全球微波炉市场的 1/3，成为微波炉世界领导品牌，远销 200 多个国家和地区。2005 年，中国微波炉产品的全球市场份额已突破 70%，其中，格兰仕的全球市场占有率超过了 50%；2007 年，格兰仕集团总产值达到了 180 亿美元，进出口总额约 10 亿美元。

材料二：1998 年，格兰仕彻底关掉所有毛纺业务，采取"聚焦战略"，集中力量做好微波炉，并全面启动全球营销战略。这一年格兰仕微波炉产销规模达到世界第一，年产能达到 450 万台。同年，格兰仕迎来了法国翡罗利公司 10 万台的大单。自此，格兰仕微波炉走上了国际舞台，并借着当时欧洲各国对 LG 等韩国微波炉品牌实施反倾销制裁之时，大举进入欧洲市场，迅速补充了韩国企业退出所留下的市场空缺，将被日韩企业垄断多年的国际微波炉制造市场夺下。格兰仕生产的微波炉的国际市场占有率也在该年达到了 15%。随后，格兰仕以英、法、德三个市场为基础，逐步和欧洲大型家电生产企业联合，将产品扩展到非洲、拉美及北美市场，和法国家乐福、德国麦德龙、法国欧尚等世界级大型连锁超市结成合作关系，并签订合同进行产品销售。格兰仕开始通过 OEM（原始设备制造商）的方式推行出口战略，开始了国际化经营的第一步。截至 2006 年，格兰仕已经在研发方面投入 2 亿元，开发出近 200 项专利技术，并于当年提出了由"世界工厂"向"全球名牌家电制造中心"转变的战略。

材料三：2020 年 2 月，不少外贸型企业面临催单问题，而格兰仕却没有延误一份订单，全部按期交付。格兰仕数据显示，2020 年以来，格兰仕的健康家电需求在很多国家和地区快速增加。其中，北美市场供不应求的形势不断高涨。自 2020 年 2 月复工复产以来，格兰仕微波炉生产线一直处于满负荷状态，微波炉、电烤箱的订单排不过来，甚至出现外贸订单挤占内销产能的情况；格兰仕自主品牌冰箱在北美前五名零售商中保持 100% 以上的增长，订单从年初一直排到了第三季度。

（二）分析要求

（1）什么是世界市场，其构成要素有哪些，主要分为哪几类？

（2）格兰仕处于哪一类世界市场？结合案例材料说明格兰仕采用了哪些交易方式？

（3）分析格兰仕能在世界市场上具备竞争力的原因？

参考答案：

（1）世界市场的含义、构成要素以及分类。

1）含义：世界市场是指世界各国交换产品、服务、技术的场所。在国家存在的情况下，各国国内市场有其独立性，世界市场和国内市场通过对外贸易联系起来。

2）构成要素：世界市场主要由国家与地区、贸易厂商、交易商品、市场管体、市场链体五大要素构成。

3）分类：按交易国家划分为发达国家市场、发展中国家市场、经济转型国家市场；按交易内容划分为货物市场、服务市场、技术市场。

（2）格兰仕所处世界市场的类别和主要采用的交易方式。

1）格兰仕所处世界市场的类别：格兰仕以英、法、德三个市场为基础，逐步和欧洲大型家电生产企业联合，将产品扩展到非洲、拉美及北美市场，按交易国家划分，有发达国家市场、发展中国家市场、经济转型国家市场；因为格兰仕主要是进行商品的销售，按交易内容划分，属于货物市场。

2）格兰仕主要采用的交易方式：世界市场上根据交易双方的标的和支付能力的情况，形成了单纯的商品购销、包销、代理、寄售、拍卖、招标与投标、期货贸易、对销贸易、加工贸易、补偿贸易、租赁贸易共 11 种不同的交易方式。

从资料中可以看出，格兰仕的交易方式主要有单纯的商品购销（交易双方不通过固定市场而进行的商品买卖活动）、代理（与大型连锁超市签订合同进行产品销售）、寄售（与海外的连锁店签订合同销售产品）以及加工贸易（加工其他电器零件）。

①格兰仕试产 1 万多台微波炉并投放市场，这属于交易方式中单纯的商品购销。

②格兰仕以英、法、德三个市场为基础，与法国家乐福、德国麦德龙、法国欧尚等世界级大型连锁超市结成合作关系，进行产品销售，这种交易方式属于代理。

③格兰仕开始通过 OEM（原始设备制造商）的方式推行出口战略，开始了国际化经营的第一步，这种交易方式属于寄售。

④格兰仕在 2006 年提出由"世界工厂"向"全球名牌家电制造中心"转变的战略以前，拥有着加工其他电器零件的业务，这属于加工贸易。

（3）格兰仕能在世界市场上具备竞争力的原因。

首先，选址优越。格兰仕公司的地址——广州，位于我国沿海地区，交通便利，贸易发达，人才资源丰富，为其产品的开发及销售提供了极大的优势。

其次，生产方式高效。格兰仕的生产方式没有采用传统的寻找代工厂，而是通过自己研发产品并购入生产线的方式。这不仅让格兰仕的生产成本降低，也让格兰仕在国际市场上的竞争力增加。

最后，利用价格优势。格兰仕采用价格战的方式先占领大部分国内市场，再看准时机进入世界市场，使得品牌的知名度增加，让品牌得到发展。

九、宝洁公司融入世界市场的方式与策略

（一）案例内容——世界市场（宝洁公司融入世界市场的方式与策略）

主旨：宝洁公司自创立以来就开启了其国际化进程，通过特有的方式与策略融入世界市场。收购国外公司、建立合资企业是其主要的方式；一致的国际化广告策略、本土化的国际品牌、注重品牌的特性及与消费者需求的贴合性是其重要的策略。这些方式与策略使得宝洁公司成为一个具有影响力的跨国公司，这些经验对于需要迈向国际市场的公司而言具有借鉴意义。

宝洁公司（Procter & Gamble，P&G）创始于 1837 年，是全球的日用消费品公司巨头之一。公司总部位于美国俄亥俄州辛辛那提，全球员工近 110000 人。宝洁在日用化学品市场上知名度相当高，其产品包括洗发、护发、护肤用品、化妆品、婴儿护理产品、妇女卫生用品、医药、织物、家居护理、个人清洁用品等。

P&G 公司通过多种经营战略，不断扩大企业版图。1837 年，为了满足日益增长的国际市场需求，宝洁开始在辛辛那提以外设厂；1915 年，宝洁首次在加拿大建立生产基地；1930 年，宝洁在英国购买了 Thomas Hedley 有限公司，建立第一个海外分支机构；1935 年，宝洁购买了菲律宾制造公司，在远东地区建立第一个运作机构，逐步向国际化大公司发展；1948 年，宝洁在墨西哥建立了在拉丁美洲的第一家公司；1954 年，宝洁在法国马赛租用了一个洗衣粉生产工厂，开始发展在欧洲大陆的生意；1973 年，宝洁收购了日本 Nippon Sunhome 公司，开始在日本制造并销售产品；1982 年，宝洁收购了 Norwich Eaton 制药公司；1985 年，宝洁收购了 Rechardson-Vicks 公司；1987 年，宝洁收购了欧洲的 Blendax 系列产品，包括 Blend-a-med 和 Blendax 牙膏，这是公司历史上最大的一次国际性收购行动；1988 年，宝洁在中国建立合资企业，广州宝洁有限公司注册成立，这是宝洁在世界上最大的消费市场上建立的第一家公司；1991 年，宝洁购买了 Max Factor 和 Betrix，进一步扩展公司的化妆品和香水生意；1998 年，宝洁 Olean 新厂落成投产；2001 年，宝洁公司从施贵宝公司收购了全球染发、护发领导品牌伊卡露系列；2003 年，宝洁收购了德国威娜公司。截至 2005 年，宝洁公司已经在全世界 70 多个国家经营业务，产品畅销 140 多个国家和地区，成为一个真真正正的国际企业。从以上分析不难看出，宝洁公司之所以有今天的成就，很重要的原因之一是选择了进入世界市场，同时，一系列的收购项目也加快了宝洁公司全球化的进程。为了充分发挥国际企业的优势，宝洁建立了全球性的

研究开发网络，研究中心遍布美国、欧洲、日本、拉美等地。

宝洁形成完善广泛的国际经营网络，离不开其制定的多元策略。其一，宝洁强调一致的国际化广告策略。这与其他品牌相区别，不会因为进入新的市场而改变其原来的营销及广告策略。其二，宝洁在产品方面坚持国际品牌的本土化。宝洁根据不同国家人群的特点及其他因素对产品进行改良，在产品名称、广告模特等方面充分本土化以扩大产品销路。其三，宝洁注重品牌的特性及与消费者需求的贴合性。宝洁的产品总是可以向消费者保证质量，让人们在使用的过程中感到满意，产生一种愉悦的心情，并乐于再次购买。从产品本身出发发展出功能性的"诉求点"，将其作为与消费者的连接点，使消费者实实在在地感觉到产品的利益。飘柔的"洗发、护发二合一"、海飞丝的"去头屑"、潘婷的"头发护养专家"、沙宣的"专业美发用品"、舒肤佳的"杀菌及长时间抑制细菌再生"、碧浪的"强力去污"，它们都对消费者承诺了一个重要的利益点，同时获得了消费者的认可。

2010~2020年宝洁公司的营业收入与净利润发展态势如图2-3所示。随着宝洁公司的不断扩大与发展，其营业收入于2010~2013年呈不断上升趋势。之后由于宝洁公司没有抓住2013年互联网发展的重大机遇期，致使其营业收入从2013年开始逐步减少。但从2017年开始，宝洁公司逐渐恢复运营，营业收入逐年增加，净利润也有所提高。

图2-3 2010~2020年宝洁公司营业收入与净利润

资料来源：宝洁公司年报。

（二）分析要求

（1）简述当代世界市场的特征及开拓市场需要做的准备工作？

（2）试分析宝洁公司能够快速融入世界市场的经营战略？

（3）谈谈宝洁公司的发展对中国企业来说有何启示？

参考答案：

（1）当代世界市场的特征及开拓市场需要做的准备工作。

1）当代世界市场（20世纪中叶后，即"二战"后）的特征：

①世界市场结构日趋复杂。其一，"二战"后初期，美国占有绝对优势地位，美、日、欧盟等多元经济体争夺世界市场；21世纪，美国与中国作为世界两大经济体在世界市场占据重要地位。其二，"二战"前，市场类型主要有商品交易所、拍卖行等；"二战"后市场类型不断增多，如跨国公司内部垄断市场、补偿贸易、租赁贸易、加工贸易等。

②世界市场商品结构发生显著变化。其一，初级产品比重下降，制成品贸易比重迅速上升。从1953年起，国际贸易商品结构中工业制成品比重超过了初级产品的比重。其二，制成品贸易中，贸易产品的加工深度、技术含量和附加价值不断提高。

③世界市场区域贸易集团化趋势加强。北美自由贸易区、欧盟等成立，贸易集团都有对内实现贸易自由化、对外采取不同程度的歧视性和排他性政策的共同特点。

④跨国公司迅速发展。跨国公司主要指以本国为基地，通过对外直接投资，在世界各地设立分支机构或子公司，凭借雄厚的资本和先进的技术，按"全球战略"在世界范围内从事国际生产、销售或其他经营活动，获取垄断高额利润的企业。

⑤市场竞争激烈化。"二战"后，由于新技术革命的推动，国际贸易得到迅速发展，世界市场的竞争比以前更加激烈。各国为了争夺世界市场，采取了各种各样的方法，从而使市场竞争激烈化。

2）开拓市场的准备工作：

①了解市场环境。包括经济因素、政治因素、文化因素、社会因素等。

②确定进入市场的目标。即确定商品进入哪个国家或地区；商品面向哪个消费者阶层；商品进入市场的范围。

③分析市场动向。即分析需求数量、竞争对手、需求变化、潜在的市场需求、本身供应能力等。

（2）宝洁公司快速融入世界市场的经营战略。

1）市场细分：宝洁的成功就在于能够通过广泛的市场调研，采用科学的市场细分方法，集中全力推出一种或几种定位的产品以满足不同消费群体的不同需要。让产品去满足顾客，而不是让顾客去适应产品。通过客户的使用反馈，使产品不断得到改进和完善。宝洁公司的产品细分主要表现在产品技术研究方面，如宝洁公司把日本、东南亚消费者的头发拿到化验室，经过精心细致的化验，发现东方人的发质与西方人不同，如较硬较干。于是，宝洁公司专门开发了养护头发的潘婷，满足亚洲消费者的需要，潘婷上市后成为宝洁公司在世界范围内销售额上升最快的洗发水品牌。

2) 多品牌战略：宝洁公司并没有将"宝洁"作为公司产品的品牌，而是通过将市场细分为洗发、护肤、口腔等几大类，各以品牌为中心运作。宝洁的多品牌化战略并非一个产品一个品牌，而是每个产品的每个细分市场都会有相应的品牌。同时，同类产品中的多个品牌间相互独立，并存在适度的竞争，这样降低了每个产品的经营风险；而在每个品牌的下面又有更具体的分类。多品牌的频频出击，使公司在顾客心目中树立起实力雄厚的形象。为减少多品牌间的相互摩擦，宝洁采取了差异化营销，每个品牌有鲜明个性，利用一品多牌，使每个品牌有自己的发展空间，市场就不会重叠。

3) 产品创新：宝洁公司非常重视产品创新。一方面，宝洁公司依托其雄厚的研发能力，长期坚持创新，各种产品每年至少做一次改良。这种策略能延长产品的生命周期，相对于开发全新产品来说，简单便宜速度又快，报酬率高，有利于技术优势与商场紧密结合，增强竞争力。另一方面，宝洁公司坚持"联系与发展"的原则，在开发过程中加强跨技术、跨学科、跨地域和跨业务部门间的联系。结合外部联系、技术收购、先进技术、合作伙伴等，围绕消费者需求进行全方位创新。

4) 广告营销：宝洁公司采取持续的广告攻势对消费者产生持续的影响。日用洗洁品是消费者经常购买的商品，加之宝洁产品的质量较高，通过持续的广告渲染，使消费者得以认知，产生购买欲望，逐渐将概念转化为普通的消费者观念，培养品牌的忠诚度，从而稳固市场占有率。

(3) 宝洁公司的发展对于中国企业的启示。

1) 增强核心竞争力，保障龙头地位。在多品牌扩张实现利润最大化的同时，注重挖掘空白区域，拉长产品链结构的宽度和长度，占据更多市场份额。注重产品的本土化，在坚持国际化的同时，适时改变广告策略，以更好地进入当地市场。

2) 坚持产品创新，保证品质。宝洁公司之所以能够成为日化行业的常青树，在于其对新产品开发的不懈追求，使之能够迎合不断变换的消费需求，甚至创造出新的消费，为公司未来的发展奠定了基础。品牌战略的关键在于提高品牌内涵，改进产品质量，增加产品的技术含量，为用户生产出更满意的品牌产品。

3）抓住机会，迎接挑战。利用信息时代网络带来的巨大便利，收集更多更有效的信息，服务于各种决策。通过创新本土化营销策略，塑造卓越的形象和引导、培育市场需求，需要与时俱进，以赢得更大的市场与发展空间。

4）深入市场调研，及时调整战略。在进军世界市场之前需要做好充分、详细而准确的调研工作，了解自己的优势和长处，为企业决策提供准确、详细的资料，使管理人员做出合理的规划。同时，企业进军世界市场后的战略规划还应具有灵活性，随着市场的变化，产品的不断更新换代，公司需要及时调整自己的战略目标，使其与目前的形势以及日后的发展趋势相吻合。

5）延伸现有市场空间，发掘新的市场潜力。充分利用当地优势，发展优势品牌。目前，绝大多数国内企业还没有与国际巨头直接竞争的能力。竞争企业少、发展潜力大、未形成强势品牌的老年人市场、婴幼市场和男性市场，还存在不少的市场空缺。另辟蹊径，寻找新市场增长点是明智的选择。

十、中国与美国、日本、德国制造业的比较优势

（一）案例内容——世界市场（中国与美国、日本、德国制造业的比较优势）

主旨：当前，中国正处在从制造业大国向制造业强国迈进的关键时期，准确把握中国与美国、日本、德国等制造业强国的国际竞争优劣势及发展态势，对合理制定制造产业转型升级政策、提升中国制造业国际竞争力具有重要的意义。中国劳动密集型产业始终保持强大的国际竞争优势，部分资本与技术密集型产业国际竞争优势不断强化；德国、日本、美国资本和技术密集型产业始终保持较强的国际竞争优势，但部分产业竞争优势出现下降趋势；中国电气机械和器材制造业专用设备制造业等资本与技术密集型产业国际竞争优势主要来源于产品价格优势，德国、日本、美国主要来源于产品技术优势。

当今世界正处于经济格局和政治格局剧烈调整的历史时期，全球贸易保护主义抬头、新冠疫情全球持续流行、地区冲突加剧等因素不断冲击国际产业链和供应链的安全稳定，给制造业发展带来严峻挑战；新一轮科技革命与产业变革加速演进，促进制造业向数字化、智能化、高端化、服务化方向转型升级；碳达峰、碳中和目标倒逼制造业加速绿色低碳化转型，为制造业发展带来重要机遇，同时也对制造业发展提出更高要求。党的二十大站在历史发展新起点上提出建设现代化产业体系，坚持把发展经济的着力点放在实体经济上，推进新型工业化，加快建设制造强国、质量强国、航天强国、交通强国、网络强国、数字中国，制造业在经济发展中的重要性进一步凸显。中国正处在从制造业大国向制造业强国迈进的关键时期，准确把握中国与美国、日本、德国等制造业强国的国际竞争优劣势

及发展态势，对合理制定制造产业转型升级政策、提升中国制造业国际竞争力具有重要的意义。

竞争力是一国的某一产业能够比其他国家的产业更有效地向市场提供产品或者服务的综合素质。产业竞争优势是产业竞争力的核心内涵。1990年，Porter就在《国家竞争优势》一书中构建了"钻石模型"，将各国产业国际竞争优势的来源归纳为6个方面——"生产要素状况""市场需求状况""企业战略、结构与竞争对手""相关产业和辅助产业""政府""机遇"，这为产业国际竞争优势研究奠定了重要理论基础。此后，产业竞争优势成为学术界和政策界关注的重点，相关研究取得了长足发展。

目前，学者们围绕产业竞争优势的测度和国际比较开展了广泛研究，主要集中在三个方面：①利用单一指标对产业国际竞争优势进行测度和国际比较分析；②综合利用多个指标对产业国际竞争优势进行测度和国际比较分析，例如显示性比较优势指数（RCA）、国际市场占有率（MS）、贸易竞争指数（TCI）和价格指数（PI）等；③通过构建指标体系对产业国际竞争优势进行测度和评价。

产业竞争优势是将潜在优势（或不利条件）转化为市场优势的综合能力的作用结果，其直接体现是市场化能力，通过产业和重点产品两个层面的考察。产业层面须综合考察市场份额和进出口情况，分别通过国际市场占有率（MS）、显示性比较优势指数（RCA）、贸易竞争力指数（TCI）等进行表征。显示性比较优势（RCA）指一国某产品的出口在全世界同种产品出口中的份额与该国所有产品的出口在世界总出口中的份额的比率。这一指标反映了一个国家某商品的出口与世界平均水平的相对优势，它提出了国家进出口总量波动和世界进出口总量波动的影响，能够较好地反映一国在该商品方面的相对优势。采用RCA指数比较分析中国、美国、日本、德国制造业竞争优势，探讨各国制造业竞争优势的主要来源，为增强我国制造业竞争优势，推动制造业高质量发展提出有效政策建议。其中，显示性比较优势指数（RCA）计算公式为：

$$RCA_{ij} = (X_{ij}/X_{it})/(X_{wj}/X_{wt})$$

式中，X_{ij}为i国j产业的出口额；X_{it}为i国在t时期所有商品的出口总额；X_{wj}为j产业的世界出口总额；X_{wt}为t时期所有商品的世界总出口总额。$RCA_{ij} \geq 2.5$表明i国j产业具有极强的国际竞争力和比较优势；$1.25 \leq RCA_{ij} < 2.5$表明i国j产业具有较强的国际竞争力和比较优势；$0.8 \leq RCA_{ij} < 1.25$表明i国j产业具有中等的国际竞争力和比较优势；$RCA_{ij} < 0.8$表明i国j产业国际竞争力和比较优势较弱。

2005~2020年，中国、美国、日本、德国制造业显示性比较优势指数发展态势如表2-4所示。

表 2-4 2005~2020 年中国、美国、日本、德国制造业
显示性比较优势指数（RCA）发展态势

国家	行业	2005 年	2010 年	2015 年	2020 年	2005~2020 年增幅
中国	其他制造业	4.13	4.49	4.01	3.83	-0.29
	纺织业	2.65	2.92	2.71	3.19	0.53
	家具制造业	2.16	2.76	2.51	2.32	0.16
	皮革、毛皮、羽毛及其制品和制鞋业	4.12	3.67	2.98	2.21	-1.91
	纺织服装、服饰业	3.28	3.33	2.66	2.20	-1.09
	非金属矿物制品业	1.56	1.87	2.24	2.02	0.46
	电气机械和器材制造业	1.68	1.80	1.82	1.79	0.12
	通用设备制造业	1.97	2.20	1.68	1.72	-0.25
	计算机、通信和其他电子设备制造业	1.77	1.93	1.95	1.71	-0.07
	金属制品业	1.49	1.54	1.59	1.62	0.13
	橡胶和塑料制品业	1.24	1.15	1.38	1.61	0.37
	化学纤维制造业	0.54	1.01	1.07	1.09	0.55
	仪器仪表制造业	1.27	1.33	1.21	1.06	-0.21
	专用设备制造业	0.49	0.92	0.81	0.86	0.38
	木材加工和木、竹、藤、棕、草制品业	1.09	1.14	1.03	0.85	-0.24
	文教、工美、体育和娱乐用品制造业	1.33	0.88	0.77	0.83	-0.50
	造纸和纸制品业	0.33	0.46	0.71	0.74	0.40
	黑色金属冶炼及压延加工业	0.72	0.73	1.08	0.69	-0.03
	印刷和记录媒介复制业	0.42	0.57	0.73	0.69	0.27
	铁路、船舶、航空航天和其他运输设备制造业	0.74	1.12	0.78	0.68	-0.06
	化学原料和化学制品制造业	0.57	0.64	0.65	0.68	0.11
	农副食品加工业	0.62	0.53	0.47	0.39	-0.23
	有色金属冶炼及压延加工业	0.64	0.45	0.54	0.39	-0.26
	汽车制造业	0.16	0.25	0.26	0.30	0.14
	食品制造业	0.39	0.33	0.30	0.30	-0.08
	医药制造业	0.20	0.24	0.22	0.23	0.03
	废弃资源综合利用业	0.01	0.01	0.15	0.23	0.22
	酒、饮料和精制茶制造业	0.31	0.23	0.24	0.21	-0.10
	石油、煤炭及其他燃料加工业	0.19	0.11	0.11	0.17	-0.02
	烟草制品业	0.29	0.28	0.25	0.13	-0.16

续表

国家	行业	2005 年	2010 年	2015 年	2020 年	2005~2020 年增幅
美国	废弃资源综合利用业	3.48	3.33	3.07	3.75	0.27
	铁路、船舶、航空航天和其他运输设备制造业	0.95	0.74	0.77	1.98	1.03
	石油、煤炭及其他燃料加工业	0.26	0.44	0.67	1.50	1.24
	专用设备制造业	1.59	1.58	1.46	1.39	-0.20
	印刷和记录媒介复制业	1.61	1.50	1.38	1.31	-0.30
	仪器仪表制造业	1.58	1.29	1.16	1.25	-0.33
	化学原料和化学制品制造业	1.29	1.38	1.25	1.25	-0.04
	化学纤维制造业	1.31	1.47	1.27	1.15	-0.16
	造纸和纸制品业	1.13	1.25	1.17	1.13	0.00
	通用设备制造业	1.23	1.19	1.21	1.06	-0.18
	汽车制造业	1.08	1.11	1.07	1.05	-0.03
	农副食品加工业	0.94	1.02	0.97	1.00	0.06
	医药制造业	1.06	1.15	1.10	0.98	-0.08
	橡胶和塑料制品业	1.18	1.14	1.07	0.97	-0.21
	文教、工美、体育和娱乐用品制造业	1.21	1.26	1.03	0.95	-0.26
	有色金属冶炼及压延加工业	0.79	1.01	0.86	0.91	0.11
	金属制品业	0.94	0.97	0.92	0.81	-0.13
	食品制造业	0.69	0.76	0.83	0.80	0.10
	电气机械和器材制造业	0.98	0.92	0.90	0.75	-0.22
	酒、饮料和精制茶制造业	0.49	0.66	0.74	0.74	0.25
	计算机、通信和其他电子设备制造业	1.11	0.92	0.74	0.66	-0.45
	非金属矿物制品业	0.73	0.81	0.72	0.65	-0.08
	木材加工和木、竹、藤、棕、草制品业	0.57	0.65	0.62	0.52	-0.05
	黑色金属冶炼及压延加工业	0.46	0.61	0.48	0.46	0.00
	家具制造业	0.63	0.61	0.57	0.41	-0.22
	纺织业	0.64	0.53	0.49	0.39	-0.24
	其他制造业	0.53	0.42	0.37	0.38	-0.16
	烟草制品业	1.05	0.56	0.58	0.31	-0.74
	皮革、毛皮、羽毛及其制品和制鞋业	0.21	0.19	0.18	0.16	-0.05
	纺织服装、服饰业	0.19	0.14	0.13	0.13	-0.06

续表

国家	行业	2005 年	2010 年	2015 年	2020 年	2005~2020 年增幅
日本	汽车制造业	2.29	2.68	2.67	2.63	0.34
	仪器仪表制造业	2.14	1.99	2.11	2.18	0.05
	化学纤维制造业	1.89	2.31	3.34	2.05	0.16
	黑色金属冶炼及压延加工业	1.48	2.00	2.20	1.91	0.42
	专用设备制造业	1.61	2.00	1.60	1.72	0.11
	铁路、船舶、航空航天和其他运输设备制造业	1.74	1.81	1.45	1.40	-0.33
	通用设备制造业	1.42	1.24	1.43	1.29	-0.13
	化学原料和化学制品制造业	1.07	1.16	1.20	1.27	0.21
	废弃资源综合利用业	1.12	1.39	1.70	1.14	0.02
	电气机械和器材制造业	1.29	1.24	1.17	1.14	-0.15
	橡胶和塑料制品业	0.89	1.38	1.10	1.14	0.25
	有色金属冶炼及压延加工业	0.64	0.87	0.97	1.13	0.49
	非金属矿物制品业	1.06	1.46	1.02	0.98	-0.08
	计算机、通信和其他电子设备制造业	1.62	1.31	0.98	0.87	-0.75
	金属制品业	0.85	0.87	0.86	0.75	-0.09
	文教、工美、体育和娱乐用品制造业	0.46	0.53	0.43	0.58	0.12
	造纸和纸制品业	0.28	0.36	0.51	0.47	0.18
	纺织业	0.57	0.54	0.55	0.45	-0.12
	其他制造业	0.68	0.61	0.54	0.43	-0.26
	医药制造业	0.22	0.20	0.21	0.31	0.08
	印刷和记录媒介复制业	0.26	0.36	0.29	0.26	0.00
	酒、饮料和精制茶制造业	0.05	0.08	0.13	0.24	0.19
	食品制造业	0.10	0.13	0.15	0.23	0.13
	石油、煤炭及其他燃料加工业	0.06	0.11	0.17	0.17	0.10
	农副食品加工业	0.08	0.08	0.10	0.10	0.03
	家具制造业	0.14	0.20	0.12	0.10	-0.04
	烟草制品业	0.17	0.17	0.13	0.09	-0.08
	皮革、毛皮、羽毛及其制品和制鞋业	0.03	0.03	0.03	0.05	0.01
	木材加工和木、竹、藤、棕、草制品业	0.02	0.02	0.03	0.04	0.02
	纺织服装、服饰业	0.02	0.02	0.02	0.04	0.01

续表

国家	行业	2005 年	2010 年	2015 年	2020 年	2005~2020 年增幅
德国	汽车制造业	1.97	2.26	2.28	2.10	0.13
	医药制造业	1.44	1.68	1.80	1.75	0.31
	专用设备制造业	1.81	1.69	1.68	1.67	-0.13
	印刷和记录媒介复制业	1.53	1.54	1.53	1.55	0.01
	仪器仪表制造业	1.31	1.28	1.27	1.51	0.20
	铁路、船舶、航空航天和其他运输设备制造业	1.57	1.56	1.57	1.37	-0.20
	电气机械和器材制造业	1.31	1.47	1.28	1.36	0.04
	橡胶和塑料制品业	1.43	1.57	1.37	1.31	-0.12
	金属制品业	1.41	1.50	1.34	1.30	-0.11
	造纸和纸制品业	1.32	1.45	1.28	1.27	-0.05
	通用设备制造业	1.16	1.23	1.23	1.23	0.07
	化学原料和化学制品制造业	1.20	1.18	1.15	1.15	-0.05
	食品制造业	1.10	1.22	1.12	1.15	0.04
	非金属矿物制品业	1.08	1.19	1.00	1.05	-0.03
	有色金属冶炼及压延加工业	0.92	0.88	0.95	0.94	0.02
	木材加工和木、竹、藤、棕、草制品业	0.76	0.97	0.78	0.89	0.13
	烟草制品业	1.44	1.73	1.50	0.87	-0.57
	黑色金属冶炼及压延加工业	0.87	0.92	0.87	0.86	-0.02
	家具制造业	0.88	1.03	0.87	0.80	-0.08
	纺织服装、服饰业	0.46	0.58	0.47	0.76	0.31
	其他制造业	0.96	0.77	0.63	0.73	-0.24
	皮革、毛皮、羽毛及其制品和制鞋业	0.38	0.48	0.43	0.69	0.32
	酒、饮料和精制茶制造业	0.73	0.82	0.71	0.68	-0.05
	废弃资源综合利用业	0.79	0.77	0.72	0.61	-0.18
	纺织业	0.67	0.64	0.54	0.52	-0.16
	农副食品加工业	0.48	0.54	0.51	0.51	0.03
	文教、工美、体育和娱乐用品制造业	0.38	0.51	0.28	0.42	0.04
	计算机、通信和其他电子设备制造业	0.66	0.53	0.42	0.37	-0.29
	化学纤维制造业	1.52	0.72	0.71	0.34	-1.18
	石油、煤炭及其他燃料加工业	0.18	0.12	0.18	0.23	0.05

注：根据 UN Comtrade 数据库（https：//unstats.un.org/）数据计算整理；表中数据按照 2020 年数据排序。

2005~2020 年，中国劳动密集型产业在国际市场上具有强大比较优势，资本与技术密集型产业具有一定比较优势，但出现下降趋势；美国、日本、德国在资本与技术密集型产业具有较强比较优势，但部分产业出现下降趋势。

2020 年，中国纺织业，家具制造业，皮革、毛皮、羽毛及其制品和制鞋业，纺织服装、服饰业等劳动密集型产业的 RCA 分别为 3.19、2.32、2.21、2.20，具有极强的比较优势。电气机械和器材制造业，通用设备制造业，计算机、通信和其他电子设备制造业等资本与技术密集型产业的 RCA 分别为 1.79、1.72、1.71，虽然具有一定的比较优势，但是通用设备制造业，计算机、通信和其他电子设备制造业的 RCA 相比 2005 年出现下降趋势。美国废弃资源综合利用业、专用设备制造业、印刷和记录媒介复制业等资本与技术密集型产业的 RCA 分别为 3.75、1.39、1.31，具有较强的比较优势，但除废弃资源综合利用业外的产业 RCA 均呈下降趋势。与之相比，日本汽车制造业、仪器仪表制造业、化学纤维制造业等资本与技术密集型产业的 RCA 分别为 2.63、2.18、2.05，具有较强的比较优势，且均呈增长趋势。德国汽车制造业、医药制造业、专用设备制造业等资本与技术密集型产业的 RCA 分别为 2.10、1.75、1.67，具有较强的比较优势，且汽车制造业和医药制造业的 RCA 呈增长趋势。从自主品牌来看，2020 年世界品牌 500 强中，美国、日本、中国、德国自主品牌数分别为 208、44、43 和 27 席，且中国上榜的 12 席制造业品牌主要分布在食品饮料、纺织、家电制造等产业；作为资本和技术密集型产业的代表，全球数控机床 2019 年营收前 10 位均为美国、日本、德国企业。从产业链来看，以电子信息制造业为例，上游的半导体行业中世界排名前 10 位的企业主要为美国企业。在产业链中上游的集成电路设计、材料元器件、制造设备等领域，美国、日本占据主导地位，中国在产业链下游的封装测试、通信设备、液晶显示器（LCD）显示面板及终端消费设备方面具备竞争优势。

（二）分析要求

（1）简述显示性比较优势指数。

（2）结合案例分析各国比较优势。

（3）我国制造业应如何提高国际竞争优势？

参考答案：

（1）显示性比较优势指数的界定：显示性比较优势指数（RCA）指一个国家某产业出口占该国总出口份额与世界市场上该产业出口占世界总出口份额的比重，能够有效反映一国产业在国际市场中的相对优势。

（2）结合案例，各国比较优势具体表现在如下几方面：中国劳动密集型产业始终保持强大的国际竞争优势，部分资本与技术密集型产业国际竞争优势不断强化；美国、日本、德国资本和技术密集型产业始终保持较强的国际竞争优势，但部分产业竞争优势出现下降趋势；中国电气机械和器材制造业、专用设备制造业等资本与技术密集型产业国际优势主要来源于产品价格优势，而美国、日本、德国主要来源于产品技术优势。

（3）我国制造业提高国际竞争优势具体措施：

1）推动以提高产业基础能力为核心的技术创新。加强国家科技计划对基础核心领域的支持力度，集中优势资源推进关键核心技术攻关。如集成电路、生物医药、智能装备等领域。

2）提升制造业产业链、供应链和创新链现代化水平。聚焦高端芯片、基础软件、生物医药、智能装备等战略性领域，促进大、中、小企业之间的业务协作和系统集成，形成具有更强创新力、更高附加值、更安全可靠的产业链及供应链。加强内外资企业在产业链上的专业化分工协作，强化中西部和东北地区承接产业转移能力建设，构建自主可控、安全可靠的生产供应体系。

3）加快推进制造业数字化、绿色化和服务化转型。面向制造业数字化转型需要，开展数字工厂建设，加快新型传感器、智能测量仪表、工业控制系统等智能核心装备在产品研发、设计、生产中集成应用，推动制造业数字化转型发展。加快建设绿色工厂，布局一批基础制造工艺绿色化示范工程，实施"工业互联网+绿色制造"，促进制造业绿色低碳转型发展。

4）着力提升制造业国际合作和跨国经营水平。持续深化"放管服"改革，建设高标准市场体系，营造良好的国际合作市场环境，吸引境外科技领军企业在我国设立全球研发机构。聚焦汽车制造、生物医药、专用设备、仪器仪表等领域，强化与领先国家在技术研发、成果转化、标准制定、人才培养等方面合作。

十一、中国鲜苹果出口价格波动特征分析

（一）案例内容——世界市场（中国鲜苹果出口价格波动特征分析）

主旨：我国是苹果生产大国，苹果贸易呈现较大的顺差。受全球新冠疫情蔓延态势、国际政治局势变化、种植成本攀升等因素的影响，我国鲜苹果出口价格波动幅度变化增大。2000年以来，我国鲜苹果出口价格呈现周期性递增趋势，且具有明显的季节性波动，并存在规律性。

我国是苹果生产大国，苹果出口数量虽占比较低，但依然在世界苹果市场供给中占有重要位置，且地位不断提高。自2000年至今，我国鲜苹果出口价格呈现逐年攀升趋势。受新冠疫情影响，2022 年 1~6 月我国鲜苹果出口数量下降。观察 2000~2022 年我国鲜苹果出口价格波动，发现鲜苹果出口价格呈现出周期性递增趋势，且每年季度间鲜苹果出口价格波动幅度较大，如图 2-4 所示。同一年内，鲜苹果出口价格较高点出现在第二季度，较低点出现在第四季度。其中，2019 年和 2020 年第二季度鲜苹果出口价格出现较大幅度上升并于第三季度大幅回落，主要原因是：2020 年 4 月苹果花期经历了短暂的倒春寒现象，市场减产预期情绪高涨，使价格上涨较大。第三季度，随着时令水果大量上市，相对高价的苹果消费需求受到挤压，价格对需求形成负反馈。从边际上看，苹果需求的降速大于供应的降速，苹果价格相应回落。

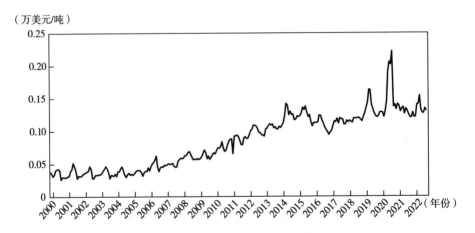

图 2-4　2000~2022 年我国鲜苹果出口价格

资料来源：联合国商品贸易统计数据库。

利用 CensusX12 季节调整方法，可以对我国鲜苹果国际市场出口价格序列进行分解，发现我国鲜苹果出口价格表现出明显的季节性波动，而且存在一定的规律性，如图 2-5 所示。价格波峰一般在每年 5 月和 8 月出现，苹果生产周期季节性往往是导致苹果价格出现周期性波动的一个很重要的因素，由于苹果生产种植具有一定的周期性，苹果市场供应也同样表现出明显周期性，从而导致苹果国际市场出口价格波动呈现季节性变动。从季度周期角度看，一般在每年苹果成熟时间点，大量苹果上市，鲜苹果货源稳定而且充足，苹果销售价格相对偏低。而在每年第二季度，市场鲜苹果供应量出现不足的现象，苹果销售价格则相对走强。

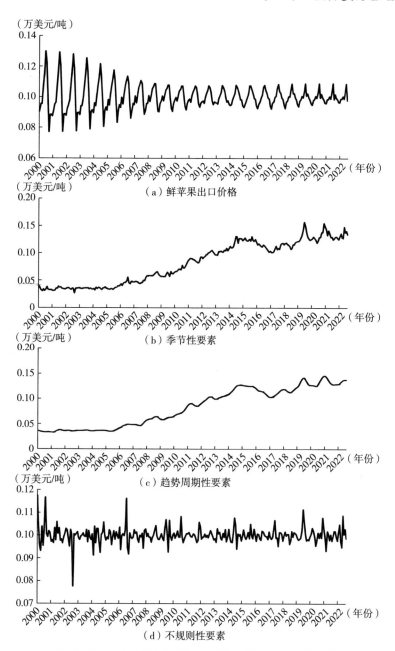

图 2-5　2000~2022 年我国鲜苹果价格波动的季节调整

注：时间序列数据往往包含四种要素，分别是趋势要素、循环要素、季节要素和不规则要素。循环要素是我们希望得到的指标周期性波动，因此，为了能将循环要素剥离出来，需要尽可能地去除趋势要素、季节要素与不规则要素的影响；季节要素表现的是每年不同时间段非循环因素对序列的影响，主要由气候、节日、工作日数等因素组成；不规则要素是时间序列存在偶然因素所引起的噪声，需要进行平滑。

在 CensusX12 季节调整的基础上，运用 HP 滤波法，得到我国鲜苹果出口价格长期波动趋势如图 2-6 所示。2000 年 1 月至 2022 年 8 月，我国鲜苹果出口价格呈现波动上升趋势，可分为四个阶段。

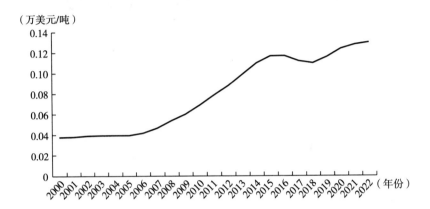

图 2-6　2000~2022 年我国鲜苹果出口价格长期波动趋势

资料来源：联合国商品贸易统计数据库。

第一阶段（2000~2005 年）：我国出口鲜苹果的价格稳定在 0.04 万美元/吨及以下的低价格区间，主要原因是：2000 年，我国鲜苹果出口量在世界上的排名为第八（见表 2-5）。从 2000 年开始，我国鲜苹果出口量逐年上升，尽管如此，我国鲜苹果出口量仍不足以影响出口价格，这在一定程度上影响了我国鲜苹果出口价格；同时，我国鲜苹果出口国际市场认知度偏低，品牌价值不高，也在一定程度上影响了我国鲜苹果的出口价格。

表 2-5　2000~2021 年我国鲜苹果出口量世界排名

年份	2000	2001	2002	2003	2004~2012	2013	2014	2015	2016~2018	2019	2020~2021
世界排名	8	6	4	4	1	2	4	4	1	2	1

资料来源：联合国商品贸易统计数据库。

第二阶段（2005~2015 年）：苹果价格持续走高阶段。2004~2012 年，我国鲜苹果出口量一直占据世界第一的位置（见表 2-5）。较大的出口体量必然会对出口鲜苹果的价格产生极大的影响。从 2004 年下半年开始，较大的出口体量对鲜苹果出口价格的影响开始体现，因此，我国鲜苹果出口价格呈现持续走高态势。尽管 2014 年和 2015 年我国鲜苹果出口量世界排名有所滑落，但由于长达近 10 年出口量排名世界第一的影响，鲜苹果出口价格仍延续之前的价格上涨惯性。

第三阶段（2015~2018 年）：苹果价格轻微回落阶段。由于 2013 年我国鲜苹果出口量世界排名掉落到世界第二（见表 2-5），并在随后的 2014 年和 2015 年继续跌落到世界第四，这在一定程度上影响了我国鲜苹果出口价格。受之前鲜苹果出口量排名第一的影响，2013~2015 年，我国鲜苹果出口价格未有回落的迹象，可是 2013 年尤其是 2014 年和 2015 年我国鲜苹果出口量世界排名跌落对价格的影响在本阶段开始体现，导致本阶段我国鲜苹果出口价格走低。

第四阶段（2018 年至今）：苹果价格起暖回升阶段。从 2016 年开始，我国鲜苹果出口量重回世界排名第一的位置（见表 2-5）。尽管 2019 年世界排名有所下滑，但没有影响到我国鲜苹果出口量世界排名总体第一的趋势。受此影响，从 2018 年开始，我国鲜苹果出口价格开始起暖回升。

利用 BP 滤波分析法对我国鲜苹果国际市场出口价格进行了科学分析，得到我国鲜苹果国际市场出口价格短期波动趋势如图 2-7 所示。2000~2022 年，我国鲜苹果出口价格大体经历了 2000~2005 年、2005~2011 年、2011~2017 年及 2017~2022 年四次波动，波动周期为 5 年左右，其原因是苹果树的生产周期一般为 3~4 年，而苹果树种植到进入丰产期需要 5 年左右的时间。鲜苹果出口价格短期波动趋势分析表明，短期波动周期为 5 年左右，因此，苹果树的生产周期是导致鲜苹果短期价格波动的重要因素。

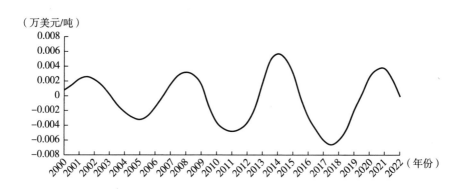

图 2-7　2000~2022 年我国鲜苹果出口价格短期波动趋势

资料来源：联合国商品贸易统计数据库。

1. HP 滤波法

HP 滤波法是通过极小化波动方差来推导时间序列中的趋势成分。HP 滤波法把经济周期看作宏观经济对某一缓慢变动路径的一种偏离，被广泛用来分析序列组成中的长期趋势。HP 滤波法可有三种理解：①可以被看作是一个为了从数据中抽出一条平滑曲线而设定的算法；②可以被看作是特殊投影问题，从数据抽出某个信号，认为数据是由信号和正交噪声叠加而成的；③可以被看作是一个高通滤波器，能够分离周期在 8 年以下的高频成分。

2. BP 滤波法

BP 滤波法是一种将时间序列数据分解为低频和高频成分的滤波方法，其中 BP 代表"band-pass"，即带通滤波。BP 滤波通过保留时间序列数据中特定频率范围内的成分，将低频和高频噪声分离出来。这种滤波方法在金融市场中常常用于去除噪声，以便更好地观察市场的长期趋势和短期波动。

（二）分析要求

（1）什么是出口价格？

（2）结合图 2-5 分析我国鲜苹果出口价格的季节性波动特征。

（3）思考我国应如何提高商品出口价格？

参考答案：

（1）出口价格的含义。

出口价格指是在正常贸易中一国向另一国出口的某一产品的价格，即出口经营者将产品出售给进口经营者的价格。具体来说，出口价格通常包括：①出口成本。指生产或获取产品的直接成本，如原材料、人工、设备折旧等。②预期利润。这部分是基于对市场趋势的预测而设定的盈利空间。③运费和其他费用。这可能包括产品的国内运输费用、出口运输费用（如海运费）、运输保险、商检费、报关费等。

（2）我国鲜苹果出口价格的季节性波动特征。

由图 2-5 可知，我国鲜苹果出口价格表现出明显的季节性波动，而且存在一定的规律性。价格波峰一般在每年 5 月和 8 月出现，苹果生产周期季节性往往是导致苹果价格出现周期性波动的一个很重要的因素，由于苹果生产种植具有一定的周期性，苹果市场供应也同样表现出明显周期性，从而导致苹果国际市场出口价格波动呈现季节性变动。每年 9~11 月，我国苹果进入采摘季，大量鲜苹果流入国际消费市场，导致国际消费市场短期供应量提升，因此，苹果销售价格走弱。12 月至翌年 2 月，受元旦等节日因素影响，国内消费市场需求增加，国际市场供应量随之减少，因此，苹果批发价格逐步走强。每年 3~4 月，立体化冷库内贮存的苹果大量出库，导致供应量短期增加，带来苹果价格走弱。5 月，立体化冷库出货量逐渐减少，导致消费市场供应量降低，苹果价格开始回升。6~8月，一般来讲是早熟、中熟苹果大量推向消费市场的时间段，导致苹果批发价格走弱。

（3）我国可以采取以下措施提高商品出口价格：

1）加强商品国际消费市场供求关系平衡度监测，实时掌控国际消费市场走向，提供额外的价值。如售后服务、定制选项或技术支持，以吸引更多客户并增加价格。同时，注重品牌建设，建立强有力的品牌形象，可以使客户更愿意购买高价产品。

2）完善商品出口质量管理体系，提升出口产业核心竞争力，进而增加我国出口商品议价权。首先，完善商品质量管理体系，主动对接国际先进标准，提高商品质量。其次，发挥行业协会的作用，合理规划出口市场，对接欧美进口标准，提升国际竞争力。最后，面对国际贸易壁垒，组织协会应制定应对机制，加强与出口国的密切沟通，完善出口风险预警，维护商品出口企业利益的同时做好市场拓展工作。

3）开拓国际市场，优化出口市场布局。抓住"一带一路"发展机遇，开拓"一带一路"沿线新兴市场国家，在充分调研出口目标国商品新标准以及市场需求后，通过参与国际博览会、贸易展销会以及跨境电商等形式提升产品形象，扩展产品市场品质升级，改善产品的质量和性能，使其与竞争对手相比更具竞争力。

十二、初级商品价格变化

（一）案例内容——世界市场（初级商品价格变化）

主旨：初级商品价格是由需求和供给来决定的，而需求和供给又会受到社会环境、政治等其他因素的影响，因此，影响初级商品价格的因素也是多方面的。

1996~1997年，初级商品价格全面下降，这一趋势一直持续到2002年。但在各个市场上，价格的动向大不相同，主要原因是供应条件不同。需求减缓，加上长期供过于求，对许多初级商品价格形成持续的向下压力，包括咖啡、香蕉、某些金属和矿产。与此相对，不利的供应条件帮助抵消了许多商品的需求减缓，如可可、谷物、植物油和油籽，从而稳定甚至提高了价格。对其他许多农产品而言，特别是棉花和糖，发达国家的市场支持政策，诸如美国2002年5月实施的新农场法，增加了对农产品的补贴，使得这些产品世界价格疲软。

在连续四年下降后，2002年热带饮料价格指数有所回升。这主要是由于可可的价格大幅度上涨。可可市场的发展情况主要是由科特迪瓦政治局势不确定性决定的。科特迪瓦是世界上最大的可可生产和出口国，约占世界生产和出口的

45%。2002 年，可可供应连续两年全球短缺，导致价格上涨 63.3%。咖啡价格维持在 2001 年的水平，为 30 年的最低价。咖啡市场危机的主要原因是越南等新来者进入市场、巴西新开辟了种植园和生产力的提高，导致产量迅速增加，供大于求。2002 年第三季度以来，咖啡价格略有回升。2002 年 10 月，国际咖啡组织启动改进咖啡质量方案，以便将低质咖啡逐出市场，该方案有助于改善世界咖啡市场的供求平衡。而在茶叶市场上，由于存货量大和世界需求疲软，茶叶价格下跌。

2002 年，食品平均价格再次下跌，年均下跌 4%，抵消了前两年的反弹。然而，这一组类的不同商品，其价格走势很不相同。糖价大幅度下跌，香蕉下跌较少，牛肉仅略微下跌。巴西糖产量继续有增无减，比过去十年翻了一番。欧盟糖的产出好于预期，加上中国和南非的产量增加，对价格产生了 20% 以上的压力，将其压到接近 1999 年的极低水平。尽管东亚和俄罗斯新兴市场经济体增加的消费可能会减轻一些下降的趋势，但糖供过于求的状况预计短期内将会继续。糖市场的一个主要特征是市场扭曲，主要是因为欧盟和美国提供补贴以使其国内生产者免受国际市场压力。香蕉价格在 2001 年大幅度上升后，2002 年暴跌。虽然生产和出口略有收缩，美国消费略有增加，全球需求下降。由于消费者对牛肉这一特定食品项目的信心回升，牛肉消费有所增加，全球牛肉供应也有所增加，因为饲料价格上涨推动了屠宰，其结果是牛肉价格略有下降。北美和澳大利亚主要产区干旱和其他不利的气候条件，谷物供应减少，动用存货及其他地区产出增加也未能弥补，因此价格有所上涨。玉米价格未动，中国大量出口有竞争力的小麦，对玉米价格产生了向下的压力。由于不利的气候条件影响到主要出口国的作物，因而产量下降，植物油籽和植物油价格大幅度上升。

农业原材料和矿物、矿砂和金属价格最容易受到经济活动周期性下降的伤害。由于有大量存货及行业需求疲软，这些组类中的所有商品价格都会下跌。棉花储存充足，人造纤维竞争激烈，2002 年棉花均价下跌。然而，2002 ~ 2003 年农作物年产量较低以及中国需求强劲，导致棉花价格在 2003 年下半年回升到一定水平。美国和中国带补贴的棉花生产继续加剧了供过于求的情况，使价格达到 2001 ~ 2002 年农作物生长季的历史最低点。受这些措施打击最重的是西非和亚洲的生产国，其中许多都是发展中国家。各种质量棉花的价格演变各不相同，质量较好的棉花价格比质量较差的棉花价格演变得更为激烈。金属和矿产价格与世界经济增长绩效密切相关。由于世界经济低迷，对大多数金属的需求仅略有增长。尽管价格在 2002 年初有一定程度回升，但总的趋势还是不利的。部分生产能力的削减，并没有改变生产商悲观的短期预测，因为储存量相对较高，需求前景仍不确定。由于消费增长迅速，中国作为多种金属和矿产的新兴市场，正在发挥日益重要的作用。对于铁矿砂、铝和铜而言，中国的工业扩张对增加全球需求和抬升价格至为关键。镍也是如此，镍是生产不锈钢最重要的原料，不锈钢生产占全世界原镍消费的 2/3。由于产量不可能与需求保持同步，储存量很可能会进一步下降，价格随之上升。

石油价格在 2001 年大幅度下降后，由于石油输出国组织（OPEC）确立了纪律，油价自 2002 年初以来相当稳定。产量指标的确定将每桶油价维持在 22～24 美元的范围，与非 OPEC 石油输出国家的产量协调，也很好地发挥了作用。2002 年原油价格上涨主要是由中东和委内瑞拉政治不稳定引起的。油价最终未像人们所担心的那样急剧上涨。在 2002 年 1 月初步降低 OPEC 的指标后，2002 年全球生产有所扩大，OPEC 于 12 月上调了其指标，以努力调整供应，满足北半球冬季温度因低于预期以及日本和美国从消费其他能源转向石油而引起的需求增加。这种情况迫使人们在一定程度上动用储备，尤其是在美国。随着 2003 年 3 月伊拉克战争开始，石油市场更加动荡不定。但即使在战争结束后，由于伊拉克在石油市场上的作用仍然不确定，油价变动前景仍然不明朗。在 2003 年第二季度，一些促使油价上涨的因素得到消除，包括委内瑞拉和尼日利亚生产逐步恢复，随着北半球冬天结束而引致的季节性需求减少，世界经济产出增长继续缓慢以及因新冠疫情而引起的旅行减少。显然，石油价格的演变仍然高度取决于 OPEC 在新的地缘政治情况下维持某种纪律的能力。[1]

各类商品具体的价格变化如表 2-6 所示。

表 2-6 世界初级商品价格（1997～2002）（相对上一年的百分比变化）

商品组类	1997 年	1998 年	1999 年	2000 年	2001 年	2002 年
所有商品[a]	-0.5	-13.1	-13.9	2.0	-2.9	-2.0
食品和热带饮料	2.3	-14.9	-18.5	1.0	0.0	-2.0
热带饮料	33.3	-17.3	-20.9	-13.2	-22.0	8.7
咖啡	54.7	-8.5	-23.2	-16.2	-28.5	0.0
可可	11.2	3.7	-32.1	-22.2	22.7	63.3
茶	35.1	4.3	-7.0	6.8	-20.2	-9.5
食品	-4.2	-14.1	-18.3	5.3	5.0	-4.0
糖	-4.9	-21.2	-30.0	30.5	5.6	-20.3
牛肉	4.0	-7.0	6.1	5.7	10.0	-0.2

① 郭培兴. 2002 年国际商品市场回顾与 2003 年前瞻［J］. 黑龙江对外经贸，2003（Z1）：9-11.

续表

商品组类	1997 年	1998 年	1999 年	2000 年	2001 年	2002 年
玉米	−25.3	−13.4	−5.5	−1.0	4.2	0.3
小麦	−22.6	−19.9	−10.9	3.5	9.2	16.2
大米	−10.7	1.3	−18.6	−18.1	−15.2	11.0
香蕉	4.3	−3.1	−9.9	−2.3	38.8	−9.6
植物油籽和植物油	−0.9	7.1	−23.3	−22.8	−8.5	26.2
农业原材料	−10.3	−10.8	−10.3	1.9	−1.9	−6.7
原皮和皮革	−19.8	−27.6	−27.6	73.8	41.1	−9.2
棉花	−8.9	−22.9	−22.9	−3.5	−20.9	−3.3
烟叶	15.6	−7.0	−7.0	−3.3	−0.3	−8.5
橡胶	−28.3	−12.6	−12.6	7.9	−14.1	33.1
热带木材	−5.5	−7.2	−7.2	3.8	6.3	−10.5
矿产、矿砂和金属	0.0	−16.0	−1.8	12.0	−9.9	−1.8
铝	6.2	−15.1	0.3	13.8	−6.8	−6.5
磷矿石	7.9	2.4	4.6	−0.4	−4.5	−3.3
铁矿砂	1.1	2.8	−9.2	2.6	4.5	−1.0
锡	−8.4	−1.9	−2.5	0.6	−17.5	−9.4
铜	−0.8	−27.3	−4.9	15.3	−13.0	−1.2
镍	−7.6	−33.2	29.8	43.7	−31.2	13.9
钨砂	−9.3	−6.4	−9.3	12.1	45.5	−41.8
铅	−19.4	−15.3	−5.0	−9.7	4.9	−4.9
锌	28.4	−22.2	5.1	4.8	−21.5	−12.1
原油	−6.0	−31.8	38.7	55.6	−13.3	2.0

注：a 表示不包括原油。

（二）分析要求

（1）什么是初级产品？

（2）从供求两方面归纳影响上述初级产品价格变化的原因。

（3）本案例中中国在初级产品价格变动中起到什么作用？

参考答案:

(1) 初级产品定义。

初级产品又称原始产品,是指未经加工或因销售习惯而略作加工的产品,如天然橡胶、原油、铁矿石等农林牧渔矿产品。

(2) 从供求角度分析初级产品价格变化原因。

1) 供给:①农业类初级产品——这类产品的产量极大程度上受天气的影响。由于农作物的生长都需要特定的一段时间,因此,一旦收成不好,将无法在短期内调整产量。农产品供给曲线在短期内缺乏弹性,价格的变化不会引起供给的快速反应。短期,主要是需求方进行调整,使市场出清。但从长期来说,农场主可以改变"投资方向",自由选择农作物的品种。所以,农产品供给富有弹性。②石油和金属类初级产品——这类产品的供给容易受到政治因素的冲击。由于垄断因素的存在,这类产品的供给在短期内缺乏弹性。从长期来看,同农业类产品类似,供给具有弹性。

2) 需求:①食品类初级产品——这类产品的需求由持久收入决定,而不受宏观经济波动影响。相对稳定的需求,使得需求趋向中等富有弹性。因此,农业类初级产品市场,呈现出短期由需求出清价格,长期由供给方掌握决定权的特点。比如收成差导致价格暂时猛涨,但长期来说,因为供给方的调整价格会有所回落。②工业原材料类初级产品(包含部分农产品,石油和金属)——该类需求因主要受限于工业企业的投资经营活动而需求变动较大。如果公司物流管理不善而导致仓库制成品和半制成品的堆积,会进一步降低对工业类初级产品的需求。因此,除供给方的政治冲击外,需求方的大幅变动将主宰整个市场。同样地,短期需求不富有弹性。

综合来讲,由于短期内初级产品供给缺乏弹性,外部冲击会导致价格上涨,但长期调整后,价格会回落。

(3) 中国在初级产品价格变动中的作用。

根据案例资料,中国分别在供给与需求方面影响了初级产品的价格变动。

1) 供给方面:由于不利天气因素导致的谷物供应减少,玉米价格上涨,但中国凭借在价格上有竞争力的小麦出口,对玉米价格产生了向下的压力。

2) 需求方面:比如,2002~2003农作物年产量较低以及中国需求的强劲,导致棉花价格在该年下半年回升到一定水平,但美国和中国带补贴的棉花生产加剧了供过于求的情况,使价格达到2001~2002农作物生长季所达到的历史最低点。可见中国在农作物世界价格方面影响深远。再比如，在铁矿砂、铝和铜的需求方面，中国的工业扩张对增加全球需求和抬升价格至关重要。可见我国对世界范围内金属和矿产价格的影响也十分巨大。

十三、石油的需求、供给与国际价格

（一）案例内容——世界市场（石油的需求、供给与国际价格）

主旨：原油被誉为"工业的血液"，是全球最主要的商品之一，其交易量庞大。石油贸易对于国际间的贸易和经济合作具有重要意义。而国际形势变动对于石油供求价格存在巨大影响。1983～1998年，市场上石油的供给大于需求，石油的价格下降，逐步回落到均衡价格附近。1998～2013年，OPEC等减产并且中国经济腾飞带来需求激增，导致供给小于需求，石油价格暴涨。2013～2015年，由于"页岩油革命"等因素，导致石油供给大于需求，石油价格呈下降趋势。2015～2023年，除2020年受新冠疫情的影响，石油价格整体呈上升趋势。能源结构、新技术的应用、新油田的发现以及石油产出国政局稳定等因素导致的国际形势变动，将会影响国际石油供需，从而对国际石油价格产生影响。

1983～2023年，石油价格经历了较大波动。1985年12月至1986年3月，由于沙特阿拉伯表示要"夺回市场份额"，欧佩克（Organization of the Petroleum Exporting Countries，OPEC）会议也确定了"市场瓜分"的协议，开始大幅度增产，价格战就此打响。根据1983～1996年的西得克萨斯中间基原油（West Texas Intermediate，WTI）价格数据，1985年12月至1986年3月，OPEC日产量增加250万桶，而石油价格也从31.3美元/桶跌至谷底的10美元/桶，如图2-8所示。在1986年12月的OPEC会议上，决定减产以促进石油价格恢复18美元/桶左右的水平。此后四年间，石油价格在18美元/桶上下波动，一直持续到海湾战争导致的第三次石油危机。第三次石油危机过后，国际油价开始了长达7年的稳定期，其间油价在18~20美元/桶震荡微涨，直到1997年亚洲金融危机的爆发。20世纪90年代，随着亚洲经济崛起，对石油的需求日益增高，其成为世界石油的主要消费区。1997年，亚洲金融危机席卷了全球，各国的经济受到不同程度的损伤，对石油的需求也大幅度下降。而此时OPEC错误估计了世界原油的需求，甚至增加了日产量，供大于需的市场行情使石油价格有较大幅度的下跌，自22美元/桶跌至10.8美元/桶。

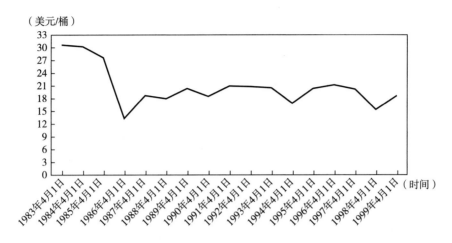

图 2-8　1983～1999 年 WTI 价格走势

资料来源：英为财情网站。

亚洲金融危机过后，世界经济进入了 21 世纪初高速发展的阶段。据统计，2004 年世界经济增长率达 5%，各国对原油的需求日益增高。虽然 OPEC 也制定了一系列产量调整方案，以平衡国际油价，但石油需求量的剧增使得 OPEC 丧失了调节能力，国际石油进入了供不应求的阶段。2000～2008 年，国际油价进入了"井喷式"的增长期。在这期间，石油价格自 2000 年的 20 美元/桶，一路飙升至 100 美元/桶，甚至在 2008 年曾在短时间内攀升至 145 美元/桶的顶峰。

根据 2000～2008 年 WTI 价格数据，国际油价在此期间持续震荡上升，如图 2-9 所示。在油价整体呈上涨态势中，出现了两次较大幅度的下跌情况。前者是因为美国"9·11"事件引发市场动荡，市场避险情绪扩散，油价一路跌破 20 美元/桶至 18 美元/桶。此后，地缘政治因素更对原油的影响接连不断地出现：2002 年，委内瑞拉国内发生动荡，全国陷入长期罢工状态，油价出现大幅度上涨；2003 年，美国对伊拉克发动战争，导致伊拉克原油出口基本停滞，油价继续走高；2005 年，墨西哥湾遭受"卡特莉娜"和"丽塔"两股飓风侵袭，导致美国原油开采和下游加工的中断，将国际油价持续拉高。但 2006 年下半年，由于石油供给的悲观情绪拉高了油价，而后期美国石油产出的表现并未受到强烈影响，供需的不平衡导致世界原油库存升高，油价应声下跌，半年时间由高点的近 77 美元/桶跌至 50 美元/桶附近。进入 2007 年，油价止跌回升，并迅速持续拉高。2008 年，国际油价一度突破 100 美元/桶。随着美国次贷危机全面爆发，虽然新兴发展中国家对原油的需求依然强劲，但北美市场对原油的需求量大幅度减少 5%，欧洲和日本的需求量也有所降低。2008 年 8 月，需求的急剧下降开始在石油价格上反映出来。在短短四个月的时间内，石油价格从每桶 145 美元迅速下跌至约 44.6 美元，跌幅超过 100 美元（69.2%）。

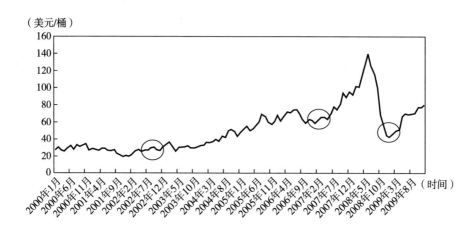

图 2-9　2000~2009 年 WTI 价格走势

资料来源：英为财情网站。

在次贷危机后，石油价格开始了新一轮的上涨。然而，2010 年爆发的"阿拉伯之春运动"导致阿拉伯国家陷入混乱的局势，对原油出口造成了巨大的影响。这一动荡局势引发了供应不稳定和地缘政治紧张局势，进而对全球石油市场造成了重大影响。2011~2013 年，叙利亚内乱，示威、武力斗争影响产量的同时，叙利亚还遭受了来自美国、欧盟和阿拉伯国家联盟的制裁，其石油出口受到了严重限制。2011 年，利比亚发生内战，长达八个月的内战给石油的生产造成了巨大的损失。2012~2015 年，伊朗由于核协议问题受到了来自美国等国家的经济制裁，石油贸易受限，出口受阻。根据 2012 年至 2014 年 9 月 WTI 价格数据，三年期间伊朗石油产量下降逾 15.5%，出口量下降 48.5%，石油价格从 107 美元每桶下降到 53 美元每桶，具体见图 2-10。在欧佩克的减产协议和地缘政治的共同影响下，国际石油供给不断紧缩，国际油价震荡走高，直到 2014 年下半年出现页岩油革命。

本着抢占市场份额，巩固自己在世界石油市场的地位，并同时打压甚至摧毁页岩油的想法，OPEC 产量在 2014 年下半年开始逐渐超过配额，全球石油市场进入供过于求格局，OPEC 毅然而然打响了石油"价格战"。供过于求的情况加重，国际油价开始了大幅度跳水，根据 2014~2016 年 WTI 价格数据，仅半年时间油价自 100 美元/桶迅速跌落至 44 美元/桶，如图 2-11 所示，而随着伊朗核问题的解决，伊朗原油生产和出口的恢复，世界石油供过于求的局面进一步加剧，国际油价跌上加跌，一度降至 30 美元以下。"价格战"后期，美国页岩油生产商采取

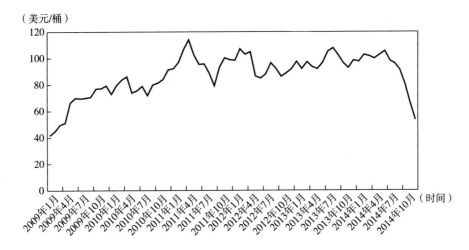

图 2-10　2009～2014 年 WTI 价格走势

资料来源：英为财情网站。

了资本"抱团取暖"的策略，并且技术进一步成熟，生产成本进一步降低，三大主要产区的石油产量逐渐开始上涨，页岩油产量也开始回升。OPEC 不得不放弃摧毁页岩油的计划，重新达成了新一轮的减产协议，国际油价逐渐进入了供需平衡的时期，根据 2016～2019 年 WTI 价格数据，油价开始回暖，并进入了较长时期的平稳调整阶段，如图 2-12 所示。

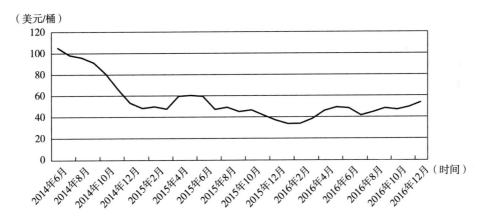

图 2-11　2014～2016 年页岩油革命 WTI 价格走势

资料来源：英为财情网站。

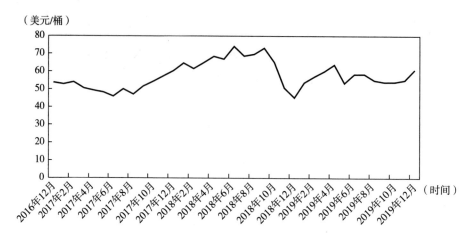

图 2-12 2016~2019 年 WTI 价格走势

资料来源：英为财情网站。

2020 年 1~5 月，疫情暴发，全球生产消费需求因疫情骤降，原油市场崩溃，根据 2020 年至 2023 年 WTI 数据，具体见图 2-13。2020 年 1~4 月，纽约原油价格由高点 57.52 美元/桶下跌至 16.53 美元/桶。2020 年 5~9 月，OPEC+形成减产联盟，大幅减产，约束原油供给，油价中枢回升。2020 年 9~11 月，原油稳定减产，全球疫情缓和，WTI 油价在 40 美元/桶左右震荡调整。2020 年 11 月至 2021 年 3 月，疫苗研发推广进程加速，沙特阿拉伯决定额外减产，原油市场去库存，WTI 油价攀升至 62.35 美元/桶。2021 年 3~8 月，IMF、IEA、OPEC、EIA 等组织机构态度乐观，OPEC+由减产转为温和增产，疫苗接种进度加快，成品油消费提升，WTI 油价攀升至 67.88 美元/桶以上。2021 年 9~10 月，国际天然气和煤炭价格暴涨，引发能源危机担忧，WTI 油价迈入 81.33 美元/桶。2021 年 11 月，拜登当局宣布释放 5000 万桶美国战略石油储备，并与日本、韩国、印度和英国用于冷却油价，叠加欧洲疫情再次反弹，WTI 油价震荡下行至 80 美元/桶以下。

2022 年，俄乌冲突爆发，短时间全球避险情绪上升，原油价格一路飙升。2022 年 3 月上旬，WTI 油价一度冲高至 108.58 美元/桶。在此之后，国际能源署（IEA）联合多国大量释放战略原油储备，供应紧张压力缓解，油价回落至 100 美元/桶区间。随后两个月，油价推升至全年次高点，WTI 油价震荡走高至 114.59 美元/桶水平。2022 年 10 月，OPEC+宣布下调原油生产配额并通过减产调控原油供给量。由于终端石油消费需求持续萎靡，2022 年 12 月，国际油价下跌至全年新低，WTI 油价一度下跌至 76.4 美元/桶。

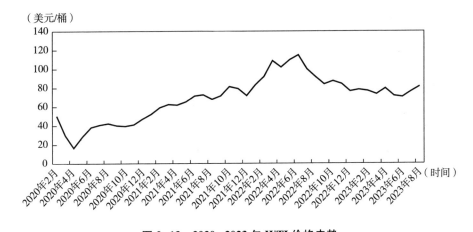

图 2-13　2020~2023 年 WTI 价格走势

资料来源：英为财情网站。

2023 年第一季度，一方面，美联储原油库存累增，全球经济增速放缓；另一方面，中国经济复苏，后疫情时代的到来使市场积极情绪浓厚。两方因素博弈致使第一季度末至 4 月初，欧美金融风险凸显，OPEC+主要产油国减产提振油价，国际油价呈现触底反弹态势。4 月初至 6 月末，国际油价再度走弱，欧美地区是否将延续加息态度摇摆，市场对经济担忧情绪浓厚，国际油价再度下行。7 月，沙特阿拉伯及俄罗斯进一步深化减产、美联储年内仍有两次加息的预期降温、利比亚油田因不可抗力暂时停产，支撑油价走高，8 月，WTI 油价上升至 81.47 美元/桶，如图 2-14 所示。

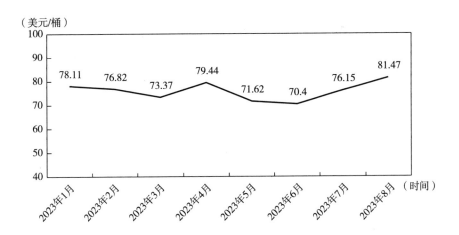

图 2-14　2023 年 1 月至 2023 年 8 月 WTI 价格走势

资料来源：英为财情网站。

（二）分析要求

（1）什么是局部均衡分析？

（2）通过图 2-8 至图 2-13 中的数据，你认为 1983~2023 年国际石油价格是怎样变化的？产生这种变化的原因是什么？

（3）根据图 2-14 并结合现实背景，你认为未来石油价格走向是乐观还是悲观？

参考答案：

（1）局部均衡分析是指在假定其他商品市场都处于均衡状态的条件下，着重考察某一单个商品市场上价格和产量如何确定。

局部均衡分析是经济学中的一种分析方法，主要用于研究一个市场中某一单个商品或服务的价格和数量变化对该市场的影响。在进行局部均衡分析时，通常假设其他商品和服务的价格和数量保持不变，只考虑所研究商品或服务的市场需求和供给之间的关系。供给过多带来了商品的出口，过度的需求则带来了商品的进口。但是局部均衡毕竟仅仅是对一个产品的分析，没有考虑到商品市场和经济中其他所有的商品市场之间的关系，没有考虑到商品市场的变化会影响其他市场，而这些影响又会对商品市场产生重要的反作用。

（2）通过图 2-13 中的数据，将 1983~2023 年这个时间段分为短期、中期和长期，讨论产生国际油价变化的原因：对于短期来说，投机资金是影响国际油价的一个重要因素。将时间线推到中期，影响国际油价的因素主要是国际市场上石油的供给关系。对于供给端，"OPEC+"产量、产油区以及运输路上的冲突事故（比如当下的俄乌冲突）等，都会影响到石油的供给；对于需求端，中美印等石油进口大国的经济以及美联储调控经济的利率政策等经济周期，或者如"9·11"事件后以及新冠疫情期间全国性出行需求骤减，都会导致石油需求暴跌。再将时间线推到长期，能源结构（比如眼下全球推出的"低碳能源"转型）、新技术的应用（比如"页岩油革命"大幅增大石油储量）、新油田的发现以及全球经济长期增速等因素，都会影响到国际贸易市场上石油的价格。

根据 1983~2023 年石油价格走势图，可将整个过程分为四个阶段：第一阶段（1983~1998 年），在第二次石油危机之后，国际市场上的石油供给明显增多。在这个时期内，沙特阿拉伯和伊朗这两个石油输出大国在打价格战，导致市场上石油的供给大于需求。根据均衡理论，石油的价格会下降，逐步回落到均衡价格附近。第二阶段（1998~2013 年），OPEC 等减产并且中国经济腾飞带来需求激增，导致供给小于需求，石油价格暴涨。第三阶段（2013~2015 年）

由于"页岩油革命"等因素，导致石油供给大于需求，石油价格呈下降趋势。第四阶段（2015~2023年），其间除了受2020年新冠疫情的影响外，石油价格整体呈上升趋势。

（3）根据图2-14并结合现实背景，未来石油价格走向是偏向乐观的。

由于2023年前8个月国际油价总体稳定，沙特阿拉伯和俄罗斯延长减产导致供应趋紧，市场对后4个月走势偏向乐观，年底油价可能达100美元。

从总的走势看，2023年前7个月，国际石油价格基本上是一个总体稳定的状态。作为2023年的第一个交易日，1月2日的WTI期货价格，以每桶80.57美元开盘，8月31日以每桶81.47美元收盘。在8个月时间里，WTI期货价格上涨了0.9美元/桶，不到1美元，基本上处于总体稳定的状态。

从具体的过程看，2023年前8个月，国际石油价格走出了一个从下跌—回升—下跌—回升的两轮循环。进入2023年以来，承接2022年的高价格基数，2023年第一个交易日，WTI以每桶80美元以上的水平开盘。随后虽有起伏，但总的趋势是逐渐下跌的，3月中旬跌出了前7个月的第一波低点。其中，2023年3月17日，WTI收于66.74美元/桶，为进入2023年以来的最低水平。在4月2日沙特阿拉伯等9个国家自愿减产行动的刺激下，从4月初开始，国际石油价格又重拾涨势，2023年4月3日，WTI重回每桶80美元以上的水平，这一波涨势一直持续到4月中旬。其中，2023年4月12日，WTI期货价格收于每桶83.26美元，为进入2023年以来的最高水平。

总体来说，2023年前8个月，国际石油价格的走势总体稳定。8月3日，沙特阿拉伯和俄罗斯宣布延长减产，8月4日的第49届欧佩克+部长级联合监督委员会会议表示，未来将根据市场变化随时采取额外的行动，进一步展现了自年初以来多次表示的维护国际石油市场稳定的决心。由于供应趋紧，对冲基金加大了对牛市的押注，市场情绪乐观，有市场人士预期2023年底的油价有可能达到每桶100美元。但要注意的是，乐观的情绪下要高度关注石油市场的风险。对2023年后4个月国际石油价格的走势，应保持谨慎的乐观，要密切关注沙特阿拉伯和俄罗斯等减产的实际执行程度，要特别关注进入淡季时的国际石油市场形势，要高度关注市场掉头的可能及其出现的风险，在日常业务经营管理中不能被当下乐观的市场情绪冲昏头脑。

十四、中国与RCEP区域内制成品贸易量增长及其贸易条件效应

（一）案例内容——贸易条件（中国与RCEP区域内制成品贸易量增长及其贸易条件效应）

主旨：在1995~2021年我国经济稳步增长及RCEP协定生效的背景下，简单、中级技术制成品贸易量逐年增加，市场竞争加剧导致贸易条件恶化；高级技术制成品的可进口商品消费的增长快于可出口消费的增长，消费效应带来贸易扩展，从而产生贸易，贸易条件得到改善。

《区域全面经济伙伴关系协定》（Regional Comprehensive Economic Partnership，RCEP）是 2012 年由东盟发起，历时八年，由包括中国、日本、韩国、澳大利亚、新西兰和东盟十国共 15 方成员制定的协定。RCEP 是一个全面、现代、高质量和互惠的新型自贸协定，拥有更大的包容性，涵盖了贸易投资自由化和便利化全部内容。该协定不仅对于传统货物贸易、争端解决机制、服务贸易、投资等议题都达成重要共识，也涉及现有自由贸易协定较少涉及的知识产权、数字贸易、投资准入、环境问题等新议题。

中国与 RCEP 区域出口贸易情况如图 2-15 和图 2-16 所示。我国进出口的商品类型大致可分为高级技术密集型制成品，中级技术密集型制成品，简单技术密集型制成品和资源型制成品 4 种，且我国向 RCEP 国家进口结构从以简单技术和中级技术密集型产品为主逐步过渡到以中级技术和高级技术为主。

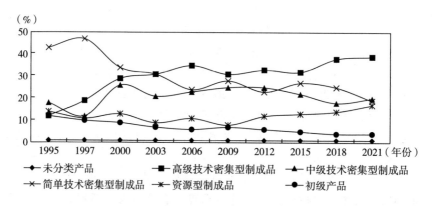

图 2-15　1995~2021 年中国向 RCEP 区域出口的产品结构
资料来源：UN Comtrade 数据库。

1995~2021 年，中国与 RCEP 区域贸易的简单技术密集型制成品贸易量增长情况如图 2-17 所示。对于简单技术密集型产品而言，我国的产业规模相对过剩，技术比较成熟，这属于我国的劳动密集型产品。对于 RCEP 包含的各国而言，这是我们可出口的产品。

1995~2021 年，中国与 RCEP 区域贸易的中级技术密集型制成品贸易量增长情况如图 2-18 所示。同简单技术密集型产品一样，中级技术密集型产品对我国而言，也属于劳动密集型产品，是我们可出口产品。

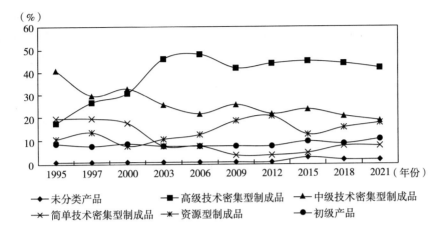

图 2-16　1995~2021 年中国向 RCEP 区域进口的产品结构

资料来源：UN Comtrade 数据库。

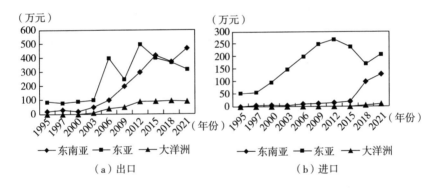

图 2-17　1995~2021 年中国与 RCEP 区域贸易的简单技术密集型制成品金额

资料来源：UN Comtrade 数据库。

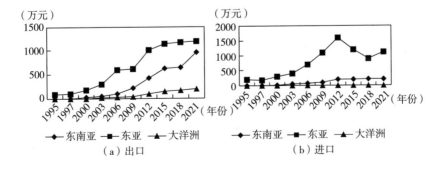

图 2-18　1995~2021 年中国与 RCEP 区域贸易的中级技术密集型制成品金额

资料来源：UN Comtrade 数据库。

1995~2021 年，中国与 RCEP 区域贸易的高级技术密集型制成品贸易量增长情况如图 2-19 所示。我国高级技术并不是非常成熟，且规模较小，东南亚是该类产品增速最快的出口市场，所以相对 RCEP 其他各国，高级技术密集型产品属于我国可进口的产品。

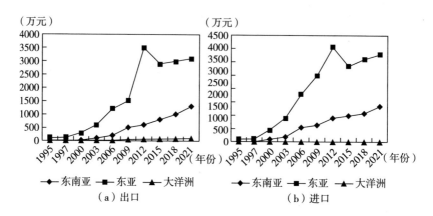

图 2-19　1995~2021 年中国与 RCEP 区域贸易的高级技术密集型制成品金额
资料来源：UN Comtrade 数据库。

（二）分析要求

（1）简述贸易条件效应。

（2）分析中级技术密集型制成品的贸易量增长变化及其贸易条件效应。

（3）分析高级技术密集型制成品的贸易量增长变化及其贸易条件效应。

（4）结合本案例，思考中国的政府或制造业企业应如何充分把握 RCEP 的新动能。

参考答案：

（1）贸易条件效应的含义。贸易条件效应指如果不考虑增长的原因和类型，只要增长在不变价格下增加一国的贸易量，那么它会使贸易条件恶化；反之，在不变价格下，如果增长减少一国的贸易量，则贸易条件会改善。如果一国的贸易量增加，而价格保持不变，那么贸易条件会恶化。因为该国需要更多的出口以获取相同数量的进口产品，其贸易平衡将受到影响。相反，如果一国的贸易量减少，而价格保持不变，那么贸易条件会改善。因为该国可以通过减少出口来获得相同数量的进口产品，从而减少对外贸易的依赖。贸易条件效应的关键在于不考虑价格变动，它主要用于分析贸易量对贸易条件的影响。然而，在实际情况中，价格变动是不可避免的，并且会对贸易条件产生重要影响。

（2）中级技术密集型制成品的贸易量增长变化及其贸易条件效应。对于中级技术密集型产品而言，同简单技术密集型产品一样，我们的劳动力丰富，技术比较成熟，对于 RCEP 包含的各国而言，这也是我们可出口的产品。以东亚区域的这两条线作为分析，假设相对价格不变且不考虑增长的原因与类型，根据图 2-15 和图 2-16 的纵轴数据及曲线走势，可以判断可出口商品的增长是快于可进口商品的增长的，则增长会带来贸易规模的扩大，从而产生贸易。在图 2-15 和图 2-16 中可以发现中级技术制成品出口金额逐年上涨，这也就意味着对于中级技术密集型产品而言，东南亚出口越多越会影响到我们的出口，进而成为我们的竞争对手，竞争的加剧将进一步导致贸易条件的恶化。

（3）高级技术密集型制成品的贸易量增长变化及其贸易条件效应。对于高级技术密集型产品而言，我国高级技术并不是非常成熟，且规模较小，东南亚是该类产品增速最快的出口市场，所以相对 RCEP 其他各国，高级技术产品属于我国可进口的产品。具体而言，假设相对价格不变且不考虑增长的原因与类型，根据纵向数据和高级技术密集型产品曲线走势来看，可进口商品消费的增长是快于可出口消费的增长的，则消费效应可以带来贸易扩展，产生贸易，且贸易条件将得到改善。

（4）中国的政府或制造业企业把握 RCEP 新动能的思路。结合案例分析的第 2 个问题，简单技术密集型产品和中级技术密集型产品同属于我国的劳动密集型产品。目前，我国在这两个产品市场上面临的竞争加剧，竞争压力升级，贸易条件不断恶化。企业应当在东南亚地区积极进行国际产能转移和供应链布局，同时在东南亚市场加强品牌建设和市场培育，搭建本地化的生产服务网络，进而把握 RCEP 的新动能。结合案例分析的第 3 个问题，高级技术密集型产品市场贸易条件正在改善，故高级技术密集型制成品方向上的突破和赶超是中国制造业转型升级的关键挑战。政府对标 RCEP 的相关规则，特别是在竞争政策、知识产权和透明度等领域引入更高标准的规则，优化营商环境进而使我国把握 RCEP 的新动能。

十五、世界农产品贸易条件变化

（一）案例内容——贸易条件（世界农产品贸易条件变化）

主旨：农产品贸易条件能够反映一国参与农业贸易的交换利得，其变化情况对于一国农产品贸易发展和农业生产者收入具有重要意义。

科技水平与全球经济一体化深入推进了农产品贸易的发展，各国积极参与国际市场，全球农业贸易表现出快速的增长态势。然而，基于不同的资源禀赋和经济、科技发展水平，发达国家和发展中国家在全球农业贸易利益分配中表现出明显差异。

发展中国家由于较弱的基础竞争力和贸易话语权的缺失，在国际竞争中处于劣势地位，贸易条件呈现出中长期的恶化趋势。以中国为例，虽然加入世贸组织后我国农产品贸易总额实现了 7 倍多的增长，农民收入有了一定程度的提高。但是，农产品竞争力整体不强，大宗农产品自给率下降、农业贸易逆差持续扩大等问题日益突出。

贸易条件反映了贸易利益在各国之间的分配份额，通过观察农产品贸易条件的变化，可以得知在参与国际贸易过程中，发达国家和发展中国家哪一方占有更多的利益。发达国家和发展中国家的农产品贸易条件①。具体见表 2-7、表 2-8。

表 2-7　发达国家农产品贸易条件变化（1997～2017 年）

国家	1997 年	2000 年	2003 年	2006 年	2009 年	2012 年	2015 年	2017 年	1997～2017 年均值
美国	0.930	0.867	0.987	0.828	1.213	1.278	1.096	1.008	1.056
加拿大	0.962	0.704	0.936	0.806	0.906	0.850	0.765	0.758	0.856
日本	1.015	1.465	1.559	1.263	1.316	1.067	1.074	0.860	1.247
韩国	0.961	0.680	1.391	2.536	2.015	1.787	2.029	2.388	1.616
英国	1.006	4.776	4.056	2.956	2.140	1.316	1.700	1.283	2.228
法国	0.981	0.706	0.645	0.799	0.938	0.585	0.541	0.585	0.754
德国	0.994	2.816	2.550	2.700	2.374	2.256	2.256	2.106	2.214
澳大利亚	1.010	1.559	1.538	1.608	1.587	0.994	0.825	1.684	1.338
全部发达国家	0.974	2.793	1.625	1.333	1.296	1.229	1.236	1.228	1.369
全部国家	0.988	1.769	0.783	0.917	1.237	1.149	1.219	1.237	1.212

表 2-8　发展中国家农产品贸易条件变化（1997～2017 年）

国家	1997 年	2000 年	2003 年	2006 年	2009 年	2012 年	2015 年	2017 年	1997～2017 年均值
中国	0.946	0.848	0.798	0.952	0.786	0.793	0.772	0.746	0.816
俄罗斯	0.927	0.404	0.989	0.961	1.016	0.609	0.508	0.403	0.813
巴西	0.893	0.973	1.078	1.128	1.140	0.990	0.797	0.891	0.968

---

① 胡月，田志宏.世界农产品贸易条件的动态变化及收敛性研究［J］.经济问题探索，2020（8）：123-133.

续表

国家	1997 年	2000 年	2003 年	2006 年	2009 年	2012 年	2015 年	2017 年	1997~2017 年均值
墨西哥	0.920	1.506	1.699	2.368	1.865	1.864	2.025	1.918	1.604
阿根廷	0.985	0.949	1.099	1.017	1.314	1.031	0.886	0.862	1.035
智利	1.151	1.421	1.506	1.267	0.284	0.471	0.506	0.592	0.820
南非	1.090	1.174	1.384	1.196	2.062	1.195	1.372	0.853	1.570
印度尼西亚	1.074	1.466	0.988	0.858	1.330	1.053	1.007	0.974	1.075
泰国	0.586	0.597	0.595	0.659	0.802	0.879	0.960	0.927	0.740
波兰	0.963	2.451	2.170	1.951	3.292	2.532	2.394	2.706	2.195
马来西亚	1.185	1.279	3.125	1.890	1.135	1.155	1.215	0.973	1.755
全部发展中国家	0.996	1.423	1.382	1.096	1.216	1.107	1.213	1.240	1.163
全部国家	0.988	1.769	0.783	0.917	1.237	1.149	1.219	1.237	1.212

（二）分析要求

（1）一国贸易条件的改善意味着什么？影响贸易条件变化的因素有哪些？

（2）发达国家和发展中国家的农产品贸易条件有哪些变化？

（3）试分析中国农产品贸易条件的变动趋势及主要原因。

参考答案：

（1）一国贸易条件的改善意味着该国出口商品价格相对于其进口商品价格有所提高。不能因为一国贸易条件提高而判定该国的贸易状况有所好转，另一国的贸易状况有所恶化。因为贸易条件的变化是对该国和世界其余国家有影响的很多力量共同作用的结果，不能单凭一国贸易条件的变化来确定这些力量对该国福利的净影响。

影响贸易条件变化的因素有：①选择的年份不同。贸易条件的有利和不利，仅指比较年份和基期年份而言，是一种相对概念。②影响贸易条件的基础是出口价格和进口价格的变化。③导致净贸易条件变化的基础是对该商品的供求状况。④对收入贸易条件的影响因素是商品的需求价格弹性、商品的供给价格弹性、商品的需求收入弹性和商品的替代弹性。

（2）发达国家和发展中国家农产品贸易条件的变化：发达国家的农产品贸易条件整体上显著高于发展中国家，在世界农产品贸易利益分配格局中占据主要地位；但随着时间的推移，发展中国家的农产品贸易条件不断改善，与发达国家的差距逐步缩小，部分发展中国家的农产品贸易条件提升很快，发展中国家在农产品贸易体系中的地位和权重逐渐增强。

（3）中国农产品贸易条件的变动趋势及主要原因：中国农产品贸易条件的变化趋势不容乐观，不仅低于世界平均水平，而且还低于发展中国家农产品贸易条件的平均值。具体而言，中国农产品贸易条件经历了由基本稳定到迅速下降的阶段性变化，其中以 2006 年为界分为两个阶段：

第一阶段（1996~2006 年），农产品贸易条件有小幅下降，但平均稳定在 0.9 左右。这一阶段中国实行的是人民币与美元挂钩的机制，汇率水平基本稳定。相应地，中国农产品贸易在该时段内迅速发展，进出口贸易规模大幅提升，农产品贸易利得情况良好。

第二阶段（2006 年后），农产品贸易条件恶化。受全球金融危机和国际粮食危机的影响，大宗农产品的价格不断上涨且上涨预期不断强化，而我国农产品出口附加值低，大宗农产品的进口需求旺盛，国内外竞争也导致农产品出口的平均价格下降。另外，中国主要的出口农产品，面临着发达国家日益严格的检验检疫标准和技术性贸易壁垒的挑战。这些因素直接导致了中国进口农产品的成本增加和出口产品的价格下降，从而恶化了农产品贸易条件。

第三章　国际贸易理论

主要内容

- 古典自由贸易理论
- 现代自由贸易理论
- 当代自由贸易理论
- 传统保护贸易理论
- 超保护贸易理论
- 当代保护贸易理论

学习要点

- 自由贸易理论（国际贸易纯理论）
- 保护贸易理论

本章重点

- 自由贸易理论：绝对成本理论、比较成本理论、相互需求理论、要素禀赋理论、技术差距论
- 保护贸易理论：重商主义理论、保护幼稚工业理论、超保护贸易理论

本章难点

- 比较成本理论
- 要素禀赋理论
- 里昂惕夫之谜
- 保护幼稚工业理论
- 超保护贸易理论

第一节 基本概念

一、绝对成本

绝对成本（Absolute Cost）是生产某产品所必需的单位要素投入。

二、比较成本

比较成本（Comparative Cost）指一个产品的单位要素投入与另一产品单位要素投入的比率。

三、机会成本

机会成本（Opportunity Cost）指为了多生产某种产品而必须放弃的其他产品的数量。

四、要素禀赋

要素禀赋（Factor Endowment）指一国所拥有的并能用于生产的各种生产要素（包括土地、劳动力、资本和企业家才能等）的数量。一国要素禀赋中某种要素供给所占比例大于别国同种要素的供给比例，而价格相对低于别国同种要素的价格，则该国的这种要素相对丰裕；反之，如果在一国的生产要素禀赋中，某种要素供给所占比例小于别国同种要素的供给比例，而价格相对高于别国同种要素的价格，则该国的这种要素相对稀缺。

五、要素充裕度

要素充裕度有两种定义方法：

（1）以实物单位定义。用各国所有可以利用的资本和劳动的总和来衡量。如果国家 B 的可用总资本和可用总劳动的比率（TK/TL）大于国家 A 的这一比率，表示国家 B 是资本充裕的（即国家 B 的 TK/TL 大于国家 A 的 TK/TL）。

（2）以相对要素价格定义。用每一国家的资本租用价格和劳动时间价格来衡量。如果国家 B 的资本租用价格和劳动时间价格的比率（PK/PL = r/w）小于国家 A 的这一比率，表示国家 B 是资本充裕的（即国家 B 的 PK/PL 小于国家 A 的 PK/PL）。

六、需求偏好

需求偏好（Demand Preference）是反映消费者对不同产品和服务的喜好程度的个性化偏好，是影响市场需求的一个重要因素。

七、贸易基础

贸易基础指国家间进行往来的条件，解释为什么能够产生国际贸易。不同的贸易理论对贸易基础的认识不同。

八、贸易所得

贸易所得指一国因行业间相对劳动生产率不同而在不同产品生产中进行专业化分工，并且把产品与其他国家进行贸易而获得的利益。

九、替代弹性

替代弹性表示一种要素价格下降时，这种要素可用来替代另一种要素的程度。例如，假设在生产商品 X 时劳动对资本的替代弹性大于生产商品 Y 时劳动对资本的替代弹性，这意味着生产商品 X 时用劳动替代资本比在生产商品 Y 时用劳动替代资本要容易些。

第二节　基本理论

一、古典自由贸易理论

（一）绝对成本理论（Theory of Absolute Cost）

绝对成本理论是由英国古典经济学家亚当·斯密提出的。这一理论的代表作是《国富论》。亚当·斯密提出了国际分工和国际贸易理论，反对重商主义的"贸易差额论"和保护贸易政策，主张如果外国产品比国内生产的便宜，那么最好是输出本国在有利生产条件下生产的产品去交换外国产品，而不是自己生产。亚当·斯密认为，每个国家都有其适宜于生产某些特定产品的绝对有利的条件，如果每个国家发展它最擅长的生产部门，从事专业化生产，实行国际间的专业分工，则可以提高它们各自的生产率，从而降低产品成本，增加社会总财富。通过自由贸易就能用最少的花费换取更多的东西，这样能增加有关国家的国民财富。

（二）比较成本理论（Theory of Comparative Cost）

比较成本理论由英国古典经济学家大卫·李嘉图提出。这一理论的代表作是《政治经济学及赋税原理》。比较成本理论是在英国工业资产阶级争取自由贸易的斗争中产生并发展起来的。大卫·李嘉图认为，各国并不一定要生产出成本绝对低的产品，而只要生产出成本比较低或相对低的产品。或者说，存在比较成本差异，两国间就可以进行国际分工。分工不是依据成本上所具有的绝对优势，而是按相对优势进行分工，只要具有成本上的相对优势，国际贸易就能够展开。

（三）相互需求理论（Theory of Reciprocal Demand）

英国经济学家约翰·穆勒（John Stuart Mill）和阿尔弗雷德·马歇尔（Alfred Marshall）是相互需求理论的主要代表人物。约翰·穆勒首先提出了相互需求论，阿尔弗雷德·马歇尔以几何方法对穆勒的相互需求原理作了进一步分析和阐述。穆勒承认按比较成本理论进行交换对各国都是有利的，但在由比较成本决定的范围内，实际交换的比率值由两国间对商品的相互需求所决定。

马歇尔用几何方法对约翰·穆勒的相互需求原理作了进一步的分析和阐述，提出提供曲线。提供曲线，也称相互需求曲线，它表示一国想交换的进口商品数量与所愿意出口的本国商品数量间的函数关系，表明一国的进出口意向随着商品相对价格（贸易条件）的变化而变化。

二、现代自由贸易理论

（一）赫克歇尔—俄林理论（Hecksher-Ohlin Theory）

俄林向英国古典经济学派提出了挑战，他在 1933 年出版的《区域贸易和国际贸易》一书中系统地提出了自己的贸易学说，标志着要素禀赋说的诞生。俄林早期师承瑞典著名经济学家赫克歇尔（Eli F. Heckscher）而深受启发，故他的要素禀赋说也被称为赫—俄模式。俄林以要素禀赋代替大卫·李嘉图的劳动成本，用生产要素的丰缺来解释国际贸易的产生和一国的进出口贸易类型。

赫克歇尔、俄林克服了斯密和李嘉图贸易理论的某些局限性，认为生产商品需要不同的生产要素，而不仅仅是劳动力，资本、土地以及其他生产要素也在产品生产中起着重要作用，并影响到劳动生产率和生产成本。而且，他们注意到不同的商品生产需要不同的生产要素配置。有些产品的生产技术性较高，需要大量的机器设备和资本投入，这种产品可以称为资本密集型产品。而有些产品的生产主要是手工操作，需要大量的劳动力，这种产品称为劳动密集型产品。另外，各国生产要素的储备比例也是不同的。有的国家资本相对雄厚，有的国家劳动力相对充裕。因此，产品生产的相对成本不仅可以由技术差别决定，也可以由要素比例和稀缺程度的不同而决定。

狭义的要素禀赋论：通常指赫克歇尔—俄林理论（H-O 理论），也称为要素禀赋比率理论，是用生产要素的丰缺解释国际贸易的产生和进出口商品结构的理论。一般来说，劳动力相对充裕的国家，劳动力价格偏低，因此，劳动密集型产品的生产成本会相对低一些。而在资本相对雄厚的国家里，资本的价格会相对低些，生产资本密集型产品可能会有利。根据赫克歇尔—俄林理论，各国应集中生产并出口那些能够充分利用本国充裕生产要素的产品，以换取那些需要密集使用其稀缺生产要素的产品。国际贸易的基础是生产资源配置或要素储备比例的差别。

广义的要素禀赋论：萨缪尔森（P. Samuelson）在 H-O 模型基础上推论出的结论，它是贸易对要素价格的反作用理论，即要素价格均等定理。要素价格均等定理认为，在 H-O 模型基本假设下，如果两个国家都不是完全分工，自由贸易会导致两国同质的生产要素获得相同的相对与绝对收入。H-O 理论不但可以分析国际分工和产品价格的变化，还可用于分析要素价格。萨缪尔森深入研究了

H-O 模型中的要素价格，严格证明了要素价格均等定理，故该定理也被称为赫克歇尔—俄林—萨缪尔森定理，即 H-O-S 定理。

赫克歇尔—俄林理论的九个主要假定包括：

（1）假定只有两个国家、两种商品（X 产品和 Y 产品）、两种生产要素（劳动和资本）。这一假设目的是为了便于用平面图说明理论。

（2）假定两国的技术水平相同，即同种产品的生产函数相同。这一假设主要是为了便于考察要素禀赋，从而考察要素价格在两国相对商品价格决定中的作用。

（3）假定 X 产品是劳动密集型产品，Y 产品是资本密集型产品。

（4）假定两国在两种产品的生产上规模经济利益不变。即增加某商品的资本和劳动使用量，将会使该产品产量以相同比例增加，亦即单位生产成本不随着生产的增减而变化，因而没有规模经济利益。

（5）假定两国进行的是不完全专业化生产，即尽管是自由贸易，两国仍然继续生产两种产品，亦即无一国是小国。

（6）假定两国的消费偏好相同，若用社会无差异曲线反映，则两国的社会无差异曲线的位置和形状相同。

（7）在两国的两种商品、两种生产要素市场上，竞争是完全的。这是指市场上无人能够购买或出售大量商品或生产要素而影响市场价格。也指买卖双方都能掌握相等的交易资料。

（8）假定在各国内部，生产诸要素是能够自由转移的，但在各国间生产要素是不能自由转移的。这是指在一国内部，劳动和资本能够自由地从某些低收入地区、行业流向高收入地区、行业，直至各地区、各行业的同种要素报酬相同，这种流动才会停止。而在国际间，却缺乏这种流动性。所以，在没有贸易时，国际间的要素报酬差异始终存在。

（9）假定没有运输费用，没有关税或其他贸易限制。这意味着生产专业化过程可持续到两国商品相对价格相等为止。

赫克歇尔—俄林理论的局限性：无法解释发达国家之间的产业内贸易与产业间贸易。

（二）里昂惕夫反论（Leontief Paradox）

里昂惕夫（Wassily W. Leontief）反论，也称为"里昂惕夫之谜"，由美国哈佛大学行政管理学教授里昂惕夫提出。他因提出"投入—产出"分析理论，获1973 年诺贝尔经济学奖。里昂惕夫于 1953 年运用其"投入—产出"法，调查了美国 200 家企业，并着重对进出口统计数字进行了分析，对 1947 年美国生产每百万美元出口商品和每百万美元进口替代品所需资本和劳动数量进行了计算，结果发现，美国进口的是资本密集型产品，而出口的却是劳动密集型产品。这个结果完全出乎里昂惕夫本人的预料。这与资源禀赋理论的"结论"大相径庭。

对里昂惕夫之谜的解释：①里昂惕夫使用的是两要素（劳动、资本）模型，忽略了其他要素如自然资源（土壤、气候、矿藏、森林等）的影响。②美国的关税政策的影响。美国对劳动密集型产业的贸易保护力度极大，这影响了美国的贸易模式，降低了劳动密集型产品的进口。③里昂惕夫所定义的资本仅仅包含实物资本，忽略了掌握各种技能的人力资本。④要素密集度逆转的存在，即某一特定商品，在劳动力相对充裕的国家属于劳动密集型产品，而在资本相对充裕的国家则属于资本密集型产品。

赫克歇尔—俄林理论的缺陷：一是商品生产过程中所含要素密集性固定不变是错误的，即使一种商品在不同状况的国家，其要素密集性也是不同的；二是认为赫克歇尔—俄林理论忽视了需求因素。

三、当代自由贸易理论

（一）规模经济理论（Economies of Scale Theory）

从经济学说史看，亚当·斯密是规模经济理论的创始人。他在《国富论》一书中指出："劳动生产力上最大的增进，以及运用劳动时所表现的更大的熟练、技巧和判断力，似乎都是分工的结果。"斯密以制针工场为例，从劳动分工和专业化的角度揭示了制针工序细化之所以能提高生产率的原因在于：分工提高了每个工人的劳动技巧和熟练程度，节约了由变换工作而浪费的时间，并且有利于机器的发明和应用。由于劳动分工的基础是一定规模的批量生产，因此，斯密的理论可以说是规模经济的一种古典解释。真正意义的规模经济理论起源于美国，它揭示的是大批量生产的经济性规模。典型代表人物有阿尔弗雷德·马歇尔（Alfred Marshall）、张伯伦（E. H. Chamberlin）、罗宾逊（Joan Robinson）和贝恩（Joe S. Bain）等。

总的来说，规模经济理论是反映由于生产规模扩大而导致长期平均成本下降的情况。规模经济与规模报酬不是同一概念。规模报酬是所有要素投入都扩大相同的倍数所引起产出的变化情况，涉及投入产出之间的关系。不过规模报酬递增是产生规模经济的原因之一。

（二）产品周期理论（Product Cycle Theory）

产品周期理论，又称产品生命周期理论，由美国经济学家弗农（Raymond Vernon）于1966年在《产品周期中的国际投资与国际贸易》一文中首先提出，并由威尔斯（L. T. Wells）等加以发展。它是关于产品生命不同阶段决定生产与出口该产品的国家转移理论。产品生命周期说是一种动态经济理论。从产品要素的密集型上来看，在产品生命周期的不同时期，其生产要素比例会发生规律性变化。从不同国家上来看，在产品生命周期的各个时期，其比较利益将从某一国转向另一国，使赫—俄静态的要素比例说变成一种动态要素比例说。

（三）需求偏好理论（Demand Preference Theory）

需求偏好理论，又称偏好相似说或收入贸易说，是由瑞典经济学家林德尔（S. B. Linder）提出的，用国家之间需求结构相似来解释工业制成品贸易发展的理论。林德尔认为，赫克歇尔—俄林理论只适用于工业制成品和初级产品之间的贸易，而不适用于工业制成品之间的贸易。也就是说，赫克歇尔—俄林理论主要解释发展中国家与发达国家之间的产业间贸易，而需求偏好理论更适合于解释发生在发达国家之间的产业内贸易。这是因为前者的贸易发展主要是由供给方面决定的，后者的贸易发展主要由需求方面决定。决定需求的因素主要包括实际需求、喜爱偏好、收入水平等。这说明了整个世界的贸易为什么会有从初级产品为主发展到以工业产品为主的变动。发达国家之间的贸易量大，是因为其需求格局比较一致。而发达国家与发展中国家之间的贸易量较小，是因为它们之间需求格局重叠度较小。

（四）产业内贸易理论（Intra-Industry Trade Theory）

传统的国际贸易理论，主要是针对国家与国家、劳动生产率差别较大的和不同产业之间的贸易，但自20世纪60年代以来，随着科学技术的不断发展，国际贸易实践中又出现了一种与传统贸易理论结论相悖的新现象，即国际贸易大多发生在发达国家之间，而不是发达国家与发展中国家之间；而发达国家间的贸易，又出现了既进口又出口同类产品的现象。为了解释这种现象，国际经济学界产生了一种新的理论——产业内贸易理论。产业内贸易理论由作为主要代表人物的美国经济学家格鲁贝尔（H. G. Grubel）提出。产业内贸易形成的原因在于同类产品的差异性、消费者偏好的多样性、不同国家产品结构层次和消费结构层次的重叠、追求规模经济。

（五）技术差距论（Technological Gap Theory）

技术差距论又称创新与模仿理论，该理论最早由波斯纳（M. A. Posner）于1961年在《国际贸易和技术变化》一文中提出。该理论把技术作为独立于劳动和资本的第三种生产要素，探讨技术差距或技术变动对国际贸易影响的理论。由于技术变动包含了时间因素，技术差距理论被看作是对H-O理论的动态扩展。由于各国对技术的投资和技术革新的进展不一致，因而存在着一定的技术差距。这使得技术资源相对丰裕的国家，享有生产和出口技术密集型产品的比较优势。

四、传统保护贸易理论

（一）重商主义理论（Mercantilism Theory）

重商主义（也称商业本位，Mercantilism），最初是由亚当·斯密在《国富论》一书中提出的，产生并流行于 15 世纪至 17 世纪中叶的西欧，19 世纪后成长为自由贸易。重商主义的思想反映了这个时期商业资本的利益和要求。重商主义对资本主义生产方式进行了最初的理论考察。

重商主义是资本主义生产方式准备时期建立起来的代表商业资产阶级利益的一种经济学说和政策体系。重商主义的基本理论观点是以一国的黄金、白银等贵金属的拥有量作为判断富裕程度的标志；财富的唯一形态是金银；财富来源于对外贸易；积累财富的唯一途径是"贸易顺差"。

重商主义的发展经历了早期重商主义和晚期重商主义两个阶段。

（1）早期重商主义产生于 15~16 世纪中叶，以货币差额论为中心（即重金主义），强调少买。该时期代表人物为英国的威廉·斯塔福（W. Stafford）。早期重商主义者主张采取行政手段，禁止货币输出，反对商品输入，以贮藏尽量多的货币。一些国家还要求外国人来本国进行交易时，必须将其销售货物的全部款项用于购买本国货物或在本国花费掉。早期重商主义强调绝对的贸易顺差，主张实行对外贸易保护政策，禁止货币输出，即绝对禁止贵金属外流，其目的是积累货币财富。

（2）16 世纪下半叶到 17 世纪是重商主义的第二阶段，即晚期重商主义，其中心思想是贸易差额论，强调多卖，代表人物为托马斯·孟（Thomas Mun）。他认为，对外贸易必须做到商品的输出总值大于输入总值（即卖给外国人的商品总值应大于购买他们商品的总值），以增加货币流入量。16 世纪下半叶，西欧各国力图通过实施奖励出口，限制进口，即奖出限入的政策措施，保证对外贸易出超，以达到金银流入的目的。晚期重商主义主张减少对货币本身运动的限制，由管理金银进出口改为管制货物进出口，以达到金银流入的目的。与早期重商主义不同的是，晚期重商主义强调的是长期和总体上的贸易顺差，一定时期的贸易逆差可以被允许。

早晚期重商主义的差别反映了商业资本不同历史阶段的不同要求。重商主义促进了商品货币关系和资本主义工场手工业的发展，为资本主义生产方式的成长与确立创造了必要条件。重商主义的政策、理论在历史上曾促进了资本的原始积累，推动了资本主义生产方式的建立与发展。

（二）保护幼稚工业理论（Infant Industry Theory）

保护幼稚工业理论是由美国政治家亚历山大·汉密尔顿（Alexander Hamilton）于 1791 年最早提出的，但真正引起人们注意的是德国经济学家李斯特（Friedrich List）在 1841 年出版的《政治经济学的国民体系》一书中的系统论述。一种对某些产业采取过渡性的保护、扶植措施的理论，是国际贸易中贸易保护主义的基本理论。

保护幼稚工业理论认为，许多工业在发展中国家刚刚起步，处于新生或幼嫩阶段，就像初生婴儿一样，而同类工业在发达国家已是兵强马壮，实力雄厚。如果允许自由贸易、自由竞争的话，发展中国家的幼稚工业肯定会被打垮、被扼杀。如果政府对其新建工业实行一段时间的保护，等"婴儿"长大了，再取消保护，那么它就不但不怕竞争，还可与先进国家的同类工业匹敌。主要运用关税保护等手段实现。保护幼稚工业的理论是着眼于一国的长期利益，其基本假设是，所保护的工业在短期内虽然有代价，但从长远看是有利的、必要的。

对幼稚产业的保护历来是各国限制进口、排斥国外竞争者的相对合理的理由。在经济全球化迅猛发展的今天，对幼稚产业保护论的争论更加激烈。因此，我们需要以唯物辩证的世界观重新审视这一理论，认识时代赋予它的新内涵。

五、超保护贸易理论

超保护贸易理论（Super-protective Trade Theory）的代表人物是凯恩斯（John Maynard Keynes），其代表作是1936年出版的《就业、利息和货币通论》。

超保护贸易理论是在20世纪30年代提出的凯恩斯主义的国际贸易理论，它试图把对外贸易和就业理论联系起来，认为贸易顺差能增加国民收入，扩大就业；贸易逆差则会减少国民收入，加大失业。超保护贸易理论的主要论点包括：鼓吹贸易顺差以扩大有效需求；鼓吹贸易顺差有益，贸易逆差有害。政策主张包括：认为古典学派的国际贸易理论已经过时，反对自由贸易；扩大有效需求的目的在于救治危机和失业。

该理论认为，一国的出口和国内投资一样，有增加国民收入的作用；一国的进口与国内储蓄一样，有减少国民收入的作用。当商品和劳务出口时，从国外得到货币收入，会使出口产业部门收入增加，消费也随之增加，对生产资料和生活资料的需求相应增加，从而引起其他产业部门生产增长、就业增多、收入增加。如此反复，收入的增加量将为出口增加量的若干倍。当商品和劳务进口时，使本国货币外流，造成收入下降，消费减少，跟储蓄一样成为国民收入中的漏洞。所以，只有当贸易出现顺差时，对外贸易才能使一国的就业量和国民收入量增加，此时，国民收入的增加量将为贸易顺差的若干倍。这就是对外贸易乘数理论的含义。

六、当代保护贸易理论

（一）保护就业论（Employment-protection Theory）

保护就业论，即保护国内生产和就业。保护就业论可从微观和宏观两方面解释：从微观上说，某个行业得到了保护，生产增加，工人就业也随之增加；从宏观上说，保护就业论建立在凯恩斯主义经济学说上，认为一国的生产和就业主要取决于对本国产品的有效需求。如果有效需求增加，就会带动生产和就业的增加。要达到充分就业，就要对商品有足够的有效需求。有效需求由消费、投资、政府开支和净出口四部分组成。贸易对整个社会就业水平的影响过程可以表述为：增加出口、减少进口，增加有效需求，从而增加国民生产和提高就业水平。

（二）保护公平竞争论（Protection of Fair Competition Theory）

保护公平竞争理论最初是针对国际贸易中因为政府参与而出现的不公平竞争行为，后来被广泛用来要求对等开放市场。主要手段包括：反补贴税、反倾销税或其他惩罚性关税、进口限额、贸易制裁等。这些措施从理论上说可能有助于限制不公平竞争，促进自由贸易，但实施中不一定能达到预期效果。"反不公平竞争"可能被国内厂商用来作为反对进口的借口，一些国家的某些行业劳动生产率低下，面对国际竞争不求改进，反而怪罪于外国商品。通过贸易保护促进公平竞争，有可能造成更不公平的竞争，而本国的消费者则为此付出了更大的代价。

（三）战略贸易理论（Strategic Trade Theory）

战略贸易理论是保罗·克鲁格曼（Paul R. Krugman）等提出来的。1984 年，克鲁格曼在《美国经济学评论》上发表了论文《工业国家间贸易新理论》，认为传统的国际贸易理论都建立在完全竞争市场结构的分析框架基础上，因而不能解释全部的国际贸易现象，尤其难以解释工业制成品贸易，从而提出应对国际贸易理论的分析框架进行更新的主张。1985 年，克鲁格曼与赫尔普曼（E. Helpman）合著《市场结构与对外贸易》，运用垄断竞争理论对产业内贸易问题进行了系统的分析和阐释，并建立了以规模经济和产品差别化为基础的不完全竞争贸易理论模型，即战略贸易理论。

最早体现战略贸易思想的是布朗德（J. A. Brander）和斯潘塞（B. J. Spencer）的补贴促进出口（利润转移理论）的论点。他们认为，传统的贸易理论建立在完全竞争的市场结构上，因而主张自由贸易应是最佳的政策选择。但现实中，不完全竞争和规模经济普遍存在，市场结构是以寡头垄断为特征的。这种情况下，政府补贴政策对一国产业和贸易的发展具有重要的战略性意义。

1. "利润转移"理论

"利润转移"理论认为，在不完全竞争特别是寡头竞争市场上，寡头厂商可以凭借其垄断力量获得超额利润。在与这类国际寡头竞争中，一国政府可以通过出口补贴帮助本国厂商夺取更大市场份额，或以关税阻碍外国厂商进入国内市场，或以进口保护来促进出口，从而实现由外国利润向本国利润的转移，增加本国的福利。

出口补贴论。以出口补贴促进出口模型最早由布兰德和斯潘塞提出，以出口补贴支持本国寡头厂商扩大国际市场份额。在与国外寡头厂商进行古诺（Cournot）双头竞争的国际市场上，政府通过对国内厂商提供出口补贴，可使其降低边际成本，提高在国际市场的销售份额和利润，同时减少国外厂商的市场份额和利润；由此带来的本国厂商的利润增加可以超过政府的补贴支出，从而使本国的国民净福利上升。克鲁格曼以"波音和空中客车模型"分析出口补贴的作用。通过博弈论我们可以看出，空中客车凭借政府的少许补贴占领了市场，利润流向欧洲。

战略进口政策。又称为"关税抽取租金论"，是用关税抽取外国寡头厂商的垄断利润。最早由布兰德和斯潘塞提出。在不完全竞争市场上，国外垄断厂商的定价高于边际成本，存在着高额垄断利润，进口国等于向国外厂商支付了租金，因此进口国政府可以运用关税抽取国外厂商的超额垄断利润。政府征收进口关税时，国外垄断厂商要么降低垄断价格，要么减少出口量。若国外垄断厂商选择降低价格，则其垄断利润减少，且由自己承担损失；若国外垄断厂商选择减少出口量，则相当于让出了部分市场，国内厂商就会进入该产业，达到扶植该产业的目的。当存在着本国厂商进入的潜在可能性时，将使国外厂商的行为受到一定约束；如果本国和国外厂商都属于寡头厂商，对国外出口厂商征收关税则更容易被其部分吸收，将导致垄断利润的部分转移，从而增加本国的净福利。

以进口保护促进出口论。以进口保护促进出口模型由克鲁格曼提出。他假定：寡头垄断市场；产品相互替代，但不完全替代；国内外市场分割，两企业相互向对方市场渗透，并在第三国市场上竞争。在此基础上，克鲁格曼指出：如果本国政府对外国垄断厂商进入本国市场设置阻碍，本国厂商在本国市场上获得特权地位，销售更多—产量增加—成本下降—市场扩大；而国外厂商，销售减少—产量缩减—成本上升—市场缩小。随着本国厂商成本下降和国外厂商成本的上升，一旦本国厂商在竞争中处于优势，便可达到促进出口的目的。

2. "外部经济"理论

"外部经济"理论认为，产业外部经济因素对产业自身及相关产业的发展有积极作用，因此，政府对具有显著外部经济因素的产业给予适当的保护和扶植，使之能够在外部经济作用下形成国际竞争力并带动相关产业发展。

外部经济（External Economy）由经济学家马歇尔（A. Marshall）最早在1890年提出，后经克鲁格曼等学者的完善而得到发展。外部经济指当整个产业的产量（因企业数量的增加）扩大时（企业外部的因素），该产业各个企业的平均生产成本下降，因而有时也称为外部规模经济（External Economy of Scale）或范围经济（Economy of Scope）。还有一种情况，当一个国家某个产业的累积产量扩大时，该产业各企业的平均成本下降，通常被称为动态的外部经济（Dynamic External Economy），该产业随累积产量增加而呈下降趋势的平均成本曲线，通常被称为学习曲线（Learning Curve）。有益的影响称为正的外部经济，有害的影响称为负的外部经济。从资源配置的角度分析，外部经济指某一经济活动的某些效益或成本不在个体经济单位决策者的考虑范围内，从而造成资源配置效率低下，并造成市场失灵的现象。

马歇尔认为外部经济包括三种类型：市场规模扩大提高中间投入品的规模效益；劳动力市场供应；信息交换和技术扩散。前两者被称为金钱的外部性（Pecuniary Externalities），后者被称为技术外部性（也称"纯"外部经济），并不与收益递增的市场结构有关。

外部经济指厂商、个人、社会从某种社会经济活动中所获得的有利影响，而受益者原则上不必为此付费。该理论认为，某些产业由于外部性，厂商不能独享创新带来的收益，而且投资的风险很大，私人投资明显不足，这在新兴高科技产业最为明显。然而这些行业又往往具有战略性，其创造的知识、技术、产品对国家的发展和社会的进步有不可低估的作用。因而政府要选择适当的高科技产业加以扶植，降低其投资的风险，吸引私人资本投入该行业，推动战略性产业的成长。

第三节　案例分析

一、重商主义在 21 世纪仍然活跃

（一）案例内容——重商主义（重商主义在 21 世纪仍然活跃）

主旨：尽管大多数国家声称更倾向于自由贸易，但许多国家仍然对国际贸易施加诸多限制，21 世纪的重商主义仍然存在并活跃着。

尽管大多数国家声称更倾向于自由贸易，但许多国家仍然对国际贸易施加诸多限制。大多数工业国为了保护国内就业，对农产品、纺织品、鞋、钢材以及其他许多产品实行进口限制；同时，那些对国家参与国际竞争和未来发展至关重要的高科技产业，如计算机和电信，则提供补贴。发展中国家对国内产业的保护性更强。21 世纪以来的多边谈判，对部分产品的一些明显的保护措施（如关税和配额）已减少或被取消了，但另一些较为隐蔽的保护方式（如对研发的税收优惠和补贴）却增加了。不断发生的贸易争端也证实了这一点。

21 世纪的贸易争端大量存在。其中，以美国和欧盟争端为例：欧盟禁止美国出口用激素喂养的牛肉；欧盟从非洲国家进口香蕉取代从美国的农场进口香蕉，从而影响了美国的商业利益；欧盟为了发展新式超大型喷气客机向空中客车公司提供补贴，因而减少了波音 747 客机的销售；美国政府向部分出口商提供税收减免；美国在 2002 年对进口钢材征收 30% 的进口税。在美国、日本以及其他发达国家和发展中国家之间还有许多类似的贸易争端。为了应对外来竞争，保护

国内就业，并鼓励本国高科技产业的发展，需要采取贸易限制，这些都是典型的重商主义理论。种种事实表明，重商主义的势头虽然有所减弱，但在21世纪仍然存在。

（二）分析要求

（1）重商主义追求的目的是什么？早期与晚期重商主义的差异所在？

（2）结合案例材料谈谈重商主义的主要措施。

（3）结合本案例如何认识中美贸易战中的现代重商主义？

参考答案：

（1）重商主义追求的目的及早期与晚期重商主义的差异所在：重商主义追求的目的是在国内积累货币财富，把贵重金属留在国内。

早期与晚期重商主义的差异：

1）早期重商主义被称为重金主义，即绝对禁止贵重金属的外流。当时执行重商主义政策的国家禁止货币流出国家，由国家垄断全部贸易，外国人来本国进行贸易时，必须将其销售货物所得到的全部款项用于购买本国的货物。

2）晚期重商主义也称贸易差额论。与早期重商主义政策不同的是，管理金银进出口的政策变为管制货物的进出口，力图通过奖励出口和限制进口的措施，保证和扩大贸易顺差，以达到金银流入的目的。

（2）结合案例材料谈谈重商主义的主要措施。

1）限制进口的措施：在限制进口方面，重商主义主张采用关税壁垒和非关税壁垒两种政策。首先是关税壁垒，主要方法是对不同产品征收不同比例的关税以减少外国产品的进口。但自20世纪90年代以来，关税壁垒已经不再是重商主义主张的主要政策手段。其次是非关税壁垒。非关税壁垒随着经济的发展，国际贸易结构的变化，也有了新的变化。传统的非关税壁垒主要是反倾销反补贴、非自动进口许可证、贸易配额等。新兴的非关税壁垒主要是技术壁垒、绿色壁垒、反垄断诉讼等。与关税壁垒相比，非关税壁垒具有隐秘性和针对性的特点，比关税壁垒能更直接地达到限制进口的目的。

2）促进出口的措施：重商主义主张采用财政政策鼓励出口，扩大出口贸易额。其一，减免出口企业税收，对出口收入实行大幅度减税，比如免征工业产业税、商品流通税、附加价值税、出口型企业法人税等；其二，补贴出口企业和出口商品，制定奖励制度，对出口企业进行奖励；其三，设立专门的金融机构为出口企业服务，比如进出口银行等，向出口企业提供优惠的贷款政策和贷款利率，提供优惠的出口信贷，向出口企业提供延期付款的贷款方式，贷款利率甚至可能低于普通商业银行利率的一半以上。

（3）结合本案例谈谈对中美贸易战中的现代重商主义的认识。

一方面，美国这种滥用重商主义的做法，不过是对其前辈的拙劣模仿。美国加征关税对本国企业、工人和消费者的伤害要远远大于中国；通过关税政策，即人为打破由市场形成的分工链，带来的后果只能是需求萎缩和失业增加。另一方面，美国的现代重商主义者对贸易进行保护的手法远远超过了其前辈。国际贸易在本质上是商品和服务在国与国之间的交换，它应该几乎纯粹是一种经济行为，没有所谓意识形态掺杂其中。

二、美国、欧盟及日本的比较优势

（一）案例内容——比较优势（美国、欧盟及日本的比较优势）

主旨：即使一国在两种商品的生产上较另一国均处于劣势，仍有可能产生互利贸易。一个国家可以专门生产并出口自己绝对劣势相对较小的商品，同时进口其绝对劣势相对较大的商品。

国际贸易显性竞争优势指数（CA）可以通过计算某国某产业出口的显性比较优势减去该产业进口的显性比较优势，从而得到某国某产业国际贸易显性竞争优势，具体如下式所示：

$$CA = \left[(X_i/X_t)/(\sum X_i / \sum X_t) \right] - \left[(M_i/M_t)/(\sum M_i / \sum M_t) \right]$$

式中，X_i 表示某国第 i 类商品出口额；X_t 表示某国商品总出口额；$\sum X_i$ 表示世界第 i 类商品出口额；$\sum X_t$ 表示世界商品总出口额；M_i 表示某国第 i 类商品进口额；M_t 表示某国商品总进口额；$\sum M_i$ 表示世界第 i 类商品进口额；$\sum M_t$ 表示世界商品总进口额。其中，公式前半部分为商品的出口显性比较优势，后半部分为商品的进口显性比较优势。计算结果：$CA > 0$，说明该国某种商品出口显性比较优势大于商品进口显性比较优势，则该国商品具有竞争优势，数值越大，竞争优势越强；$CA < 0$，说明该国某种商品出口显性比较优势小于商品的进口显性比较优势，则该国商品具有竞争劣势，数值越小，竞争劣势越明显；$CA = 0$，则该国进出口商品没有所谓的竞争优势或竞争劣势。2014 年美、欧、日各产业进出口显性比较优势及显性竞争优势指数如表 3-1 所示。

表 3-1　2014 年美、欧、日各产业进出口显性比较优势及其国际贸易显性竞争优势指数

产业	美国			欧盟			日本		
	出口	进口	CA	出口	进口	CA	出口	进口	CA
农产品	1.22	0.69	0.53	1.22	1.18	0.04	0.17	1.07	-0.9

续表

产业	美国			欧盟			日本		
	出口	进口	CA	出口	进口	CA	出口	进口	CA
燃料和矿产品	0.63	0.84	-0.21	0.49	0.92	-0.43	0.25	1.91	-1.66
制成品	1.00	1.08	-0.08	1.20	1.03	0.17	1.35	0.74	0.61

资料来源：WTO，International Trade Statistics（Geneva，2014）。

（二）分析要求

（1）简述比较优势原理。

（2）结合案例资料分析各国的比较优势。

（3）试举例说明比较优势原理是否有例外情况。

参考答案：

（1）简述比较优势原理。比较优势原理是指即使一国在两种商品的生产上较另一国均处于劣势，仍有可能产生互利贸易。一个国家可以专门生产并出口自己绝对劣势相对较小的商品，同时进口其绝对劣势相对较大的商品。

（2）结合案例资料分析各国的比较优势。从材料中可以看到，美国在农产品上占有较强的显性竞争优势（因为美国农产品的出口显性比较优势大于美国农产品的进口显性比较优势）；在燃料和矿产品、制成品上，美国存在显性竞争劣势。欧盟在农产品和制成品上具有较弱的显性竞争优势；在燃料和矿产品上具有显性竞争劣势。日本在制成品上显示出很强的显性竞争优势；在农产品和燃料及矿产品上则具有很强的显性竞争劣势。

（3）试举例说明比较优势原理是否有例外情况。比较优势原理存在例外情况，当一国在两种商品上的绝对劣势与另一国相同时，这种例外就会发生。举个例子，1小时的劳动在美国可生产6蒲式耳小麦，但在英国只能生产1蒲式耳小麦。同时，1小时劳动在美国可生产4码布，但在英国可生产2码布。美国在小麦的生产上具有相对优势，英国在布匹的生产上有相对优势。但如果英国1小时劳动不是生产1单位小麦而是3单位小麦，则英国相对美国在小麦和布匹上均是1/2的生产率，那么英国和美国在小麦和布匹生产上均不存在比较优势，因而两国之间不会有互惠贸易发生。

三、"中美贸易摩擦"中美国大豆何去何从

（一）案例内容——比较优势（"中美贸易摩擦"中美国大豆何去何从）

主旨：2018年中美贸易战打响后，受中国的反制，导致占美国农产品出口

半壁江山的大豆出口数量呈现断崖式下跌，中国从美国进口的大豆量转由巴西、阿根廷、俄罗斯等国提供，美国大豆生产的比较优势也迅速消失。

2018 年 7 月 6 日，美国开始对第一批清单上的中国商品加征 25% 的进口关税，所涉及类别 818 种，总价值达 340 亿美元。与此同时，中国对同等规模的美国产品加征 25% 的进口关税，其中，美国对华大量出口的大豆作为中国反制美国的重要武器，出口量受到较大影响。

此前，大豆是我国从美国进口的最主要的农产品，美国也高度依赖我国来消耗本国富余的大豆。2015~2017 年，美国对我国的大豆出口量分别为 2841 万吨、3417 万吨和 3286 万吨；而 2018 年，美国对华出口的大豆数量下降至 1664 万吨，其中 7~12 月的出口总量仅为 84 万吨。从占比上看，美国是我国重要的大豆进口来源国，但 2018 年，美国大豆对我国的重要性显著下降。2015~2017 年，从美国进口的大豆数量占我国总大豆进口量的比例分别为 35%、41% 和 34%，而 2018 年的占比跌至 20% 以下。具体如图 3-1 所示。

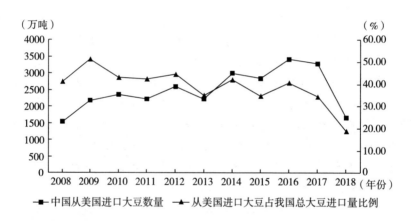

图 3-1　2008~2018 年中国进口美国大豆情况

由于我国大豆的供给难以自给自足，对进口有很高的依赖性，在减少了从美国进口大豆的数量后，我国开始在世界范围内寻找美国大豆的替代品，这带动了巴西、阿根廷等南美洲大豆生产国的大豆价格上涨。如果中美贸易关系没能得到缓和，可预见南美地区大豆种植面积和产量将得到大幅的提升。

（二）分析要求

（1）请列出比较优势原理的假设条件。

（2）与中国大豆相比，美国大豆的比较优势具体体现在哪里？

（3）你认为在当前中美贸易摩擦情况下，我国大豆产业应如何应对？

参考答案:

(1) 比较优势原理的假设条件:

1) 假定贸易中只有两个国家和两种商品 (X 与 Y 商品),这一个假设的目的是为了用一个二维的平面图来说明这一理论。

2) 两国在生产中使用不同的技术。技术的不同导致劳动生产率的不同,进而导致成本的不同。

3) 模型只假定在物物交换条件下进行,没有考虑复杂的商品流通,而且假定 1 个单位的 X 产品和 1 个单位的 Y 产品等价 (不过它们的生产成本等)。

4) 在两个国家中,商品与要素市场都是完全竞争的。

5) 在一国内要素可以自由流动,但是在国际间不流动。

6) 分工前后生产成本不变。

7) 不考虑交易费用和运输费用,没有关税或影响国际贸易自由进行的其他壁垒。

8) 价值规律在市场上得到完全贯彻,自由竞争,自由贸易。

9) 假定国际经济处于静态之中,不发生其他影响分工和经济变化。

10) 两国资源都得到了充分利用,均不存在未被利用的资源和要素。

11) 两国的贸易是平衡的,即总的进口额等于总的出口额。

(2) 美国大豆比较优势的具体体现:

1) 价格低。美国出口的大豆多为转基因大豆,具有更低的生产成本,到岸价与国产大豆的价格相比具有更大的优势。

2) 质量高。美国转基因大豆的含油量、出油率相比国内大豆更高,更受大豆加工企业的喜爱。

3) 产量大。由于美国发达的农业机械化水平以及科技发展程度,导致美国大豆的单位面积产量较高。

(3) 我国大豆产业的应对策略:

1) 从多国进口,优化大豆进口来源结构。有意识地减少从美国、巴西两国进口大豆,扩大从阿根廷、俄罗斯以及加拿大等国进口大豆的规模。尽量分散平均大豆的进口来源,并充分利用这些国家的竞争关系,保障我国企业的利益。

2) 鼓励增加油粕替代品进口,减轻大豆需求负担。可以通过豆油和豆粕的进口来减轻大豆的进口负担。

3）适当限制大豆进口，刺激国内大豆产业发展。我国应适当限制国外大豆进入中国，通过增加关税，提高检验检疫标准来刺激国内大豆产业的生产发展。

四、一些国家的资本/劳动比率

（一）案例内容——要素禀赋理论（一些国家的资本/劳动比率）

主旨：各国间要素禀赋的相对差异以及生产各种商品时利用这些要素的强度差异是国际贸易的基础。其中，资本与劳动要素禀赋的相对差异可以通过国家的资本与劳动比率表现出来。

人均资本存量反映了资本与劳动的比率，2011年，一些发达国家和发展中国家工人人均占用的资本存量具体如表3-2所示。其中，资本存量是以2005年的美元价格度量的，以同样的单位进行度量会使各国之间具有可比性。英国与许多其他工业国家或发达国家相比，工人人均资本存量较低（见表3-2左半部），但比发展中国家的人均资本存量高很多（见表3-2右半部）。

表3-2　2011年一些国家的工人人均资本存量（2005年美元价格）

单位：美元

发达国家	工人人均资本存量	发展中国家	工人人均资本存量
加拿大	112189	墨西哥	41849
德国	102165	土耳其	46813
法国	104525	巴西	23386
意大利	122103	俄罗斯	46492
美国	132707	泰国	59718
西班牙	111799	中国	33436
英国	85608	印度	14774

资料来源：多米尼克·萨尔瓦多. 国际经济学（中译本）[M]. 杨冰译. 北京：清华大学出版社，2016.

（二）分析要求

（1）简述赫克歇尔—俄林定理的内容。

（2）通过案例材料，分析英国与发展中国家的要素禀赋差异所在，与其他发达国家的比较呢？

参考答案：

（1）赫克歇尔—俄林定理的内容：一国应当出口该国相对充裕和便宜的要素密集型商品，进口该国相对稀缺和昂贵的要素密集型商品。简而言之，劳动力相对充裕的国家应当出口劳动密集型的商品，进口资本密集型的商品。比如，中国是发展中国家，其劳动力充裕，应出口服装之类劳动密集型产品；美国是发达国家，其资本充裕，应出口高技术产品等资本投入较大的产品。

（2）英国与发展中国家及与发达国家的要素禀赋差异：英国与发展中国家相比，人均资本存量相对充裕。从表3-2中右半部可看出，发展中国家工人人均资本存量均低于60000美元，远低于工人人均资本存量为85608美元的英国；但与许多其他工业国家或发达国家相比，英国排在表中第七的位置，相对而言，人均资本存量充裕效果并不明显。

五、中国—东盟的农业合作分析

（一）案例内容——要素禀赋理论（中国—东盟的农业合作分析）

主旨：在与东盟的合作中，中国存在资本、农业技术等禀赋要素的优势，而东盟国家在人力资源成本、自然资源等方面存在优势，这有助于形成中国—东盟农业合作的优势互补，从而实现中国—东盟农业合作的共赢。

东盟10个国家中，除新加坡外，大部分国家属于典型的农业大国，且人口众多，为农业生产经营活动提供了极其丰富的劳动力资源。而中国的农业在国民经济中占重要地位，所以中国与东盟在农业领域进行合作有着天然优势，能起到资源互补的作用。特别是2002年11月签署的中国—东盟自由贸易区（CAFTA）协议，取消了所有农产品关税，为中国与东盟国家的农业贸易往来奠定了坚实的基础。随着"一带一路"建设的步伐加快，中国农业对外投资规模也在不断扩大。从中国对东盟国家农业投资方面看，据2018年中国农业对外投资合作分析报告，2017年中国农业对外投资存量为173.3亿美元，前10位国家中东盟国家有四个，即印度尼西亚居第4位（11.8亿美元）、老挝居第6位（9.6亿美元）、泰国居第9位（5.2亿美元）、新加坡居第10位（4.7亿美元）。从中国对东盟贸易额方面看，从2019年8月13日中国（连云港市）—东盟农业经贸洽谈会获悉，2019年1~7月，中国—东盟贸易额为3457.26亿美元，同比增长4.9%。东盟10个国中，越南是中国第一大贸易伙伴，其后是马来西亚、泰国、新加坡、印度尼西亚。由此可见，东盟是中国农业对外投资、贸易较为集中的地区。

东盟农产品种类丰富多样，且受中国市场的刺激，农产品产量稳步提升。东盟位于亚洲东南部，由中南半岛和马来群岛组成，地理位置优越，地域热量充裕，降水丰沛，雨林茂密，适宜热带作物生长；物产丰茂，盛产稻谷；海域辽阔，海洋资源丰盛。由于热量和水分充足，植物终年茂盛，农作物随时可以播种，四季都可收获，东盟是世界上最大的热带经济作物生产基地。东盟的棕榈油、橡胶、咖啡、椰子等生产在世界上占有重要地位，也是世界上天然橡胶的最大生产地。其中，泰国、马来西亚、印度尼西亚三国橡胶产量之和占世界总产量的 70% 以上，泰国的种植面积约 200 万公顷，有"橡胶王国"之称。越南的咖啡产量仅次于巴西，居世界第二位。印度尼西亚的木棉、胡椒、金鸡纳霜产量均居世界第一位。东盟也是世界稻米生产最多的地区，泰国、越南、缅甸有世界三大"谷仓"之称，印度尼西亚是世界重要的稻米生产国。中国是泰国连续 3 年最大的水果贸易伙伴。据泰国农业与合作社部统计，2019 年，泰国向中国出口了 122.51 万吨水果，主要有榴莲、芒果、龙眼等，泰国鲜、冻、干水果出口的 57.1% 销往中国市场。以榴莲为例，尽管疫情蔓延，泰国的榴莲出口并未受到太大影响。2020 年 7 月，泰国农业经济办公室表示，受中国市场需求旺盛的带动，2020 年泰国南部地区榴莲产量预计将达 58.8 万吨，同比增长 22%。数据显示，2020 年前 4 个月，泰国榴莲对中国出口额高达 5.67 亿美元，同比增长 78%。

中国对东盟农业技术发展的帮助作用巨大。数据显示，中国有农业科研机构 1144 个，农业科研机构从业人员约 9.6 万人。其中科学家和工程师 3.7 万人，科研管理人员 1 万人，近 70 万基层农技推广人员，8700 家在农业主管部门注册的种业公司。有专门从事农业研究的以中国农业大学为代表的高等农业院校，以中国农业科学院为龙头的农业科学研究院所，以"水稻杂交之父"袁隆平院士为代表的农业科技创新领军人物以及农业科研及农业推广应用科技人员，为中国农业的发展起到积极的推动作用。中国农业的发展，也推动着中国农业与东盟国家农业的合作。农业科技合作已成为中国—东盟合作的重要领域。中国积极与东盟国家分享农业技术发展经验，在东盟国家开展了玉米种植、园艺作物栽培、饲料加工等示范项目，推广优良品种、农业机械、栽培管理技术，部分品种增产 1 倍以上；同时还启动了中国—东盟科技合作伙伴计划，举办农业技术与管理培训班，有力促进了双方农业技术合作。农业科技合作极大地提升了当地农业生产力，为当地民生改善做出巨大贡献。以中菲农业科技合作为例，在位于吕宋岛中部的中国援菲律宾农业技术中心，中方技术人员为菲律宾农技人员提供现场培训。该中心通过理论和实践课程、系统培训，帮助农户掌握杂交水稻相关技术，截至 2020 年底，已培训 1000 多名当地农技骨干，促进粮食增产 2.1 万吨。

中国与东盟农业领域的合作前景广阔。中国—东盟农业合作领域不断拓展，从最初的海外直接种植、渔业捕捞发展到加工、仓储、物流、贸易等产业链各个环节，涉及粮食（水稻）、经济作物（橡胶、棕榈、木薯、甘蔗）等多种农产品，且呈迅速扩大趋势。中国在东盟国家农业投资的企业数量多、投资金额大、合作领域和产业链广泛。数据显示，2018年，中国对东盟国家农业投资流量占全球流量总额的27.5%。中国—东盟农资商会会长龙文认为，中国农资产业具有先进的生产技术、优质的产品，农资货源供应丰富，东盟国家农资需求潜力大，其农产品在中国也有旺盛的市场需求，双方合作潜力巨大。不少东盟国家人士表示，期待继续拓宽东盟国家与中国的农业合作领域，促进地区国家在基础设施、农业加工等领域的产业升级。这将有助于充分发挥相互间的区位优势、产业优势，实现中国—东盟战略伙伴关系2030年愿景。

（二）分析要求

（1）要素禀赋理论的假设条件有哪些？

（2）请结合案例材料分析为什么中国和东盟可以形成在农业领域的合作？

（3）今后中国与东盟的合作趋势将会如何？

参考答案：

（1）要素禀赋论基于一系列简单的假设前提，主要包括：

1）有两国（国家1与国家2），两种商品（X与Y），两种生产要素（劳动与资本）；

2）两国在生产中都使用相同的技术；

3）在两国，商品X都是劳动密集型商品，商品Y都是资本密集型商品；

4）在两国，两种商品的生产都是规模报酬不变的；

5）两国在生产中均为不完全专业化；

6）两国的偏好相同；

7）在两国，两种商品与两种要素市场都是完全竞争的；

8）在一国国内，要素可以自由流动，但要素不能在国际间自由流动；

9）没有运输成本、关税或影响国际贸易自由进行的其他壁垒；

10）两国资源均得到了充分利用；

11）两国的贸易是平衡的。

（2）中国和东盟可以形成在农业领域合作的原因。

在与东盟的合作中，中国存在资本、农业技术等禀赋要素的优势，而东盟国家在人力资源成本、自然资源等方面存在优势，这形成中国—东盟农业合作的优势互补，从而可以实现中国—东盟农业合作的共赢。

1）东盟的劳动力和土地禀赋优势。

由案例内容可知，一方面，东盟地理位置优越，海洋资源丰盛，农作物随时可以播种，四季都可收获，是世界上最大的热带经济作物生产基地。泰国、越南、缅甸有世界三大"谷仓"之称，印度尼西亚也是世界重要的稻米生产国。东盟是世界上天然橡胶的最大生产地，其棕榈油、橡胶、咖啡、椰子等生产都在世界上占有重要地位。即：东盟具有较多的自然资源禀赋，相对而言，其资源（土地）禀赋处于优势地位。且中国对东盟的农产品需求较高，如：中国是泰国连续3年最大的水果贸易伙伴，说明中国与东盟在农产品方面存在较大合作空间。

另一方面，东盟十国的总人口数超过6亿，仅次于中国和印度，为农业生产经营活动提供了极其丰富的劳动力资源。即：东盟具有较多的劳动力禀赋，其劳动力禀赋处于优势地位。说明中国与东盟各国在劳动力资源转移、人才培训等方面也存在较大的合作空间。

中国人均耕地少、农田污染较多、水资源短缺、水资源浪费严重等问题长期存在，加之高投入、高消耗和高污染的农业发展模式势必造成生态环境问题突出，使中国农业经济面临困境。当前中国在深化农业供给侧改革，除通过推进环境治理，改善农业生态环境外，还要运用东盟国际市场与优势农业资源，促进中国农业产业结构调整，使中国的农业资源与东盟国家之间形成经济优势互补。

2）中国的资本和农业技术禀赋优势。

由案例内容可知，中国的农业科研机构及从业人员众多，包括科学家、工程师、科研管理人员等；中国的高等农业院校、农业科学研究院所、农业科技创新领军人物以及农业科研及农业推广应用科技人员均为中国农业的发展起到了积极的推动作用。由此可见，中国有较强的农业科技投入，也在该方面取得了一定成绩。

而正是由于科技的大力投入，中国农业生产在机耕、机种、机收、植保和农田水利设施建设等方面已具备相当优势；农业发展中的制度创新、组织模式创新、生产经营方式创新、农技研发与推广等方面积累了许多成功的经验，中国与"一带一路"沿线国家农业技术交流与合作前景广阔。也正是由于中国农业科技优势，中国与东盟国家可进行农业科技合作，在东盟国家建立农业科研机构以及农业科技公司，指导东盟国家进行农业生产和经营，以实现中国与东盟国家双方农业的合作共赢。

（3）今后中国与东盟的合作趋势。

中国与东盟农业合作机制已基本形成。2002年《中国—东盟全面经济合作框架协议》的签署标志着中国与东盟的经贸合作进入了一个新的历史阶段；2013年以来"一带一路"倡议的实践，为地处"一带一路"建设重要节点的东盟带来了更多与中国农业合作的机遇，农业对外投资快速发展，农产品贸易总额不断增长，农业科技合作不断深化。

　　未来中国要做好对东盟各国农业合作战略规划，做好境外农业投资补贴机制，在人才、经验、能力创新等方面增强中国农业企业的竞争力。一方面，我们可以通过中国—东盟基础设施互联互通项目建设，进一步发挥要素禀赋优势，推动东盟国家经济发展。另一方面，我们可以通过与东盟国家建立农业科技合作交流机构、推广农业技术和共享管理人员等措施，改善投资环境，拓展中国东盟之间投资、贸易。全面构建新型的中国—东盟农业国际合作关系，从而促进中国—东盟农业合作的健康可持续发展，实现中国—东盟战略伙伴关系2030年愿景。

六、沙特阿拉伯的石油资源

（一）案例内容——要素禀赋理论（沙特阿拉伯的石油资源）

主旨：沙特阿拉伯是一个石油资源大国，通过石油的开采和贸易，国家经济和人民生活得到了改善，但由于世界石油价格波动较大，沙特阿拉伯经济也会随着石油价格的升降而涨落。

　　沙特阿拉伯是一个石油大国，石油资源丰富，在其领土范围内，已探明的石油储量为2615亿桶，约占全球总储量的25.2%。沙特阿拉伯现在共有8座大型炼油厂，日提炼能力约158万桶，实际日产量约40万~150万桶，其中60%左右供国内消费，其余供出口。沙特阿拉伯经济结构单一，石油是其经济发展的命脉，因此，对外贸易在其国民经济中举足轻重。石油收入占其国家财政收入的60%~80%，石油和石化产品出口占其出口总额的90%左右。进口中，机电设备、食品和交通工具所占比重最大。

　　自20世纪70年代起，沙特阿拉伯利用其丰厚的石油资金大力发展经济和改善人民生活，进行了多期五年发展规划，经过20年的努力，沙特阿拉伯从一个贫穷落后的国家变成一个举世闻名的现代化石油大国，而且成为中东最大的商品和承包劳务市场，并拥有大量的海外资产。依靠石油收入，沙特阿拉伯的对外经济援助数量非常可观，其共计向全世界70多个发展中国家提供了700亿美元的援助。

　　对石油的高度依赖，使沙特阿拉伯深受国际市场上石油价格波动的影响。20世纪70年代石油价格高攀时，给其带来了可观的贸易收益，使其一跃成为世界人均高收入成员国，而80年代以后的石油价格萎靡不振，也给其带来了巨大的不利影响。

（二）分析要求

（1）沙特阿拉伯的要素丰裕度如何？

（2）根据要素禀赋理论，沙特阿拉伯应如何改变原有贸易结构来维持经济增长？

（3）劳动密集型国家和资源密集型国家的贸易结构有什么不同？

参考答案：

（1）沙特阿拉伯的要素丰裕度情况：作为资源密集型国家，沙特阿拉伯主要借助开采和利用大量的自然资源——石油来发展经济，因此，石油是沙特阿拉伯丰裕的要素，在传统工业模式下，通过依靠石油的开采和贸易使得生产力获得了较大的发展，创造了巨大的财富。

（2）根据要素禀赋理论，沙特阿拉伯改变原有贸易结构来维持经济增长的具体做法：要素禀赋理论指通过对相互依存的价格体系的分析，用生产要素丰缺来解释国际贸易产生的原因和两国的进出口贸易模型。沙特阿拉伯的经济收入必须从依靠石油收入向扩大非石油收入的方向转变，因为石油是不可再生资源，而且石油的价格随着世界经济的波动而波动，严重影响着沙特阿拉伯经济的可持续发展。具体而言，政府应该从单一经济向多元化经济转变，产业结构从过度依赖石油经济向新能源和矿业等多样化领域拓展；企业所有制结构从国有化向加快私有化的方向转变；投资资金来源从基本依靠本国资本向重视吸引外资的方向转变；劳动就业从依靠外籍侨工向"沙特阿拉伯化"的方向转变。

（3）劳动密集型国家和资源密集型国家贸易结构的不同之处：劳动密集型产业指进行生产主要依靠大量劳动力，而对技术和设备依赖程度低的产业。其衡量的标准是在生产成本中工资与设备折旧和研究开发支出相比所占比重较大。一般来说，劳动密集型国家贸易结构以劳动密集型产业为主，主要包括农业、林业及纺织、服装、玩具、皮革、家具等制造业。随着技术进步和新工艺设备的应用，劳动密集型产业的技术、资本密集度也在提高，并逐步从劳动密集型产业中分化出去。例如，食品业在发达国家就被划入资本密集型产业。

资源密集型产业指在生产要素的投入中需要使用较多的土地等自然资源才能进行生产的产业。土地资源作为一种生产要素，泛指各种自然资源，包括土地、原始森林、江河湖海和各种矿产资源。在传统经济模式下，资源密集型国家的贸易结构以资源密集型产业为主，主要包括种植业、农林牧渔业、采掘业等。

七、一百亿天然气田带来的诅咒——雷布津斯基的例证

（一）案例内容——雷布津斯基定理（一百亿天然气田带来的诅咒——雷布津斯基的例证）

主旨：20世纪50年代，荷兰因发现海岸线盛藏天然气而迅速成为以出口天然气为主的国家，其他工业逐步萎缩。资源带来的财富使荷兰国内创新动力萎缩，其他部门失去国际竞争力，国内各种社会与经济问题频发。整个国家出现了"荷兰病"（The Dutch Disease），即自然资源的丰富反而拖累经济发展的一种经济现象。

荷兰是典型的欧洲小国，国土面积4.1万平方千米，差不多是福建的1/3大。而且，荷兰1/4的土地海拔不到1米，1/4的土地低于海面，境内最高地点的海拔也只有321米。可以说，荷兰原本的自然条件并不算好，但一场勘探改变了这一切。1947年，皇家壳牌、埃克森美孚两大石油巨头合资成立了NAM公司，在荷兰的北海沿岸钻探石油。1959年，NAM在格罗宁根勘探发现了当时规模最大的天然气田，其储量高达9400亿立方米。起初，荷兰人并不算兴奋。因为"二战"后，石油已经成为重要的动力燃料，被誉为"工业的血液"。人们认为，天然气是石油的附属品，只能烧水做饭简单使用，下一个时代的主要能源是核能。但核能因为储存和运输的问题没能顶起大梁，天然气却因为石油价格的飞涨成为主要能源。20世纪70年代，格罗宁根大气田已经满足欧洲50%的市场需求。所谓时也命也，1973年和1978年先后爆发两次石油危机，石油价格飞涨，带动天然气价格水涨船高。天然气出口为荷兰带来了巨额收入。1965年以来，荷兰从天然气开采中获得的总收入高达4168亿欧元。相比之下，2018年荷兰的国家财政收入才3370亿欧元。

大量的财富使得荷兰将大把的金钱投在了各项社会福利上，荷兰也成为最慷慨和涉及范围最广泛的福利国家。1967年，荷兰颁布《残疾法》，最初的保障对象是工人。即如果工人生病，可以领取疾病补贴，之后还可以申请残疾津贴，领取收入80%的残疾金。1976年，这项政策扩大到了所有因为残疾而无法谋生的人。但问题就出在对残疾的认证非常宽泛，甚至一些受教育程度低的人，也被纳入保障人群，由此引发了整个社会的"惰性危机"。截至1980年，申请残疾金的人已经达到66万，1989年达到了顶峰，高达100万人，占就业者的1/6。与此同时，荷兰社会文化体育等方面也一度空前繁荣。荷兰足球队在1974年和1978年两次杀入世界杯决赛，橙衣军团给全世界球迷留下了深刻印象。

但就在经济一片大好，人们幻想未来的时候，危机已经悄悄到来。表面上对于残疾人的关照，体现了人文关怀和社会进步，但实际上引发了一系列社会危机。政府为了保证福利支出，必然要加重税负，使得制造业企业负担加重，影响

了其扩大再生产的热情。另外，劳动者也失去了工作的积极性，与其工作还不如躺着赚钱。

1983 年，荷兰的失业率高达 10.11%，如表 3-3 所示。1984 年，荷兰失业人数达 80 万人，占劳动力的 9.718%，很多工业部门逐步走向萎缩。同时，政府为了维持高福利，财政开始入不敷出。1980 年，荷兰公共部门的开支已经占到 GDP 总量的 70%。1982 年，荷兰财政为国债还款付息的开支预算已经占总财政预算的 10.7%，远超安全边际 5% 的上限。荷兰经历了一场前所未有的经济危机，连荷兰首相都承认："荷兰病了！"

表 3-3　1980~1985 年荷兰部分宏观经济数据　　单位：%

经济指标	1980 年	1981 年	1982 年	1983 年	1984 年	1985 年
年经济增长率	−0.328	−0.514	−1.238	1.758	3.119	2.656
年通胀率	6.547	6.800	6.900	2.900	3.400	2.300
失业率	—	5.360	7.838	10.111	9.718	8.376
赤字占失业率的百分比	3.975	4.951	6.197	5.492	5.268	3.560

（二）分析要求

（1）什么是雷布津斯基定理？

（2）"荷兰病"是如何利用雷布津斯基定理解释的？

（3）我国该如何防止资源部门扩张导致的"荷兰病"发生？

参考答案：

（1）雷布津斯基定理的内容：雷布津斯基定理（Rybczynski Theorem）是波兰经济学家 T. M. 雷布津斯基在《要素禀赋与商品相对价格》（1955）一书中提出的，是分析商品价格保持不变的条件下，要素禀赋变化与商品产量变化之间的关系的理论，也是对赫克歇尔—俄林贸易理论的补充。在不完全专业化的两要素、两商品的经济中，当商品和要素价格不变，即两种商品的资本与劳动力比率不变时，任何一种生产要素禀赋的增加必然使密集使用此要素部门的产量增长。同时，密集使用供给不变的生产要素的部门的产量必然减少。该理论说明，当一个国家的某种要素禀赋增加时，有的行业出现增长，有的行业出现减少。这主要取决于行业使用该种生产要素的密集程度。雷布津斯基定理可以用生产可能性曲线来说明。

（2）雷布津斯基定理对"荷兰病"的解释："荷兰病"指一国特别是指中

小国家经济的某一初级产品部门异常繁荣而导致其他部门衰落的现象。实际上，"荷兰病"指资源部门的扩张挤占了制造业的生存空间，从而降低了资源配置效率。产业结构单一，严重依赖于自然资源的国家和地区容易患上"荷兰病"。典型的"荷兰病"地区如中国能源大省山西，其产业结构中采掘和原料工业比重过大，各类产品的加工链短，中间产品比例高，最终消费品比例低，资源型产业严重挤占了技术含量和附加值高的高新技术产业的发展空间，带来一系列经济社会问题。这体现了雷布津斯基定理想要说明的：当一个国家的某种要素禀赋（本案例中为天然气）增加时，有的行业（本案例中为天然气出口行业）出现增长，有的行业（本案例中为制造业）出现减少。

W. M. Corden 和 J. Peter Neary 在 1982 年提出"荷兰病"的经典解释模型。可以将一国的经济分为三个部门，即可贸易的制造业部门、可贸易的资源出口部门和不可贸易的部门（主要是一国内部的建筑业零售贸易和服务业部门）。假设该国经济起初处于充分就业状态，如果突然发现了某种自然资源或者自然资源的价格意外上升，将导致两方面的后果：一是劳动和资本转向资源出口部门，则可贸易的制造业部门不得不付出更大的代价来吸引劳动力，制造业劳动力成本上升首先打击制造业的竞争力。同时，由于出口自然资源带来外汇收入的增加使得本币升值，再次打击了制造业的出口竞争力。这被称为资源转移效应。在资源转移效应的影响下，制造业和服务业同时衰落下去。二是自然资源出口带来的收入增加会增加对制造业和不可贸易的部门的产品的需求。但这时对制造业产品的需求的增加却是通过进口国外同类价格相对更便宜的制成品来满足的（这对本国的制造业来说又是一个灾难）。不过，对不可贸易的部门的产品的需求增加无法通过进口来满足，我们会发现一段时间后本国的服务业会重新繁荣。这被称为支出效应。尽管这种病症一般是与一种自然资源的发现联系在一起，但它可能因以下任何一种造成外汇大量流入的事件诱发，其中包括自然资源价格的急剧上升，外国援助和外国直接投资等。荷兰病可能是一种普遍的现象，适用于所有"享受"初级产品出口急剧增加的国家。

（3）我国防止资源部门的扩张带来的"荷兰病"发生的做法：一是建立完善的产权制度。完善的产权制度可以消除资源开采中的无序、过度等问题，产权制度的推进将使资源的所有者在代际之间合理分配资源的开采，保证其可持续性发展，避免"公地悲剧"。二是减缓甚至叫停自然资源的开采。必须在自然资源的开采速度以及经济的可持续发展之间进行权衡。三是减少对资源部门的依赖，也即产业多样化。积极创新，提高技术水平，发展高技术行业，发展可持续发展的经济部门，提升自身竞争力。

总的来说，我国必须尽可能地减弱"荷兰病"对中国经济的消极影响，如产业结构低下问题、环境污染问题、地区和收入差距等。

从长期来看，我国需要促进产业结构的优化升级，提升产业的内部结构；在利用外资的过程中，必须处理好依赖外资和自身经济发展的关系，从注重外资的数量转变为注重外资的质量，正确引导外资流入合适的产业和区域，使外资和中国经济发展的要求相协调。

只有这样，才能有效预防"中国式"荷兰病的发生，也才能促进中国经济持续、快速、健康的发展。

八、中国与美国、泰国、韩国的劳动力资源禀赋与贸易情况分析

（一）案例内容——要素禀赋理论（中国与美国、泰国、韩国的劳动力资源禀赋与贸易情况分析）

主旨：自改革开放后，中国的出口业务蓬勃发展，尤其是劳动密集型商品的出口额增长迅猛。自 2010 年以来，我国劳动力资源禀赋呈现出一种逐渐弱化的趋势，这一情况可能对我国劳动密集型产业的进一步发展带来挑战。为了确保中国在出口贸易领域的主导地位不受动摇，需要深刻认识国内劳动力资源禀赋变动的现状，进而针对性地采取调整我国出口商品结构、加强商品创新和技术含量、发展多元化市场、提高贸易伙伴的多样性等措施维持经济稳定发展。

自 1978 年改革开放以来，中国经济取得了巨大的发展，尤其在出口业务方面取得了显著成就。劳动密集型商品的大规模生产和出口使中国成为全球工厂的代名词。随着城市化和工业化的推进，劳动力市场逐渐面临着结构性的转变，过去的劳动力红利逐渐减弱。这一劳动力资源的变化不仅使得中国企业在用工成本上面临压力，也催生了对技术创新和产业升级的需求。有迹象表明，东南亚国家有望在未来一段时间内超越中国，成为新的"世界加工厂"。中国政府应制定灵活而适应市场需求的政策，以促使产业结构升级和经济转型，确保中国经济能够在变化的国际环境中保持稳健发展。

泰国、韩国、中国和美国是四个发展水平不同的国家，其劳动力资源也存在差距，四个国家的劳动力数量和人均工资水平，如表 3-4 所示。从劳动力数量角度分析，发现我国劳动力数量最多，其次为美国、泰国和韩国，但从 2017 年开始我国劳动力数量有下降的趋势。从人均工资水平角度分析（由于以上数据单位不统一，将以 2016 年为基期按照 1 人民币 = 5 泰铢，1 人民币 = 160 韩元，1 人民币 = 1/7 美元进行粗略计算），工资水平最高的为美国，其余依次为中国、韩国和泰国。而且各国平均工资水平都出现了不同幅度的上涨，其中我国人均工资水

平从 1998 年到 2015 年上涨了 6 倍。

表 3-4　泰国、韩国、中国与美国劳动力数量和人均工资水平分析

年份	劳动力（亿人）				人均工资水平			
	泰国	韩国	中国	美国	泰国(泰铢)	韩国(韩元)	中国(元)	美国(美元)
1998	0.325	—	7.064	1.386	—	—	7446.00	—
1999	0.327	—	7.139	1.402	—	—	8319.00	—
2000	0.332	0.221	7.209	1.432	—	—	9333.00	—
2001	0.338	0.225	7.280	1.443	6663.25	—	10834.00	39083.00
2002	0.343	0.229	7.328	1.451	6611.04	—	12373.00	39688.00
2003	0.349	0.230	7.374	1.467	6758.52	—	13969.00	40540.00
2004	0.357	0.234	7.426	1.481	6915.15	—	15.920.00	42277.00
2005	0.361	0.237	7.465	1.500	7389.44	—	18200.00	43744.00
2006	0.364	0.240	7.498	1.527	7850.64	—	20856.00	45650.00
2007	0.369	0.242	7.532	1.539	8085.15	—	24721.00	47685.00
2008	0.377	0.243	7.556	1.547	8912.70	2270303.00	28898.00	48719.00
2009	0.384	0.244	7.583	1.531	8694.22	2270303.00	32244.00	48358.00
2010	0.386	0.247	7.611	1.537	9262.20	2360466.00	36539.00	49497.00
2011	0.389	0.251	7.642	1.540	9927.19	2454269.00	41799.00	50840.00
2012	0.394	0.255	7.670	1.556	11101.02	2566585.00	46769.00	52194.00
2013	0.394	0.259	7.698	1.552	12020.66	2659549.00	51483.00	52590.00
2014	0.386	0.265	7.725	1.562	13244.39	2753757.00	56360.00	54106.00
2015	0.385	0.269	7.745	1.580	13486.55	2819807.00	62029.00	56007.00
2016	0.383	0.277	7.760	1.596	13728.72	3021000.00	67569.00	56516.00
2017	0.381	0.279	7.900	1.643	14000.00	3519000.00	74318.00	63606.00
2018	0.384	0.377	7.870	1.656	15634.00	3634000.00	82461.00	67241.00
2019	0.382	0.376	7.900	1.670	18883.00	3744000.00	90501.00	71487.00
2020	0.385	—	7.840	1.650	15182.12	3762000.00	97379.00	74949.00
2021	0.390	0.370	7.800	1.660	15495.95	3960000.00	106837.00	78743.00
2022	0.390	0.360	7.690	1.690	—	—	—	—

资料来源：根据 Wind 咨询数据和海关总署数据整理。

　　为更准确地说明以上四个国家的劳动力资源禀赋情况，让其劳动力数量与平均工资水平分别与我国劳动力数量与工资水平进行对比，结果如表 3-5 所示。我

国与美国的劳动力数量的比值近年有所降低，下降幅度不是很大，两国的人均工资水平比值趋于上升，说明我国的人均工资水平上涨幅度大于美国的人均工资水平上涨幅度，但是美国的人均工资水平远远大于我国。因此，与美国相比，我国仍然是劳动资源丰裕的国家。

表 3-5　泰、韩、美与中国劳动力比值和人均工资水平比值分析

年份	劳动力比值			人均工资水平比值		
	中国/泰国	中国/韩国	中国/美国	中国/泰国	中国/韩国	中国/美国
1998	21.76	—	5.10	—	—	—
1999	21.82	—	5.09	—	—	—
2000	21.70	32.57	5.03	—	—	—
2001	21.53	32.40	5.04	8.13	—	0.04
2002	21.39	31.97	5.05	9.36	—	0.04
2003	21.13	32.12	5.03	10.33	—	0.05
2004	20.79	31.71	5.02	11.51	—	0.05
2005	20.66	31.44	4.98	12.31	—	0.06
2006	20.58	31.27	4.91	13.28	—	0.07
2007	20.39	31.10	4.89	15.29	—	0.07
2008	20.04	31.04	4.89	16.21	—	0.08
2009	19.73	31.08	4.95	18.54	2.04	0.10
2010	19.69	30.75	4.95	19.72	2.27	0.11
2011	19.63	30.45	4.96	21.05	2.48	0.12
2012	19.46	30.08	4.93	21.07	2.72	0.13
2013	19.55	29.75	4.96	21.41	2.92	0.14
2014	20.03	29.11	4.94	21.28	3.10	0.15
2015	20.09	28.78	4.90	23.00	3.27	0.16
2016	20.28	28.48	4.86	24.61	3.58	0.17
2017	20.73	28.31	4.81	26.55	3.36	0.16
2018	20.49	20.87	4.75	26.35	3.63	0.17
2019	20.68	21.01	4.74	23.95	3.87	0.18
2020	20.36	—	4.75	32.05	4.14	0.18
2021	20.00	21.08	4.70	34.47	4.31	0.19
2022	19.72	21.36	4.55	—	—	—

资料来源：根据 Wind 咨询数据和海关总署数据整理。

　　我国与泰国劳动力数量的比值一直维持在 20 左右，而人均工资水平的比值一直在增加，到 2010 年工资水平的比值开始大于劳动力数量的比值，这说明与泰国相比，我国人均工资上涨速度大于劳动力数量上涨速度，总体来说，中、泰两国都是劳动力资源丰裕的国家，而与中国相比，泰国属于劳动力资源相对丰裕的国家。

　　我国与韩国的劳动力数量比值近年来有所下降，而人均工资水平的比值有所上涨，这说明对于韩国来说，我国是劳动力资源丰裕的国家，但丰裕程度在减弱。

　　对中韩、中美、中泰的 12 种商品结构进行对比分析时，劳动密集型商品用 L 表示，其分为六小类商品。第一类为革、毛皮及制品、箱包、肠线制品；第二类为木制品、木炭、软木、编结品；第三类为木浆等、废纸、纸、纸板及其制品；第四类为纺织原料及纺织制品；第五类为鞋帽伞等、已加工的羽毛及其制品；第六类为贱金属及其制品，分别用 L1、L2、L3、L4、L5、L6 表示。资本密集型商品用 C 表示，其分为三小类商品。第一类为机电、音像设备及其零件、附件；第二类为车辆、航空器、船舶及运输设备；第三类为光学、医疗等仪器、钟、乐器，分别用 C1、C2、C3 表示。中、美、泰、韩出口商品结构主要是中国对其他三国部分商品的出口额与三国对中国部分商品出口额的对比分析，四国贸易情况如表 3-6 ~ 表 3-8 所示。

表 3-6　中美部分商品贸易情况分析　　　　　　　　单位：亿美元

年份	L1	L2	L3	L4	L5	L6	C1	C2	C3
中国向美国出口									
2008	42.75	26.37	22.49	232.74	111.15	205.85	1134.95	95.20	62.95
2009	38.30	22.35	21.19	245.86	105.81	119.54	1046.91	63.13	57.80
2010	55.93	27.66	24.38	314.44	133.17	150.21	1328.74	104.38	76.58
2011	71.61	28.43	30.81	350.47	149.89	178.64	1499.88	126.27	82.52
2012	71.87	32.84	32.27	361.70	163.90	190.46	1633.18	133.85	94.83
2013	72.57	34.63	34.90	389.44	166.86	198.45	1693.35	139.70	95.93
2014	69.22	38.81	36.02	418.79	173.69	221.71	1828.45	169.75	103.86
2015	79.39	41.03	45.48	447.74	184.86	232.06	1795.33	169.55	110.05
2016	64.90	41.16	37.20	421.16	158.16	196.85	1724.40	168.04	108.78
2017	68.23	39.88	41.38	424.42	159.63	225.09	1985.28	196.81	106.39
2018	71.31	42.86	47.87	458.05	166.81	247.12	2221.83	229.93	115.26
2019	53.70	33.02	45.72	426.22	161.59	211.19	1926.03	174.06	107.91

续表

年份	L1	L2	L3	L4	L5	L6	C1	C2	C3
2020	40.47	32.88	41.66	505.94	123.72	229.81	2066.10	170.57	119.44
2021	62.43	44.84	52.02	510.69	199.53	327.83	2462.21	257.64	143.87
2022	68.20	41.52	58.05	513.30	209.92	337.95	2502.10	241.60	136.81
美国向中国出口									
2008	11.75	5.71	41.64	26.04	0.76	51.09	261.15	67.56	56.29
2009	8.30	5.23	32.76	17.13	0.77	54.93	222.95	85.60	57.13
2010	11.01	11.87	44.96	30.58	0.92	65.05	287.21	104.26	70.08
2011	14.26	20.32	59.14	41.77	0.91	83.56	294.45	123.58	83.42
2012	15.79	16.72	56.13	49.62	0.91	85.12	289.47	159.51	100.82
2013	18.58	23.87	56.19	38.18	0.97	81.39	383.42	245.37	111.23
2014	18.25	28.68	53.45	25.25	0.92	70.40	382.50	298.50	114.02
2015	16.71	22.21	53.09	19.82	1.14	57.59	354.23	302.61	113.43
2016	12.85	25.16	50.64	12.77	1.26	45.93	303.60	273.45	111.73
2017	12.58	30.70	57.43	18.41	1.16	54.67	338.59	29.23	117.61
2018	9.77	30.82	50.08	18.89	1.76	52.76	324.32	18.64	103.73
2019	66.63	15.80	36.81	14.02	1.59	42.97	377.63	17.86	123.82
2020	55.49	14.54	35.16	22.34	1.59	37.13	379.06	13.66	118.28
2021	7.62	19.67	31.61	21.97	1.21	51.71	421.65	16.09	128.87
2022	7.19	17.38	32.35	36.30	1.26	62.00	380.13	15.01	131.63

表3-7　中韩部分商品贸易情况分析　　　　单位：亿美元

年份	L1	L2	L3	L4	L5	L6	C1	C2	C3
中国向韩国出口									
2008	5.176	3.993	3.074	54.153	5.515	198.793	271.491	19.176	19.091
2009	4.583	3.199	2.491	40.793	5.115	75.276	243.349	19.929	19.389
2010	6.682	3.574	3.280	52.882	7.130	109.316	287.228	32.959	30.493
2011	8.580	4.988	4.138	64.510	8.878	144.628	322.427	37.094	43.085
2012	8.515	5.204	3.980	57.832	9.010	134.164	383.724	38.082	44.699
2013	9.396	5.651	4.515	66.925	11.147	116.427	430.889	28.541	42.534
2014	10.878	6.500	4.879	80.029	16.324	140.168	460.487	21.360	42.100
2015	11.969	5.952	4.823	88.766	17.789	116.230	481.399	22.745	43.852

年份	L1	L2	L3	L4	L5	L6	C1	C2	C3
2016	9.924	5.350	5.484	75.483	13.693	110.814	435.765	21.571	37.488
2017	10.070	5.120	5.870	78.680	13.970	122.080	471.620	21.980	38.560
2018	10.370	4.690	5.540	77.230	14.510	109.860	505.900	23.430	40.650
2019	15.310	4.340	6.010	80.710	15.320	113.260	510.640	26.920	42.130
2020	14.290	4.390	6.840	87.860	15.530	96.290	509.040	30.620	35.370
2021	18.535	5.648	7.751	91.546	18.279	155.240	640.629	43.251	41.179
2022	18.383	5.321	8.860	98.191	21.324	167.763	670.389	46.672	33.703
韩国向中国出口									
2008	4.871	0.089	4.779	25.081	1.104	88.503	486.765	21.077	164.250
2009	3.935	0.067	4.665	22.597	0.900	84.995	455.203	26.764	163.851
2010	4.464	0.063	5.356	26.320	0.852	96.317	638.149	41.093	230.991
2011	5.055	0.068	5.036	28.102	0.952	107.852	720.234	51.605	252.734
2012	5.176	0.096	4.925	26.439	0.816	99.896	795.937	46.615	247.796
2013	5.961	0.074	4.287	26.302	0.771	96.280	926.291	57.258	236.064
2014	5.875	0.098	3.458	24.624	0.621	97.410	941.638	59.049	223.673
2015	5.474	0.069	3.357	21.541	0.626	88.350	989.516	51.258	210.648
2016	4.029	0.055	3.226	18.762	0.487	79.594	888.724	46.042	173.901
2017	3.550	0.070	4.410	18.840	0.580	86.330	1041.080	31.610	150.180
2018	3.010	0.060	5.220	18.840	0.700	93.090	1238.090	26.790	153.040
2019	2.680	0.060	4.210	16.770	0.710	88.380	1007.040	18.160	130.040
2020	2.400	0.050	5.220	15.940	0.640	93.670	1060.990	17.090	114.670
2021	3.095	0.070	5.954	15.460	0.694	111.491	1330.878	18.777	114.096
2022	2.686	0.052	4.667	13.819	0.694	106.120	1304.654	13.853	51.484

表 3-8　中泰部分商品贸易情况分析　　　　单位：亿美元

年份	L1	L2	L3	L4	L5	L6	C1	C2	C3
中国向泰国出口									
2008	0.601	1.025	1.588	11.328	1.219	26.027	62.851	4.188	7.065
2009	0.528	0.901	1.151	10.398	1.697	12.088	57.566	3.773	7.714
2010	0.920	1.416	1.886	15.121	3.093	21.913	78.194	5.252	11.278
2011	1.661	2.155	2.751	17.935	3.210	33.379	101.453	7.952	14.862

续表

年份	L1	L2	L3	L4	L5	L6	C1	C2	C3
2012	2.336	1.936	3.027	20.963	3.214	40.944	127.450	13.094	19.111
2013	2.889	2.008	3.563	23.322	5.039	40.491	124.054	14.922	15.486
2014	3.405	1.973	3.685	25.362	5.140	46.085	126.441	14.110	11.910
2015	3.528	1.855	3.863	26.621	5.552	48.313	151.442	15.024	10.134
2016	2.974	1.981	3.922	25.929	4.417	48.915	147.584	15.411	9.750
2017	3.120	1.920	4.180	25.680	4.360	46.040	154.530	14.140	13.300
2018	3.200	2.360	4.060	27.440	4.430	58.250	168.080	18.930	11.930
2019	3.900	2.470	4.880	28.460	5.110	63.540	174.570	16.480	11.850
2020	4.490	2.620	6.540	31.550	5.490	64.550	194.720	15.140	11.960
2021	4.803	3.424	8.154	41.477	6.213	100.933	250.082	25.678	16.714
2022	7.620	3.915	10.873	51.818	9.972	110.122	269.401	35.296	14.732
泰国向中国出口									
2008	1.875	3.033	1.813	3.672	0.326	2.231	148.159	0.442	3.690
2009	1.451	4.104	1.093	3.637	0.307	2.274	142.207	0.495	3.259
2010	2.037	6.764	1.020	4.972	0.296	2.358	173.710	0.980	5.799
2011	1.820	8.667	1.354	5.792	0.408	4.032	182.958	1.392	6.806
2012	1.985	10.238	1.123	4.746	0.294	3.899	167.258	1.376	7.799
2013	2.325	11.678	1.328	6.129	0.335	4.304	140.222	1.410	8.434
2014	2.351	12.263	1.905	6.159	0.380	4.180	144.302	1.974	12.220
2015	2.339	12.593	1.800	6.025	0.435	3.309	150.947	3.443	18.901
2016	2.392	15.382	1.608	5.775	0.480	4.490	158.544	7.426	25.969
2017	2.750	17.200	2.530	6.460	0.550	10.220	160.740	11.920	24.520
2018	3.140	16.040	3.260	6.780	0.481	6.580	177.280	12.740	21.910
2019	3.990	12.360	2.660	6.470	0.633	6.580	196.020	13.740	24.150
2020	2.810	11.190	3.670	5.560	0.542	11.810	209.320	20.560	23.810
2021	4.494	12.526	7.932	6.448	0.802	23.319	264.557	23.125	18.157
2022	3.345	13.612	8.159	5.547	0.977	25.999	225.586	14.978	12.732

资料来源：根据 Wind 咨询数据和海关总署数据整理。

（二）分析要求

（1）要素禀赋论的基本内涵是什么？

（2）根据表 3-5 中劳动力数量和人均工资水平的比值，比较中国与其他三国资源的丰裕程度。

（3）观察各国贸易情况是否从广义上与其相对的要素禀赋相符合，请简要说明理由。

（4）目前我国对外贸易的特点，以及贸易结构转型存在的问题有哪些？在当下逆全球化趋势下，中国应该如何调整进出口商品结构来维持经济稳定发展。

参考答案：

（1）要素禀赋论的基本内涵。要素禀赋论认为，比较优势是由各国生产要素禀赋的差异引起的。要素禀赋是指一国具有的一些资源如土地、劳动力和资本的丰裕程度。不同国家具有不同的要素禀赋，而不同的要素禀赋产生了不同的要素成本，一种要素越丰裕，其成本越低。根据要素禀赋论，一国的比较优势产品是应出口的产品，是它需在生产上密集使用该国相对充裕且便宜的生产要素生产的产品，而进口的产品是它需在生产上密集使用该国相对稀缺且昂贵的生产要素生产的产品。简言之，劳动丰裕的国家出口劳动密集型商品，而进口资本密集型商品；相反，资本丰裕的国家出口资本密集型商品，进口劳动密集型商品。

（2）基于表 3-5 中劳动力数量和人均工资水平的比值，中国与其他三国资源的丰裕程度比较：

从表 3-5 可以看出，我国与美国的劳动力数量的比值近年来有所降低，下降幅度不是很大，两国的人均工资水平比值趋于上升。这说明我国的人均工资水平上涨幅度大于美国的人均工资水平上涨幅度，但是美国的人均工资水平远远大于我国。因此，与美国相比，我国仍然是劳动资源丰裕的国家。

我国与泰国劳动力数量的比值一直维持在 20 左右，而人均工资水平的比值一直在增加。但是在 2010 年工资水平的比值开始大于劳动力数量的比值，这说明与泰国相比，我国人均工资上涨速度大于劳动力数量上涨速度。总体来说，中、泰两国都是劳动力资源丰裕的国家，而与中国相比，泰国属于劳动力资源相对丰裕的国家。

我国与韩国的劳动力数量比值近年来有所下降，而人均工资水平的比值有所上涨。这说明对于韩国来说，我国是劳动力资源丰裕的国家，但是丰裕程度在减弱。

（3）各国贸易情况从广义上与其相对的要素禀赋相符合。具体分析如下：

中美劳动力资源禀赋与贸易情况相符。如表 3-6 所示，2008~2022 年中国向美国出口的商品中数额最多的前三位依次为 C1、L4 和 L6，美国向中国出口的数额最多的前三位依次为C1、C2和C3。其中，中美贸易C1类产品的贸易额最多，这是由国际市场贸易大势决定的，国际市场中大部分国家都需要机电类的商品。除此之外，对其他商品的贸易额进行比较分析，发现我国对美国的出口中劳动密集型商品比较多，而美国对我国产品的出口中资本密集型商品占比较大。依据劳动资源禀赋分析，我国相对于美国来说仍然是劳动力资源比较丰裕的国家，所以L类商品的出口相对较多。美国与我国相比资本与技术比较丰裕，所以在对我国的出口中，C类商品出口比重相对较大。

中韩劳动力资源禀赋与贸易情况相符。从表3-7可以看出，2008～2022年中国向韩国出口的商品中数额最多的前三位依次为C1、L6和L4，韩国向中国出口数额最多的前三位依次为C1、C3和C2，而劳动密集型商品L1、L2、L3、L4、L5、L6的出口数额相对较少。除去C1类商品的贸易额，对其他商品的贸易额进行比较分析，发现我国对韩国的出口商品中，劳动密集型商品比较多；而韩国对我国的出口商品中，资本密集型商品相对来说较多。依据劳动资源禀赋分析，我国相对于韩国来说还是劳动力资源比较丰裕的国家，所以相对来说劳动密集型商品的出口相对较多。韩国与我国相比资本与技术比较丰裕的国家，所以在对我国的出口中，资本密集型商品出口比重相对较大。

中韩劳动力资源禀赋与贸易情况相符。如表3-8所示，从2008～2022年中国向泰国出口的数据可以看出，C1和C2两种商品九年来增长幅度较大，其他商品增加幅度较小。从泰国向中国的出口数据中可以看出L2、C2和C3这三种产品的增加幅度较大。根据2016年的数据分析出，中国向泰国出口的商品中数额最多的前四位依次为C1、L6、L4、C3，泰国向中国出口的数额最多的前四位依次为C1、C3、L2和L4。其中，中泰贸易中C1类产品的贸易额最多，这是由国际市场大势决定的。除此之外，对其他商品的贸易额进行比较分析，我国对泰国出口的资本密集型商品C2在不断增加且增加幅度较大，劳动密集型商品的出口额略有增加；泰国对我国商品的出口额中，除资本密集型商品增加外，劳动密集型商品L2的增加幅度较大。依据劳动力资源禀赋分析发现，泰国的劳动力资源还有较大的开发潜力，劳动力资源相对丰裕，因此，泰国L类商品的出口额有所增加。

通过对泰国、韩国、中国和美国四个国家的劳动力资源禀赋情况以及贸易情况的分析，可以看出劳动力资源的禀赋状况在其出口商品结构中产生了一定的作用。中国与韩国、美国相比，中国是劳动力资源相对丰裕的国家，在贸易中表现出的现象是劳动密集型商品的出口额相对于美国、韩国来说较多，而韩国、美国对中国的出口商品中，资本密集型商品比较多。中国与泰国相比，两者都是劳动力资源相对丰裕的国家，但是泰国的劳动力资源还有很大的发展潜力。因为其工资水平增长较慢，故近年来泰国向中国的出口中，劳动密集型商品的出口额有所增加，而中国向泰国出口的商品中劳动密集型商品出口额增加较少。

（4）目前我国对外贸易的特点、贸易结构转型存在的问题以及调整进出口商品结构维持经济稳定发展的措施，以及贸易结构转型存在的问题有哪些？在当下逆全球化趋势下，中国应该如何调整进出口商品结构来维持经济稳定发展？

1）目前我国对外贸易的特点：

①出口和进口规模庞大，贸易伙伴广泛。作为世界第二大经济体，中国在国际贸易中扮演着重要的角色。中国的出口主要包括电子产品、机械设备、纺织品、服装和家具等多个领域。同时，中国也从各个国家进口各种商品，例如原材料、能源、农产品和高技术产品等。

②劳动密集型产品出口占比较高。我国的对外贸易以劳动密集型产品为主要出口商品。这类低端制造产品对劳动力需求较高、技术含量较低，而我国劳动成本相对较低，这使得我国在生产劳动密集型产品方面具有竞争优势。并且一定程度上带动了就业增长和经济发展，但是劳动密集型产业存在着劳动力成本上升、环境压力增大、技术升级缓慢等问题，亟须转型升级和提升附加值。

③自然资源进口占比较大。中国在经济发展过程中自然资源的需求量非常大，国内自然资源的供给存在一定限制，中国需要通过进口来满足国内市场的需求。这也促进了中国与各国之间的贸易往来，扩大了中国的贸易伙伴和经济合作的范围。

2）我国对外货物贸易结构转型存在的问题有：产业结构单一，过度依赖传统产业；技术水平相对较低，创新能力有待提升；低附加值产品占比较高，缺乏高端技术产品；贸易不平衡问题突出，出口主导地位难以持续。

3）在当下逆全球化趋势下，中国调整进出口商品结构维持经济稳定发展的措施：在当前逆全球化的趋势下，中国调整进出口商品结构需要考虑多方面因素，包括国际贸易形势、全球产业链变化、国内经济发展需求等。

①加强创新和技术含量。中国可以通过提高商品的技术含量和附加值，减少对低附加值商品的依赖。这可以通过技术创新、研发投入以及与国际高科技产业的合作来实现。

②多元化市场。中国可以寻找和发展新兴市场，减少对少数主要贸易伙伴的依赖。通过拓展贸易伙伴，可以降低因特定国家或地区经济波动而对中国出口造成的影响。

③推动服务贸易。随着全球经济结构的变化，服务贸易变得越来越重要。中国可以加强服务业的发展，包括金融、信息技术、咨询等领域，以提高服务贸易的比重。

④绿色和可持续发展。在全球关注气候变化和环境可持续性的趋势下，中国可以调整出口商品结构，加强对环保技术和可再生能源的研发和出口，同时减少对高能耗、高排放行业的依赖。

⑤提高贸易伙伴的多样性。多样化贸易伙伴有助于降低与单一国家或地区的贸易风险。与此同时，通过加强与不同国家和地区的贸易合作，有助于形成更加稳固和灵活的贸易网络。

⑥关注数字经济和电子商务。随着数字经济的崛起，电子商务成为国际贸易的一个重要方向。中国可以加强数字经济基础设施建设，促进跨境电商和数字服务的发展。

⑦应对贸易壁垒。针对其他国家可能出台的贸易壁垒，中国可以采取措施，如加强与其他国家的谈判、提升自身产品质量标准、积极参与国际规则制定等。

总体来说，中国需要根据自身的产业结构和国际贸易环境的变化，灵活调整进出口商品结构，以适应全球经济的新常态。

九、工业国家真实工资水平的接近

（一）案例内容——要素价格均等理论（工业国家真实工资水平的接近）

主旨：国际贸易的迅速扩大使工业国家的真实工资水平正逐渐接近。

发达工业国家中制造业的小时工资随时间推移而向美国该行业的工资水平靠拢，如表3-9所示。特别要指出的是，外国的平均工资占美国工资的比率从1959年的27%上升至1983年的43%，直至2007年的111%。虽然这一时期国际贸易的迅速扩大可能是导致工资水平接近的主要原因，但其他一些因素也发挥了重要的作用。例如，美国和其他发达工业国家之间科技差距的缩小；其他国家劳动力的增长慢于美国以及国际间劳动力流动性的扩大。

表3-9　发达工业国家制造业的小时工资与美国的比率　　　　单位：%

国家	1959 年	1983 年	2007 年
日本	11	24	95

续表

国家	1959 年	1983 年	2007 年
意大利	23	42	104
法国	27	41	105
英国	29	35	113
德国	29	56	142
加拿大	42	57	108
未加权平均数	27	43	111
美国	100	100	100

资料来源：U. S. Bureau of Labor Statistics，Bulletins，December 2011。

（二）分析要求

（1）简述要素价格均等定理的内容。

（2）材料中提到国际贸易可能是导致工资水平接近的主要原因，那么试分析国际贸易是否会缩小或消除人均收入的差异。

参考答案：

（1）要素价格均等定理的内容：国际贸易会使各国同质要素获得相同的相对与绝对收入。即国际贸易会使贸易各国的同质劳动（即有相同水平的训练、技能和生产力的劳动）获得等量工资，同时国际贸易会使贸易各国同质资本（即具有同等风险和生产力的资本）获得均等受益。

（2）材料中提到国际贸易可能是导致工资水平接近的主要原因，但国际贸易不会缩小或消除人均收入的差异。具体分析如下：

即使各国的真实工资是均等的，它们的人均收入仍可能有很大差异。人均收入与许多跟要素价格均等定理并不直接相关的其他因素有关。这些因素包括熟练工人和非熟练工人的比率、劳动力参与程度、一国的独立性、工人从事工作的类型等。例如，日本与印度相比，有较高的熟练工人/非熟练工人比率，较高参与程度，较低的依赖性，日本工人工作更加努力和认真。因此，即使日本和印度同类型劳动的工资完全相同，日本的人均收入仍将远远高于印度。

十、中国"里昂惕夫悖论"

（一）案例内容——里昂惕夫悖论（中国"里昂惕夫悖论"）

主旨：传统教材上对于"里昂惕夫悖论"的解释往往是基于投入产出法，

分析 1947 年美国的进口替代品与出口品的要素投入结构提出的，而中国也存在着"里昂惕夫悖论"现象。

由《中国统计年鉴》（2011）可以获取中国 16 个具有代表性的产业部门（农、林、牧、渔业；采矿业；制造业；电力、热力、燃气及水生产和供应业；建筑业；运输仓储邮政、信息传输、计算机服务和软件业；批发和零售业、住宿和餐饮业；金融业；房地产业、租赁和商务服务业；科学研究和技术服务业；水利、环境和公共设施管理业；居民服务、修理和其他服务业；教育；卫生和社会工作；文化、体育和娱乐业；公共管理、社会保障和社会组织）的进出口额，计算汇总形成 2010 年我国每亿元出口品和进口替代品的要素（资本和劳动）投入量，以及进出口产品的资本和劳动比率，如表 3-10 所示。

表 3-10　2010 年中国 16 个主要行业的要素投入结构

进出口	出口品	进口替代品
资本（元）	16969243799082	16982916555460
劳动力（人/年）	54788247	56739448
资本/劳动力	309724.1603	299314.0955

从表 3-5 中的数据可知，我国 2010 年出口品的资本/劳动大于进口替代品的资本/劳动，说明我国每亿元出口品与每亿元进口替代品相比，出口品中的资本含量较大，而劳动含量较少。因此，从国家统计局的数据看，我国出口的是资本密集型产品，进口的是劳动密集型产品，这与我国劳动资源禀赋不符，证明我国 2010 年确实存在"里昂惕夫悖论"。

（二）分析要求

（1）简述"H-O"理论。

（2）分析我国产生"里昂惕夫悖论"的原因。

（3）根据对中国"里昂惕夫悖论"的分析，你对我国开展国际贸易有何建议？

参考答案：

（1）"H-O"理论：一国应出口密集使用该国相对充裕且便宜的要素的商品，进口密集使用该国相对稀缺和昂贵的要素的商品。即劳动相对充裕的国家应当出口劳动密集型商品，进口资本密集型商品。

（2）我国产生"里昂惕夫悖论"的原因：

1）需求偏好论："H-O"理论的一个基本假设是参与国际贸易的国家之间都普遍存在需求偏好相同，但事实上需求相同假设并不存在着普遍适应性。由于需求偏好，可能存在具有要素禀赋的国家不出口使用其相对富足的要素生产的产品，甚至从他国进口的情况。我国是农业生产大国，是典型的劳动丰裕国家，但现实却是我国长期从国外进口粮食等农作物。产生这一现象的主要原因是我国拥有全世界最多的人口，对粮食的需求量相当大，因此须进口大量粮食，与"H-O"理论相悖。

2）贸易壁垒论："H-O"理论的另一个假设是参与国际贸易的各国间不存在贸易壁垒，是完全的自由贸易。但当前没有任何一个国家是绝对的自由贸易。我国同样如此，我国政府为促进高新技术产业发展而对其实施出口退税、出口补贴等政策，从而提高我国资本密集型产业的出口，增强我国新兴高新技术产业的国际竞争力，这同样与"H-O"理论相悖。

3）人力资本论：人力资本指存在于人体中的技能获取，是对人进行教育和培训投资的结果，以此可以大大提高劳动生产率。我国经济发展起步晚，教育、培训等人力资本投入较少，社会劳动力生产率低于世界平均水平。因此，在对我国进口部门的资本和劳动比率进行核算时，应该在原有进口资本的基础上增加因社会劳动生产率同世界平均水平的差距所产生的人力资本投入差距。

4）天然资源稀缺说：里昂惕夫悖论中只计算了贸易中的资本和劳动的比率，而没有考虑自然资源。我国出口的商品之所以是资本密集型的，一部分原因是我国出口的许多自然资源依赖性强的商品，并没有将自然资源单独计算。

（3）我国开展国际贸易的建议：

1）开拓多样化的外贸形式。虽然加工贸易在外贸经济发展中做出了巨大的贡献，但由于其自身所存在的多种问题和弊端，例如，生产制作的科技含量较低、处于产业链的下游、资源污染浪费、企业核心竞争力不足等，如果我国的贸易经济发展依然将筹码押注在加工贸易中，必然会为经济危机的出现埋下严重的隐患。

我国必须要开拓多样化的外贸形式，以此有效地分担可能出现的经济风险。需要强调的是，外贸形式的多样化，并不意味着对加工贸易的忽视。由于我国加工贸易的市场管理机制尚不健全等，导致其所具备的经济辐射和聚集效应还未得到充分的发挥，因此，也需要加强对加工贸易的质量建设，解决其存在的不足和弊端，从而为我国的外贸经济发展提供更有力的作用支持。

> 2）调整国内产业结构。服务贸易由于具有较高的附加值和市场潜力，在现代化经济中发挥着越发重要的作用和地位。从西方发达国家的经验来看，它们都非常注重以服务贸易为载体，促进产业结构的优化调整。并且发展服务贸易，使国家的经济规模得到快速扩大。与此同时，服务产品的出口能够有效地提高外贸经济的核心竞争力。根据上述的经验和现实表现，我国可以在发展服务贸易方面下功夫，以此来成为调整国内产业的重要抓手，有效提升我国外贸经济的参与质量。

十一、江苏阳光集团的国际化成长

（一）案例内容——产业内贸易（江苏阳光集团的国际化成长）

主旨：江苏阳光集团重视产品研究与技术开发，其生产的产品远销海内外市场。利用国际化的分工与协作进行产业内贸易，给集团带来了可观的规模经济效应。

江苏阳光集团是中国最大的精毛纺、高支薄型精纺及其面料的生产基地。公司先后投资 12 亿元，从德国、法国、意大利、瑞士、比利时等数十个国家引进了当时世界最先进的纺、织、染、检测及服装全套设备，形成年产阳光牌高档精纺呢绒及羊绒 2200 万米、高档服装 60 万套的生产能力，生产规模位列世界第三。

按照"十五"期间"传统产业高新化，高新产业规模化"的产业发展目标，江苏阳光集团提出科学管理、建设成为适应全球经济竞争需要、"科技化、国际化"经营宗旨，开发出两个组合产品：

产品组合 1——面料：呢类系列、绒面产品系列、天丝系列（TENCEL）、亚麻保健系列、生态蛋白丝系列、新合纤、羊绒系列等 20 个大类 6000 多个品种，其中包括国家级或省级高新技术产品、重点新产品等 60 余个。

产品组合 2——服装：生产以高级白领为对象，拥有"VENETIA"（威尼帝西服）、"GEZELIA"（佳思丽）女装与"POMPEI"（庞贝）职业装等品牌。其中，威尼帝西服与意大利顶级西服品牌"COR-NILIANI"（克莱利亚尼）合资生产，后者量身定做的品牌文化在欧洲上流社会久负盛名。威尼帝系统引进"CORNILIANI"的完整技术、管理和文化，选用世界上最先进的单量单裁单做吊挂式立体生产线，并由意方 12 名高级管理人员和技术专家常驻本厂直接管理，而面料全为"阳光"产品。佳思丽女装是与日本"泉纤维纺织株式会社"合作生产的，后者是一家具有 40 年专业生产高档女装的优秀女装生产企业，其一流的生产技术代表了日本女装的生产水平，在日本及欧洲享有崇高的声誉。佳思丽引进法国时尚板型和"泉纤维"最先进的缝制工艺，由"泉纤维"派驻了 8 名管理及技术专家直接管理，而面料也全为"阳光"功能型高档时尚面料，而且产品全部返销国外市场。集团职业装主打品牌庞贝是威尼帝和佳思丽的衍生品牌，全部采用两者的生产技术和管理，充分利用自身面料优势，以先进服装生产技术结合阳光优质面料，精心制造而成。

作为中国最著名的精纺呢绒生产企业，"阳光"呢绒实施"名品进名店"战略。在除台湾、西藏以外的全国各大、中城市知名综合性商场和"老字号"面料行开设了 600 个"阳光"呢绒专柜，国内市场覆盖率达 98% 以上。同时以中国毛纺第一品牌的身份成功打入了国际高档市场，成为"克莱利亚尼"等国际著名服装品牌的面料供应商，其产品销往美国、澳大利亚、中东、意大利、日本等 20 多个国家和地区；并和日本丸红、意大利 CORNILIAN（克莱利亚尼）等国际著名公司结成了良好的合资、合作关系。2000 年实现销售收入 50.109 亿元，在行业中名列前茅，其中国际市场销售额达 4800 万美元。

阳光集团重视研究与开发，集团拥有一个国家级技术中心、一所毛纺研究所和中国毛纺企业中唯一一家企业博士后科研工作站，在美国、意大利、澳大利亚等国家和我国的香港、北京、上海等地区设立了信息机构，同时和清华大学、中国服装大学等 20 多所高校紧密联合，形成了"国内领先，国际同步"的新产品开发机制和产、学、研一体化的技术创新体系。截至 2001 年，集团拥有日开发 7~10 个新产品的开发规模。

（二）分析要求

（1）简单阐述产业内贸易理论，说明其在阳光集团的发展中是如何体现的？

（2）简单阐述规模经济理论，说明阳光集团是怎样运用规模经济效益的？

（3）江苏阳光集团对其他企业未来的发展有何启示？

参考答案：

（1）产业内贸易理论及其在阳光集团发展中的体现：

1）产业内贸易理论是关于产业内同类产品贸易增长特点和原因的理论。针对发达国家之间的贸易不是工业制成品和初级产品之间的贸易，而是产业内同类产品的相互交换，即产业内贸易这一现象，加拿大格鲁贝尔和澳大利亚劳埃德在 1975 年出版的《产业内贸易：差别化产品国际贸易的理论与度量》一书中系统提出产业内贸易理论。该理论从不完全竞争、产品差异化和规模经济入手，为同质产品和异质产品的产业内贸易提供了理论基础。

2）阳光集团之所以能成功的主要原因：首先，抓住了中国与其他国家在要素禀赋上的差异性。要素禀赋差异必然导致比较成本的差异，而比较成本的差异则是产业内贸易的基础和原因。其次，利用原材料富有优势。世界各地纺织品生产厂商的产品是不一样的，阳光集团运用中国在原材料方面的禀赋优势，抓住了产品差异性这一点，一举成为世界几大品牌的面料供应商。

（2）规模经济理论及其在阳光集团的运用：

1）规模经济指由于生产规模扩大而导致长期平均成本下降的情况，即因规模增大带来的经济效益提高。根据 Paul Krugman 的规模收益递增理论，当某一产品的生产发生规模收益递增时，随着生产规模的扩大，单位产品成本递减而取得成本优势，专业化生产、出口该产品的状况必然形成。

2）阳光集团利用了集团的规模效益与不完全竞争。由于企业内规模效益的发展，导致了不完全竞争。阳光集团一方面生产高档面料，另一方面引进国际先进生产技术生产成衣，并达到相当的规模，在国际市场上处于垄断竞争的优势地位。纺织品是劳动密集型产品，阳光集团利用中国人力资源禀赋优势，获得与国际同行竞争的优势。阳光集团把产品定位于高档面料和高档服装，确定 2200 万米和 60 万套的生产规模，当生产规模上来后，各种生产要素的效能得到充分利用，专业化分工加强。仅服装这一个类别，阳光集团就分成"VENETEA""GEZELIAH"和"POMPEI"牌，运用各自不同的生产技术和管理方式，在国际商业处于先进水平。无疑，如果把这些品牌混合生产，就会产生劣势。规模经济也使阳光集团能够更好地利用交通运输、通信设施、金融机构、自然资源等良好的企业环境，获得外部规模经济效益。

（3）江苏阳光集团对其他企业未来的发展的启示：

应当学习阳光集团运用产业内贸易理论与规模经济理论，发挥中国在原材料质地、人力资源及其本身在技术、管理上的优势，立足于世界纺织品市场的优点。

企业应尤其重视技术与人才，提高其竞争力。其一，强化人才资源战略。人力资源是第一资源，一个企业的实力从某种意义上取决于企业的人才，尤其是高精尖人才的多少。企业要确保人才强企，要建立完善的人才激励机制和长效机制，要"引进了""留得住""派出去"。"引进了"是把企业需要的专业技术高精尖的人才通过招聘，提供相应的宽松环境，可以通过高薪把人才吸引来；"留得住"是要尊重知识人才，给予好的发展平台和充分让人才发挥能力的空间，通过激励机制有效发掘人才的潜在能力，使人才任劳任怨为企业奉献能力，从而实现人才有效利用的最大化；"派出去"是把有一定能力的人才派出去交流学习，切实提高他们的能力，使他们达到高精尖人才水平。此外，企业应大力推进实施人才强企战略，为企业的发展提供强有力的人才资源和保障。其二，强调企业技术的稳定创新。为了实现企业的长远发展，需要通过企业技术的创新、创造、发明，提高企业的核心竞争力。具体应该做到：第一，企业为了实现经济化的发展，应该进行制度的创新，积极建立多样化的产业结构以及公司法人治理结构，引导企业管理者学习先进的经验，为企业组织结构以及管理体系的创新提供支持。第二，企业应该加大科研投入，积极研发创新产品，强调技术的创新，提升产品的技术含量，研发出完全适应市场消费所需求的产品，满足市场需要，加大市场份额的占有率，提升企业的核心竞争力，满足企业规模化需求与产业内贸易的发展需求。

十二、中日产业内贸易

（一）案例内容——产业内贸易（中日产业内贸易）

主旨：产业内贸易是一国对同类产品既有进口又有出口，或者说国际贸易双方交换的是同一产业所生产的产品的贸易行为。中国与日本两国之间以垂直型产业内贸易为主，贸易商品主要为资本与技术密集型。

作为亚洲的两大经济体，中国与日本两国之间的产业内贸易主要体现在工业制成品上，其水平的提高主要依赖资本与技术密集型产品。中国的要素比较优势仍集中在劳动力方面，且逐渐向资本和技术方面转移，而这对于中日间产业内贸易类型有重要影响。

根据《联合国国际贸易标准分类》，可将商品贸易分为十大产业，其中SITC0~SITC4为初级产品，SITC5~SITC8为工业制成品，SITC9为未分类的商品及交易品。由于中日两国间的产业内贸易主要体现在工业制成品上，所以下面仅讨论SITC5~SITC8商品。具体类别为：化学成品及有关产品（SITC5）；主要按原料分类的制成品（SITC6）；机械及运输设备（SITC7）；杂项制品（SITC8）。将SITC5与SITC7合并为资本与技术密集型产品，SITC6与SITC8合并为劳动密集型产品。2005~2016年，中日两国在SITC5~SITC8类工业制成品的HGL（水平型产业内贸易指数）与VGL（垂直型产业内贸易指数）计算结果如表3-11所示。

表3-11　中日 SITC5~SITC8 类商品 HGL 与 VGL 指数

商品分类	贸易分类	2005年	2006年	2007年	2008年	2009年	2010年	2011年	2012年	2013年	2014年	2015年	2016年
SITC5	HGL	0.00	0.01	0.02	0.01	0.05	0.03	0.02	0.00	0.00	0.00	0.00	0.00
	VGL	0.31	0.28	0.26	0.28	0.29	0.33	0.33	0.44	0.38	0.38	0.35	0.35
SITC6	HGL	0.08	0.06	0.06	0.06	0.06	0.06	0.05	0.07	0.03	0.05	0.05	0.06
	VGL	0.21	0.22	0.25	0.29	0.30	0.31	0.30	0.29	0.32	0.31	0.31	0.30
TIGC7	HGL	0.07	0.05	0.06	0.06	0.06	0.03	0.09	0.03	0.03	0.05	0.03	0.05
	VGL	0.36	0.34	0.32	0.34	0.40	0.40	0.37	0.44	0.41	0.41	0.42	0.44

续表

商品分类	贸易分类	2005 年	2006 年	2007 年	2008 年	2009 年	2010 年	2011 年	2012 年	2013 年	2014 年	2015 年	2016 年
SITC8	HGL	0.02	0.06	0.05	0.07	0.02	0.04	0.01	0.01	0.02	0.02	0.02	0.02
	VGL	0.19	0.15	0.19	0.17	0.26	0.21	0.24	0.24	0.20	0.21	0.24	0.22
SITC 5+7	HGL	0.02	0.06	0.05	0.05	0.03	0.03	0.08	0.02	0.02	0.02	0.03	0.02
	VGL	0.35	0.33	0.31	0.33	0.38	0.39	0.36	0.44	0.41	0.42	0.44	0.44
SITC 6+8	HGL	0.04	0.06	0.05	0.07	0.04	0.04	0.03	0.04	0.03	0.03	0.03	0.03
	VGL	0.20	0.18	0.21	0.22	0.28	0.25	0.27	0.26	0.25	0.25	0.28	0.26

资料来源：UN Comtrade 数据库。

可以看出，中日各大类制成品的 HGL 变化幅度为 0～0.09；而 VGL 变化幅度为 0.15～0.44，表现出了更为明显的垂直型产业内贸易特征。以资本与技术密集型为代表的 SITC5+7 类商品，其垂直型产业内贸易特征最为显著，垂直型产业内贸易指数从 2005 年的 0.35 上升到了 2016 年的 0.44；以劳动密集型为代表的 SITC6+8 类商品，垂直型产业内贸易指数从 2005 年的 0.2 上升到了 2016 年的 0.26。另外，同期的水平型产业内贸易指数数值较低，呈现平稳略波动状态，并无明显的趋势特征。这表明中国与日本两国之间以垂直型产业内贸易为主，贸易商品主要为 SITC5+7 类资本与技术密集型。

（二）分析要求

（1）什么是产业内贸易？水平型产业内贸易与垂直型产业内贸易有什么区别？

（2）造成产业内贸易现象的主要原因有哪些？

（3）结合中国与日本实际情况，说明影响中日两国产业内贸易类型的主要因素有哪些？

参考答案：

（1）产业内贸易的概念及水平型产业内贸易与垂直型产业内贸易的区别：

1）产业内贸易是一国对同类产品既有进口又有出口，或者说国际贸易双方交换的是同一产业所生产的产品的贸易行为。同类产品，指可以相互替代的产品，有同质、异质之分。同质产品，指性质完全一致，因而能够完全相互替代的产品；异质产品，指不能完全相互替代的产品，其差异可能体现在品牌、款式、性能或售后服务等方面。如日本向美国出口轿车，同时又从美国进口轿车的现象；中国向韩国出口某种品牌的衬衣，同时又从韩国进口某种T恤衫的这种贸易活动。

2) 水平型产业内贸易，即进行双向贸易的是质量、价格相似，但特征或属性不同的商品。如相同档次、价格但颜色和款式不同的汽车。

3) 垂直型产业内贸易，即进行双向贸易的是不同质量、价格的相似产品。如意大利在出口高级服装的同时也进口低档次的服装。

(2) 造成产业内贸易现象的主要原因：

1) 产品的异质性是产业内贸易的基础。产品的异质性是指同类产品在实物形态上存在差异，如质量、性能、规格、商标、牌号、设计、款式等不同，甚至每一种产品在其中每一方面存在细微差别。产品的异质性满足了不同消费者的特殊偏好，并且成为产业内贸易存在与发展的客观条件。例如，美国和日本都生产小轿车，但日本轿车以轻巧、节能、价廉、质优为特色，而美国轿车则以豪华、耐用为特色。这样就引起双方对对方产品的需求，这种相互需求导致了国际贸易的发生。

2) 企业追求规模经济效益的动机。同类产品因产品差别与消费者偏好的差异而相互出口，可以扩大生产规模进而扩大市场。这样，就使研制新产品的费用和设备投资分摊在更多的产品上，可以节约研发费用，进而降低单位产品成本。产业内贸易是以产业内的国际分工为前提的。产业内的国际分工越精细、越多样化，不同国家的生产厂家越有条件减少产品品种和产品规格型号，在生产上就越专业化。这种生产上的专业化不仅有助于企业采用更好的生产设备，提高生产效率，降低成本，而且有助于降低生产企业之间的市场竞争程度，有利于厂商扩大生产规模和市场规模，从而充分体现企业生产的内部规模经济效应。因为生产和市场的细分化虽然减少了国内消费者数量，但企业可以面对同类型的更大规模的国际消费者群体进行生产和销售，使从事国际生产和国际贸易的微观企业具有经济上的合理性和可行性。

3) 消费者对异质产品的偏好。消费者对异质产品的偏好，可以分为垂直偏好差别与水平偏好差别。垂直偏好差别指消费者对异质产品中不同质量、等级的选择，这导致了垂直型产业内贸易；水平偏好差别指对同一质量、等级的异质产品在其尺寸、款式、品种等方面的不同选择，这是水平型产业内贸易产生的原因。因此，可选择的产品品种、规模、款式、等级越多，消费者需求的满足程度越高；消费者偏好的差异性越大，产业内贸易的可能性也越大。

4) 两国经济发展水平。经济发展水平越高，产业内部分工就越精细，异质产品的生产规模越大，从而形成异质产品的供给市场；经济发展水平越高，人均国民收入越高，国民购买能力就越强。在国民购买能力达到较高水平时，消费需求便呈现出对异质产品的强烈需求，从而形成异质产品的消费市场。在两国之间收入水平趋于相等的过程中，两个国家之间的需求结构趋于接近，最终导致产业内贸易的发生。

（3）影响中日两国产业内贸易类型的主要因素有：

1）两国异质产品的生产能力。异质产品生产能力越强，两国产业内贸易比重越高。中国自改革开放以来，经济发展水平不断提高，生产能力逐渐增强，产业内部分工也逐步实现专业化，异质产品的生产规模不断扩大，从而形成了能与日本进行产业内贸易的供给市场，这是中日两国能进行资本与技术密集型产品贸易的原因。另外，中国虽然近年来技术不断进步，但与日本相比仍具有一定差距。日本属于发达国家，而中国仍属于发展中国家，我国仍主要生产低质量的资本与技术密集型产品，而日本生产高质量的资本与技术密集型产品，这是中日两国垂直型产业内贸易产生的原因。

2）两国消费者对异质产品的偏好。如上所述，消费者对异质产品的偏好，可以分为垂直差别与水平差别。垂直偏好差别指消费者对异质产品中不同质量、等级的选择，可见导致垂直偏好差别的原因主要是人均收入的不同。2017年，中国虽然经济总量排名第二，但人均收入排名第70，是日本人均收入的1/4，两国在人均收入上的差距导致两国的消费者对异质产品的偏好不同，由此促进了垂直型产业内贸易的发生。而水平偏好差别指消费者对同一质量产品在其尺寸、款式、品种等方面的不同选择，主要受个人体型、审美观的影响。中国与同为东亚国家的日本具有相似的历史与文化背景，身材、肤质和审美观相似，因此水平偏好差别小，对异质产品的需求接近，发生水平型产业内贸易的可能性小。

3）其他因素。贸易限制、两国距离等。产业内贸易是国际贸易的重要组成部分，因此，凡是影响国际贸易发展的其他因素都在不同程度上制约产业内贸易的发展。比如，两国间贸易限制越少，产业内贸易比重越高；两国间经济距离越短，运输成本越低，产业内贸易比重越高。地理区位优势使中日贸易之间具有较低的运输成本，为中日产业内贸易的发展提供了良好的条件。

十三、中国与东盟水果产业内贸易

（一）案例内容——产业内贸易（中国与东盟水果产业内贸易）

主旨：随着中国—东盟自由贸易区的建立和运作日益完善，中国与东盟国家之间相关水果产业贸易量不断扩大。东盟作为世界上重要的亚热带及热带水果产地之一，其产出的水果与我国的水果有较强的互补性。随着中国与东盟间合作关系的进一步加强和受国际局势变化的影响，中国与东盟水果产品贸易方式与贸易结构正在发生新的变动，产业内贸易水平的提高已成为重要趋势。

2002 年签署的《中国与东盟全面经济合作框架协议》意义重大，将我国与东盟间的经贸合作推向了一个新的历史局面。随着中国—东盟自由贸易区的建立和运作日益完善，中国与东盟国家之间的农产品贸易量不断扩大。2020 年中央一号文件指出，要充分确保重要农产品的有效供应，丰富多元化的进口渠道，增加满足内需的农产品进口，扩大优势农产品的出口，这为中国与东盟进行农产品贸易提供了准确的政策支持。为了推进中国—东盟自贸区的建设，中国和东盟做了许多努力，对农产品实行关税减免，其中 2003 年的《中泰果蔬贸易零关税协议》是中国和东盟进行农产品贸易零关税的开端。

依据联合国的国际贸易分类标准（HS）界定的水果产品范围，研究内容为第 2 类第 8 章的 14 类水果产品，编码为 0801 ~ 0814，其代表含义如表 3 - 12 所示。

表 3-12　HS 第 2 类第 8 章 0801~0814 编码

编码	代表含义
0801	椰子、巴西果、腰果等
0802	鲜或干的碧根果、槟榔果、板栗、榛、核桃等
0803	鲜或干的香蕉、芭蕉
0804	鲜或干的椰枣、菠萝、石榴、芒果、山竹等
0805	鲜或干的橙、葡萄柚、柑橘、柠檬等
0806	鲜或干的葡萄
0807	鲜西瓜、甜瓜、木瓜
0808	鲜梨、苹果
0809	鲜樱桃、李、油桃、杏
0810	鲜橘、草莓、猕猴桃、榴莲、荔枝、火龙果、枣、枇杷、柿等
0811	冷冻的鳄梨、草莓、白果、红松子、榲子、翅果油树果等
0812	暂时保藏的樱桃、白果、红松子以及其他水果及坚果
08013	蔓越橘干、杏干、梅干及李干、苹果干、荔枝干以及其他干果
0814	柑橘属水果或甜瓜（包括西瓜）的果皮

资料来源：联合国贸易数据库。

1. 利用 GL 指数测量中国与东盟水果产品贸易程度

GL 指数是衡量产业内贸易指数时使用较普遍的一个静态指标，计算公式如下：

$$GL_{ij} = 1 - |X_{ij} - M_{ij}| / (X_{ij} + M_i)$$

式中，X_{ij} 和 M_{ij} 分别为 i 国 j 类产品的进出口额。GL_{ij} 指数介于 0~1，指数越大，产业内贸易水平越高。如果一个国家的某产业只有进口或只有出口，那么该指数为 0，表明没有产业内贸易。相反，如果一个国家的某产业既有进口又有出口，那么随着进口值和出口值增长趋同，该指数将趋近于 1。当产品种类汇总水平越高时，GL 指数越高。具体划分标准如下：$0 \leqslant GL \leqslant 0.25$，产业内贸易程度低；$0.25 < GL \leqslant 0.5$，产业内贸易程度较低；$0.5 < GL \leqslant 0.75$，产业内贸易程度较高；$0.75 < GL \leqslant 1$，产业内贸易程度高。以中国与每个东盟国家水果产品贸易总额为基础计算的总体 GL 指数，如表 3-13 所示。

表 3-13　2003~2022 年东盟各国 GL 指数

年份	文莱	印度尼西亚	柬埔寨	老挝	马来西亚	缅甸	菲律宾	新加坡	泰国	越南
2003	0.0000	0.0216	0.0000	0.0000	0.1136	0.7477	0.5670	0.0004	0.5039	0.8007
2004	0.0000	0.0119	0.0000	0.0148	0.1421	0.3115	0.5846	0.0012	0.3296	0.6987
2005	0.0000	0.1230	0.0000	0.0000	0.0850	0.2573	0.6360	0.0000	0.4249	0.8630
2006	0.0000	0.1775	0.0141	0.0000	0.0748	0.0286	0.6748	0.0008	0.5122	0.8537
2007	0.0000	0.1941	0.0000	0.3775	0.0211	0.1538	0.8091	0.0000	0.4680	0.7064
2008	0.0000	0.1613	0.0000	0.7514	0.0501	0.0697	0.8572	0.0000	0.5603	0.8979
2009	0.0000	0.1262	0.0000	0.8474	0.0319	0.0697	0.8998	0.0002	0.4919	0.9216
2010	0.0000	0.1557	0.3187	0.3966	0.0233	0.0162	0.6641	0.0021	0.6187	0.9002
2011	0.0006	0.1741	0.3639	0.4405	0.0146	0.0053	0.4722	0.0133	0.6221	0.8357
2012	0.0000	0.2058	0.4574	0.0000	0.0207	0.0486	0.7670	0.0000	0.6043	0.9165
2013	0.0000	0.0663	0.0078	0.0000	0.0531	0.9186	0.8480	0.0000	0.6238	0.8827
2014	0.0000	0.2752	0.4562	0.0000	0.1338	0.3847	0.4519	0.0000	0.7361	0.8412
2015	0.0000	0.3946	0.1625	0.2720	0.2085	0.3494	0.5246	0.0000	0.9758	0.9418
2016	0.0000	0.3995	0.3018	0.0000	0.1979	0.2315	0.7004	0.0000	0.9053	0.8410
2017	0.0000	0.3785	0.6732	0.6016	0.1913	0.2780	0.6336	0.0014	0.8024	0.8029
2018	0.0045	0.3065	0.3810	0.1541	0.3286	0.3956	0.5494	0.0000	0.5011	0.9193
2019	0.0000	0.2617	0.0306	0.3325	0.4144	0.2586	0.6195	0.0000	0.3499	0.7670
2020	0.2614	0.4029	0.0130	0.1678	0.5199	0.0359	0.9825	0.0000	0.3657	0.6741
2021	0.1457	0.3595	0.4712	0.0537	0.4842	0.3265	0.5974	0.0000	0.7463	0.5394
2022	0.2331	0.1362	0.5230	0.5231	0.6132	0.2571	0.4621	0.0009	0.6851	0.7923

资料来源：联合国贸易数据库。

基于水果产品第 2 类对 2020 年中国与东盟各国产业内贸易指数进行测算，结果见表 3-14。细化到 HS 码的第 2 类第 8 章水果，产品编码 0801~0814，其中 0806、0808、0809、0814 类水果产业内贸易指数均为 0。

表 3-14　2020 年东盟各国不同水果产品产业内贸易指数

HS 码	文莱	印度尼西亚	柬埔寨	老挝	马来西亚	缅甸	菲律宾	新加坡	泰国	越南
801	0.0000	0.0000	0.0000	0.0000	0.0299	0.0000	0.0000	0.0000	0.0000	0.0000
802	0.0000	0.1175	0.0000	0.0000	0.0257	0.0322	0.0000	0.0000	0.0874	0.0118
803	0.0000	0.0000	0.0000	0.0000	0.0000	0.0000	0.0000	0.0000	0.0000	0.0004
804	0.0000	0.0002	0.0000	0.0000	0.4680	0.0016	0.0000	0.0000	0.0002	0.9980
805	0.0000	0.0000	0.0000	0.0000	0.0000	0.0000	0.0000	0.0000	0.1497	0.000
807	0.0000	0.0000	0.0000	0.0000	0.0000	0.0000	0.8156	0.0000	0.0005	0.3844
810	0.0000	0.0589	0.0000	0.0000	0.0000	0.0000	0.0000	0.0000	0.0650	0.6082
811	0.0000	0.1673	0.0000	0.0000	0.0289	0.0000	0.1682	0.0000	0.1268	0.2773

资料来源：联合国贸易数据库。

2. 利用 GHM 指数测量中国与东盟水果产品贸易类型

GHM 指数是区分两国产业内贸易程度的重要指标，可进一步细分为垂直型和水平型，从而深入说明两国在产业内贸易中的分工格局。

$$GHM_{ij} = UV_{ij}^x / UV_{ij}^M$$

式中，UV_{ij}^x、UV_{ij}^M 分别表示 i 国 j 产业的单位出口价值和单位进口价值。当 $0.75 \leqslant GHM_{ij} \leqslant 1.25$ 时，该产品为水平型产业内贸易；当 $GHM_{ij} < 0.75$ 或 $GHM_{ij} > 1.25$ 时，该产品为垂直型产业内贸易。由于中国与新加坡、老挝、缅甸、柬埔寨的 GHM 指数大都为 0，因此只讨论剩下 5 个国家的 GHM 指数。

表 3-15　2020 年东盟各国 GHM 指数

HS 码	印度尼西亚	马来西亚	越南	菲律宾	泰国
802	3.5914	1.1606	0.4905	0.0000	0.7055
803	0.0000	0.0000	0.0000	24.8172	8.7514
804	2.1584	1.3217	2.7164	2.5641	0.8618
807	0.0000	0.0000	9.7870	1.4494	0.7570
810	0.9687	0.0000	2.2818	0.0000	0.6739
811	0.2679	0.1575	0.2407	1.0047	0.2520

HS 码	印度尼西亚	马来西亚	越南	菲律宾	泰国
813	0.2657	0.0646	1.5797	0.0000	2.6366

资料来源：联合国贸易数据库。

2003~2022 年，中国与东盟农产品贸易极速增长，增幅约为 471.92 亿美元，整体规模扩大 9 倍多。2020 年，中国同东盟农产品贸易总额 430.14 亿美元。其中，中国从东盟国家进口达 231.31 亿美元，主要包括水果、植物油、水产品、粮食制品和谷物等；中国向东盟国家出口达 198.83 亿美元，主要包括水果、蔬菜、水产品等。其中水果贸易占据重要地位，2020 年，中国与东盟水果贸易额约为 150 亿美元，占整体农产品贸易的 34.8%。作为世界上重要的亚热带及热带水果产地之一，东盟产出的水果与我国的水果有较强的互补性。在品种方面，东盟大量进口中国的苹果、鲜梨、葡萄等温带水果，中国则大量进口东盟的香蕉、椰子、芒果等水果，东盟也利用其热带和亚热带气候的季节性优势来补充中国水果市场。随着中国与东盟间合作关系的进一步加强和受国际局势变化的影响，中国与东盟水果产品贸易方式与贸易结构正在发生新的变动，反映出中国与东盟水果贸易联系的紧密程度正在不断加强。

（二）分析要求

（1）什么是产业内贸易？

（2）根据表 3-13，判断中国与哪些国家的产品贸易以产业内为主，哪些以产业间贸易为主？

（3）根据表 3-14，水果产业内贸易水平较高的国家主要聚集于哪些产品品类？

（4）根据表 3-15，判断中国与东盟各国的水果产品贸易以哪种类型为主导？与哪个国家的产品品质差异较大？

（5）思考并讨论影响中国与东盟水果产业内贸易的因素有哪些？

参考答案：

（1）产业内贸易的含义。产业内贸易是一国对同类产品既有进口又有出口，或者说国际贸易双方交换的是同一产业所生产的产品的贸易行为。同类产品，指可以相互替代的产品，有同质、异质之分。同质产品，指性质完全一致，因而能够完全相互替代的产品。异质产品，指不能完全相互替代的产品，其差异可能体现在品牌、款式、性能或售后服务等方面。比如日本向美国出口轿车，同时又从美国进口轿车的现象；中国向韩国出口某种品牌的衬衣，同时又从韩国进口某种 T 恤衫的这种贸易活动。产业内贸易还包括中间产品的贸易，即是某项产品的半制成品、零部件在两国间的贸易。

（2）根据表 3-13，与中国为产业内和产业间贸易的国家情况如下：从表 3-13 可以看出，根据中国与每个东盟国家水果产品贸易总额为基础计算的总体 GL 指数，以 GL=0.5 为划分产业间贸易与产业内贸易的标准，中国与菲律宾、泰国、越南和缅甸的水果产品贸易总体以产业内贸易为主，而与印度尼西亚、马来西亚、新加坡等其他 6 个国家则以产业间贸易为主。其中，中国与越南的水果产业内贸易水平最高，而与文莱的水果产业内贸易水平最低。从纵向来看，中国与印度尼西亚、马来西亚以及柬埔寨的水果产业内贸易水平近年来已有提高，说明中国和东盟各国间的水果贸易越来越频繁，有望与这些国家从产业间贸易转变为产业内贸易。

（3）根据表 3-14，在水果产业内贸易水平较高的国家中主要聚集的产品品类分析如下：从产业内贸易水平较高的几个国家来看，中国与菲律宾的水果产业内贸易主要聚焦于 0807 和 0813 类产品，其余产品均为完全的产业间贸易；中国与泰国的水果产业内贸易主要聚焦于 0802、0805、0810、0811 类产品，其余产品几乎为完全的产业间贸易；中国与越南的水果产业内贸易主要聚焦于 0802、0804、0807、0810、0811 类产品，其中 0807 类产品 GL 指数为 0.986，产业内贸易水平接近于 1，近似于完全的产业内贸易；中国与缅甸的水果产业内贸易主要集中在 0811 类产品，GL 指数为 0.975，是非常明显的产业内贸易。

（4）根据表 3-15，中国与东盟各国的水果产品贸易类型和产品品质差异分析如下：由表 3-15 的 GHM 指数显示，中国与印度尼西亚、马来西亚、菲律宾、泰国和越南的水果贸易形式主要是垂直型产业内贸易，但也有少数水果产品出现了水平型产业内贸易。比较明显的为印度尼西亚的 0810 类产品，马来西亚的 0802 类产品，泰国的 0807、0810 类产品，越南的 0811 类产品。这说明垂直型产业内贸易是中国与东盟各国水果贸易的主要形式，贸易双方虽然进出口相同产业的产品，但产品间的品质差异较大。将垂直产业内贸易细分，中国与这 5 个国家间的 GHM 指数大多大于 1.25，这说明我国出口水果产品质量高于进口水果产品质量，即中国的水果在东盟各国市场上占有较大优势。

（5）影响中国与东盟水果产业内贸易的主要因素：

1）政策因素。政府间的政策和法规对产业内贸易起着重要作用。双方政府的贸易政策、关税政策、投资政策等直接影响着双方产业内贸易的发展。例如，减少贸易壁垒、提供优惠关税待遇、加强投资合作等政策措施可以促进双方产业内贸易的增长。

2) 经济因素。经济发展水平、产业结构和竞争力也是影响产业内贸易的重要因素。中国和东盟国家在经济规模、产业结构和竞争优势方面存在差异，这将直接影响双方产业内贸易的规模和领域。例如，中国作为制造业大国，与东盟国家在制造业、电子产品、纺织品等领域有着较大的贸易合作。

3) 文化因素。文化背景和语言差异也会对产业内贸易产生影响。尽管中国与东盟国家在文化方面存在差异，但通过加强文化交流、建立互信机制等方式可以促进合作与交流，推动产业内贸易的发展。

4) 技术因素。技术水平和创新能力对产业内贸易也有重要影响。双方在科技创新、技术转移和人才培养方面的合作，可以促进产业内贸易的升级和提质增效。

十四、美国汽车产品的产业内贸易

(一) 案例内容——产业内贸易（美国汽车产品的产业内贸易）

主旨：美国出口本国汽车产品，同时需要从其他国家进口不同型号汽车产品，这不仅使产业内贸易增长迅速，还提高行业的竞争强度。

美国在 1965 年、1973 年、1980 年、1985 年、1990 年、1995 年、2000 年、2005 年、2010 年和 2014 年与加拿大、墨西哥、欧洲和日本之间汽车产品（整车、零件、发动机、车身等）的进出口额，如表 3-16 所示。各国不同厂商生产的汽车零件都是有差别的，这种差别导致了产业内贸易。1985~2010 年，美国汽车产品的产业内贸易增长之所以如此迅速，主要是因为各国贸易保护程度和运输成本的降低。美国和加拿大之间的贸易增长主要是因为两国于 1965 年签订了建立汽车产品自由贸易的美—加汽车协议。通过从美国进口，加拿大一方面可以减少其生产车型（从而在生产中获得更大的规模经济）；另一方面使消费者有了更多的可挑选车型。1994 年 1 月 1 日生效的北美自由贸易协定也使得美—墨汽车产品的产业内贸易有了极其迅速的发展。将来大型车的生产可能将集中在美国和加拿大，而小型车的生产将转向墨西哥。值得注意的是，美国在汽车产品上与加拿大、墨西哥及拉丁美洲的贸易均为双向的，而与日本则几乎是单向的。2010 年汽车产品贸易的下降（除了墨西哥以外）是由于世界经济的增长变缓。

表 3-16　美国汽车产品的进出口额　　　　　　单位：10 亿美元

分类	年份	加拿大	墨西哥	欧洲	日本	全世界
进口	1965	0.11	—	0.07	0.01	0.19
	1973	4.92	—	3.14	2.41	10.55
	1980	7.87	0.22	6.73	11.85	26.94
	1985	20.77	2.93	11.84	24.55	58.57
	1990	27.71	4.39	13.27	30.12	79.32
	1995	41.63	12.11	15.65	34.94	108.02
	2000	58.75	28.30	29.11	44.49	170.20
	2005	64.42	29.86	43.06	49.37	205.45
	2010	47.96	43.73	33.63	42.92	189.76
	2014	63.19	65.10	61.21	49.89	328.49
出口	1965	0.62	—	0.07	—	0.87
	1973	4.12	—	0.48	0.09	6.03
	1980	9.54	1.35	1.46	0.19	16.74
	1985	16.32	2.72	1.15	0.21	21.07
	1990	19.48	3.57	3.65	1.52	32.55
	1995	28.94	5.14	5.45	4.07	52.51
	2000	38.23	13.28	6.55	2.73	67.20
	2005	45.77	13.55	10.41	1.45	85.99
	2010	43.05	17.14	9.73	1.24	99.51
	2014	59.62	33.98	19.64	2.09	159.45

资料来源：WTO，Annual Report（Geneva，various issues）。

（二）分析要求

（1）什么是产业内贸易，它与产业间贸易有什么不同？

（2）影响产业内贸易的因素有哪些？

（3）美国汽车产品的产业内贸易对于我国开展产业内贸易有何启示？

参考答案：

（1）产业内贸易及其与产业间贸易的不同。

产业内贸易是指一个国家的企业或厂商只生产一类产品的一种或少数几种款式，从其他国家进口该类产品的其他款式。产业内贸易的产生是为了利用生产的规模经济，一国通过从事产业内贸易，能够在减少自产商品花色的同时却增加国内消费者所需要的商品种类。由于自产商品种类的减少，一国能在更大规模上从事生产，从而提高生产效率和降低成本，同时消费者也可从更广泛的选择中获利。

产业间贸易指同一产业产品基本上是单向流动的。包括发达国家第二产业和发展中国家第一产业之间的贸易以及工业国之间不同工业部门之间的贸易，其形成基础是产业之间的分工，由于各国在各种产品的生产上有自己的成本优势，从而形成价格优势，这构成了各国产业间分工与贸易的基础，而这种优势来源于自然禀赋或技术的差异。

（2）影响产业内贸易的因素有：

1）人均收入差异。两国人均收入差异越小，需求消费结构越相似，从而推动产业内贸易。

2）市场规模差异。市场规模大小决定市场活动空间，市场规模越大的企业贸易规模越大，而贸易总量扩大有助于企业扩大生产、丰富产品种类，实现产业内贸易。

3）产品差异化。技术水平的差异造成产品之间的差异，通常情况下，当两国的国家科研投入差异越大，两国技术水平差异越明显，产品差异化就越大，两国发生产业内贸易的可能性越大。

4）经济对外开放程度。一国经济对外开放程度越高，对外贸易越密切，随之产业内贸易水平相对提高；反之，一国经济对外开放程度较低，其对外贸易程度越少，不利于产业内贸易发展。

5）贸易不平衡程度。贸易不平衡说明两国之间进出口差额较大，即 $|X-M|$ 值越大，产业内贸易指数就越低。

（3）美国汽车产品的产业内贸易对于我国开展产业内贸易的启示。

我国作为最大的发展中国家，实现经济的高质量发展离不开与别国之间的贸易来往。首先，我国要加快产业结构的调整和优化升级，进一步拓展贸易市场，为中国产业内发展提供更大的空间；其次，我国要实现专业化生产，获取规模经济优势，两国企业应根据自身比较优势，生产差异化产品，实现专业化生产，获取规模经济，降低成本，大力提升两国产业内贸易水平；再次，我国要积极吸引外商来华投资，进一步完善引资相关政策环境，注重提高引资质量和效益，加强产业引导，学习先进技术和管理方法；最后，不可一味追求顺差与出口，只有缩小与美国等发达国家的产业结构差异，才能有效提高产业内贸易水平。

十五、美国 201 钢铁案分析

（一）案例内容——保护贸易理论（美国 201 钢铁案分析）

主旨：2002 年 3 月，美国正式启动 201 条款，对大部分进口的钢材征收 8%～30%的关税，并对 14 种钢铁产品加以为期 3 年的进口配额限制，引发一场全球范围的贸易保护与反保护的争斗。

美国时间 2002 年 3 月 5 日（北京时间 3 月 6 日），美国总统布什公布了进口钢铁 201 保障措施调查案最终救济方案。根据该方案，从 3 月 20 日起，美国将对板坯、板材、长材等 12 种进口的主要钢铁产品实施为期 3 年的关税配额限制或加征 8%～30%不等的关税。

由于此次钢铁保障措施调查是在世界经济衰退、钢铁生产能力过剩的背景下进行的，所以其调查伊始就遭到了世界主要贸易国的强烈反对。欧盟、日本、韩国、巴西和中国等国家向 WTO 提出申诉，要求成立专家小组审查美国此次保障措施调查是否符合 WTO 的有关规定。欧盟、日本和韩国等主要钢铁出口国还纷纷拟定了总金额高达数亿美元的贸易报复清单。美国国内的钢铁产品进口商和下游产业生产商也对美国钢铁保障措施提出了批评，认为其破坏了正常的贸易渠道，并造成了下游产业原材料成本的大幅攀升和产品市场竞争力的下降。

中国是美国钢铁 201 案的起诉方之一，并保留在美国不执行世贸裁决时对美国采取报复的权利。贸易分析人士认为，如果美国坚持钢铁保障措施，欧盟对美国的贸易报复，再加上日本、韩国、中国、巴西等国的报复措施，美国国内出口行业遭受的损失可能更大。这样一来，美国各州选举人无疑将会加入国内钢铁消费者的行列，反对布什政府的钢铁保护政策，对布什 2003 年大选施压。美国参院金融委员会主席格拉斯拉也致信布什，要求取消高关税，并称实施一年多的钢铁保障措施是以给美国其他行业造成更大代价来实现的。就国内而言，我国向美国出口钢材数量及占比均持续下降，出口量由 2014 年的 340 万吨降至 2018 年的 116 万吨，占比由 2014 年的 3.6%降至 2018 年的 1.7%。中方负责处理此案的中国五矿进出口商会副会长周世俭指出，国内钢铁业除了密切关注、积极抗辩之外，还应加快结构调整和升级换代，做高档次的深加工，提高出口钢材的技术含量和附加值。由此案可以推知，贸易壁垒防不胜防，对于刚刚成为 WTO 成员的中国来说，怎样打破和减少这些壁垒，熟谙 WTO 规则，恐怕不光是钢铁这一个行业要面对的课题。

（二）分析要求

（1）什么是保护贸易理论？

（2）造成美国 201 钢铁案的原因有哪些？

（3）面对贸易壁垒我们该如何做？

参考答案：

（1）保护贸易理论的含义：保护贸易理论指在对外贸易中实行限制进口以保护本国商品在国内市场免受外国商品竞争，并向本国商品提供各种优惠以增强其国际竞争力的主张和政策。在限制进口方面，主要是采取关税壁垒和非关税壁垒两种措施。前者主要是通过征收高额进口关税阻止外国商品的大量进口；后者包括采取进口许可证制、进口配额制等一系列非关税措施来限制外国商品自由进口。

（2）造成美国 201 钢铁案的原因有：

1）在经济方面，美国传统钢铁业陷入困境。当时美国许多钢铁企业向政府申请破产，占美国钢铁业的一半多，因此而失业的钢铁工人总数高达 7 万。这种压力导致了传统钢铁业举起保护主义大旗。以美国钢铁业内的龙头老大美国钢铁公司为首的多家传统钢铁企业，向政府递交书面建议，要求政府采取多方面拯救措施。

2）在政治方面，钢铁业不但和民主党关系密切，对布什政府的影响力更大。2002 年，共和党一心一意要在中期选举中夺回国会的主导权，争得钢铁行业的支持几乎是这一目标实现的关键。在 2000 年大选中，布什和他的副手切尼就曾向美国的钢铁工人保证，不会像前总统克林顿一样置他们于不顾。共和党要在 2002 年中期选举中夺回国会的主导权，关键是要赢得产钢州（如西弗吉尼亚、俄亥俄和宾夕法尼亚）选民的支持。但从宏观来看，美国钢铁贸易保障措施实质上是一种单边主义的保护行为，将对世界贸易组织的稳定带来巨大冲击。

（3）面对贸易壁垒我们应该：

1）我国要大力宣传保障措施的有关知识，加强企业对新贸易壁垒的认知程度。高度重视应对技术性贸易壁垒工作，培养专门跟踪、研究国家所需的应对国外技术性壁垒的专业人才。

2）制定和实施国家标准化战略，加快建立覆盖一、二、三产业的国家标准体系。由过去侧重制定和修订标准、增加标准数量向调整标准的组成方向转变。

3）有效利用保障措施，合理保护国内产业，积极采用国际标准，使国家标准、行业标准与国际标准协调。

十六、美国对进口钢铁和铝产品征收关税

（一）案例内容——超贸易保护理论（美国对进口钢铁和铝产品征收关税）

主旨：2018 年 3 月 8 日，时任美国总统特朗普签署公告，由于进口钢铁和铝

产品危害美国"国家安全"，根据美国《1962 年贸易扩展法》第 232 条款，美国对进口钢铁和铝产品分别征收 25% 和 10% 的关税，于 2018 年 3 月 23 日正式生效。232 关税是为了保护美国国内钢铁和铝生产企业产品的竞争力，实现制造业回归美国计划，也是超贸易保守主义的产物，对国际社会中钢铝产品的正常贸易造成了严重的、持续性的阻碍。

2018 年 3 月 8 日，由于进口钢铁和铝产品危害美国"国家安全"，时任美国总统特朗普签署公告对进口钢铁和铝产品征收高关税。美国的这一最新贸易保护措施已在美国国内以及国际社会遭到广泛反对。特朗普当天在白宫宣布，美国将对进口钢铁征收 25% 的关税，对进口铝产品征收 10% 的关税。关税措施将在 15 天后正式生效。此外，鉴于目前美国、加拿大和墨西哥三国正在重谈北美自由贸易协定，特朗普表示加拿大和墨西哥将暂时被豁免相关关税。同时，其他经济体也有机会被豁免相关关税，美方由美国贸易代表负责具体谈判。征收这两项高关税的依据是美国商务部进行的"232 调查"。根据美国《1962 年贸易扩展法》第 232 条款，美国商务部有权对进口产品是否损害美国国家安全启动调查。美国商务部 2017 年 4 月对进口钢铁和铝产品分别启动"232 调查"，并于 2018 年 1 月向特朗普提交了调查报告。

特朗普希望对进口钢铁和铝制品实施的严格关税，反而可能让美国的盟友、本国钢铁、铝产品的下游企业和消费者经受痛苦。特朗普这一"全球性征税"决定不仅得罪了"全球"，本国钢铁、铝产品的下游企业也反应激烈。同时，进口钢铁价格上涨的另一个大输家将是美国大型设备制造商和美国消费者。如果全球爆发小型贸易战，即关税增加 10%，则大多数经济体国内生产总值（GDP）将减少 1%~4.5%，其中美国 GDP 将损失 1.3%；如果全球爆发严重贸易战，即关税增加 40%，则全球经济将重现 20 世纪 30 年代的大萧条。

中国、欧盟等多国世贸组织成员就美国加征额外关税采取了反措施。中国就美国上述措施向世贸组织提起争端解决程序，瑞士、土耳其、欧盟、印度、俄罗斯等分别提起争端程序。此次发布的有四个报告：中国诉美国 232 钢铝关税案（DS544）、挪威诉美国 232 钢铝关税案（DS552）、瑞士诉美国 232 钢铝关税案（DS556）、土耳其诉美国 232 钢铝关税案（DS564）。本案专家组裁决是在世贸组织争端解决机制面临重大压力下做出的，又涉及国家安全这一重大敏感事项。因此，该项裁决对维护多边贸易规则体系具有特殊意义，得到众多成员支持。而下一步美国能否履行该裁决还大有悬疑，这也是对美国能否信守多边条约规则、遵守世贸组织争端裁决结果的又一次考验。

（二）分析要求

（1）什么是超贸易保护理论？

(2) 说明美国对进口钢铝产品征收关税的目的？体现了超保护贸易理论的哪些论点？

(3) 简述中国应该如何应对232关税？

参考答案：

（1）超贸易保护理论的含义：超保护贸易理论是在20世纪30年代提出的凯恩斯主义的国际贸易理论，它试图把对外贸易和就业理论联系起来。超保护贸易理论的主要论点包括鼓吹贸易顺差以扩大有效需求；鼓吹贸易顺差有益，贸易逆差有害。政策主张包括认为古典学派的国际贸易理论已经过时，反对自由贸易；扩大有效需求的目的在于救治危机和失业。

（2）美国对进口钢铝产品征收关税的目的以及体现超保护贸易理论的论点：美国对部分世贸成员的钢铝产品征收选择性关税主要目的是保护美国国内钢铁生产企业产品的竞争力，实现制造业回归美国的计划。随着全球化和国际化的加速发展，许多企业开始将生产线转移到海外，以降低成本、提高效率和获取更多的市场份额。在这个背景下，制造业回流成为了热门话题。制造业回流指企业将生产线从海外转移到本土的过程。对于美国而言，制造业回流既可以提高就业率，也可以促进经济增长，还可以加强国家的工业实力和竞争力。因此，制造业回流已经成为美国政府的重要政策之一。近年来，美国政府加强了对于制造业回流的支持力度，包括降低税收、提供补贴、加强知识产权保护等。尽管通过贸易保护政策可以让制造业回流，从而提高就业率、加强国家的工业实力和竞争力等多重优势，但制造业回流并不是万能的解决方案。在全球化的大背景下，国家和企业应该保持开放、合作和共赢的态度，推进多边贸易体系的发展，促进各国间的互利合作。制造业回流只是其中的一种选择和尝试，而不应成为贸易保护主义和单边主义的代名词。

体现了超贸易保护理论的鼓吹贸易顺差以扩大有效需求。凯恩斯主义认为，古典学派的贸易理论已经过时了。首先，他们的理论前提条件，即充分就业事实上并不存在，现实社会存在着大量的失业现象。其次，传统理论只用国际收支自动调节机制来证明贸易顺差、逆差的最终均衡过程，忽视了在调节过程中对一国国民收入和就业的影响，这是不对的。

（3）中国应对232关税：

1）诉前反制寻求WTO体系外的法理依据《维也纳条约法公约》第31条明确规定了"在进行法律解释时，可在其他国际法规则中寻求依据"，也就是并不局限于争端本身所涉的国际法体系。如果一味地机械解读WTO规则，反而有违多边贸易体制建立的初衷，也有损 WTO 体制的稳定性。因此，在当前 WTO 体系无法有效妥善解决中美"232 条款"贸易摩擦时，中国反制措施的合理依据是存在于整个国际法体系的。

2）完善贸易安全法律规范和机制：加强对美贸易救济机制研究。"232 条款"与美国"301 条款"形成组合拳，重创了中国对美贸易出口，再加上"201 调查""337 调查"，美国的单边贸易保护使得我国国内产业发展屡屡受挫。而目前我国国内对于包括"232 条款"在内的美国贸易法领域的专门研究型人才储备明显不足，在应对"232 条款"方面经验不足。因此，我国需要加强对美国贸易救济法律机制、国家安全立法和规范以及 WTO 规则的研究，培养一批深谙上述法律规范的专门人才，预先了解其运行机制，结合其救济机制的特点、实施条件、具体程序，寻找突破口，做出应对预案。未雨绸缪，中国应深入分析美国各个贸易条款实质及实现手段，尽力为我国找到有利合规的救济方式，以便在美国重拳出击时可以准确应对。此外，我国也需要对照美国贸易救济实体内容和程序内容，发现我国贸易救济法机制的弱点和空缺，以便于进一步完善。

完善我国经济安全法律规范和机制。我国《对外贸易法》中贸易救济体系对传统的"两反一保"有较为明确的规定，相应的行政配套法规也较为完善，但是目前并没有关于经济安全保障的专门立法。相关法律寥若晨星，十分分散，难以满足实际需要，并且与 WTO 框架内的法律规则缺乏衔接适用的规定。考虑到新形势下"国家安全"内涵的渐次丰富，已经远超出"国防安全"的范畴，因此，我国可以增设应对我国经济安全的法律规范，在安全审查机制中增加涉外经济内容的审查，明确审查的实体标准和程序标准；细化有关单边贸易保护措施的法律规则，明确诸如"232 条款"这种非典型的单边贸易措施的救济适用情形、条件、基准以及限度；对外贸易方面，在面临来自外国不正当或不合理的进口贸易且已经损害我国经济安全或者有损害的威胁时，可以立即展开调查，并采取相应限制措施，以防止国内企业遭受更大的损害。

第四章　国际贸易政策

主要内容

- 国际贸易政策概述
- 重商主义贸易政策
- 自由贸易政策
- 保护贸易政策
- 贸易自由化
- 新贸易保护主义
- 战略性贸易政策（发达国家的贸易战略和发展中国家的贸易战略）
- 中国的外贸体制与政策

学习要点

- 自由贸易政策和贸易自由化
- 保护贸易政策和新贸易保护主义

本章重点

- 国际贸易政策类型、演变及成因
- 国际贸易政策：重商主义贸易政策、自由贸易政策、保护贸易政策、超保护贸易政策、贸易自由化、新贸易保护主义、战略性贸易政策

本章难点

- 国际贸易政策的制定与执行
- 重商主义贸易政策
- 贸易自由化
- 超保护贸易政策
- 战略性贸易政策

第一节　基本概念

一、对外贸易政策

对外贸易政策（Foreign Trade Policy）是一国政府在其社会经济发展战略的总目标下，运用经济、法律和行政手段，对对外贸易活动进行有组织的管理和调节的行为。

对外贸易政策是一国对外经济和政治关系政策和措施的总体，属于上层建筑的一部分。对外，服务于一国的对外经济和政治的总政策；对内，为发展经济服务，并随着国内外的经济基础和政治关系的变化而变化。

二、进出口商品政策

进出口商品政策（Import and Export Commodity Policy）是根据国家经济发展和产业结构调整政策，以及国内外市场状况，所制定的有关商品进出口的原则和规定。

三、关税政策

关税政策（Tariff Policy）是根据本国进出口贸易的需要，制定的对货物出入海关征收关税的政策。

四、国别政策

国别政策（Policies of Different Nations）是在对外贸易基本政策的指导下，根据与不同地区和国家的政治、经济关系，制定的区别对待的贸易政策。

第二节　基本理论

一、重商主义贸易政策

重商主义贸易政策（Mercantilist Trade Policy）是15～17世纪欧洲资本原始积累时期，代表欧洲商业资本利益的经济思想和政策体系。追求的目的是在国内积累货币财富，把贵重金属留在国内，在对外贸易上采取国家干预的强制性的保护贸易政策。早期重商主义政策禁止货币出口，国家垄断全部货币贸易，外国人必须将其销售货物所得的全部款项用于购买本国货物。晚期重商主义政策变为管制货物进出口，力图通过奖出限入，保证贸易出超，以达到金银流入的目的。具体而言，实行奖出限入的保护关税，扶持出口；发展航运及渔业；提倡人口发展及剥削劳工以降低工资成本；推行殖民政策以垄断殖民地贸易；禁止优秀技师、工匠擅离国境。其政策类型可分为货币政策、奖出限入政策、保护关税政策、发展本国工业政策。

货币政策：可追溯到中世纪，在 16 世纪相当普遍。禁止货币输出的同时，各国都想方设法吸收国外货币。重商主义的晚期发展阶段，货币政策有所放宽，准许输出适量货币，以期获得更多的货币。

奖出限入政策：国家管制对外贸易，促进出口，减少进口，实现贸易顺差，积累货币财富。在进口方面，实行重商主义的国家不仅禁止奢侈品输入，而且对一般制成品的进口也严加限制。在出口方面，主张出口制成品代替出口原料。另外，国家还用现金奖励在外国市场上出售本国商品的商人。

保护关税政策：对进口的制成品设置关税壁垒，课以重税，使进口的商品价格提高，达到限制进口的目的；对进口的原料和出口的制成品，则减免关税或出口制成品时退还进口原料所征的关税，以支持和鼓励本国制成品的生产和出口。

发展本国工业政策：保持贸易顺差的关键在于本国能够多出口竞争力强的工业制成品，因此他们主张实施鼓励国内工业发展的政策。

二、自由贸易政策

自由贸易政策（Free Trade Policy）指国家对贸易活动不进行直接干预，既不鼓励出口，也不限制进口，使商品和生产要素在国与国之间自由流动，在国内外市场进行自由竞争。每个国家都根据自身的条件发展最擅长的生产部门，劳动生产率变高、成本变低，劳动和资本会得到正确的分配和运用。再通过贸易以较少的花费换回较多的东西，就能增加国民财富。可进口廉价商品，减少国民开支。可以反对垄断，加强竞争，提高经济效率。有利于提高利润率，促进资本积累。

三、保护贸易政策

保护贸易政策（Protective Trade Policy）指国家广泛利用各种限制进口的措施干预对外贸易，以达到保护本国市场免受外国商品和服务竞争的目的，同时对本国出口商给予优惠和津贴，奖励出口。"奖出限入"是保护贸易政策的基本特征。19 世纪初，美国、德国等后起的资本主义国家，经济虽有新的发展，但还比较落后，尤其无法与英国的廉价工业品竞争，为了保护本国工业的发展，抵制英国工业品侵入，便要求对外贸易实行保护政策。

美国首位财政部长亚历山大·汉密尔顿（Alexander Hamilton），在 1791 年出版的《关于制造业问题的报告》《奖励和保护工业报告》中强调工业和贸易保护的重要性。发展工业可促进机器的使用，使用机器所创造的价值比农业生产高得多，还可促进社会分工，提高劳动生产率，培养技术人才，工业发展会带来财政收入增加。必须实行关税政策，把关税作为保护工业发展的重要手段。美国从

19 世纪初期就不断提高进口关税，使美国工业避免外国竞争而得到顺利发展。

德国在 19 世纪 70 年代后，为避免外国工业品的竞争，使新兴的产业能充分发展，便不断要求实施保护贸易措施。1879 年，改革关税，对钢铁、纺织品、化学品、谷物等征收关税，并不断提高关税；而且与法国、奥地利、俄国等进行关税竞争；1898 年，又通过修正关税法，成为欧洲高度保护贸易国家之一。

四、超保护贸易政策

超保护贸易政策（Super-protective Trade Policy）指国家借助垄断以补贴、倾销等方式扩大出口，以关税和非关税措施限制进口，达到垄断国内市场、争夺世界市场、追求贸易顺差的目标，是一种带有进攻和垄断性质的贸易保护政策。19 世纪末到第二次世界大战期间，资本主义处于垄断时期。在这一时期，垄断代替了自由竞争，成为一切社会经济生活的基础。各国普遍完成了产业革命，工业得到迅速发展，世界市场的竞争开始变得激烈。各国垄断资产阶级为了垄断国内市场和争夺国外市场，纷纷要求实行超保护贸易政策。

与第一次世界大战前贸易保护主义相比，超保护贸易主义有以下特点：

（1）保护对象。超保护贸易不但保护新兴工业，而且更多地保护国内高度发达或出现衰落的垄断工业。

（2）保护范围。超保护贸易不再是培养和维护国内产业自由竞争的能力，而是巩固和加强对国内外市场的垄断。

（3）保护目的。以前贸易保护主义是防御性地限制进口，超保护贸易主义是要在垄断国内市场的基础上对国内外市场进行进攻性的扩张。

（4）保护重点。从一般企业转向大企业和垄断企业，保护的阶级利益从一般的工业资产阶级转向保护大垄断资产阶级。

（5）保护措施。保护的措施不仅有关税，还有其他各种各样的奖出限入的措施。

五、贸易自由化

贸易自由化（Trade Liberalization）指国家间通过多边或双边的贸易条约或协定，削减关税壁垒，抑制非关税壁垒，取消国际贸易中的障碍与歧视，促进世界货物和服务的交换与生产。

第二次世界大战后到 20 世纪 70 年代出现的自由化倾向主要表现在以下方面：一是世界各国大幅度削减关税和降低或撤销非关税壁垒。其中在关贸总协定（GATT）成员国范围内大幅度降低关税，发达国家和发展中国家缔约方进口平均税率降至 5% 和 15% 以下。二是欧共体（现为欧洲联盟）实行关税同盟，对内取消关税，对外减让关税，使关税大幅度下降。三是在发展中国家的努力下，发达国家给予发展中国家的制成品和半制成品的进口以普遍优惠制待遇。四是发达国家不同程度地放宽了对进口数量的限制，扩大进口自由化，放宽或取消外汇管制，增加了自由进口的商品。

贸易自由化的特点：发达国家之间的贸易自由化程度超过它们对发展中国家贸易规模；区域性经济集团内部的贸易自由化程度超过其外部；工业制成品的贸易自由化程度超过农产品，机器设备类资本品的贸易自由化程度超过工业消费品。因此，这种贸易自由化发展倾向并不平衡，甚至是不稳定的。当本国的经济利益受到威胁时，保护贸易倾向必然抬头。

六、新贸易保护主义

新贸易保护主义（New Protectionism）是相对贸易自由化而言的。1973～1974 年世界性经济危机爆发，经济出现衰退，进入"滞胀"困境，就业压力增大，市场问题日趋严重。美国率先采取贸易保护主义措施，引起了各国贸易政策的连锁反应，致使新贸易保护主义得以蔓延和扩张。以国内市场为主的产业垄断资产阶级和劳工团体纷纷要求政府采取保护贸易措施。由于工业国家发展不平衡，美国的贸易逆差迅速上升，其主要工业产品如钢铁、汽车、电器等不仅受到日本、西欧等国家的激烈竞争，甚至面临一些新兴工业化国家以及其他出口国的竞争威胁。

新贸易保护主义的特点：

（1）被保护的商品不断增加，重点突出。从传统产品、农产品转向高级工业品和劳务部门。

（2）贸易保护措施多样化。按照有效保护税率设置阶梯关税；扩大了征收"反贴补税"和"反倾销税"的行动；非关税壁垒不断增多；在"有秩序地销售安排"和"有组织的自由贸易"的借口下，绕过关贸总协定的基本原则，搞"灰色区域措施"。

（3）贸易保护制度转向更为法治化。发达国家实行的保护贸易措施，随着政府管理贸易而不断充实和调整，成为对外贸易体制中的组成部分；加强贸易法规的制定，把贸易保护法律化。

（4）保护的程度不断提高。1980～1983 年，在整个制成品中受限制商品的比重，美国从 6% 提高到 13%，欧盟从 11% 提高到 15%。

新贸易保护主义对国际贸易发展的影响：保护程度不断提高；保护措施扭曲了贸易流向；贸易限制推动价格上涨；进口限制未能有效地维持就业；发达国家采取出口价格补贴、销售援助，按照加工程度提高农产品进口壁垒，付出巨大代价；发展中国家受到非关税壁垒的影响程度超过发达国家，加重了发展中国家的债务负担；减少发达国家和发展中国家的国内生产总值。

七、战略性贸易政策

战略性贸易政策（Strategic Trade Policy），指国家从战略的高度，用关税、出口补贴等措施，对现有或潜在的战略性部门或产业进行支持和资助，使其取得竞争优势，提高经济效益和国民福利。

20 世纪 80 年代后，一些发达国家为了应对居高不下的失业率和国内市场上国外竞争的加剧，它们加强了对本国战略性产业的支持和赞助，以使其获得竞争优势。一些经济学家提出了战略性贸易政策。具体而言，战略性贸易政策指一国政府在不完全竞争和规模经济条件下，可以凭借生产补贴、出口补贴或保护国内市场等政策手段，扶持本国战略性工业的成长，增强其在国际市场上的竞争能力，从而谋取规模经济之类的额外收益，并借机劫掠他人的市场份额和工业利润。即在不完全竞争环境下，实施这一贸易政策的国家不但无损于其经济福利，反而有可能提高自身的福利水平。

第三节　案例分析

一、都铎王朝的重商主义及其影响

（一）案例内容——重商主义政策（都铎王朝的重商主义及其影响）

主旨：重商主义追求的目的是在国内积累货币财富，把贵重金属留在国内。都铎王朝的重商主义政策振兴了英国的民族工业，揭开了英国农业资本主义革命的序幕，促使英国建立起外向型经济模式，推动英国经济走向世界。

都铎王朝（1485～1603 年）历时 118 年，共经历了五代君主。虽然历时不长，但都铎王朝处于英国从封建社会向资本主义社会转型的一个关键时期，因而其实施的各项政策也极具时代特色，特别是它实行的重商主义政策，对英国社会的各个方面都产生了极大的影响。

重商主义政策振兴了英国的民族工业，为英国资本主义工业腾飞提供了前提条件。英国早期重商主义的代表人物威廉·司塔福特认为，从外国输入商品是有害的，从外国输入本国能够制造的商品则害处更大，他反对输出英国羊毛和输入外国羊毛制成品。重商主义者还认为，"货币是衡量国家富裕程度的标准"。因此，积累更多的货币成为当时社会的一种强烈追求。都铎王朝的统治者也意识到要"使国家富强，使自己显赫的必要条件"就是迅速发展工商业，为此都铎王朝的历代君主都实行重商主义政策。

重商主义政策揭开了英国资本主义革命的序幕，推动了英国封建农奴制度的瓦解，从 15 世纪的最后 30 年开始，英国发生了"圈地运动"，其农村土地所有权发生重大变革，随之而来的还有经营方式和耕作方法的变革，这就是英国农业资本主义革命的主要内容。而这一切自始至终都与都铎王朝的重商主义政策密切相关。

重商主义政策促使英国建立起外向型经济模式，推动英国经济走向世界。向西，它开拓了美洲市场。英国不断扩大殖民地的范围，逐步侵占北美辽阔的土地，把这里发展为英国的工业原料基地和商品销售市场。向南，英国与北非、西非国家发展商业往来。1585 年，英国成立了"摩洛哥公司"。1588 年，又成立了"几内亚公司"。这些地区垄断性的商业集团纷纷前往非洲，从事不平等的贸易掠夺，乃至贩运黑奴。向东，英国恢复了与地中海地区的贸易往来，打通了与印度等东方国家的贸易。而在以前，英国曾与地中海地区有过贸易往来，后来因奥斯曼土耳其的扩张而中断。早在 16 世纪 80 年代，英国的殖民贸易触角就开始伸向东方的印度。1600 年，伦敦商人在伊丽莎白女王的支持下成立了著名的"东印度公司"，该公司享有对好望角以东的国家特别是印度进行贸易的垄断权。到 17 世纪，英国商人的足迹几乎遍及世界各地，空前地突破了封建农本经济的闭塞状态，将英国经济纳入了世界经济运行的轨道。来自海外的金银财富源源不断地流入英国，变成资本，极大地推动了英国经济的飞速发展，使英国经济迅速壮大，成为世界首富。

（二）分析要求

（1）重商主义的主要理论与政策是什么？

（2）重商主义对都铎王朝发展的积极影响和弊端有哪些？

（3）重商主义在我国对外贸易中是否存在？具体表现有哪些？

参考答案：

（1）重商主义的主要理论与政策。

1）重商主义的主要理论。首先，重商主义认为，一国积累的金银越多，就越富强，主张国家干预经济生活，禁止金银输出，增加金银输入。其次，重商主义者认为，要得到这种财富，最好是由政府管制农业、商业和制造业；发展对外贸易垄断；通过高关税率及其他贸易限制来保护国内市场；并利用殖民地为母国的制造业提供原料和市场。

2）重商主义的政策。主要有：早期重商主义单纯用金银的多少来衡量一国的财富，片面追求货币差额，主张使与外国进行的每一笔交易都保持顺差，严格禁止金银外流。而晚期重商主义则认为，应结合贸易顺差衡量一国的财富，主张国家保证总的贸易顺差，而不反对与个别国家的逆差，同时允许货币出口以发展殖民地转口贸易。具体表现在政策措施上，实行奖出限入的保护关税、扶植出口、发展航运及渔业、提倡人口发展和降低工资成本剥削劳工、推行垄断殖民地贸易的殖民政策，禁止优秀技师、工匠擅离国境。

（2）重商主义对都铎王朝发展的积极影响和弊端。

1）积极影响：重商主义政策振兴了英国的民族工业，为英国资本主义工业腾飞提供了前提条件；重商主义政策揭开了英国农业资本主义革命的序幕，推动了英国封建农奴制度的瓦解；重商主义政策促使英国建立起外向型经济模式，推动英国经济走向世界。

2）弊端：重商主义的政策结论仅在某些情况下站得住脚，并非在一般意义上能站得住脚；重商主义把国际贸易看作一种零和游戏的观点显然是错误的；重商主义把货币与真实财富等同起来也是错误的。正是基于这些错误认识，重商主义才轻率地把高水平的货币积累与供给等同于经济繁荣，并把贸易顺差与金银等贵金属的流入作为其唯一的政策目标。

（3）重商主义在我国的对外贸易中仍然是存在的。具体表现在以下几个方面：

1）奖励出口。为了鼓励出口，对某些产业或企业实行减免关税、出口退税等措施。

2）大量出口。出口高质廉价的原材料和制成品以便在国际市场上拥有竞争力。

3）限制进口。对于一些进口商品，如汽车等，征收较高的关税，以免我国的产业受到冲击。

二、英国废除《谷物法》对早期现代世界贸易的影响

（一）案例内容——废除谷物法（英国废除《谷物法》对早期现代世界贸易的影响）

主旨：废除谷物法是英国经济发展的客观需求，在英国已经拥有充裕的资本与市场、极强竞争力的情况下，从保护贸易政策向自由贸易政策的转变是必然的。

1815 年，拿破仑战争结束后，欧洲正常的贸易秩序即将恢复。而此时，英国议会通过了一项非常严格的关税立法——《谷物法》，以阻止谷物、特别是小麦的进口。这一法案很快引发了广泛的不满，被认为是维护贵族的土地利益，侵害了劳工阶层和制造业资本所有者的利益。反对者中，包括李嘉图等自由贸易倡导者。

1845 年秋，爱尔兰因马铃薯歉收爆发的大饥荒，引发了关于废除谷物法的激烈讨论，直接推进了谷物法的废除。英国议会于 1846 年废除了《谷物法》，这是 19 世纪世界贸易政策的标志性事件，使得英国小麦进口量飙升，如图 4-1 所示。该法的废除也使得维多利亚时代中期的英国转向更为自由的贸易策略，并促使英国自 19 世纪末起实现了海外贸易的快速扩张。

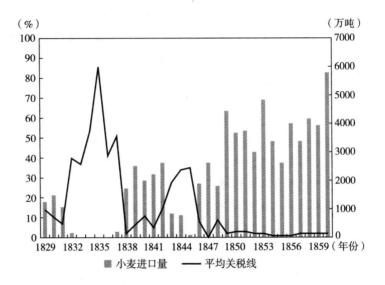

图 4-1　1829~1859 年英国小麦进口的平均关税（线）与小麦进口量（柱）

资料来源：Sharp（2010）。

　　废除《谷物法》这一举措，相当于取消了进口谷物 28% 的关税。数据结果表明，废除《谷物法》导致国内粮食价格下降了约 5%，食品价格下降了 1%。粮价的下跌促进了国内畜牧业生产的扩张。同时，进口需求的上涨给世界粮食市场带来压力，导致世界粮食价格上升了约 8%，英国国内粮食产量下降了 11%。就交易量的最终结果而言，粮食进口增加了近 70%，但它们只占商品总进口量的小部分。同时，总出口量也增长了约 5%。

　　虽然总体的福利影响可以忽略不计，但废除《谷物法》对收入分配的影响是明显的。土地所有者损失了大约 3% 的收入，而工人和资本所有者的收入增加了约 1%。将此与消费者支出数据结合起来可以发现，废除法案使收入最高的 10% 的人福利减少了约 1%~2%，使收入最低的 90% 的人福利增加了约 0.5%。因此，更自由的贸易是一种进步的有利于穷人的政策。

　　废除谷物法之后，英国确定了自由贸易路线，进行的一系列关税改革对各国产生连带影响，促进了更广泛的多边自由贸易，宣布世界市场进入自由贸易时代。

　　（二）分析要求

　　（1）什么是自由贸易政策？

　　（2）废除谷物法产生了哪些后果？

（3）结合所学知识，请谈谈自由贸易政策的优点何在？

参考答案：

（1）自由贸易政策定义：自由贸易政策指国家对商务活动一般不进行干预、减免关税和其他贸易壁垒，允许商务活动自由进行，在国内外市场自由竞争。

（2）废除谷物法产生的后果：

第一，资本和劳动力重新分配到有比较优势的地方，改善经济发展。资本与劳动力从农业转向畜牧业生产，对英国市场是重大利好。

第二，导致英国国内收入再分配格局的巨大变化。土地出让金下降，工人实际工资上升，资本回报率上升。劳工阶层和制造业资本获益，贵族等土地所有者受损。

（3）自由贸易政策的优点：

第一，自由贸易政策有助于资源的合理配置。自由贸易政策下，国内与国际市场连接起来，可以实现以最合适的价格买卖产品，并达到资源的优化配置。

第二，自由贸易政策有助于生产技术水平的提升。自由贸易政策下，更多的外部竞争和国外先进科技被引入国内，企业在这种环境下可以学习效仿，并逐步实现自主研发，最终提升自身市场竞争力。

第三，自由贸易政策有助于经济政策的创新。一国对外贸易开放力度的不断加大，会促使国家提出新的经济政策，以适应变化莫测的国际贸易环境。

三、从上海自由贸易试验区看当代自由贸易政策

（一）案例内容——自由贸易政策（从上海自由贸易试验区看当代自由贸易政策）

主旨：上海自贸试验区改革新方案的重点是建设世界最高水平的自由贸易港区和"一带一路"投融资中心，这就需要全面提升开放环境下的政府治理能力，系统推进简政放权、放管结合、优化服务职能。

2017年3月31日，被称为上海自贸试验区改革3.0版的方案《全面深化中国（上海）自由贸易试验区改革开放方案》（以下简称新《方案》）出台，标志着上海自贸试验区改革将进入3.0阶段，对标世界最高水平的自由贸易港区，以及配套"一带一路"的金融政策是新阶段改革的重点。

1. 看点一：首次提出建设自由贸易港区

新《方案》中首次提出，上海自贸试验区要设立自由贸易港区。国际上比

较成功的自由贸易港区包括迪拜港、新加坡港。与这些港口相比，上海自由港已经拥有规模上的优势，上海浦东机场是全球货物吞吐量第三的空港，而洋山港（浙江省）货物集装箱吞吐量全球第一。

2. 看点二：上海自贸试验区要成为"一带一路"投融资中心

新方案中，上海自贸试验区要成为"一带一路"的投融资中心。加强与境外人民币离岸市场的战略合作，支持优质境外企业利用上海资本市场发展壮大，为"一带一路"重大项目提供融资服务。

3. 看点三：简政放权范围进一步扩大

根据新《方案》要求，要加强自贸试验区建设，加快浦东新区地方政府职能转变，系统推进简政放权、放管结合、优化服务改革，在行政机构改革、管理体制创新、运行机制优化、服务方式转变等方面改革创新，全面提升开放环境下政府治理能力。

（二）分析要求

（1）简述自由贸易政策及其作用。

（2）分析建设"上海自由贸易港区"的必要性。

（3）结合所学知识，你认为上海自贸区自建立以来对我国外贸都产生了哪些影响？

参考答案：

（1）自由贸易政策及其作用：自由贸易政策是自由放任经济政策的一个重要组成部分。国家取消对进出口贸易和服务贸易的限制和障碍，取消对本国进出口贸易和服务贸易的各种特权和优待，使商品自由进出口，服务贸易自由经营，也就是说，国家对贸易活动不加或少加干预，任凭商品、服务和有关要素在国内外市场公平、自由地竞争。自由贸易政策的学说起源于法国的重农主义，成熟于古典派政治经济学，其主要作用有：

1）自由贸易政策可以形成互相有利的国际分工，进而提高国民的真实收入。在自由贸易下，各国可以根据本国的要素禀赋状况，专业化生产本国最具比较优势的产品，提高专业化分工带来的效益。专业化分工可以促使劳动力和资本等生产要素得到最有效的分配和运用。生产出来的商品通过贸易进行交换，可以提高各国资源的利用效益，促进国民真实收入的提高。

2）自由贸易政策有利于阻止垄断，加强竞争。独占或垄断会抬高物价，保护落后企业，使生产企业不求改进，从而降低生产效率。而自由贸易有利于打破独占与垄断。

　　3）自由贸易政策有利于提高利润率，促进资本积累。李嘉图认为，随着社会的发展，工人的名义工资会不断上涨，从而引起利润率的降低。他认为，要避免这种情况，并维持资本积累和工业扩张的可能性，唯一的办法就是自由贸易。

　　(2) 建设"上海自由贸易港区"的必要性主要包括：

　　1）自由贸易港区是上海在全面深化改革方案里提出的比较完整的框架。在洋山保税港区和上海浦东机场综合保税区等海关监管特殊区域内设立自由港区，不仅能够发挥上海国际航运中心综合枢纽的优势，也是上海自由贸易试验区在前一阶段贸易便利化改革的重要成果。

　　2）建设上海自由贸易港区是党中央、国务院在新形势下全面深化改革和扩大开放的一项战略举措。这一举措对探索建立新的政府经济管理体制、建立同国际投资和贸易通行规则相衔接的制度体系、推动高水平对外开放具有重要意义。

　　3）上海建设自由贸易港区是对照国际最高标准（金融自由化、贸易便利化和服务高效率）的要求。国际上著名的港区各有特点，但也有共性，即高度开放和高效监管相结合；政府与企业合作型管理；便利的、具有全球集散功能的运输条件，把空港和海港结合；为自由港区量身定制政策等。

　　(3) 上海自贸区自建立以来对我国外贸产生的影响。

　　1）微观影响：一是企业市场准入放宽和经营自由。相比保税区对于申请入区企业的严格考量，自贸区降低了准入门槛，营造了有利于各类投资者平等准入的市场环境。二是有利于引进外贸企业到区内投资。自贸区以推动功能升级和鼓励模式创新为着眼点，鼓励企业建立整合贸易、物流和结算功能的运营中心，同时准入门槛低，有利于吸收高端外贸企业到区内投资，促进外贸企业的集聚发展。三是节省外贸企业成本。金融的崛起为货物贸易公司资金流动提供了更好服务，降低财务成本。四是降低外贸结算风险。外汇无限额管理政策丰富了企业的汇率避险工具，避免了企业因汇率浮动过大造成损失，影响外贸积极性。

　　2）宏观影响：一是有利于国内贸易和对外贸易的协调发展。上海自贸区的建立推动我国经济更加向外开放促进对外贸易的同时，也带动了国内生产和消费，使国内贸易不断提升。二是提高了我国的对外贸易质量。上海自贸区的建立促进我国产业结构不断升级，使得经济贸易水平更加开放，提升我国在全球价值链中地位的同时，也进一步提高了我国对外贸易质量。

四、美日汽车贸易战

（一）案例内容——保护贸易政策（美日汽车贸易战）

主旨：20世纪80年代，美国为了平衡两国汽车市场的贸易关系，保护自身的汽车产业和维护国家利益，对日本汽车实行强制限制措施，导致美日间的贸易关系紧张。贸易战一直持续到1995年，最终以日本进一步开放汽车市场为结束。

80年代初，美国经济出现了严重的通货膨胀，美联储被迫实施紧缩货币政策，导致美元大幅升值，严重影响到了出口竞争力，从而带来了巨额贸易逆差。而与此同时，日本处在经济高速增长的良好势头，延续着70年代8%的经济增速，以汽车为代表的出口行业急剧增长，日本汽车制造商在美国的市场份额不断增加，给美国的本土汽车制造业形成压力。

来自日本的竞争使得美国政府不得不为本国汽车行业提供10亿美元的补助。1981年，美国政府颁布了"日本车限额法规"（Voluntary Export Restraints，VER），该法规限制日本汽车出口到美国的数量，并对其征收高额关税，尤其是对出口到美国的日本摩托车征收高达45%的重税，迫使日本主动限制对美国的汽车出口。1995年，美国根据《1974年贸易法案》对日本汽车征收额外关税，对日本豪华轿车征收100%的关税。

这场汽车贸易战对美日双方都产生了一定的影响。一是美日汽车贸易战促使日本汽车制造商提高了对北美市场的投资，进而提升了其在全球汽车市场上的竞争力。这场贸易战迫使日本汽车制造商改变其原本对美国市场的战略和策略，包括采用更加精细化的市场定位、加大研发投入、推出更符合美国消费者需求的产品等，从而促进了日本汽车工业的发展和进步。二是美日汽车贸易战也加速了全球汽车市场的国际化和全球化进程，为国际贸易发展开辟了新的道路和机会。这场贸易战启示了各国政府在处理贸易问题时需要谨慎、平衡和寻求长期的解决办法。三是激发了美国汽车制造业的竞争意识和自我改革的动力，使其不断提高质量、降低成本和提高效率，从而为其在全球市场上的竞争提供了有力支持。

这场贸易战导致了两国之间的紧张关系和不信任，对于两国在政治、经济等多个领域的合作都产生了负面影响。给双方企业和消费者都带来了巨大的不确定性和成本，加剧了市场的不稳定性，同时威胁到了就业和经济增长。并引发了国际社会的普遍关注和批评，其中包括世界贸易组织等国际组织和多个国家的贸易伙伴。这对美国和日本的国际形象和声誉造成了损害。暴露出了美国汽车工业竞争力下降、生产效率低下、技术创新能力不足等问题，需要通过自我改革和提升自身竞争力来解决。

（二）分析要求

（1）美日汽车贸易战体现了哪种贸易政策？

（2）简述保护贸易政策的含义和作用。

（3）我们该如何看待保护贸易政策，如何对待贸易保护行为？

参考答案：

（1）美日汽车贸易战体现的贸易政策：美日汽车贸易战体现了保护贸易政策。在贸易战期间，美国通过限制日本汽车在美国市场的销售和提高对日本汽车的关税等手段，试图保护本国汽车工业的利益，减少汽车进口所带来的竞争压力，并增加出口量和就业岗位。而日本对美国商品实施了类似的反制措施，以维护自身利益。这些都是保护贸易政策的体现。

（2）保护贸易政策的含义和作用：

1）保护贸易政策的含义。保护贸易政策是一种以保护本国企业和产业为目的的贸易政策。一种限制进出口的外贸政策，即国家采取各种限制进口的措施以保护其本国市场免受外来商品的竞争，并对本国出口商品给予优惠和津贴以鼓励其出口。在实践中，常常采取限制进口的方式，通过提高关税、配额限制、禁止进口等手段减少外国商品对本国市场的冲击，以保护本国企业和就业岗位。

2）保护贸易政策的作用。保护贸易政策的主要作用是抑制国内市场的竞争，并增加本国企业在国内市场的份额和利润，从而促进本国工业的发展。此外，保护贸易政策还可以帮助避免国内的价格战和生产过剩导致的产能过剩以及经济危机，提高本国企业的生产效率和产品质量。

然而，保护贸易政策也存在很多问题。首先，它会加重企业和消费者的成本，导致商品价格上涨。其次，保护主义还可能触发贸易争端和打击全球贸易发展，有可能引起其他国家的反制措施，进而损害到本国企业和出口。最后，保护主义会抑制新技术、新产品的出现和发展，阻碍全球经济的创新和进步。

（3）看待保护贸易政策和对待贸易保护行为：我们应该客观看待保护贸易政策，认识到其既有正面作用，也存在负面影响。正面作用包括保护本土产业和就业机会，提高经济安全性，促进国内市场发展等；负面影响包括导致价格上涨和供应减少，引发其他国家的报复性措施，损害国际贸易体系的稳定性和发展等。

对待贸易保护行为，我们需要进行平衡和权衡。在国际贸易中，应坚持自由化、开放和公平的原则，尽量避免采取贸易保护主义措施，并通过多边贸易协议、世界贸易组织等机构促进贸易自由化和公平化。一方面，可以通过谈判、协商等方式解决经济纠纷，促进贸易和投资自由化；另一方面，可以采取措施进行反制，以保护自身利益和维护国际贸易秩序。

总之，我们应以平衡、客观的态度看待保护贸易政策，并在国际贸易中坚持自由化、开放和公平的原则，通过多边贸易协议和跨国谈判机制，推动全球贸易体系的稳定和发展。

五、19 世纪到 20 世纪初德国保护贸易政策的发展

（一）案例内容——保护贸易政策（19 世纪到 20 世纪初德国保护贸易政策的发展）

主旨：18~19 世纪，因为商品经济发展起步较晚，德国未采取英国所实施的自由贸易政策，而是采取了保护贸易政策。通过颁布《关税法》，利用进出口关税的限制，保护本国贸易安全进行，从而推动经济发展。

与英国不同的是，19 世纪初，德国仍处于罗马帝国分裂而形成的各邦国状态。1871 年，在普鲁士的领导下，各邦国实现统一，史称德意志帝国。因此，可以说德国是一个后来居上者。自帝国成立后至 20 世纪初期，德国贸易政策分为三个阶段：1879 年通过了具有保护性质的国内关税法；德国于 1891~1894 年与众欧洲国家签订涉及工业品、农产品关税减让的贸易协议，协议为期 12 年；1904~1906 年，德国在新一轮贸易协议中保护倾向再次上升。

第一阶段：在生产力领先之前，德国贸易政策以保护为主。1873 年，世界性的经济危机从美国传导至英国，英国不得不通过倾销工业品的方式扩大出口市场，这对欧洲其他国家，尤其是对德国的工业发展造成了重大阻碍。1876 年，由德国的制铁业和纺织业组成的德国工业家中央协会，请愿建立保护性关税，同时对本国给予补贴以鼓励商品出口。1879 年，在俾斯麦的推动下，新《关税法》得以通过，规定对进口商品区别对待，有重点地扶持工业部门，对粮食与工业品征收高额关税。新《关税法》实施后，德国国内工业发展得到了一定保护。19 世纪 70 年代后，第二次工业革命的成果在德国得到大范围商用，其中，在钢铁领域、内燃机领域、电气领域、化工领域，德国取得在欧洲的领先地位。但其负面作用在于，其他欧洲国家在这一时期也竞相提升了关税水平，致使德国工业品出口受到极大阻碍。

第二阶段：德国贸易政策以降低本国农产品关税为代价，换取别国降低工业品关税的承诺。在贸易保护阶段发展的生产力使德国需要拓展出口市场。然而初期，德国国内地主阶级势力稳固，不愿降低关税使国外农产品进入。1891 年，在粮食歉收、谷物严重供给不足的情况下，工业界的自由贸易诉求压过了农业界的保护贸易诉求。其后，德国以欧洲农产品主要出口国为突破口，迅速签订一系列降低农产品关税换取别国降低工业品关税的互惠贸易条约，如表 4-1 所示。德

国在 1890 年后，贸易体量增长速度远快于法国，至"一战"前，德国出口为法国的 1.8 倍，进口为法国的 1.6 倍。

表 4-1 与德国达成的互惠贸易条约事例

年份	国家	主要内容
1891	奥匈帝国	• 德国降低小麦、黑麦、面粉、燕麦、裸麦等农作物关税 • 奥匈帝国降低了生铁、玻璃、皮革制品、手表等工业品关税 • 两国承诺关税税则的有效期为 12 年
1894	俄国	• 德国享有最惠国待遇，获得较低的谷物关税 • 德国获得包括粗铁、铁质机械、纸等 120 种商品的关税降低 • 两国承诺 10 年内不增加关税

第三阶段：20 世纪初德国贸易政策再次出现保护倾向。德国于 1902 年出台新关税法，农产品关税得到大幅提高。在新关税法的基础上，德国于 1904 年逐步展开与之前协议国的新一轮谈判，最终与俄国、罗马尼亚、奥匈帝国、瑞士、塞尔维亚等国达成新一轮协议。德国提升农产品关税有其内外部因素。其中，德国内部出现农产品自给率不足的情况。一方面，本国工业的大力发展使劳动人口大量从农业转向工业，粮食供应需要依赖进口；另一方面，德国的殖民地扩张程度远不及英、法，19 世纪末仅在东非拥有少量殖民地、在中国拥有部分租借地，致使德国缺乏外部稳定的廉价农产品来源。因此，一旦进入战争，粮食可能面临无法自给自足的困境，德国需要对农产品采取一定的贸易保护措施，以培养本国粮食自给的能力。

此外，德国外部出现工业品出口竞争加剧的情况。随工业生产规模的扩大，以美、德为代表的工业化国家，在工业品出口市场的竞争不可避免地加剧。为进一步扩大出口市场，德国工业界认识到需要建立强大海军以在贸易谈判与殖民地扩张中形成优势，此前赞同降低农产品关税以换取他国降低工业品关税的工业界，此刻也表示支持提高农产品关税以增加财政收入。

（二）分析要求

（1）德国实行的是保护贸易政策，保护贸易政策的具体含义是什么？

（2）德国为什么要实行保护贸易政策？具体措施是什么？

（3）德国实行贸易保护政策对中国贸易发展的启示？

参考答案：

（1）保护贸易政策的具体含义：国家广泛利用各种措施对进口和经营领域与范围进行限制，保护本国的产品和服务在本国市场上免受外国产品和服务的竞争，并对本国出口的产品和服务给予优待与补贴。国家对于贸易活动进行干预，限制外国商品、服务和有关要素参与本国市场竞争。

（2）原因及措施：

1）原因：老牌资本主义国家的企业和产品都已经比较成熟，在国际市场上有足够的竞争力，不怕竞争，提倡自由贸易；而对于德国这种新兴的资本主义国家的企业和产品还在发展阶段，论竞争力还比不上老牌资本主义国家的企业和产品，一旦到国际市场上会很容易被老牌资本主义国家的企业和产品打垮，这时只有依靠国家力量，实行贸易保护主义政策，等竞争力足够强大以后再去国际市场上竞争。

2）措施：实行《关税法》，保护国内工业的重要手段是关税。通过禁止输入与征收关税的办法来保护新兴工业；以免税或征收轻微进口税的方式鼓励复杂机器进口；以降低本国农产品关税为代价，换取别国降低工业品关税的承诺，从而获取市场。

（3）对中国贸易的启示。

1）以史为鉴，认清保护贸易和自由贸易的实质和规律。历史证明，自由主义理论的发展和在实践中的推行是大相径庭的。从规律看，从自身利益出发倡导自由贸易的强大国家，往往是口头高喊自由主义，而暗中搞贸易保护。事实上，没有超国家利益的自由主义和贸易保护主义。我国在参与全球化的同时，必须把国家和民族利益放在首位。

2）把握适度保护原则。现阶段的中国在扩大开放的同时，更要对本国有关行业和企业实行一定程度的保护，以抵抗国外产品的强有力竞争，避免国民经济在国际市场的强烈冲击下走向崩溃。中国的贸易保护政策必然是适度地向有希望的新兴产业（特别是主导产业和支柱产业）提供保护，把国际竞争限制在中国目前工商业所能承受的范围内。

3）学会驾驭贸易保护的新手段。一些国家根据国际经济的发展变化，不断创造新的贸易保护手段。如各种名目繁多的技术壁垒和绿色贸易壁垒。我们不仅要认真学习掌握，更要从中国实际出发进行创新。

4）大力发展生产力，增强综合国力。一国的发展程度主要取决于其生产力的发展程度，其中最为关键的是工业化的程度。只有大力发展生产力，增强综合国力，缩短同发达国家经济发展程度的差距，才能制定出正确的适合我国国情的贸易政策，真正成为世界贸易体系中强大的一员。

六、中国遭遇服务贸易壁垒评估研究——基于关税等值的测度

（一）案例内容——保护贸易政策（中国遭遇服务贸易壁垒评估研究——基于关税等值的测度）

主旨：近年来，全球贸易形势恶化，贸易保护主义抬头，测度中国遭受服务贸易壁垒的程度对中国把握国际服务贸易形势、制定服务贸易政策具有重要的现实意义。

近些年，世界贸易发展的一大特征是服务贸易快速发展。2005~2018 年，世界服务贸易额年均增长率约 5.67%，而货物贸易额年均增长率约 4.4%。与世界服务贸易发展趋势一致，中国服务贸易也快速增长，且远超世界服务贸易平均增长率。据统计，2005~2018 年，中国服务贸易额从 1638 亿美元增长到 7918.8 亿美元，年均增长率约 11.7%。然而，随着服务贸易发展，服务贸易壁垒由于其无形性、隐蔽性、多样性等特征逐渐成为各国贸易保护的重要手段。那么，在中国服务贸易快速增长的趋势下，中国遭遇服务贸易壁垒的程度究竟如何呢？

关税等值可以用来衡量遭遇服务贸易壁垒的程度，其理论依据是服务贸易壁垒的存在会阻碍贸易出口，从而降低服务贸易额，导致实际服务贸易流量低于潜在服务贸易流量。由于服务贸易壁垒具有不可观测性，很难直接表述其程度，因此，通过计算实际服务贸易流量与潜在服务贸易流量之间的差值，并将该差值转化成关税等值额，就可以判断遭遇服务贸易壁垒的程度。数值越大，表示遭遇服务贸易壁垒的程度越深，影响越大。

由于服务贸易壁垒的作用，导致服务贸易实际进口额与预测进口额之间存在一定的差值，这个差值能够用来计算服务贸易壁垒的关税等值，具体公式如下：

$$-\sigma\ln(1+t_{ij}) = \ln\frac{M_{ij}^{a}}{M_{ij}^{p}} - \ln\frac{M_{bj}^{a}}{M_{bj}^{p}}$$

式中，a 和 p 分别表示实际和预测之意；i 表示实施贸易壁垒的服务贸易进口国；j 表示遭受贸易壁垒的服务贸易出口国（$i \neq j$）；b 表示服务贸易进口国中的基准国（选取从 j 国进口的实际服务贸易额与预期服务贸易额正向相差最大的国家为基准国）；σ 表示替代弹性，并参照 Park（2002）选取的替代弹性值；t_{ij} 表示 i 国对 j 国实施服务贸易壁垒的关税等值；M_{ij}^{a} 表示 i 国从 j 国进口的实际服务贸易额；M_{ij}^{p} 表示 i 国从 j 国进口的预测服务贸易额；M_{bj}^{a} 表示 b 国从 j 国进口的实际服务贸易额；M_{bj}^{p} 表示在 b 国从 j 国进口的预期服务贸易额。

金砖国家遭遇服务贸易壁垒的平均关税等值计算方法：以世界各国从本国进口的实际服务贸易进口量为权重进行加权平均。金砖国家遭受世界各国服务贸易壁垒的平均关税等值对比如表 4-2 所示。

表4-2　金砖国家遭受世界各国服务贸易壁垒的平均关税等值对比

国家	2000 年	2003 年	2005 年	2008 年	2010 年	2013 年	2015 年	2017 年
中国	0.357	0.406	0.346	0.355	0.383	0.398	0.367	0.378
巴西	0.387	0.403	0.430	0.498	0.447	0.530	0.536	0.585
俄罗斯	0.400	0.419	0.373	0.328	0.361	0.464	0.432	0.468
南非	0.550	0.513	0.474	0.462	0.478	0.380	0.416	0.451
印度	0.456	0.472	0.472	0.444	0.408	0.453	0.472	0.481

中国遭受发达国家整体的服务贸易壁垒的关税等值计算方法：以各发达国家从中国进口的实际服务贸易进口量为权重进行加权平均。中国遭受各发达国家服务贸易壁垒的关税等值如表4-3所示。

表4-3　中国遭受发达国家服务贸易壁垒的关税等值

国家	2000 年	2003 年	2005 年	2008 年	2010 年	2013 年	2015 年	2017 年
发达国家	0.366	0.416	0.352	0.356	0.384	0.394	0.359	0.370
澳大利亚	0.159	0.210	0.142	0.172	0.190	0.199	0.266	0.267
奥地利	0.388	0.416	0.365	0.336	0.375	0.372	0.381	0.407
比利时	0.249	0.323	0.261	0.224	0.244	0.435	0.342	0.351
加拿大	0.290	0.320	0.260	0.254	0.255	0.276	0.283	0.294
丹麦	0.000	0.000	0.000	0.000	0.000	0.000	0.000	0.000
芬兰	0.268	0.261	0.174	0.066	0.073	0.086	0.065	0.146
法国	0.578	0.510	0.308	0.351	0.320	0.348	0.259	0.360
德国	0.402	0.408	0.333	0.324	0.309	0.291	0.247	0.276
意大利	0.541	0.617	0.504	0.509	0.547	0.541	0.571	0.524
日本	0.457	0.553	0.469	0.530	0.569	0.589	0.575	0.622
韩国	0.322	0.419	0.354	0.389	0.462	0.445	0.409	0.414
新加坡	0.183	0.177	0.185	0.188	0.244	0.216	0.162	0.163
荷兰	0.212	0.180	0.141	0.125	0.131	0.149	0.113	0.079
葡萄牙	0.436	0.512	0.449	0.466	0.509	0.265	0.274	0.250
西班牙	0.418	0.429	0.312	0.359	0.422	0.501	0.466	0.449
瑞典	0.315	0.297	0.201	0.241	0.256	0.193	0.211	0.255
瑞士	0.073	0.119	0.062	0.109	0.157	0.326	0.360	0.389
英国	0.352	0.387	0.339	0.324	0.332	0.459	0.471	0.506

国家	2000 年	2003 年	2005 年	2008 年	2010 年	2013 年	2015 年	2017 年
美国	0.401	0.493	0.451	0.411	0.454	0.528	0.504	0.487

中国遭受发展中国家整体的服务贸易壁垒的关税等值计算方法：以各发展中国家从中国进口的实际服务贸易进口量为权重进行加权平均。中国遭受各发展中国家服务贸易壁垒的关税等值如表 4-4 所示。

表 4-4　中国遭受发展中国家服务贸易壁垒的关税等值

国家	2000 年	2003 年	2005 年	2008 年	2010 年	2013 年	2015 年	2017 年
发展中国家	0.288	0.335	0.307	0.351	0.375	0.421	0.417	0.428
巴西	0.395	0.443	0.401	0.413	0.397	0.568	0.559	0.611
印度	0.340	0.415	0.311	0.351	0.386	0.433	0.434	0.463
印度尼西亚	0.244	0.316	0.325	0.421	0.459	0.519	0.527	0.550
马来西亚	0.159	0.197	0.202	0.287	0.298	0.314	0.306	0.329
俄罗斯	0.228	0.277	0.297	0.362	0.418	0.431	0.448	0.394
南非	0.318	0.352	0.269	0.319	0.330	0.386	0.351	0.360
捷克	0.463	0.455	0.225	0.135	0.122	0.144	0.110	0.124
希腊	0.430	0.438	0.343	0.301	0.333	0.364	0.470	0.432
匈牙利	0.382	0.341	0.416	0.429	0.397	0.447	0.450	0.414
以色列	0.205	0.261	0.215	0.233	0.258	0.329	0.319	0.344
波兰	0.578	0.670	0.729	0.553	0.658	0.757	0.721	0.623
墨西哥	0.546	0.511	0.450	0.529	0.538	0.641	0.657	0.699

（二）分析要求

（1）什么是服务贸易壁垒？

（2）根据上述三张表中的关税等值数据分别能发现什么变化规律？请从整体变化规律、部分国家变动趋势等角度阐述。

（3）面对服务贸易壁垒我国应该怎么做？

参考答案：

（1）服务贸易壁垒的概念：服务贸易壁垒是指一国政府对外国服务生产者或提供者的服务提供或销售，所设置的有障碍作用的政策措施。即凡直接或间接地使外国服务生产者或提供者增加生产或销售成本的政策措施，都有可能被外国服务厂商认为属于贸易壁垒。

（2）根据上述三张表中的关税等值数据，服务贸易壁垒程度的变化规律如下：从表4-2可以看出，2000~2017年，世界各国整体对中国实施的服务贸易壁垒程度呈现波动趋势，其遭遇的服务贸易壁垒关税等值在0.355~0.406波动，无明显上升或下降趋势。而巴西遭遇的服务贸易壁垒情况总体呈现逐年上升趋势，俄罗斯、南非、印度则呈现先下降后上升的发展趋势。与金砖国家其余四国比较而言，中国遭遇的服务贸易壁垒情况相对较轻，这与中国持续深化改革开放、推动世界经济一体化发展息息相关。

从表4-3中可以看出，2000~2010年，发达国家整体对中国实施的服务贸易壁垒水平相比世界平均水平要高；2013~2017年，发达国家对中国实施的服务贸易壁垒情况低于世界平均水平，其关税等值在0.366~0.416波动，部分发达国家对中国的服务贸易壁垒程度正在逐渐消减，如芬兰、法国、德国、荷兰、葡萄牙、瑞典等；部分发达国家对中国的服务贸易壁垒程度正在逐渐上升，如澳大利亚、比利时、日本、韩国、瑞士、英国、美国等；部分发达国家则呈现先降低再上升的趋势。就个体发达国家分析，意大利对中国的服务贸易壁垒程度最大，2000~2017年，对中国的服务贸易壁垒程度均居世界首位；丹麦对中国的服务贸易壁垒程度最小。

从表4-4中可以看出，2000~2017年，中国遭遇发展中国家的服务贸易壁垒存在明显的上升趋势，其关税等值从2000年的0.288增长到2017年的0.428。其中，2000~2010年中国遭遇发展中国家的服务贸易壁垒低于发达国家及世界平均水平，2010年后中国遭遇发展中国家的服务贸易壁垒则高于发达国家及世界平均水平。总体来看，各发展中国家对中国的服务贸易壁垒程度略有不同，除捷克、希腊、波兰外，中国遭遇其余各国的服务贸易壁垒均呈现上升趋势，其中，波兰、墨西哥、印度尼西亚等对中国的服务贸易壁垒程度较大，且印度尼西亚对中国的服务贸易壁垒程度上升最为明显。

（3）面对服务贸易壁垒我国应该的做法：

1）提升服务产品质量，推动服务贸易自由化发展。中国作为发展中国家，在国际服务贸易竞争中仍处于弱势，服务产品进入国际市场受阻。一方面，要加强服务产品创新，提高服务产品质量，增强服务产品在国际市场中的竞争力；另一方面，应不断拓展服务贸易合作领域，积极推动中国与其他经济体间的双边或多边自由贸易协定谈判，促进双边和区域服务贸易合作。

2）调整服务贸易国别分布，改善贸易伙伴关系。一方面，推动服务贸易向对中国实施服务贸易壁垒程度较低的国家转移，着重加强与这些国家的服务贸易及产业链合作，提供更加有利的合作条件，深化双边或多边的服务贸易自由化程度，推动中国服务行业及服务贸易发展；另一方面，针对对中国实施服务贸易壁垒程度较高的美国、日本、英国等国家，减少贸易冲突，进一步开放服务贸易领域，优化贸易环境，改善国家间贸易关系，打造互惠互利的贸易合作模式，持续推进双边或多边有关服务贸易的谈判，降低其对中国的服务贸易壁垒。

3）强化互利共赢的贸易理念，打造互惠发展的国际形象。当下，服务贸易在世界贸易中所占份额逐年攀升，但各国服务行业开放程度仍显不足，尤其是发展中国家。中国应以周边国家为基础，加强服务贸易合作，不断宣传共同发展、互惠发展的贸易理念，增进贸易伙伴认可程度。借力"一带一路"建设，增强沿线国家辐射范围，切实营造中国互惠发展的国际形象，落实合作共赢的国际案例，逐步消除贸易伙伴国的抵触心理，降低贸易伙伴国对中国的服务贸易壁垒程度，推动中国与各贸易伙伴国服务行业及服务贸易的发展。

七、OECD 国家的农业补贴

（一）案例内容——新贸易保护主义（OECD 国家的农业补贴）

主旨：20 世纪 80 年代以来，主要工业发达国家的对外贸易发展不平衡，特别是日美贸易摩擦，美国货物贸易逆差急剧上升，成为新贸易保护主义的重要发源地。新贸易保护主义又被称为"超贸易保护主义"或"新重商主义"，其理论依据、政策手段、目标对象和实施效果都与传统的贸易保护主义有显著区别。出口补贴可以被看作新贸易保护主义的一种形式，尽管根据国际协定出口补贴并不合法，但许多国家仍以隐蔽的或不隐蔽的形式提供这种补贴。欧盟为保证农民的收入，根据共同农业政策向农民提供高额的农产品支持价格。这些高额的农业补贴导致巨量农业剩余和补贴出口。

OECD 国家在 2005 年、2010 年以及 2015 年对农业提供的财务支持，以 10 亿美元为单位的农业补贴和生产者津贴估值（PSE）的形式表示，如表 4-5 所示。可以看出，2010 年欧盟对农业的补贴花费最多（10140 亿美元），其次是日本（529 亿美元）和美国（256 亿美元）。2010 年，欧盟的生产者津贴估值（PSE）约是日本的 2 倍，约是美国的 3.5 倍；欧盟、日本、美国和土耳其的 PSE 居前四位。农业补贴是（并且将继续是）当今世界上一些尖锐的贸易冲突的起因，也是乌拉圭回合迟迟无法达成和多哈回合破裂的原因。

表 4-5　2005 年、2010 年及 2015 年 OECD 国家的农业补贴与生产者津贴估值

国家	农业补贴（10 亿美元）			生产者津贴估值（PSE）		
	2005 年	2010 年	2015 年	2005 年	2010 年	2015 年
美国	41.0	25.6	65.3	39028.37	28468.25	36078.97
欧盟	130.8	101.4	125.3	116321.92	100276.67	92643.07
日本	44.6	52.9	61.8	40392.13	50101.77	30022.74
加拿大	6.5	7.4	6.8	5823.09	6453.49	3631.96
澳大利亚	1.4	1.0	6.9	1117.82	1303.47	782.17
挪威	3.1	3.6	3.4	3078.82	3633.55	3257.45
瑞士	5.6	5.4	7.4	6166.85	5787.03	6757.91
墨西哥	5.0	6.2	7.2	6074.46	6954.89	6181.61
韩国	23.5	17.5	21.5	20500.63	18804.32	20735.06
土耳其	12.6	22.1	13.4	14142.02	24802.32	17517.13

资料来源：OECD 数据库中 PSE 数据。

　　农业补贴方面最为尖锐的国际贸易冲突之一是 2002 年巴西指控美国对其棉花种植者提供 30 亿美元补贴。2004 年，世界贸易组织裁定这些补贴与世贸规则不符（也就是不合法）。出于对美国在取消补贴方面所采取的行动的不满，巴西 2009 年宣布针对美国产品征收 82930 万美元的报复性关税。然而，2010 年巴西决定推迟实施，条件是美国提供 14730 万美元的基金，为巴西的棉花产业提供技术支持，并承诺在 2012 年的农业法案中取消棉花补贴。

　　（二）分析要求

　　（1）什么是出口补贴，出口补贴的效应如何？

　　（2）除了出口补贴，非关税贸易壁垒还有哪些形式？

　　（3）农业补贴有什么意义？我国农业补贴有什么取向？

参考答案：

　　（1）出口补贴及其效应。出口补贴指对本国出口者或潜在出口者给予直接支付（减免税或补贴贷款）或向外国购买者提供低息贷款，以此来刺激本国出口。出口补贴可分为直接补贴和间接补贴两种，直接补贴是政府直接向出口商提供现金补助或补贴，间接补贴是政府向特定商品的出口给予财政税收的优惠。出口补贴的主要目的是使本国出口者以低于实际生产成本的价格出售其产品，提升其在国际市场上竞争力，扩大商品的出口。出口补贴对国内

经济有两种效应：一是贸易条件效应，即出口补贴使出口产品在国际市场上销售价格降低，因此不利于本国贸易条件的改善；二是出口扩大效应，即出口产品价格下跌，可刺激出口增加。

（2）除了出口补贴，非关税贸易壁垒的形式：①配额。配额是最重要的非关税贸易壁垒，它是一国允许进口或出口一种商品的直接数量限制。②自动出口限制。当一国出口威胁到进口国整个国内经济时，进口国以全面贸易限制相威胁，引导该国"自愿"地减少某种商品的出口。③国际卡特尔。是一个由不同国家的某种商品供应商组成的组织，他们达成协议限制某种商品的产量和出口以使组织的总利润最大化或有所增加。④倾销。倾销指以低于成本或至少以低于国内价格的价格出口一种商品。倾销可分为持续性的、掠夺性的和零星的三种。

（3）农业补贴的意义以及我国农业补贴的取向：农业补贴是指政府通过财政手段向农产品的生产、流通、贸易活动或者向某些特定消费者提供的转移支付，是一种国民收入的再分配行为。农业补贴是当今世界许多国家与地区尤其是发达国家和地区普遍采用的一项重要宏观政策，能保护与促进本国农业发展，维护与保障本国粮食安全，维护农产品价格稳定和保障农民收入。

建立具有长效机制的财政农业支持体系、支持提高农业综合生产能力和农业结构调整；支持生态工程建设；支持贫困地区扶贫开发；增加农民收入；研究制定农民社会救助保障制度；支持农村社会事业发展。

八、印度政府对软件业的战略性保护

（一）案例内容——战略性贸易政策（印度政府对软件业的战略性保护）

主旨：印度政府对软件业采取包括自由化、明显的税收激励和关税特许，出台计算机软件出口、软件开发和培训政策，发起"软件技术园区计划"，通过"信息技术超级大国"的政策纲要等一系列战略性措施，使印度软件业进入了新的发展时期。

在印度的软件业，战略性贸易政策得到了很好的实施。目前印度已经成为仅次于美国的第二大软件出口国。在分析印度软件产业发展的原因时，人们一般将注意力集中在政府为软件产业发展提供的优惠政策方面。20世纪80年代前期，印度国内信息技术市场规模小，信息技术基础设施建设落后，投资环境不利于引进外资，印度信息技术软件产业的起点是非常低的。1984年，印度国大党及时抓住机遇和优势，大力发展高科技尤其是计算机产业，采取了包括自由化、明显的税收激励和关税特许措施，促进软件的出口。1986年，政府出台"计算机软件出口、软件开发和培训政策"，成为印度发展软件业出口的转折点。1992年，

印度电子部发起了"软件技术园区计划"。中央政府为每个园区投资 5000 万卢比，主要用于中央计算机系统、卫星高速数据通信等信息基础设施建设。同时，政府还制定了诸如企业经营前八年可免缴五年所得税、允许资本货物转口、从国内采购资本货物时可免除货物税、取消进口许可证制度、允许园区内建立外国独资软件企业等一系列优惠政策。并通过简化各种审批手续，提高出口业务处理效率，为软件产业的发展提供了良好的政策软环境。1998 年，印度通过了"信息技术超级大国"的政策纲要，涉及国家技术政策、信息技术标准、基础设施建设、税收政策、公司法、人力资源开发、信息技术普及以及信息监管等许多方面。伴随该计划的实施，印度软件业进入了一个新的发展时期。正是得益于政府在软件产业实施的战略性贸易政策，印度软件业才有了飞速的发展，这是战略性贸易政策在发展中国家成功应用的一个典型案例。

（二）分析要求

（1）如何理解战略性贸易政策？

（2）本案例中印度如何对本国新兴产业提供保护？

（3）本案例对中国战略性新兴产业的发展有怎样的启示？

参考答案：

（1）战略性贸易政策的概念：战略性贸易政策指一国政府在不完全竞争和规模经济条件下，为了提高本国产业的国际竞争地位或者提高国内公司在国际市场的竞争力而采取的政策手段，如生产补贴、出口补贴或保护国内市场等。

（2）本案例中印度对本国新兴产业提供的保护如下：

1）1984 年，印度大力发展高科技尤其是计算机产业，采取了包括自由化、明显的税收激励和关税特许措施，促进软件的出口。

2）1986 年，政府出台"计算机软件出口、软件开发和培训政策"，成为印度发展软件业出口的转折点。1992 年印度电子部发起了"软件技术园区计划"，主要用于中央计算机系统、卫星高速数据通信等信息基础设施建设。同时，政府制定了诸如企业经营前八年可免缴五年所得税、允许资本货物转口、从国内采购资本货物时可免除货物税、取消进口许可证制度、允许园区内建立外国独资软件企业等一系列优惠政策，并通过简化各种审批手续，提高出口业务处理效率，为软件产业的发展提供了良好的政策软环境。

3）1998 年，印度通过了"信息技术超级大国"的政策纲要，涉及国家技术政策、信息技术标准、基础设施建设、税收政策、公司法、人力资源开发、信息技术普及以及信息的监管等许多方面。伴随该计划的实施，印度软件业进入了一个新的发展时期。

（3）本案例对我国战略性新兴产业发展的启示：

1）科学地确定我国未来发展的战略性新兴产业。要把握三点：第一，要紧跟新科技革命轨迹。选择那些具有广阔市场前景、能源资源消耗低、带动系数大、就业机会多、综合效益好的产业领域，进行重点培育和拓展。第二，要符合本地实际情况。各地要在把握未来国际产业发展新趋势的基础上，充分考虑自身现有的经济基础、已有的产业结构特点，按照有所为有所不为的原则，选择那些在本地区最有基础、最具优势条件、能够率先突破的产业发展。第三，要考虑产业发展风险。在选择战略性新兴产业、制定产业发展政策时，要充分了解不同产业发展可能带来的负面影响甚至是风险，并趋利避害地做好应对风险的准备工作。

2）扩大出口和扩大开放是战略性新兴产业发展的重要因素之一。不走出家门和国门，闭关自守是难以使战略性新兴产业得到快速发展的。印度软件业的发展在这方面堪称榜样，它们的绝大多数软件公司都与外国企业挂钩，建立了密切的合作关系，内联外销，适销对路，使企业具有活力和竞争力。

3）政府重视、政策支持、资金倾斜等是战略性新兴产业发展的重要保证。政府除在思想观念上对软件业给予高度重视外，还应在政策、法律、资金、人才等许多方面予以大力支持，如廉价购地、资金补贴等。

4）广泛的社会参与。这是我国战略性新兴产业发展的社会基础。

九、中国对外贸易的"走出去"倡议

（一）案例内容——管理贸易政策（中国对外贸易的"走出去"倡议）

主旨：中国启动的"走出去"倡议，是管理贸易政策实施的一大体现，有助于实现我国对外贸易有秩序、健康地发展。自实施"走出去"倡议后，中国对资源的需求及国家的能源供应安全得到了保障；进口来源也日渐多元化；一批优秀的跨国投资与经营企业悄然崛起，带来了极大的投资收益。

21世纪初期，"十五"计划开始，我国启动"走出去"倡议，鼓励和支持有比较优势的企业对外投资，带动商品和劳务出口，打造有实力的跨国企业和著名品牌。这一倡议的提出和实施使中国企业对外投资在短短的几年中实现了跨越式发展。在历经政策导向不断向好的发展过程中，中国"走出去"的企业走上快速发展之路，成为我国对外开放新阶段的重大举措。

"走出去"是实施中国经济发展战略目标的路径选择，也是中国政府对外投资政策调整的必然选择。这一选择是中国经济融入国际市场的必由之路，调整

"走出去"发展步伐是内外环境变化的产物。

同时，"走出去"也是中国对资源的需求和国家能源供应安全的目标。中国、印度等国家的崛起，增加了全球对原材料和能源的需求，打破了原有的能源分配格局和供求平衡。由于资源和能源供应涉及全球和发达国家的经济安全和稳定，在市场调整过程中，必然要关注原材料、能源供应国或地区的政治经济稳定，防止非市场因素产生的供应中断和价格波动；通过外交努力和经济合作（包括双边自由贸易协定）与主要供应国建立和保持稳定、长期的政治和经贸关系。

2004年，国家在继续强调进出口重要性的同时，提出要使进口来源多元化，实施"走出去"倡议，拓展国际市场，开展双边多边及区域合作等重要内容，进口战略进一步完善。增加国内短缺原材料、关键技术和重大设备的进口，推进重要物资进口来源多元化。要积极合理利用外资，着力提高外资利用质量。继续实行鼓励外商投资的政策措施，进一步改善投资环境。加快实施"走出去"倡议，加强对境外投资的协调和指导，鼓励各类所有制企业采取多种形式到境外投资兴业，拓展国际市场。积极开展双边、多边和区域经济合作。继续认真履行加入世贸组织的各项承诺。

截至2009年，我国从事跨国投资与经营的各类企业已发展到30000多家，其中具有对外承包工程和对外劳务合作经营资格的企业近1600家。海尔、TCL、春兰等一批有实力的工业企业已初步建立全球生产和销售网络，具备了跨国公司雏形。中石油、中石化、中海油、中国有色建设、中水产、黑龙江森工集团等大型资源类企业已成为我国开展跨国经营的主力。中建、港湾等大型承包工程企业的优势作用进一步增强，形成了一批在国际承包工程市场上具有较强竞争能力的企业，2008年，有43家中国企业进入美国《工程新闻记录》杂志评选的世界最大225家国际承包商行列，其国际市场营业额占当年我国对外承包工程总额的63.7%。

在国际形势日趋复杂多变的情况下，中国对外投资合作保持平稳有序健康发展。据商务部、外汇局统计，2018年，中国全行业对外直接投资1298.3亿美元，同比增长4.2%。其中，对外金融类直接投资93.3亿美元，同比增长105.1%；对外非金融类直接投资1205亿美元，同比增长0.3%。对外承包工程完成营业额1690.4亿美元，同比增长0.3%。年末在外各类劳务人员99.7万人，较上年同期增加1.7万人。商务部表示，2019年重点做好以下工作：一是加强政策引领，推动对外投资合作高质量发展；二是加强制度建设，将促进服务、监管和保障纳入法制化轨道；三是改善营商环境，与东道国共同为企业投资创造良好的、可预见的营商环境；四是加强服务保障，不断创新监管手段，为企业提供更具针对性的公共服务产品；五是加强风险防范，强化企业境外安全主体责任，及时有效应对各类风险。

（二）分析要求

（1）简述中国"走出去"倡议的基本内容？

（2）中国对外贸易"走出去"倡议采用了什么样的贸易政策？

（3）中国对外贸易"走出去"倡议的意义何在？

参考答案：

（1）中国"走出去"倡议的基本内容：坚持对外开放的基本国策，把"引进来"和"走出去"更好地结合起来，扩大开放领域、优化开放结构、提高开放质量，完善内外联动、互利共赢、多元平衡、安全高效的开放型经济体系，形成经济全球化条件下参与国际经济合作和竞争的新优势。

（2）中国对外贸易"走出去"倡议采取的贸易政策：管理贸易政策（Managed Trade Policy）又称"协调贸易政策"，指国家对内制定一系列的贸易政策、法规，加强对外贸易的管理，实现一国对外贸易有秩序、健康地发展；对外通过谈判签订双边、区域及多边贸易条约或协定，协调与其他贸易伙伴在经济贸易方面的权利与义务。"走出去"意味着参与国际竞争，就必须遵循公平、自由贸易的准则。此外，"走出去"是中国在加入 WTO 后执行的贸易政策。

（3）中国对外贸易"走出去"倡议的意义：

1）提高企业竞争力。"走出去"倡议在对外贸易中会带来更多的机遇，为我国的企业提供了国际经济舞台，扩大了国际经济技术合作。

2）提高综合实力和国际竞争力。能够发挥自身的优势，向更宽领域、更深层次、更高水平发展，促进了我国经济和整个现代化建设全局的发展，对增强我国经济发展的动力和后劲、促进我国的长远发展具有极为重大的意义。

第五章　国际贸易壁垒与管制措施

主要内容

- 国际贸易壁垒
- 关税壁垒措施
- 非关税壁垒措施
- 国际贸易促进与管制

学习要点

- 关税壁垒种类及征收
- 非关税壁垒
- 出口促进与进口管制措施

本章重点

- 国际贸易壁垒的含义和性质
- 关税的特点和种类、关税保护度
- 非关税壁垒的特点和形式
- 关税壁垒与非关税壁垒的区别
- 鼓励出口措施和出口管制措施
- 国际贸易制裁

本章难点

- 关税保护度
- 有效保护率和名义保护率的含义与计算
- 关税的经济效应
- 非关税壁垒的形式
- 控制数量的非关税壁垒
- 国际贸易促进与管制的措施

第一节　基本概念

一、国际贸易壁垒

国际贸易壁垒（Trade Barriers/Barrier to Trade）又称贸易障碍，指存在于国家之间，旨在对本国产业、技术和经济发展实施保护，而对外国商品服务技术进口实施某种程度限制的关税壁垒与非关税壁垒措施的总称。就广义而言，凡使正常贸易受到阻碍，市场竞争机制作用受到干扰的各种人为措施，均属贸易壁垒的范畴。如，进口税或起同等作用的其他关税；商品流通的各种数量限制；在生产者之间、购买者之间或使用者之间实行的各种歧视措施或做法（特别是关于价格或交易条件和运费方面）；国家给予的各种补贴或强加的各种特殊负担；以及为划分市场范围或谋取额外利润而实行的各种限制性做法；等等。

主权国家是国际贸易的国家主体。贸易政策制订者关心的是以国家为单位的整体利益，不同的国家具有独立的地位和自主的行为。

国家对于贸易壁垒的构建和措施的搭配使用时所关注的国家利益一般包括：①改善贸易条件与国际收支状况；②调配生产要素和产业结构；③保护新兴行业与国内市场；④增加国内购买力与就业；⑤保护本国经济安全；⑥政府收入；⑦社会目标；⑧外交政策；等等。

二、关税与关境

关税（Tariff）是进出口商品进出一国关税境域时，由政府设置的海关向进出口商征收的税。关税具有强制性、无偿性、预定性、间接性的特征。

关境（Customs Territory）是一国执行统一海关法令的领土，又称为"关税领域"。通常关境和国境是一致的，但设有经济特区的国家，关境小于国境；而在组成关税同盟的国家，关境大于各成员国的国境。

三、关税壁垒和非关税壁垒

关税壁垒（Tariff Barriers）是以高额关税作为限制商品进口的一种措施。

非关税壁垒（Non-Tariff Barriers）指除关税以外的一切限制进口的措施。具体包括控制商品数量的非关税壁垒（即传统的非关税壁垒）、技术性贸易壁垒、绿色贸易壁垒以及诸如歧视性政府采购政策、原产地要求与规范、商品归类与海关估价、进出口的国家垄断、禁止进口等的其他形式非关税壁垒。非关税壁垒通常采取行政程序，对某国的某种商品制定相应的措施。它比关税壁垒具有更大的灵活性和针对性，能够更加有效地限制进口，并且更具有隐蔽性和歧视性。一些非关税壁垒措施往往并不公开，而且经常变化，使外国出口商难以应对和适应。

四、普通关税和优惠关税

普通关税，又称一般关税，指对与本国没有签署贸易或经济互惠等友好协定的国家所产货物征收的非优惠性关税。一般来说，普通关税的税率由一国自主制定，且高于优惠关税税率。目前普通关税的征收已很少。

优惠关税指对来自特定国家的进口货物在关税方面给予优惠待遇，其税率低于普通关税税率。一般是在签订有友好协定、贸易协定等国际协定或条约国家之间实施的，目的是增加签约国之间的友好贸易往来，加强经济合作。一般是互惠关税，即签订优惠协定的双方互相给对方优惠关税待遇，但也有单向优惠关税，即给惠国只对受惠国给予优惠关税待遇，而受惠国对给惠国不提供反向优惠的关税待遇。优惠关税可分为特惠税、普惠税、最惠国税。

特惠税（Preferential Duty）指给予来自特定国家的进口货物的排他性的优惠关税，其他国家不得根据最惠国待遇条款要求享受这种优惠关税。特定优惠关税最早始于宗主国与殖民地附属国之间的贸易往来。最典型的是历史上有名的英帝国特惠关税。1932 年，英国在渥太华召开了英帝国经济会议，与其各联邦成员国以及各联成员国之间相互签订了 12 个排他性的贸易与关税优惠协定，正式形成了排他性的英联邦特惠制集团，相互之间使用最优惠的关税。"二战"后，在国际上最有影响的特惠税是《洛美协定》。1975 年 2 月 28 日，欧共体与非洲、加勒比和太平洋地区 46 个发展中国家（1987 年增至 66 国）在多哥首都洛美签订的贸易和经济协定。

普遍优惠制（Generalized System of Preferences，GSP），简称普惠制，指发达国家对进口原产于发展中国家和地区的工业制成品、半制成品和某些初级产品给予降低或取消进口关税待遇的一种关税优惠。各发达国家自行制定本国的普惠制方案。非普惠制受惠国不得以最惠国待遇为由，要求给惠国给予普惠制优惠。普惠制的三个基本原则：普遍的，指经济发达国家应对发展中国家出口的制成品和半制成品，给予普遍的优惠待遇，是就产品而言的；非歧视的，指所有发展中国家都不受歧视，无例外地享受普遍优惠制的待遇，是就国家而言的；非互惠的，指经济发达国家应单方面给予发展中国家关税上的优惠，而不要求发展中国家给予同等的优惠待遇。

最惠国税率指缔约国双方相互将现在和未来所给予第三国在贸易上的优惠、豁免和特权同样给予缔约对方，包括关税在内，其税率低于普通关税且税率相差较大，但高于特惠关税税率。最惠国待遇往往不是最优惠的待遇，最惠国待遇关税也不是最优惠的关税，而只是一种非歧视性的关税待遇。如 1947 年的关贸总协定缔约方之间和 1995 年建立的 WTO 成员之间在关税上可实施最惠国待遇。

五、反倾销税和反补贴税

反倾销税（Anti-Dumping Duty）是为抵制外国商品倾销进口，保护国内相关产业而征收的一种进口附加税，即在倾销商品进口时除征收进口关税外，再征收反倾销税。

反补贴税（Countervailing Duty）又称抵消税或补偿税，指为抵消进口商品在制造、生产或者输出时直接或间接接收到任何奖金或补贴而征收的一种进口附加税。

六、关税征收和海关税则

关税征收指海关依据海关税则，向进出口贸易商征收的税。

海关税则（Customs Tariff），又称关税税则，是一国对进出口商品计征关税的规章和对进出口的应税和免税商品加以系统分类的一览表。

七、从量税和从价税

从量税（Specific Duty）指按照课税对象的计量单位（重量、数量、容量、长度和面积）作为标准而计征的税。在关税中，其课征标准为进出口货物的数量。税率以每计量单位应征收的货币额表示。

从价税（Ad Valorem Duty）指按照课税对象的价格作为标准而计征的税。税率一般表现为应税税额占货物价格或价值的百分比。

八、完税价格

完税价格是经海关审定作为计征关税依据的货物价格。海关计算完税价格时，不仅要考虑货物的成本、运费、保险费，更重要的是查清买卖双方在营业上有无关联，只有当证明价格中不存在这种关系的影响时，才能作为计税依据。

九、关税减免和关税配额

关税减免指由于进口国经济、政治等方面的原因和根据国际条约、惯例，海关全部或部分免除应税货品纳税义务人的关税给付义务的一种行政措施。全部免除纳税义务称为免征关税（Exemption from Customs Duties），部分免除纳税义务称为减征关税（Reduction of Duties）。

关税配额是对商品进口的一定数额以内的进口商品给予低税、减税或免税待遇，对超过数额的进口商品则征收较高的关税。按商品进口来源，可分为全球性关税配额和国别关税配额；按征收关税的目的，可分为优惠性关税配额和非优惠性关税配额。

十、通关手续

通关手续又称报关手续，指出口商或进口商向海关申报出口或进口，接受海关的监督与检查，履行海关规定的手续。办完通关手续，结清应付的税款和其他费用，经海关同意，货物即可通关放行。

十一、关税保护度与关税水平

关税保护度一般用来衡量或比较一个国家对进口商品课征关税给予该国经济的保护所达到的地步或水平。根据对关税保护对象的不同，关税保护程度有两种表示方法：①关税对一国经济整体或某一经济部门的保护程度，通常以关税水平衡量；②对某一类商品的保护程度常以保护率衡量。

关税水平（Tariff Level）指一个国家进口关税的平均税率。一个国家的关税水平可以反映该国征收关税对各种不同商品价格水平的平均影响程度，是衡量一个国家进口关税对本国经济保护程度的重要指标。

十二、名义保护率和有效保护率

名义保护率（Nominal Rate of Protection）指某种商品受到国家关税制度或其他保护措施的保护而引起的该商品国内市场价格超过国际市场价格的部分对国际市场价格所占的百分比。名义保护率应包括各种保护措施的效果在内，诸如进口许可证、配额等非关税壁垒措施，外汇汇率和外汇管制，进出口价格补贴、生产补贴，国内外消费者的消费结构，消费心理的差异，甚至文化都可能使同一商品在国内外市场形成不同的价格。其公式为：

名义保护率＝［（国内市场价-国际市场价）/国际市场价］×100%

有效保护率（Effective Rate of Protection）指关税制度和其他保护措施对加工工业的保护作用，即对某种产品生产过程中净增值的影响。具体地说，指在关税制度和其他保护措施的保护下，国内增值的提高部分占自由贸易条件下增值部分的百分比。其公式为：

有效保护率＝［（国内加工增值-国外加工增值）/国外加工增值］×100%

十三、关税减让

关税减让指经济发达国家相互间实行减轻关税，以促进双边贸易的一种措施。资本主义国家过去为了限制外国商品进口，保护本国经济，竞相提高关税，结果妨碍了商品输出。第二次世界大战后，资本主义各国间主要在《关税及贸易总协定》基础上，分别与有关国家就主要商品关税税率进行双边谈判，相互给予关税减让。已达成协议的关税减让，根据最惠国待遇原则，适用于所有协定参加国。WTO所指的关税减让内容包括：削减关税并约束减让后的税率；约束现行的关税水平；约束上限税率；约束低关税或零关税。

十四、控制商品数量的非关税壁垒

控制商品数量的非关税壁垒，即传统的非关税壁垒，指一国政府在一定时期内，对某些商品的进口数量或金额加以直接限制。在规定的期限内，配额以内的货物可以进口，超过配额的部分不准进口，或者征收更高的关税或罚款后才能进口。控制商品数量的非关税壁垒一般有进口配额制、进口许可证制、外汇管制、进口押金和最低限价等。

十五、技术性贸易壁垒

技术性贸易壁垒（Technical Barriers to Trade，TBT）指各国为保证其进出口商品的质量，或保护人类、动物或植物的生命或健康及保护环境或防止欺诈行为而设立的技术法规、技术标准、合格评定程序等。如果它们符合国际已有规则或科学、合理，就是正当的；如果不符合国际已有规则或随意设置、滥用，就是不正当和歧视性的。

十六、绿色贸易壁垒

绿色贸易壁垒指各国为了保护人类、动物或植物的生命或健康，保护自然环境，对进出口的农、畜、水产品等初级产品、制成品以及服务采用或实施必要的卫生措施。这些措施如果合理和科学，符合国际标准和指南，则可改善人类健康、动物健康和植物卫生状况，促进国际贸易的正常发展；否则，可能成为任意或不合理歧视的手段，影响国际贸易的正常发展。

十七、出口信贷

出口信贷（Export Credit）是世界各国为支持和扩大本国大型设备的出口，加强国际竞争能力，由该国的出口信贷机构通过直接向本国出口商或外国进口商（或其银行）提供利率较低的贷款，或者是通过担保、保险给予其满足国外进口商对本国出口商支付货款需要的一种融资方式。

出口信贷是一种国际信贷方式，分为出口卖方信贷和出口买方信贷两种形式。

（1）出口卖方信贷指出口商所在国的银行对出口商提供的融资，使得进口商可以在贸易合同中得以采用延期付款的方式，达到支持出口的目的。它在出口信贷发展的初期占据主要地位。

（2）出口买方信贷指一国银行为了鼓励本国商品的出口，而向进口商或进口商银行提供贷款，使得进口商可以用这笔贷款通过支付现汇的方式从货款国进口商品。它在出口信贷发展的成熟时期占据主要地位。

十八、出口信用保险

出口信用保险是国家政策性保险，它不以营利为目的，旨在鼓励发展出口贸易，使本国出口商在世界市场上与他国的出口商处于同等的竞争地位。

出口信用保险保障的不是某一具体实物，而是出口商在发生政治风险和商业风险时的收汇安全。对于此类损失的赔偿一般为货款的80%~95%。

十九、商品倾销

商品倾销（Dumping）是出口厂商以低于该商品国内市场出售的价格，在国外市场上出售商品，其目的是打开市场，战胜竞争对手，扩大销售或垄断市场。商品倾销的类型主要有：

（1）偶然性倾销。多因为销售旺季已过，或因公司改善其他业务，在国内市场上出现不能售出的"剩余货物"，而以低于成本或较低的价格在国外市场上抛售。

（2）间歇性或掠夺性倾销。以低于国内价格甚至低于成本价格，在某一国外市场上出售商品，把该国的生产者挤出该商品的生产领域，形成垄断局面。再借助垄断，提高价格，弥补过去低价出手时遭受的损失。

（3）持续性倾销。在较长时期内以低于国内市场价格在国外市场出售产品，以打击竞争对手，占领并垄断市场。弥补低价出口的方法一是国家给予补助，二是占领和垄断市场后，再把价格提高。

二十、外汇倾销

外汇倾销（Exchange Dumping）指利用本国货币对外贬值以扩大出口的措施。货币贬值起到了促进出口和限制进口的双重作用：

（1）出口商品以外国货币表示的价格降低，提高了该商品的竞争力，从而扩大出口。

（2）货币贬值国家进口商品的价格相应上涨，从而削弱了进口商品的竞争力。

二十一、自由港和自由贸易区

自由港（Free Port）又称为自由口岸。

自由贸易区（Free Trade Zone）又称为对外贸易区、自由区、工商业自由贸易区等。

无论自由港或自由贸易区都是划在关税境域以外，对进出口商品全部或大部分免征关税，并且准许在港内或区内开展商品自由储存、展览、拆散、改装、重新包装、整理、加工和制造等业务活动，以便于本地区的经济和对外贸易的发展，增加财政收入和外汇收入。

二十二、保税区和出口加工区

保税区（Bonded Area），又称保税仓库区，是海关设置的或经海关批准注册的，受海关监督的特定地区和仓库。

出口加工区（Export Processing Zone）是一个国家和地区在其港口或邻近港口、国际机场，划出一定的范围，新建和扩建码头、车站、道路、仓库和厂房等基础设施以及提供免税等优惠待遇，鼓励外国企业在区内投资设厂，生产以出口为主的制成品加工区域。

二十三、出口限制和进口配额

出口限制（Export Restrictions）是国家控制出口商品的管理制度，是一国的外交和对外经济政策在出口贸易中的体现。

进口配额（Import Quota），即进口限额，是一国对于各种商品在一定时期的进口数量或金额，事先加以规定。在规定的数量、金额范围内方可进口，超过范围则不许进口，或实行许可证制。

二十四、贸易制裁

贸易制裁（Trade Sanctions）是经济制裁（Economic Sanctions）的一项重要内容，指一个国家或国际组织，为了维护本身经济贸易利益和规则，对某一国家采取限制或剥夺贸易权益的行为和措施。贸易制裁方式：取消已经达成的贸易合同；中止义务，进行报复；限制、禁止部分或全部贸易往来；冻结存款、资产与援助款项等。

二十五、贸易管制

贸易管制（Restraint of Trade），又称进出口贸易管制，即对外贸易的国家管制，指一国政府从国家的宏观经济利益、国内外政策需要以及为履行所缔结或加入国际条约的义务出发，为对本国的对外贸易活动实现有效的管理而颁布实行的各种制度以及所设立相应机构及其活动的总称。其措施有出口管制、贸易制裁、国际商业贿赂与反贿赂、反联合抵制与反垄断。

第二节 基本理论

一、关税理论

（一）关税有效保护理论（Theory of Effective Tariff Protection）

关税有效保护理论认为，对进口商品征收关税使其税后价格提高，会降低其在进口国市场的竞争能力，从而使进口国国内同类产品的生产受到保护。关税保护程度有两种表示方法：关税对一国经济整体或某一经济部门的保护程度，通常以关税水平来衡量，即一个国家进口关税的平均税率；对某一类商品的保护程度常以保护率衡量。有效保护率指关税制度和其他保护措施对加工工业的保护作用，即对某种产品生产过程中净增值的影响。可以根据有效保护率理论考察、调整和制定一国的关税税率。

（二）关税经济效应理论（Theory of Tariff Economic Effect）

征收关税会引起进口商品的国际价格和国内价格的变动，从而影响出口国和进口国在生产、贸易和消费等方面的调整，引起收入的再分配。关税对进出口国经济的多方面影响称为关税的经济效应。关税将导致资源配置效率的降低、政府财政收入的增加、各国间和各国内的不同成员之间收入的再分配。

（三）最优关税理论（Theory of Optimal Tariff）

最优关税指这样一种税率，它使一国贸易条件的改善相对于其贸易量减少的负面影响的净所得最大化。也就是说，以自由贸易为起点，当一国提高其关税税率时，其福利逐渐增加到最大值（最优关税税率），然后当关税税率超过最优关税税率时，其福利逐渐下降，最终该国通过禁止性关税回到自给自足的生产点。

二、贸易障碍论

贸易障碍论有广义和狭义之分。广义贸易障碍论认为，由于标准、技术法规、合格评定程序等种种技术性问题而引起的国际贸易障碍都可以认为是技术贸易壁垒。例如，"广义地讲，贸易中的技术壁垒是指因种种技术问题引起的商品贸易的障碍。""技术贸易壁垒就是指那些强制性或非强制性确定商品某些特性的规定、标准和法规，以及旨在检验商品是否符合这些技术法规和确定商品质量及其适应性能的认证、审批和实验程序所形成的贸易障碍。"

广义贸易障碍论将技术贸易壁垒的范围进行了大大拓展，基本上囊括了当今国际贸易中的所有各种贸易技术壁垒。它认为不仅对进口商品的技术性限制属于贸易技术壁垒，对出口商品的技术上的限制也属于贸易技术壁垒。但是，这种理论笼统地把贸易对象国基于正当理由而对贸易进行限制的措施也称之为技术壁垒，没有区分"正当的技术壁垒"与"不正当的技术壁垒"，容易造成理论和政策上的混淆和误解，在一定意义上可以说它扩大了技术壁垒的范围。WTO/TBT 协议明确规定一国可以基于维护国家安全、人类安全与健康、动植物安全与健康、环境保护、防止欺诈行为等方面的正当原因而采取技术性贸易措施。这类"障碍"是必要的，不能将造成这类贸易"障碍"的技术性措施等同于不正当的技术贸易壁垒。

狭义贸易障碍论者认为，一国在某些特殊情况下采用技术性措施限制贸易具有正当性，只有以这些正当理由为借口采用技术性措施造成贸易的障碍才算是技术贸易壁垒，或是只有技术性措施造成的不合理的国际贸易障碍才算是贸易壁垒。例如，"技术性贸易措施是指一国以维护国家安全，或保护人类健康和安全，保护动植物的生命和健康，保护生态环境，或防止欺诈行为，保证产品质量为由，采取一些强制性或非强制性的技术措施，这些措施成为其他国家商品自由进出该国市场的障碍。"再如，"技术贸易壁垒就是指那些强制性或非强制性确定商品某些特性的规定、标准和法规，以及旨在检验商品是否符合这些技术法规和确定商品质量及其适应性能的认证、审批和实验程序所形成的不合理的贸易障碍。"但是，狭义贸易障碍论没有将那些由于标准、法规的制度性因素或生产力水平差距造成的贸易障碍包括在技术壁垒内，因为站在发达国家的立场，按照其国内高水平的技术性贸易措施去要求进口产品所形成的贸易障碍并不是"不合理的"贸易障碍。显然，狭义贸易障碍论不能说明当今国际贸易中大量的经济技术水平差距型技术壁垒。

三、福利经济学理论

福利经济学以社会福利最大化原则出发强调经济体系运行应做社会评价，由此产生出"制度"与"平等、效率"间协调的问题。市场竞争机制在某些情况下不过分限制是为了实行平等。而实行这种"平等"需要政府进行干预，同时体现和发挥市场的调节作用。国家对于产品出口问题的政策作用：保证本国内部经济发展需要提供效率保障；在国际贸易交流中，由于本国产品与外国产品的品质差异等因素造成差别选择，对于处在劣势地位的产品和产业，无法获得相应的平等竞争机制，因此，国家政策能够提供支持。帕累托最优效应指这样一种状态：任何改变都不可能使一个人的境况变得更好，而不是别人的境况变坏。

在出口管制制度社会福利考量过程中，将出口管制的宽严程度依照"由此带来的福利增加或减少，对某一产业或某类产品与其他产业或产品相比较，实行出口管制的产业或产品由此带来的经济价值增加不对其他产业或产品造成直接效益减少"，则认定为有利。这就为政府对某项产业的产品是否执行出口管制政策建立了一个标准体系，即以一定的价值判断为出发点，确立政策体系，用边际效用基数论或者是边际效用序数论为基础，建立政策福利评价制度。

四、战略贸易理论

战略贸易理论是国际贸易理论中的一个重要分支，它研究政府如何通过干预贸易活动来促进本国战略产业的发展，以提高国家竞争力和获取更大的经济利益。该理论认为，在存在市场失灵的情况下，政府干预贸易活动可能是必要的，因为政府可以通过贸易政策来扶持本国战略产业，使其获得竞争优势，从而提高国家整体福利。战略贸易理论的主要应用包括制定产业政策、分析贸易争端和评估贸易政策的效果。

战略贸易理论中涉及的出口管制政策包括两层含义：鼓励出口和限制出口。垄断竞争中，在竞争对手产量水平一定的情况下，每个厂商自己选择产量水平以实现利润最大化，从而达到一种竞争的均衡状态。从政府干预的角度衡量，政府在采取出口鼓励等战略政策前，应明确哪些部门或行业在边际上更值得扶持。

五、博弈理论

博弈理论又被称为对策论，是运筹学的一个重要学科。博弈理论研究激励结构间，包括人、行为、策略、收益、信息以及均衡和结果之间的相互作用。博弈理论与出口管制相关的内容主要在于，考虑模型中个体行为与测定结果的优化选择，主要是以转移利润为目的的问题，即著名的"囚徒困境"。博弈论阐述为什么在合作对双方都有利的时候，合作也显得很困难。

一国政府对于出口管制时，是否选用战略性补贴的选择也存在两难困境。如果其他国家不使用战略性补贴，则使用了补贴的国家收益会高，但无论一国是否选用战略性补贴其他国家都会选用战略性补贴，其将会产生三种后果：①本国市场得以保护，本国厂商在国际竞争中有绝对优势，其他国家毫无收益；②所有国家都在保护本国出口商利益，结果谁也没有绝对的竞争优势，无法形成规模效益，大家都遭受到损失；③各国都达成一致不使用战略性补贴，大家都能从无谓的竞争中获得收益，但每个国家都必须抵挡住优势诱惑下成为背叛者的可能性。

六、公共选择理论

公共选择理论是将经济学方法应用于政治学研究领域的理论框架。该理论认为，政治行为者也是理性的经济人，他们会根据自身利益最大化的原则进行决策。公共选择理论的主要观点包括：①个人主义。个人是政治行为的基本单位，政治行为是个人行为的集合。②理性选择。政治行为者是理性的，他们会根据自身利益最大化的原则进行决策。③自利性。政治行为者是自利的，他们会追求自身的利益最大化。

根据公共选择理论，政府也是理性的经济人。首先，政府可以通过贸易管制政策来寻租，例如收取关税或发放配额许可证。这些寻租行为可以为政府带来额外的收入。其次，贸易管制政策可以保护某些行业的利益，政府为了行业发展，会出台支持贸易管制的政策。再次，当市场失灵时，如存在外部性或信息不对称时，贸易管制可以作为一种政府干预手段，纠正市场失灵。最后，贸易管制政策可以保护国家安全，如防止关键技术流失或战略物资出口等。

第三节　案例分析

一、美国零关税计划

（一）案例内容——关税壁垒（美国零关税计划）

主旨：21 世纪初，美国已顺利成为高度发达的工业国，而很多发展中国家的工业才刚刚兴起，设有较高的关税壁垒以保护本国工业的发展。这时，美国抛出了零关税计划，意图使本国的工业顺利进入其他国家。若所有国家都同意该计划的施行，则影响最大的将是发展中国家，其工业基础将受到严重破坏。

2002 年 12 月 2 日，在世贸组织召开的市场准入谈判小组会议上，美国代表将一份酝酿已久的零关税提案正式抛出。该提案的主要内容有两条：目前关税水平在 5% 或不足 5% 的产品，在 2010 年底前关税应削减为零，到 2010 年任何非农产品的关税都不应超过 8%，化工、造纸、机械建设设备领域应率先削减关税；到 2015 年完全消除非农产品的关税，实现零关税。简而言之，十年之内（从 2005 年开始），非农产品的关税分两个步骤降为零，这就是美国人为谈判定下的目标。

提案一出，舆论哗然。发展中国家纷纷表示美国的提案难以接受，其目标难以实现。世贸组织总干事素帕猜明确表示，这一提案将严重损害发展中国家。因为目前关税较高的国家中，绝大多数是发展中国家，美国的箭头无疑主要就是针对它们的。

零关税对于广大发展中国家是不利的。相对于发达国家而言，发展中国家的关税水平还是比较高的，如印度平均关税30%左右，中国是9.8%，都大于美国的3.8%。零关税意味着发展中国家要让出更多的市场。几乎是全部开放国内市场，让他国工业进入。而发展中国家经济实力弱，国内工业基础不稳定，零关税必然对发展中国家的工业造成冲击。

美国的一些盟友也表示了不满。澳大利亚表示，如果按照这个计划，澳大利亚将承受更多损失。因为它与美国达成的贸易协定中所规定的实现零关税时间表，比美国在世贸组织中的这个提案要早，这意味着澳大利亚要提前敞开大门。其他一些发达国家的态度也比较模糊。《华尔街日报》报道，美国的零关税提案遭到强烈抵制。《纽约时报》则表示，它实际上可能不会获得通过，只是具有较大的宣传意义。2003年3月5日，美国贸易代表佐利克在美国国会报告一年来的美国贸易政策时，仍然"雄心勃勃"地表示一定要将"自由贸易议程推进"。

（二）分析要求

（1）关税有哪些种类？

（2）结合案例材料说明，为什么美国实行零关税计划会对发展中国家不利？

（3）简述美国零关税计划对我国产生的影响及我国采取的对策。

参考答案：

（1）按不同标准划分，关税的种类有：

1）按征收对象分，有进口税、出口税、过境税。进口税指海关在外国货物进口时所课征的关税；出口税指海关在本国货物出口时所课征的关税；过境税是对外国货物通过本国国境或关境时征收的一种关税。

2）按征收目的分，有财政关税和保护关税。财政关税是以增加国家财政收入为主要目的而课征的关税；保护关税是以保护本国经济发展为主要目的而课征的关税。

3）按征收标准分，有从量税、从价税、混合税和滑准税。从量税是以进口货物的重量、数量、长度、容量和面积等计量单位为标准计征的关税；从价税是以货物价格作为征收标准的关税；混合税是在税则的同一税目中订有从量税和从价税两种税率；滑准税是对进口税则中的同一种商品按其市场价格标准分别制订不同价格档次的税率而征收的一种进口关税。

4）按税率制定分，有自主关税和协定关税。自主关税是一个国家基于其主权，独立自主地制定的、并有权修订的关税，包括关税税率及各种法规、条例；协定关税是两个或两个以上的国家通过缔结关税贸易协定而制定的关税税率。

5) 按差别待遇和特定的实施情况分,有进口附加税、差价税、特惠税和普遍优惠制。进口附加税指除征收一般进口税以外,还根据某种目的再加征额外的关税,主要有反补贴税和反倾销税;差价税又称差额税,当某种本国生产的产品国内价格高于同类的进口商品价格时,为了削弱进口商品的竞争能力,保护国内生产和国内市场,按国内价格与进口价格之间的差额征收的关税;特惠税指对某个国家或地区进口的全部商品或部分商品,给予特别优惠的低关税或免税待遇;普遍优惠制简称普惠制,要求发达国家承诺对从发展中国家或地区输入的商品,特别是制成品和半成品,给予普遍的、非歧视性的和非互惠的优惠关税待遇。

(2) 美国实行零关税计划对发展中国家不利的原因:美国的零关税计划必然对发展中国家的工业造成严重冲击。其一,由于发达国家与发展中国家的经济发展水平相差很大,发展中国家的产品在许多方面根本无法同发达国家竞争,因此世贸组织根据不同国家的发展水平制定了相关原则,其中,包括利用适当的高关税保护民族工业的规则,目的是保护发展中国家的弱小工业。美国的建议是想早日取消这方面的保护措施,使得美国产品与经济相对落后的发展中国家产品在同一起跑线上竞争,这显然极不公平,其严重后果也很明显。其二,美国关税在21世纪初处于世界最低水平,美国保护本国市场的最重要手段之一是利用反倾销措施限制别国商品尤其是纺织品等进入美国市场,这将进一步加剧对发展中国家的不利影响。

(3) 美国零关税计划对我国的影响:美国实行零关税计划是机遇也是挑战,应该辩证地看待。

1) 正面影响:①增加消费者福利。对于我国消费者而言,可以以较低价格买到进口产品,提高消费者福利。②提升优势产业行情。降低关税对我国一些出口行业,比如纺织、鞋帽等是个好消息,我国优势产业竞争实力能够在更大的范围内得到一种比较自由的、充分的展示。③有利于学习先进的技术。虽然发达国家一直在核心技术上对我国保密,但零关税之后会有利于技术密集型产品的进口,相应地,我国的学习机会将增加。

2) 负面影响:①新兴产业面临巨大的挑战。众所周知,我国比较优势的产品大多数是劳动密集型、资源密集型产品。而技术密集型产业在当时的我国处于刚刚起步状态,技术水平、管理水平与世界水平差距较大。②关税收入大幅降低。关税是我国政府收入重要的一部分,零关税计划会大幅降低我国关税收入,对我国财政造成较大影响。

我国采取的对策:①加快核心技术学习,加强企业管理,提高企业竞争力。

一味保护本国产品不是长久之计，增强自身竞争力才是解决问题的关键。②化危机为机遇，以平常心对待，将此看作进军国际市场的新机遇。③有选择性地参与"零关税"计划。贸易自由化是每个国家向往的，但一切要根据我国国情。我国应充分利用 WTO 成员身份来争取最大化利益，让零关税逐步地、有选择性地实施。

二、RCEP 框架下服务贸易自由化的关税福利效应

（一）案例内容——关税福利效应（RCEP 框架下服务贸易自由化的关税福利效应）

主旨：自由贸易区可以通过降低关税和贸易壁垒来促进贸易自由化，使得各国以更低的成本进口和出口商品，降低生产要素成本，提高生产效率，消费者可以用更低的价格购买来自其他国家的产品，提高消费者的福利水平。RCEP 降低了成员国很多行业的要素使用价格，使得绝大部分行业的生产成本下降，提高所有成员国的实际工资，给包含中国在内的绝大部分成员带来福利效应。

改革开放以来，中国服务业整体发展水平显著提高。但与其他国家相比，中国各行业的服务中间要素使用份额相对偏低，中国在服务贸易的数量和结构上还存在较大调整与提升的空间。区域全面经济伙伴关系（Regional Comprehensive Economic Partnership，RCEP）作为世界上覆盖人口最多、成员构成最多元、发展最具活力的自由贸易区协定，既代表成员国当前所能做出的最高水平服务贸易自由化承诺，又充当了中国现阶段实现各项服务贸易发展目标的重要抓手。

加入 RCEP 有利于降低各国的关税壁垒，实现贸易自由化。通过对 RCEP 生效前后各成员国的实际工资变化以及福利效应变动进行估计与分解，将基期设定为 2014 年，计算这些成员国 10 年内的关税减免情况。收集 RCEP 各成员国的关税变化情况、服务贸易限制指数，对各成员国加入 RCEP 后实际工资变化及福利效应进行预测。研究发现，在实施货物与服务贸易自由化之后，RCEP 所有成员的实际工资都有所提升，且提升幅度随着关税的逐步降低而提高。从提升幅度看，在 RCEP 生效的第 1~10 年，中国实际工资的增长处于 0.63%~0.75% 的区间内，仅略高于日本，如图 5-1 所示。经济体量较小的国家则更容易获得较大的实际工资提升。至生效第 10 年时，文莱、柬埔寨、老挝、马来西亚、泰国和越南均可获得超过 3% 左右的实际工资增幅。

各成员国在 RCEP 生效 10 年内的福利效应，具体见图 5-2，可以看出大部分国家的福利都有所提高。中国在 RCEP 生效的第 1 年福利效应将提高 0.02%，但福利效应提高的趋势逐年减弱，一直到 RCEP 生效的第 10 年下降至 0.01%，而文莱、柬埔寨、马来西亚以及越南等国则获得了较高水平的福利增长。

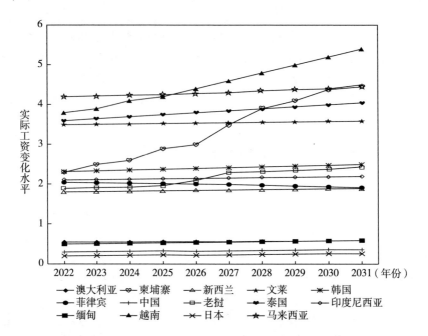

图 5-1 RCEP 生效 10 年内各成员国的实际工资变化水平

资料来源：OECD 数据库。

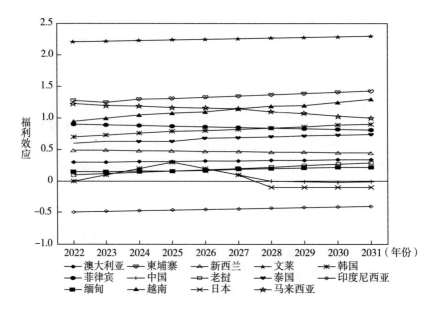

图 5-2 RCEP 生效 10 年内各成员国的福利效应

资料来源：OECD 数据库。

（二）分析要求

（1）请简述关税福利效应。

（2）结合上述材料及图5-1和图5-2，请对实际工资变动及福利效应情况进行描述，并解释原因？

（3）试分析贸易自由化所带来的福利效应对中国政府的启示。

参考答案：

（1）关税福利效应：关税福利效应指关税征收会引起进口商品在国际价格和国内价格的变动，从而影响到出口国和进口国在生产、贸易和消费等方面的调整，引起收入的再分配，导致对进出口国经济福利各个方面的影响。

（2）结合上述材料及图5-1和图5-2，实际工资变动及福利效应情况和原因如下：

如图5-1和图5-2所示，RCEP各成员国在实施货物与服务贸易自由化后，实际工资普遍提升，且提升幅度随着关税的逐步降低而提高。具体来看，中国实际工资的增长幅度略高于日本，而经济体量较小的国家更容易获得较大的实际工资提升。至RCEP生效第10年时，文莱、柬埔寨、老挝、马来西亚、泰国和越南等国的实际工资增幅均超过3%。

同时，大部分国家的福利效应有所提高。中国在RCEP生效的第1年福利效应提高0.02%，但随着时间推移，福利效应提高的趋势逐年减弱，至RCEP生效的第10年下降至0.01%。而文莱、柬埔寨、马来西亚以及越南等国则获得了较高水平的福利增长。

因此，RCEP的生效将进一步促进服务贸易自由化，并整体带来实际工资与福利效应的更大增进。同时，成员间贸易关联的再度加强以及中国价格指数与生产成本的进一步下降也将为各成员国带来更多益处。

（3）贸易自由化所带来的福利效应对中国政府的启示如下：

第一，落实RCEP服务贸易自由化承诺将有助于促进RECP成员国之间的服务贸易发展，同时通过影响生产成本进一步推动货物贸易的流通。这将有助于提高中国货物行业的出口，进一步推动中国贸易结构的服务化。因此，中国政府应采取措施加快落实RCEP中的服务贸易自由化承诺，针对那些在信息技术支持下具有较强全球化倾向的服务行业，如通信服务。通过有效利用RCEP带来的服务贸易自由化，可以实现服务业层面的"贸易规模进一步扩大""贸易结构进一步优化"以及"竞争实力进一步增强"等多个目标。

第二，服务贸易自由化降低了中国多个行业的服务要素使用价格，同时不会引起工资大幅增长，大部分行业的生产成本也将下降。因此，中国政府应充分利用 RECP 所带来的服务贸易自由化所带来的多行业要素使用价格和生产成本的下降以及工资的小幅增长，积极鼓励中国相应行业增加要素的使用数量和相关生产投入，提高行业生产率，以全面提升中国大部分行业的全球竞争力。

第三，随着信息技术的发展和行业竞争的不断加剧，要想在服务贸易自由化中切实享受到 RECP 所带来的福利效应，人才策略在服务行业中发挥着至关重要的作用。中国政府应鼓励并支持相关服务行业大力开展人才引进与培养工作，强化高技术服务行业的人才与智力支撑，降低制造业向服务业的劳动力转型的多方面成本，以应对服务贸易自由化出口的进一步增长，以及更好地满足国内服务业需求量的持续扩大。

三、欧盟提前实施新普惠制

（一）案例内容——普惠制待遇（欧盟提前实施新普惠制）

主旨：欧盟宣布提前启动新普惠制，减少了中国受惠度，使得中国家电、塑料及制品等优势产品的出口竞争力被削弱，为此，中国应加强行业预警与协调，将在某一市场"毕业"的产品出口到其他给惠国市场，规避"毕业"机制对我国产品出口的负面影响。

2005 年 3 月欧盟宣布，将原定于 2005 年 7 月 1 日启动的新普惠制提前至 2005 年 4 月 1 日开始实施，以便使受到印度洋海啸影响的国家早日受益。根据新普惠制方案，斯里兰卡、泰国等国的部分商品将享受普惠制待遇；中国 16 大类 50 种产品将全部"毕业"，工业制成品中只剩工艺品和收藏品继续享受普惠制待遇。欧盟的新普惠制方案使我国的受惠度大幅降低。

中国是欧盟普惠制的受惠国，部分出口到欧盟的产品享有关税减免优惠。从 1996 年开始，欧盟相继减少中国的"受惠"产品。2005 年 3 月起，我国出口工业品中的化学品、鞋类、玩具、家具、玻璃及陶制品、皮革及皮毛制品、游戏及运动用品等均已不再享受欧盟普惠制待遇，机电产品、塑料和橡胶、纸品、钟表等商品亦将于 2005 年 4 月 1 日"毕业"。

根据我国海关统计，2004 年 2 月中国对欧盟出口的享受普惠制优惠的工业品约 700 亿美元，占对欧盟出口总额的 65%，按照进口国平均减免关税 5% 计算，中国企业将多缴纳进口关税达 35 亿美元。由于其他受惠国的同类产品仍享受普惠政策，中国家电、塑料及制品等优势产品的出口竞争力将会被削弱。

为此，有关部门提出建议，要加强行业预警与协调。建议行业中介组织根据欧盟普惠制变化的特点，加强预警，提醒企业及早应对，减少不必要的经济损失。

此外，要鼓励普惠制"毕业"的产业向享受普惠制的国家或地区转移。引导企业利用各给惠国的不同普惠政策，将在某一市场"毕业"的产品出口到其他给惠国市场，规避"毕业"机制对我国产品出口的负面影响。

（二）分析要求

（1）欧盟出于何种原因，使中国的受惠产品不断"毕业"？

（2）中国如何应对在欧盟受惠产品不断"毕业"的趋势？

（3）据欧洲委员会公布的一项普惠制规例，自 2015 年 1 月 1 日起，普惠制对中国关闭，对此请谈谈你的看法。

参考答案：

（1）欧盟使中国受惠产品不断"毕业"的原因：①保护本土企业；②减轻不环保产品对环境的压力；③减轻不环保产品对人体的伤害；④受经济危机、国际因素等的影响。

（2）中国应对的措施：

1）扩大非"毕业"产品的出口。2004 年 5 月后，中国仍然有 18 类产品能够享受欧盟普惠制待遇，包括活动物、植物产品（不含油籽、工业及医用植物）、动植物油脂及其分解制品、农产品、纺织品（不含服装制品）、贵金属及首饰、交通工具及其设备等。中国应充分发挥自己的优势，继续用好这些产品的优惠待遇。

2）推行市场多元化战略。特别是应着力开拓除欧盟以外的其他给惠国的市场，如加拿大、俄罗斯、新西兰等国，以弥补因欧盟取消对华关税优惠而造成的相关产品的出口损失。

3）提高利用普惠制待遇的技巧。在一般情况下，普惠制减免关税的直接益处是由进口商、零售商和最终消费者等享受的，而中国通过出口量的增加获得了扩大出口、增加外汇收入、发展生产等根本性收益。但是，对于稳定畅销、短缺、紧俏而中国又能把握市场的商品，也可通过与进口商磋商，适当分享普惠制减免关税的直接好处。适当提高售价，分享关税减免优惠。在对给惠国市场行情、普惠制的关税优惠幅度充分了解的基础上，对市场巩固的畅销商品，可适当提高售价。在合同中订立专门条款，分享普惠制利益。这一方式是在不提高货物售价的情况下，将普惠制减免关税的利益由中方与进口商谈妥分享比例及方式，在合同中明确规定合同履行后分享利益。

4）建立受惠产品出口统计预警体系。面对"毕业机制"的威胁，有必要建立对包括欧盟在内的所有给惠国出口受惠产品的统计预警体系、制度，及时预测、预告哪些产品可能会被取消优惠待遇，使有关工业部门有所准备，合理地规划生产和出口。通过统计和分析，对有发展潜力的受惠产品给予引导，鼓励发展。但应尽量避免同类产品在同一个市场上密集销售，防止给惠国采取保护措施，甚至动用"毕业机制"。这就需要政府和行业协会做好引导工作。

5）实施"走出去"战略。从欧盟普惠制看，对最不发达国家和地区将长期给予更为优惠的政策。因此，有条件的中国企业可考虑将毕业或即将毕业的产品的生产和出口有计划地向那些仍享受普惠制的国家和地区转移，在符合有关原产地规则的条件下，充分利用欧盟的普惠制。

6）调整外商投资的产业流向。许多外商在来中国投资建厂前，就将产品今后可否获得普惠制待遇作为可行性研究内容之一。

（3）相关看法。

普惠制是工业发达国家对发展中国家（地区）出口的制成品和半制成品给予普遍的、非歧视的、非互惠的关税制度，当受惠国产品在国际市场上显示较强竞争力时，其受惠资格即被取消。欧盟普惠制对中国关闭，最直接的影响是中国出口欧盟企业的利益将受损。据悉，中国普惠制原产地证书和区域性优惠原产地证书的平均关税减免幅度在5%~6%。而自2015年1月1日起，这部分关税优惠将不复存在。而另外的影响，则来自不同规则导致的不平衡竞争环境。此次欧盟在取消中国普惠制的同时，却继续对越南等东南亚国家以及秘鲁、阿根廷等南美国家的一些产品实施普惠制待遇。这种差别化对待，将客观导致中国出口产品竞争力下降。尽管存在这些不利影响，但我们也应清醒地认识到，告别普惠制是我国经济发展和产业调整升级的必然结果，我们更应该积极调整、适应变化从而实现新的增长。

四、泰国对原产于波兰的 H 型钢实施反倾销税

（一）案例内容——反倾销税（泰国对原产于波兰的 H 型钢实施反倾销税）

主旨：征收反倾销税可以有效地提高进口货物国内销售价格，增强本国相关产业产品竞争力，从而达到保护本行业及其附属产业发展的重要目的。

1996 年 6 月 21 日，泰国唯一的 H 型钢生产商罗大和钢铁有限公司向泰国商务部提出对原产于波兰的 H 型钢实施反倾销税的申请。同年 7 月 17 日，波兰政府代表与泰国商务部商业经济局官员举行会晤。

1996 年 8 月 30 日，泰国商务部商业经济局公布对原产于波兰的 H 型钢发起反倾销调查通知，并将发起通知的副本送交波兰驻曼谷大使和波兰公司。泰国商务部对外贸易局和泰国商务部国内贸易局分别确定各自的调查时间是 1995 年 7 月 1 日到 1996 年 6 月 30 日，泰国商务部还收集了 1994~1996 年的某些信息如表 5-1、表 5-2 所示。

表 5-1　季度平均价格　　　　　　　　　　单位：泰铢

项目	1995 年第一季度	1995 年第二季度	1995 年第三季度	1995 年第四季度	1996 年第一季度	1996 年第二季度
从波兰进口的价格	100	99	108	125	111	98
申诉人价格	100	113	123	121	111	108

表 5-2　H 型钢价格　　　　　　　　　　单位：泰铢/吨

项目	1994 年	1995 年	调查期间
所有国家	8951.84	9936.11	8754.43
波兰	7792.45	8408.82	7975.00

调查还显示：1994~1996 年，泰国国产 H 型钢市场占有率下跌 9%，波兰 H 型钢市场占有率上升 11%。

基于以上事实，1996 年 12 月 27 日，泰国对原产于波兰的 H 型钢进口实施临时反倾销措施，并发布了公告。1997 年 1 月 20 日，泰国向波兰应诉公司卡托维兹钢铁公司（该公司是波兰唯一的 H 型钢生产商，也是出口商）和 Stalexport 公司（该公司是波兰一家钢铁出口商）传递关于倾销和损害初步裁定通知及实施临时反倾销税的通知。

1997 年 2 月 7 日和 13 日，波兰应诉公司提交对初步裁定的意见，并要求听证和披露信息。同年 3 月 13 日，泰国商务部对外贸易局为利害关系方提交意见举行听证会；5 月 1 日，泰国商务部对外贸易局向波兰应诉公司和波兰政府发放了提议的关于倾销和损害的最后裁定副本。

1997 年 5 月 26 日，泰国商务部对外贸易局公布对原产于波兰的 H 型钢实施最终反倾销的通知。自实施反倾销税以后，波兰 H 型钢在泰市场占有率由 17% 快速跌至 10%，H 型钢价格提升 1/10。

（二）分析要求

（1）本案例中所涉及的反倾销措施步骤有哪些？

（2）简述反倾销的确认条件有哪些？

（3）结合案例说明征收反倾销税的意义有哪些？

参考答案：

（1）本案例中所涉及的反倾销措施步骤：

1）1996 年 6 月 21 日，罗大和钢铁有限公司向泰国商务部提出对原产于波兰的 H 型钢实施反倾销税的申请。

2）1996 年 8 月 30 日，泰国商务部商业经济局公布了对原产于波兰的 H 型钢发起反倾销调查通知，并将发起通知的副本送交波兰驻曼谷大使和波兰公司。

3）1996 年 12 月 27 日，泰国对原产于波兰的 H 型钢进口实施临时反倾销措施，并发布了公告。

4）1997 年 5 月 26 日，泰国商务部对外贸易局公布了对原产于波兰的 H 型钢实施最终反倾销的通知。

（2）反倾销确认的三要素：

1）倾销的确定。本案例中表 5-1 和表 5-2 数据显示，产于波兰的 H 型钢在泰国销售价格低于国际平均价格，而且波兰卡托维兹钢铁公司国内市场同类产品（标准 H 型钢）的销售价格低于对泰国销售价格的 5%，以上数据说明波兰 H 型钢在泰国倾销事实已确认。

2）损害的确定。1994~1996 年，泰国国产 H 型钢市场占有率下跌 9%，损害事实确认。

3）倾销与损害之间因果关系的确认。1997 年 5 月 26 日，自实施反倾销税以后，波兰 H 型钢在泰市场占有率由 17% 快速跌至 10%，H 型钢价格提升 1/10，因果关系明确。

（3）结合本案例征收反倾销税的意义如下：其一，保护了本国 H 型钢产业的发展。征收反倾销税使得波兰 H 型钢在泰市场的价格有了提升，增强了泰国国产 H 型钢的竞争力，从而保护了其行业的发展。其二，保护了本国 H 型钢产业链的发展。征收反倾销税可以有效地提高进口货物国内销售价格，增强本国相关产业产品竞争力，从而达到保护本行业及其附属产业发展的重要目的，给本国产业提供了良性优质的发展平台，促进国内经济、科技的发展。

五、现实中的进口配额：美国食糖进口

（一）案例内容——进口配额（现实中的进口配额：美国食糖进口）

主旨：许多国家利用配额限制来阻碍进口，维持高于世界水平的国内商品价格，以保护国内生产者免受国外产品冲击。但是，这种保护会限制或改变消费者的选择，消费者的损失会超过生产者的得益，从而造成社会福利的无谓损失。

美国食糖问题的起因与欧洲农业问题有些相似，联邦政府保护的国内价格高于世界市场的价格水平。但与欧盟不同的是，美国国内的供给没有超出国内需求。因此美国政府可以运用配额制度，使其国内食糖价格一直保持在目标水平。

美国食糖进口配额的特别之处在于：在美国销售食糖的权力被分配给了外国政府，然后由外国政府将这种权力分配给各自的厂商。配额将美国食糖进口量限制在大约213万吨，因而美国市场的食糖价格比国际市场高出40%还多一点。作为一个比较极端的例子，食糖进口配额说明了保护的倾向：给一小部分生产者提供保护，使每个生产者获取很大的利益；由广大消费者来支付这些代价，但每个消费者只负担很少一点。但从食糖生产者的角度而言，进口配额可是生死攸关的大事。美国的食糖工业只可雇佣约12000人，食糖生产者从进口配额中的所得，表现为一种隐含的约每人9万美元的生产补贴。这难怪美国的食糖生产者会极力维护进口配额。

反对实施进口配额保护的人经常试图从进口限制所"保留"的每个工作机会产生的消费者成本来提出批评意见，而不是从生产者剩余和消费者剩余的角度。研究美国食糖行业的经济学家们都相信，即使实行自由贸易，大部分的美国食糖生产者仍将生存下来，只有2000~3000人可能失业。因此，被"保留"的每一个工作机会的消费者成本超过50万美元。

（二）分析要求

（1）简述进口配额制的含义。

（2）运用进口配额相关知识分析美国的食糖配额制带来了什么影响？

（3）我国在利用进口配额方面应采取什么样的措施？

参考答案：

（1）进口配额制的含义：进口配额制指限制外国商品输入的一种规定，分为绝对配额和关税配额两种。前者指在一定时期内，对某种商品的进口数量或金额规定一个最高数额，达到这个数额后，便不准进口。后者指对商品进口的绝对数额不加限制，而对在一定时期内，在规定的关税配额以内的进口商品，给予低税、减税或免税待遇，对超过配额的进口商品征收高关税、附加税或罚款。

（2）美国食糖配额制带来的影响：进口配额的绝对配额限制，通常通过向一些个人和公司颁发进口许可证得到实现。进口配额会抬高进口商品的国内价格。当进口被限制时，立即出现的结果就是在初始价位上，国内的需求超过国内供给加进口，于是价格不断上升直到市场达到均衡为止。最终，进口配额抬高国内价格的幅度会和同样限制水平的关税所抬高的幅度一样。

由于配额是通过颁发进口许可证实现的，许可证的持有者能够从外国购买进口品并在国内以高价出售，他们获得的利润就是所谓的配额租金。如果把国内市场销售的权力给予出口国政府，"租"就被转移到国外，致使配额的成本大大高于同等情况下的关税成本。

美国食糖的配额会产生国内影响。案例中美国为了保护食糖产业，对食糖实行配额制，将美国食糖进口量限制在大约213万吨。配额引起国内食糖的稀缺，国内价格上升，国内食糖产量会增加。价格的提高，降低了美国政府维持食糖价格的成本，即减少给予食糖生产者的补贴，同时使得美国消费者剩余减少。由于食糖的配额是由出口国管理的，美国进口商是竞争性的买者，所以大部分收益效应由国外出口商获得。配额制下食糖价格的上涨会促进美国食糖替代品的发展，尤其是含糖量高的谷物糖浆和各种各样的人造糖料被生产出来，并卖给原来用糖的行业。

美国食糖的配额会产生国际影响。美国大约一半的食糖需求是由进口满足的，而这些进口的食糖大部分来自贫困的发展中国家。限制市场给这些国家带来了财政问题。

（3）我国在利用进口配额方面应采取的措施：

1）面向各种性质的企业进行配额的竞争性拍卖。政府将每年度不同产品的配额面向各种所有制性质的企业进行竞争性拍卖，领取进口许可证的企业方可进口产品。进口许可证拍卖的收入大致上等于实行关税时的关税收入。所以，竞争性拍卖可以说是成本最低的分配进口配额的方式。但是，现实世界中很少采用这一方式。

2）采取固定方式将配额分配给有发展前途的所有企业。固定受惠方式是国际上常用的一种配额分配形式。我国是发展中国家，在采取这一方式时，不能将现有企业在实施配额以前的进口占进口总额的比重或以往年份的配额拥有量作为配额分配的唯一考虑因素，要着重考虑固定受惠方式下有资格得到配额的企业依靠配额的保护能否成长起来，其进口替代产品能否最终与配额产品相竞争。需要注意的是，将配额固定分配给企业时，也要兼顾到不同所有制性质的企业。

3）采取合理的资源使用申请程序分配配额。其一，由商务部负责制定《进口数量限制实施办法》，使配额的制定和分配有法可依；其二，成立一个由商务部、海关、国家发改委、人民银行和监察等部门有关专家和干部组成的配额制定和分配委员会，由商务部直接领导，在各省、自治区、直辖市的商务厅分别设立委员会的分支机构，由该委员会或其分支机构统一依法办理配额的进口许可申请，以提高办事效率和减少腐败。

4）采取关税配额约束方式保护本国的产品和市场。从长远看，配额最终会导致一国国民利益的净损失，因此，最好不要单独使用配额保护本国的商品和市场（对于进口国的整体国民利益来说，进口配额比关税更厉害），而是采取关税配额约束方式保护本国的产品和市场，即进口产品如果在配额以内，将实行减税或免税政策，超过配额的，产品也可进口，但将实行高关税政策。这样，企业在配额以外还想进口的话，不得不考虑其进口成本，而且促使其努力提高进口替代产品的竞争能力。

5）要充分考虑到消费者的利益。尽量将消费者可能遭受的损失考虑在配额总规模的制定中。同时，对于与进口配额有关的生产者不顾消费者利益、肆意进行垄断的行为（如垄断高价），给予必要的惩罚，以保护消费者的利益。

六、日本汽车业对美国的"自动出口限制"

（一）案例内容——自动出口限制（日本汽车业对美国的"自动出口限制"）

主旨："自动出口限制"是重要的非关税贸易壁垒之一，指当一国出口威胁到进口国整个国内经济时，进口国以全面贸易限制相威胁，引导出口国"自愿"地减少某种商品的出口。日本汽车业对美国的"自动出口限制"对美国的汽车行业有重要影响。

1. 材料一

"二战"后，日本经济遭到严重的摧毁，美国开始扶持日本。之后20多年，日本飞速发展，成为全球重要的加工制造出口大国，逐渐成为发达国家，并在经济增速、工业竞争力等方面超越美国。以美国最引以为豪的汽车工业为例，在日本汽车精益生产体系的冲击下，面临崩溃。日本是资源匮乏型国家，日本汽车以节能精致著称，而两次石油危机，直接导致日本汽车迅速战胜美国汽车。1979年，日本的丰田、日产、本田汽车在美国销售近200万辆，而美国汽车在日本仅销售1.5万辆。1980年，日本汽车年产量达到1100万辆，取代美国成为世界上最大的汽车生产国。与此相反，美国的三大汽车公司（通用、福特和克莱斯勒）经营业绩直线下降。1977~1981年，美国的汽车生产量大约下降了1/3，进口份额从18%上升到29%，造成近30万名美国汽车工人失业。1980年，美国三大汽车公司共损失了40亿美元。

2. 材料二

日本汽车自20世纪60年代开始进入美国市场，到80年代初，对美国汽车产业造成了严重的冲击。1979~1980年，美国汽车业失业率的上升和利润的下降，使福特汽车公司和美国汽车工人联合工会（United Automobile Workers, UAW）向美国国际贸易委员会申请使用 201 条款的保护。几位来自美国中西部各州的参议员提出 1981 年、1982 年、1983 年出口到美国的日本汽车总数限制在每年 160 万辆的议案。日本政府在知道这一消息后主动在 1981 年 5 月 1 日宣布它会"自愿"限制在美国市场上汽车的销售量。后来签署协议限制日本的汽车出口到美国，1981~1983 年每年出口为 168 万辆，1984 年和 1985 年为 185 万辆。

最初几年，自愿限制总额几乎都用完。1985 年起，美国不再提修改自动出口限制协议的要求，但日本为避免与美国发生更多贸易摩擦，单方面限制汽车出口（1986~1991 年为 230 万辆，此后为 165 万辆）。1987 年前，自愿限制对日本的汽车出口一直是有约束力的。1987 年后，日本公司开始在美国境内生产汽车，美国从日本的进口自然下降，实际进口逐渐低于限制总额。1992 年，自愿限制总额开始下降。到 1994 年 3 月，在美国汽车市场上日本汽车的自愿出口限制就取消了。

1981 年，在实行限制后的第一年，销往美国的日本汽车的单位价值上升了 20%，而 1982 年在前一年的基础上又上升了 10%。当然，价格的上升可能反映的是一般性价格水平的上升，也可能反映了日本销美汽车质量的提高。美国加州大学的罗伯特·芬斯阙教授于 1988 年建立了一个质量选择的理论模型，并利用日本出口到美国的不同车型价格数据，就自愿出口限制协议对日本输美汽车质量的影响进行了实证研究。通过比较自愿出口限制协议生效前后的变化，他发现：日本公司改变了在美国市场所销售汽车的特性，转向了更高质量和价格的车型。在考虑日本进口车质量提高因素的基础上，他计算出在 1983 年和 1984 年的自愿出口配额水平下，每进口一辆小汽车，美国实际支付的福利成本超过 1000 美元。

3. 材料三

1981~1985 年美国的汽车产业利用缩减开支、改善汽车的质量来降低成本，但成本的降低并未使消费者受益，底特律的盈利在 1983 年、1984 年和 1985 年分别达到 60 亿美元、100 亿美元和 80 亿美元，日本通过出口高价汽车赢得了更多利润。大输家自然是美国公众，他们不得不为国产车和进口车都支付大幅上涨的价格。美国国际贸易委员会（USITC）估算的结果是，1984 年，协议导致国内制造的汽车价格上升了 660 美元，日本车价格上涨了 1300 美元。USITC 还估算出，1981~1984 年，协议为美国消费者带来的总成本是 157 亿美元，44000 位美国汽车工人保住了饭碗，其代价是每人超过 10 万美元的成本。

20 世纪 80 年代后期起，日本以所谓的移植工厂之名在美国大规模投资汽车业，1996 年日本在美国生产 200 多万辆汽车，市场占有率达 23%。到 2008 年，日本汽车制造商在美国所占的市场份额已经达到 35%（既包括在美国本土生产的日本车，也包括进口车）。为避免美国汽车制造商破产，2008 年底，美国政府向美国汽车制造商提供了 174 亿美元的贷款以帮助其重组。

（二）分析要求

（1）结合案例材料回答自动出口限制的主要内涵。

（2）"自动出口限制"与"进口配额"都能达到限制进口的效果，试分析二者的优劣。

（3）根据材料和已有知识回答，为什么日本自愿限制在美国市场上汽车的销售后，反而使得日本汽车在美国市场的价格上涨？

（4）从上述材料你能得到什么启示？

参考答案：

（1）自动出口限制的内涵：自动出口限制是重要的非关税贸易壁垒之一，它指当一国出口威胁到进口国整个国内经济时，进口国以全面贸易限制相威胁，引导另一国"自愿"地减少某种商品的出口。对进口国来说，由于对方自愿限制，其进口量也就自然减少。但所谓的"自愿"，其实并不完全自愿，只是在进口国的要求和压力下出口国不得不采取的限制政策。案例中提到，美国为挽救国内汽车工人失业这一局面，与日本签署协议限制日本的汽车出口到美国，由于害怕美国采取更加严厉的进口限制，日本"同意"了这个限制汽车出口的协议。

（2）"自动出口限制"与"进口配额"的优劣势：

劣势：进口配额也是非关税贸易壁垒之一，它是对一国允许进口一种商品的直接数量限制。与进口配额相比，由于出口国只是勉强同意控制其出口，所以自动出口限制在限制进口方面不如前者。

优势：外国出口者倾向于把配额全用于高质量、高价格的产品。这种"产品档次的提高"可以很清楚地从日本向美国出口汽车的自动出口限制案中看出。更进一步来说，由于自动出口限制只针对主要供应国，所以为其他国家取代部分主要供应国的出口和由第三国转口打开了方便之门。

（3）日本自愿限制在美国市场上汽车的销售后，反而使得日本汽车在美国市场价格上涨的原因：

1）日本汽车的竞争优势较大。原本美国作为一个地广人稀的国家，油价便宜，因此美国人比其他国家的人更喜欢大型汽车。但在两次石油危机后，石油价格急剧上涨和暂时的汽油短缺使美国市场一下子转向小型汽车，当时日本生产商的成本无论在哪个方面都已经低于美国的竞争者，而且日本是资源匮乏型国家，生产的日本汽车能耗低，因此它们受到美国消费者的青睐，迅速打入美国市场并满足了新的需求。这是日本汽车在自愿出口限制协议公布前后都具有的优势。

2）物以稀为贵。日本自愿限制在美国市场上汽车的销售后，美国市场上的日本汽车数量减少，但在美国市场上日本汽车因其特有的优势，日本和美国产的汽车显然不是完全替代品，因此需求量并没有减少，日本汽车供不应求，价格上涨。

3）日本汽车设计技术水平的提高。以丰田公司为例，公司在消化吸收国外先进技术的基础上，坚持自主创新，走技术独立道路。在开发"丰田普锐斯"汽车的过程中，公司从各模块开发团队并行提出的不同方案集中交叠找到使彼此相匹配的设计方案；工程师们使用系统的"参数化设计"方法，以提高效率。"普锐斯"的成功，从整体上成就了一款与传统轿车有着本质差异的新车，取得产品系统创新的突破。产品设计技术水平的提高，反映在产品价格的提升上。

（4）从上述材料得到的启示：

1）没有永久的朋友，没有永久的敌人，只有永久的利益。"二战"后，日本的经济遭受到了严重的摧毁，美国开始扶持日本。可是当日本的发展，尤其是汽车工业方面损害到美国的利益后，美国开始大打贸易战，限制日本汽车在美国出口规模，所谓的日美同盟早已貌合神离。

2）面对自愿出口限制这种非关税贸易壁垒手段，提高产品质量和改变其销售结构才是解决问题的有效方法。一方面，产品拥有核心技术就拥有市场；另一方面，自愿出口限制只限制了销售数量，并没有限制销售方案，把销售重点放在高质量且有吸引力的车型上可以弥补因限制销售数量所造成的损失，甚至取得更高收益。

3）自愿出口限制是有时效性的，在被限制过程中需要积极采取应对策略。材料中提到，1987年前，自愿限制对日本的汽车出口一直是有约束力的，一开始自愿出口限制协议对进口国确实是有益处的。但是随着时间的推移，日本汽车企业的策略开始转变。一方面，日本汽车出口企业提高了高档车在对美出口汽车中的比例，高档车比经济型车的单位利润要高；另一方面，日企增加了在美国的直接投资数量，日本汽车在20世纪80年代一直没有停止过在美国建立汽车生产线。从1982年起，日本丰田、日产、本田、马自达、三菱、富士重工等汽车公司开始在美直接投资。因为在美国本土生产的汽车将不在限额统计的范围内，从而放松了对日本企业的限制。此外，日本汽车生产商将从美国市场所获得的大部分利润用于生产技术改造和设备更新，增强了日本汽车的出口竞争力。

七、我国机电产品"碰壁"备忘录

（一）案例内容——非关税贸易壁垒（我国机电产品"碰壁"备忘录）

主旨：新贸易保护主义以绿色壁垒、技术壁垒、反倾销和知识产权保护等非关税壁垒措施为主要表现形式。非关税壁垒不仅阻碍了我国出口产业的发展，甚至严重威胁一部分企业的生存。中国企业应加大科技投入，提高出口标准，减少由于非关税壁垒而造成的损失。

我国出口额居第一位的机电类产品，由于受发达国家在噪声、电磁污染、节能性、兼容性、安全性等方面的技术标准限制，仅 1992 年就有 80 多亿美元出口产品受到影响，到 1998 年更是增加到 200 多亿美元。我国机电产品在出口中受到的壁垒如下：

（1）由标准不符造成的壁垒。东林柴油机厂（以下简称东柴）是国家机械系统工程农机行业定点生产 105 系列柴油机的重点企业。自 1962 年起该厂出口 2105 台柴油机，远销 37 个国家和地区。产品信誉高，用户反馈好。东柴在推行多品种经营战略中，决定把发电机组作为打入国际市场的第二个出口产品。发电机组受制约因素比作为中间产品的柴油机少，而且利润较高，是较理想的出口产品。该厂通过其代理商东方机械进出口分公司与冈比亚共和国签订了出口机组的合同，1988 年出口 100 台，1989 年上半年出口 300 台，全年出口机组 1000 台。出口以后，冈比亚销售商认定中方产品不符合安全标准，进口商不再从中国进口发电机组，并全部取消 1989 年从中国东方机械进出口分公司进口机组 1000 台的合同。为此，1989 年东柴损失 268 万元，并断送了东柴机组出口的前途，使工厂出口战略受到重大挫折。

（2）由原标准改进或变更造成的壁垒。苏北一家生产某种小型机械的工厂，连续十几年，对美国的出口一直保持旺盛势头，最多时年出口突破 1000 万美元。但从 2002 年开始，这家工厂在国际市场遭遇了"滑铁卢"。原因是美国新颁布的 UL558 标准，内容比旧标准增加了两倍，涉及电线、电池、塑料、插头等，要求更加严格。

（3）由新设标准或法规造成的壁垒。我国对欧盟机电产品年出口 150 亿美元左右，所有机电产品都必须符合其安全指令的要求。仅以新增加的指令对我国出口的影响为例：欧盟曾针对小家电制定有关低电压产品的指令，该项指令几乎影响到我国对欧盟出口的所有小家电，金额达 32 亿美元。

2003 年 2 月，欧盟公布了《报废电子电气设备指令》和《关于在电子电气设备中禁止使用某些有害物质指令》，作为在环保领域的又一新举措，旨在应对日益严重的由于电子电气废弃产品引起的环境污染。

《报废电子电气设备指令》管辖了十类产品中交流电不超过 1000V，直流电不超过 1500V 的设备：①大型家用器具，如冰箱、洗衣机、微波炉；②小型家用器具，如吸尘器、熨斗、钟表；③信息技术和远程通信设备，如电脑、复印机、打印机；④用户设备，如电视机；⑤照明设备，如荧光灯；⑥电气和电子工具，如电锯、缝纫机；⑦玩具、休闲和运动设备；⑧医用设备；⑨监视和控制装置；⑩自动售货机。

《关于在电子电气设备中禁止使用某些有害物质指令》管辖了除去医用设备及监视和控制装置之外的其他 8 类设备，要求成员国确保从 2006 年 7 月 1 日起，投放于市场的新电子和电气设备不包含铅、汞、镉、六价铬、聚溴二苯等 6 种有害物质。在本指令生效至 2006 年 7 月 2 日前，各成员国必须遵照欧盟立法在本国采取措施或禁止这些物质在电子电气设备中使用。目前我国相当部分的电子电气产品使用了 6 种被禁有害物质。中国企业应加大科技投入，提高出口标准，减少由于非关税壁垒而造成的损失。

我国机电产品出口遭受技术性贸易壁垒的总体概况如下：

首先，从国别上看，我国主要遭受来自欧盟、美国及日本的技术性贸易壁垒的干扰，这些国家对我国出口贸易带来的损失长期居于前三位，是我国开展国际贸易的严重障碍，如表 5-3 所示。

表 5-3　2007~2012 年我国机电产品主要出口市场 TBT 通报量及占
TBT 通报总量的比重　　　　　　　　　　　　　单位：起

年份	美国	欧盟	日本	合计	中国香港	WTO/TBT 总量	（美、欧、日）/总量（%）
2007	147	39	45	231	0	1231	18.8
2008	168	78	55	301	4	1692	17.8
2009	175	141	36	352	4	1969	17.9
2010	189	82	29	300	5	1899	15.8
2011	218	136	27	381	4	1772	21.5
2012	248	124	34	406	5	2186	18.6

资料来源：WTO 网站 I-TIP Goods 数据库。

其次，从数据上看，这些年机电产品被召回次数有所减少，但次数总体数量仍然庞大。机电产品占受阻非食品类的比例有所下降，但比例依然较大。体现了技术性贸易壁垒的严重阻碍，如表 5-4 所示。

表5-4　2007~2013年国外扣留（召回）我国机电产品的情况　单位：批次

年份	机电产品受阻批次	占受阻非食品类的比例（%）
2007	753	36.2
2008	917	37.4
2009	599	21.2
2010	516	19.3
2011	405	28.3
2012	541	31.4
2013	501	29.3

资料来源：WTO 网站 I-TIP Goods 数据库。

最后，从形式上看，我国所遭受的技术性贸易壁垒中，许多国家制定的关于技术性贸易壁垒的措施大都注重产品的质量安全、清洁环保、洁净程度等指标，如欧盟的双绿指令、环保指令和 CE 安全认证，指出了对环保的硬性要求，严格控制产品中有害物质；美国的 UL 认证以及 FCC 合格评定程序严格规定了产品的清洁程度和安全指标；日本的 JIS 认证涉及各行各业，对产品的绿色环保、安全健康上有极高的要求。以上这些不同形式的技术性贸易壁垒在它所在的国家大都具有较高的权威性、认知度以及独立性，数量多，覆盖面广，对我国机电产品的出口构成了很大阻碍。

（二）分析要求

（1）什么是非关税壁垒，它包括哪些形式？

（2）结合案例内容说明中国机电产品出口为何遇到"壁垒"？

（3）你认为中国机电产品出口企业如何应对这些"壁垒"？

参考答案：

（1）非关税壁垒及其形式。

非关税壁垒（Non-Tariff Barriers，NTB）是相对于关税而言的，指一国或地区在限制进口方面采取的除关税以外的所有措施。这种措施可以通过国家法律、法令以及各种行政措施的形式实现。

根据美国、欧盟等 WTO 成员贸易壁垒调查的实践，非关税壁垒主要表现为通关环节壁垒、知识产权措施、进口禁令、进口许可、技术性贸易壁垒、卫生与植物卫生措施、贸易救济措施、进口产品歧视、出口限制、补贴、服务贸易、其他壁垒12种形式。

（2）我国机电产品出口遭遇"壁垒"的原因如下：

1）国际贸易保护主义蔓延。各国为了使得本国经济稳步发展免受世界经济大浪潮的冲击，纷纷开始实行贸易保护主义政策。我国机电产品出口数量逐年增多，出口数量巨大，更引起了一些进口发达国家的警觉，它们愈加对国内的商品进行保护。

2）企业因素。产品技术水平低、缺乏自主知识产权，不得不直面国外技术性贸易壁垒的威胁；企业缺乏标准意识，对通用的国际标准和技术性管理措施所知甚少，在出口贸易中经常陷入被动局面；企业信息闭塞。

3）行业因素。一是中国机电产品出口的市场结构不合理。中国机电产品出口市场结构单一，主要集中在美国、欧盟和日本等发达国家和地区，出口市场的高度集中，容易引起当地市场的技术性贸易壁垒保护，会给中国机电产品出口带来致命的打击。二是中国机电产品出口的产品结构不合理。虽然现在中国已经是机电产品出口的第一大国，但在国际分工中仍然处于低端环节。

4）政府因素。国内技术法规和标准的制定起步较晚，与国际标准差距很大；国内认证机构与发达国家还有很大差距，无法获得国际市场的承认；国内监测、预警和应诉机制不完善。

（3）我国机电产品出口企业应在以下方面应对"壁垒"：

1）发展核心技术。核心技术缺失，让中国的机电生产企业始终处于被动地位。中国要成为机电强国，最关键的是要掌握核心技术，取得游戏规则的话语权。

2）发展绿色制造。在欧盟环保指令的推动下，"绿色制造"正在成为中国机电行业的大势所趋。根据出入境检验检疫局对我国几十家出口欧盟机电企业抽样调查显示，目前有 TCL、美的、海尔、海信、澳柯玛等大型企业对"欧盟环保令"给予重视，并已经采取了相关措施，发展绿色制造技术进行应对，包括绿色供应系统、绿色设计、绿色管理系统、拟建回收系统等。

八、绍兴钱清镇永通染织集团纺织品出口欧洲

（一）案例内容——绿色壁垒（绍兴钱清镇永通染织集团纺织品出口欧洲）

主旨：绿色壁垒指为保护生态环境而直接或间接采取的限制甚至禁止贸易的措施，是技术性贸易壁垒的一种，实施时有着隐蔽、难以对付的特点。这种贸易壁垒对中国企业的出口有着极大的影响。中国企业只有突破绿色壁垒，才能获得巨大商机。

1998 年，绍兴钱清镇永通染织集团有一批价值 100 万元的纺织品出口到欧洲，结果在检测中出了问题，说是布料中有一种化学成分对人体有害，要退货。这批货又漂洋过海回到了中国，退货中转的各种费用差不多超过了布料本身的价格。100 万元莫名其妙地打了水漂，企业上下都感到不可思议：布料是好的，颜色也是对路的，怎么会在染料上出问题？

纺织品出口在欧盟国家的检验中有几项重要的指标就是染料中的偶氮和 19 种分散染料（染原料的几种有害化学成分）是否超标。虽然国内有数百家生产染料的企业，但环保型的活性染料市场有六成以上被德国巴斯夫等国外大公司所控制，其价格相当于国内企业的 2 倍。由于国内同类染料的性能不够稳定，纺织品出口企业还是忍痛花高价买进口染料。而用进口染料，我国纺织品原有的价格优势就岌岌可危。绍兴县委宣传部长章长胜认为，虽然我们通过千辛万苦的谈判加入了世贸组织，纺织品的配额问题开始得到解决，但如果在绿色壁垒上不突破的话，我们仍然会继续受制于人，与巨大的商机擦肩而过。

（二）分析要求

（1）以上案例采用哪种方式进行贸易保护？

（2）此案例采取的贸易保护方式造成的影响有哪些？

（3）此案例给我们什么样的启示？

参考答案：

（1）本案例采用的贸易保护方式：当代有关税和非关税两种贸易保护，在非关税里又有绿色壁垒等技术性壁垒，在此案例中就是通过绿色壁垒的方式进行了贸易保护。

（2）本案例采用的贸易保护方式造成的影响：绿色壁垒的初衷是工业发展造成了环境的破坏，为了保护环境而确立的，而发达国家以生态保护为借口，凭借自己经济和技术上的垄断地位，制订了一系列苛刻的环保措施和高于发展中国家技术水平的环境质量标准，以此作为市场准入的条件。

1）给发达国家造成的影响是：形成了一道绿色屏障，保护了本国的环境，阻碍了他国商品的进入，对本国发展不成熟的产业进行了保护。

2）对遭遇贸易保护的国家的影响：主要是出口量降低，如果本国对该产品的消费已经达到饱和，而又不能出口时，就会造成该产业的大量失业。

（3）案例带来的启示：

1）为我国服装业的发展指明方向。不仅要注重服装外在样式，还要注重材料环保，并且出口到我国的商品也要注意所带来的环境问题。

2）我国应积极维护 WTO 赋予的权利。我国虽已加入 WTO，但并没有实现权利与义务的统一，当遇到这类问题时要用 WTO 的有关条例对我国进行维权保护。

3）积极破壁。积极破壁并不是一两个企业自己的事情，因为一个企业的经营活动不可能涵盖其所需要的方方面面，企业还需要与市场上的其他企业进行交换。也就是说，一个企业产品的质量不仅仅取决于该企业自身的生产技术水平，还取决于其他相关企业的技术水平。如本例中，要提高服装业的产品质量，则必须要同时提高纺织、印染和为印染提供染料的化工行业的质量。所以，破壁仅靠一两个企业的力量是不够的，它需要各相关企业的配合、共同发展，而这种配合需要政府、行业组织的引导、协调。在当今的国际贸易战中，发达国家的政府、行业协会、企业已经处于新的利益共同体中，建立政府领导下的政府、行业协会、企业为主体的多层次产业预警机制，是WTO自由贸易目标及其规则的客观要求。而目前我国尚未建立起这一机制，尤其是行业协会没有发挥其应有的作用，难以赋予本国企业相对的团体竞争优势，缺乏与国外贸易伙伴的民间性沟通与对话，这不利于我国企业参与国际竞争，并加大了贸易摩擦的可能。

我国要不断提高技术水平与技术创新能力，同时提高我国产业的环保标准，发展绿色产业，为我们突破绿色壁垒奠定基础。

九、意大利出超标暗箭，非关税壁垒拦截中国皮货

（一）案例内容——技术性贸易壁垒（意大利出超标暗箭，非关税壁垒拦截中国皮货）

主旨：意大利弗德庞特皮革公司以中国最大的皮革出口商——远东皮业集团香港子公司交易产品化学指标超标为由要求赔偿损失，设置莫须有的非关税贸易壁垒，最终败诉。

2003年2月，意大利弗德庞特皮革公司以中国最大的皮革出口商——远东皮业集团香港子公司交易产品化学指标超标为由，将后者告上法庭，要求赔偿以前交易的所有损失，并利用意大利法律的特有规定，通过法院扣押了后者应收的货款，在中国皮革和鞋业界引起极大轰动，甚至牵动了中国商务部的"神经"。

据了解，远东集团与弗德庞特皮革公司在2000年建立贸易关系，此后生意往来一直比较稳定，但到了2002年5月，该客户订单突然锐减，几乎终止采购。到了10月，经过协调沟通，双方又开始了商业往来。弗德庞特皮革公司当时同意订一个货柜，等货到后看看质量，再讨论新的业务。为表示诚意，远东集团在价格上给予了它们很大的优惠，付款方式也定为60天远期信用证。为了双方的合作，远东公司对这批货十分重视，完全按照客户要求来生产。出货前还快递了两张皮给客户验收。货物于12月发往意大利，之后一切顺利，对方银行也已承

诺付款。就在付款期限届满的前几天，客户向当地法院申请了禁止令，此笔货款被法院扣押，经过询问原来是弗德庞特皮革公司在 2000 年初至 2002 年 5 月以收到的货物化学指标超标为由，将远东公司告上法庭，并要求法院将本次货款扣押，以充当日后赔偿的资金。

根据远东公司的律师分析，弗德庞特皮革公司这么做是为了设置莫须有的非关税贸易壁垒捞取好处，因为如果中国企业不来应诉，到期法院会缺席审判，意方公司很可能在已经拿到货物的同时获得货款的赔偿，这等于白得一批货。9 月 12 日是意大利地方法院做出裁决的日子，在法庭上原被告双方代理律师辩论得很激烈，远东集团的律师据理力争，他说意大利地方法院下令扣押远东集团货款的一个重要理由是"鉴于被告是一家在意大利没有任何财产的中国公司"，但这没有法律依据，带有明显的歧视性，同时按照属地管理的原则，该地方法院不具备官司的管辖权，因此请求法院解除扣押令。经过审理，意大利地方法院正式宣布扣押令无效，远东公司成功收回了货款，但弗德庞特皮革公司在 10 月又向上级法院提出上诉要求驳回原判。另外，关于远东集团的货物是否化学物质超标还未审理，等待远东集团的将是漫长的诉讼之旅。

在接受采访时，远东集团的董事长王敏表示，他们会将这个案子一打到底，"这不仅为了企业自身的利益，而是为了整个行业着想，如果面对外国企业的非关税壁垒都退缩，那还有谁敢去国际市场上做皮革生意"？

（二）分析要求

（1）上述案例属于哪一种非关税壁垒类型？试分析该类型非关税壁垒形成的原因。

（2）结合材料分析非关税壁垒对中国对外贸易造成什么样的影响？

（3）中国如何面对非关税贸易壁垒造成的影响？

参考答案：

（1）本案例属于非关税壁垒的类型及其成因：上述案例中，意大利弗德庞特皮革公司提出中国最大的皮革出口商——远东皮业集团香港子公司交易产品化学指标超标的理由，属于设置技术性贸易壁垒。

形成的原因：

1）维护本国的利益是一切国际关系的根本目的。虽然为了推进经济全球化和贸易自由化的发展，各国在乌拉圭回合谈判中承诺进一步降低关税和在保持现状下逐步消除各种非关税壁垒。但现在国际竞争日益激烈，各国为了维护本国的贸易利益，在逐步取消明显有违 WTO 精神的一些传统的非关税壁垒的同时，又不断推出更为隐蔽的技术性贸易壁垒，而且名目繁多，要求越来越苛刻。在发达国家之间、发达国家与发展中国家之间、发展中国家之间都存在技术性贸易壁垒。只是由于在技术水平上，发展中国家远低于发达国家，所以技术性贸易壁垒对发展中国家影响更大。

2)《WTO协定》中的许多例外条文和漏洞也为技术性壁垒的实施提供了法律上的依据。如《贸易技术壁垒协议》中规定："任何国家在其认为适当的范围内可采取必要的措施保护环境，只要这些措施一致认为在具有同等条件的国家之间不造成任何不合理的歧视，或成为对国际贸易产生隐蔽限制的一种手段。"又如《实施卫生与植物卫生措施协定》规定："缔约方有权采纳为保护人类、动物或植物生命或健康的卫生和植物卫生措施"，而且只要缔约方确认其采取的措施有科学依据和保护水平是适当的，就"可以实施或维持高于国际标准、指南和建议的措施"。这意味着技术性贸易壁垒的建立具有很大的合法性。

3) 各国和国际性环保组织的发声对政府决策的影响力越来越大。所以各国政府在实行有关政策时，不得不考虑它们的声音，在有关方面做出让步，增加贸易壁垒。由于地球环境在不断地恶化，引起了国际社会的关注，自20世纪70年代以来，世界性的环保组织纷纷成立，比较有名的，如绿色和平组织、国际环境影视集团、世界自然基金会等。他们在许多国家都设有分支机构，拥有众多的会员，进行广泛的环境保护宣传，并极力反对各国政府各种破坏环境的行为，强烈要求各国政府实施可持续发展的经济和社会政策。欧盟曾在环保组织的压力下，多次提高环保标准要求，以减少生产过程中对环境的污染及增加对人类健康和生命的保障。

4) 可持续发展观念为各国实施技术性贸易壁垒提供了理论支持。如前所述，世界环境问题已引起各国人民及政府的重视，可持续发展正深入民心。因此，各国为了在国际贸易中取得更加有利的地位，在逐步消除一些明显违反WTO精神的非关税壁垒的同时，举起了可持续发展大旗，越来越多地转向了卫生检疫标准和环境保护标准等与人民的健康和可持续发展相关的非关税壁垒。由于这些措施在很大程度上符合广大民众的意愿（尤其在发达国家），因此，各国实施起来是有恃无恐，而且标准越来越苛刻，种类越来越多。这是技术性贸易壁垒愈演愈烈的主要原因。

(2) 非关税壁垒对中国对外贸易造成的影响：

1) 绿色贸易壁垒对中国对外贸易造成的影响：①限制贸易。绿色壁垒会对国际贸易的发展起到阻碍作用。设置绿色壁垒后，受限产品的国际贸易额减少。案例中远东集团自受到弗德庞特皮革公司施加的贸易壁垒后，虽然采取了强硬的态度来应对，但这过程之艰难，必然影响到国际市场上皮革的贸易额。②削弱出口产品价格竞争优势。由于绿色贸易壁垒多数是以环境标准和标志的形式出现，要想实现其环境标准、获取其环境标志，必须投入大量的资金和人力进行技术改造，改善环境质量；同时将增加有关的检验、测试、认证和公关等手续以及相关的费用，从而使企业出口产品的成本大幅度上升，价格优势大大削弱，丧失了国际市场竞争力，企业的出口效益日渐下降。

2）技术贸易壁垒削弱中国产品竞争力。技术贸易壁垒限制中国产品出口，增加成品消耗，削弱中国产品竞争力，引起贸易摩擦，影响双边贸易关系。弗德庞特公司对远东集团施加的贸易壁垒，对双方都有不利影响，增加了贸易成本，且不利于贸易目标的顺利实现。

（3）中国应采取的对策有：

1）必须提高企业应对反倾销意识。面对国外的反倾销指控，中国的企业要积极应诉、敢于应诉，充分利用WTO的规则和国外法律法规保护自己的正当权益。如果企业消极应对，不去应诉，则必将丢掉一国市场，甚至全球市场。受损害的不仅是一家企业，而是全行业、整个国家。

2）充分发挥商会、行业协会的作用。商会、行业协会是非政府组织，它们在国际贸易谈判中、反倾销和保障措施起诉中能起到独特的作用。因为按照国际惯例，单个企业提起的反倾销调查立案是不予受理的，而商会或行业协会提起的立案是必须受理的。如果由政府做这件事，则程序繁杂，拖得时间很长，所以商会、行业协会是最合适不过的。此外，商会、行业协会在协调生产者、出口商等各方的利益，加强行业自律，避免低价竞销等方面都能发挥其积极的作用。

3）建立起比较有效的预警机制。要全面收集国际市场动态信息，不仅要了解产品生产、消费及价格变化的情况，还要掌握国际上产品标准化制定及立法程序的相关资料，并对可能发生的贸易争端提前预警，以便企业做好应对准备。预警系统的建立是一项庞大的系统工程，需要外贸主管部门、海关、境外使领馆、境外律师事务所等多方面协同作战。

4）调整外贸出口策略。一是调整出口产品结构。在保住原有出口产品和市场的前提下，积极扩大其他产品出口，实现出口产品多元化，变单一品种为多品种，由初级产品向中、高级产品转变。二是调整出口产品方向。目前中国出口产品的主要市场在美国、欧盟和日本，而它们是反倾销壁垒和技术壁垒最苛刻的国家，其标准远远高于其他国家，中国有的企业如果达不到这些标准要求，就会遭受重大的损失。因此，为了规避风险，中国有些企业可以独辟蹊径，开拓新的市场，向其他发达国家和发展中国家转移。

5) 运用科技提高产品质量。冲破发达国家设置的技术壁垒的最好办法是提高企业的科技水平，提升产品的科技含量。因此，企业要真正树立起"科学技术是第一生产力"的观念，舍得花钱用在技术改造、技术创新和技术引进上，不断提升出口产品的高科技含量和环保化程度，以高科技拓展出口产品在国际市场上的空间，提高企业在国际市场上的地位和竞争力。同时，要争取获得ISO9000国际质量管理体系和ISO1400国际环境管理体系等国际认证机构的认证，加快与国际标准接轨的步伐。只有获得了国际上的"通行证"，中国企业的出口产品才能减少各种麻烦，克服技术壁垒，畅通无阻地走向国际市场。

6) 建立健全完整的会计账簿。会计真实地反映了资金在企业生产过程中的运动状态，企业的原材料成本、劳动力价格、机器设备折旧、管理费用支出等都详细记录在会计资料中，因此完整的会计账簿能准确测算出企业的成本价格。事实上，国外反倾销调查确定价格是否正常的数据依据是会计资料。但中国有相当一部分企业，尤其是民营小企业很不重视会计账簿的建立、收集、整理和保存。一旦发生反倾销投诉，它们往往不知所措，不能提供充分的证据证实自己的产品不存在倾销。没有原始的会计资料作为证据，这样的官司必败无疑。由此可见，建立健全完整的会计账簿，对中国企业来说是必不可少的。

十、中国胶合板出口美国遭遇的非关税贸易壁垒

（一）案例内容——非关税贸易壁垒（中国胶合板出口美国遭遇的非关税贸易壁垒）

主旨：非关税壁垒已成为影响我国企业产品出口的重要因素。面对严峻的形势，我国企业应在提高自身国际竞争能力的同时，积极应对贸易摩擦，并着力开拓新市场。

2013年，中国是世界排名第一的胶合板出口大国。在激烈的市场竞争中，我国企业也面临越来越多的出口贸易壁垒，且这些贸易壁垒呈现复杂化、隐蔽化、严格化的趋势。作为我国胶合板出口的最大市场，美国针对我国胶合板出口的贸易壁垒更是严重影响了国内胶合板企业的生存和发展。

我国胶合板出口市场这些年的波动也与此相关。据相关数据显示，2000～2017年，中国胶合板产业出口规模从0.53亿美元增长至45.83亿美元，年均增长率超过500%。2018年1～11月，中国胶合板及类似多层板的出口量累计为1041万立方米，比上年同期增长6.6%；出口金额为51亿美元，比上年同期增

长 11.6%。然而，在环保和贸易壁垒的大环境下，国际胶合板市场困难重重，尤其是美国，他们提高了进口门槛，一些不符合美国甲醛释放量的强制性标准的产品受到限制，对我国的胶合板出口影响很大。

2011 年，美国出台的《复合木制品甲醛标准法案》中规定含复合芯的硬木胶合板甲醛释放量不得超过 0.08mg/L，法规颁布 180 天后开始生效，生效期限直至 2012 年 6 月 30 日；2012 年 7 月 1 日起，甲醛释放量不得超过 0.05mg/L，该指标远小于中国相关胶合板法案所规定的 1.5mg/L 标准。

2012 年，美国还对我国胶合板产品发起双反调查，并在 2013 年 9 月 17 日，美国商务部（DOC）公布对华硬木胶合板反倾销、反补贴调查终裁结果，中国涉案企业的补贴率为 0~27.16%，倾销幅度为 55.76%~121.65%。但美国国际贸易委员会（ITC）裁定我国产品未对美国国内产业造成实质损害或损害威胁；美国贸易法院于 2016 年 9 月裁决支持国际贸易委员会立场，终止了胶合板案的调查程序。仅在 3 个月后，即 2016 年 12 月 9 日，DOC 在其网站发布公告，决定对原产于中国的胶合板发起双反调查。这是美国 2016 年对我国发起的第 11 起反倾销调查案件和第 9 起反补贴调查案件。2017 年 11 月，美国再度对中国胶合板出口实施双反制裁，称中国对美国的硬木胶合板倾销幅度达 183.36%，中国政府对企业的补贴幅度为 22.98%~194.90%，将据此征收反倾销税。继 DOC 对胶合板双反案的反倾销和反补贴终裁后，ITC 于 2017 年 12 月 1 日投票认为，从中国进口的胶合板对美国国内产业造成了实质性的损害，即中国胶合板产业对美国胶合板产业损害成立。2018 年 1 月 5 日，美国联邦公报正式发布胶合板案反倾销令和反补贴令，DOC 终裁结果正式生效，即平均税率 206.34%，惩罚性税率 378.26%。这是受美国贸易保护影响，ITC 在 2013 年胶合板案后改变其公正立场做出的不公正裁决。这一系列不间断的贸易保护行为严重阻碍了中国胶合板企业尤其是出口型胶合板企业的生存和发展，给中国传统产业带来了严峻的挑战。

（二）分析要求

（1）以上案例中美国对中国采用哪种方式进行非关税贸易保护？

（2）结合案例分析非关税壁垒对中国对外贸易造成什么样的影响？

（3）中国将如何面对？

参考答案：

（1）本案例中美国对中国采用非关税贸易保护的方式：以上案例采用了绿色壁垒和技术性壁垒，反倾销和反补贴的方式进行贸易保护。

（2）非关税壁垒对中国对外贸易造成的影响：

1）绿色贸易壁垒会增加出口产品成本，影响企业效益。绿色壁垒的制定实施必然会涉及产品从生产到销售乃至报废处理的各个环节。它要求将环境科学、生态科学的原理运用到产品的生产、加工、储藏、运输和销售等过程中，从而形成一个完整的无公害、无污染的环境管理体系。产品在流通过程中，制造商为了达到进口国的环境标准，不得不增加有关环境保护的检验、测试、认证和签订等手续并产生相关费用，产品的外观装潢、出口标签和商品广告将作大幅度调整。因此，出口产品各种中间费用及附加费用的增多，导致我国出口产品日益上涨的生产成本进一步提高，作为出口产品生产企业的经济效益受到影响。美国越来越严格的甲醛释放量标准，会增加出口商环境保护方面的相关费用。

2）技术性贸易壁垒的实施会严重阻碍中国产品的出口，影响经济发展。在现行的国际标准体系中，标准的制定者基本上都是发达国家，发展中国家大多是标准的被动接受者。发达国家从它们自身利益和技术水平出发制定的标准是许多发展中国家所难以达到的。因此，发达国家经常利用技术标准设置贸易壁垒甚至发动技术贸易战，以保护它们的国际贸易利益，从而继续控制发展中国家和占据国际贸易的主导地位。美国规定的甲醛释放量不得超过 $0.05mg/L$ 的指标标准，远小于中国相关胶合板法案所规定的 $1.5mg/L$ 标准，要想满足美国方面的要求，中国企业必定付出极大成本和费用。

3）实施反倾销与反补贴的贸易壁垒有可能会使中国产品在美国市场上失去价格竞争优势，影响产业的发展。美国频繁发起双反调查，给中国胶合板企业带来了极大的挑战。

（3）应对措施：

1）实现企业规模经营，提高国际竞争能力。我国胶合板加工企业大部分规模较小，抗风险能力较弱，且产品附加值并不高，实际利润率较低，主要靠成本优势，大多就地取用速生杨树加工。因此，胶合板产业应着力于提高企业应对国际市场风险的能力，整合行业资源，增强产业集中程度，形成产业集群效应，改善企业生产经营环境，打造国际级胶合板贸易市场。其次应重点培育龙头企业，提高生产技术水平，注重对产品的深加工、精加工，通过自主创新提高产品附加值，推动胶合板出口升级换代，减少低价竞销现象，依靠产品的高质量、名品牌在国际竞争中占领一席之地。

2）提高质量控制意识，出口绿色环保产品。随着环保意识的增强，美国制定了多项针对胶合板的技术标准和环保标准。而我国部分胶合板行业质量控制尚未达到相关标准的要求，非常容易因一些贸易摩擦遭受不必要的损失。因此，国内相关企业应注重产品质量的把控，特别要禁止使用有毒有害的胶黏剂，不断提高胶合板生产的工艺水平，严格按照国际标准生产绿色环保产品。

3）妥善应对贸易摩擦，维护公平贸易环境。对于已经发生的贸易摩擦应综合运用政治交涉、法律抗辩、业界合作等手段，妥善、积极应对，而不是一味心存侥幸、逃避敷衍。特别应强化贸易摩擦前置应对，积极开展贸易摩擦预警。在美对华硬木胶合板双反案中，美国商务部宣布对100多家中国企业征收反倾销税的初裁结果时，美国硬木和胶合板联盟立即提出反对，认为这一出于贸易保护行径的不公平关税裁决将极大地损害那些依赖于中国产胶合板的厨卫装修、家具、地板及船只制造的中小企业的利益。因此，他们呼吁相关企业向美商务部及各自选区的议员申诉，争取在终裁时能有一个合理的税率。最终美国际贸易委员会在终裁中认定中国输美硬木胶合板未对美国国内产业造成损害或实质损害威胁。由此可见，面对已经发生的贸易摩擦，我国企业还应团结进口国国内有关力量，联合利益相关者，在案件初期加强与经销商的联合，向不公平的贸易保护主义施加压力，暂缓或避免进口国对我国实施调查或制裁。

4）深化贸易伙伴关系，开拓培育新兴市场。美国一直占据我国胶合板出口市场第一的位置，但由于受贸易壁垒的影响，贸易份额有所下降，出口到欧洲、东亚和中东地区的贸易额有所上升。出口市场集中度的下降表明，我国胶合板出口市场有分散化的趋势，我国生产的胶合板产品得到越来越多国际市场的认可。应以此为契机建立、深化贸易伙伴关系，培育长期、稳定的合作伙伴，开拓新兴市场以分散贸易风险。

十一、RCEP 成员国的非关税贸易壁垒种类

（一）案例内容——非关税贸易壁垒（RCEP 成员国的非关税贸易壁垒种类）

主旨：2020 年 11 月 15 日，《区域全面经济伙伴关系协定》（RCEP）在东亚合作领导人会议上正式签署。RCEP 成员国涉及的经济体量巨大，贸易额多，由此引发的非关税贸易壁垒数量与种类也十分丰富。在 RCEP 成员国所涉及的九种非关税贸易壁垒中，检验检疫与技术性贸易壁垒实施次数最多。RCEP 协定的正式生效，将有效缓解成员国之间的贸易壁垒。

随着经济全球化的发展，各国之间的关税较 21 世纪初有了很大的降幅，但是为了保护本国的产业和利益，各国采取了许多隐形的贸易壁垒，即非关税贸易壁垒。WTO 官方将非关税壁垒分为四大类，包括：技术标准类壁垒；贸易防御类壁垒；农业壁垒；其他壁垒。区域全面经济伙伴关系的目标是消除内部贸易壁垒，而 2020 年 RCEP 成员国间的非关税贸易壁垒仍较多，成员国还需做出更多努力。

RCEP 成员国中，实施非关税壁垒最多的国家主要是日本、韩国、澳大利亚、新西兰、菲律宾等国家，具体如表 5-5 所示。SPS 和 TBT 是 RCEP 成员国实施非关税贸易壁垒最多的形式，其中实施 SPS 最多的成员国分别是日本、韩国、新西兰、澳大利亚、菲律宾；实施 TBT 最多的国家分别是韩国、日本、泰国、菲律宾、马来西亚以及澳大利亚。

表 5-5　2020 年 RCEP 成员国实施九种非关税贸易壁垒数量

成员国	SPS	TBT	AD	CV	SSG	SG	QR	TRQ	XS
文莱	2	2							
柬埔寨		22							
印度尼西亚	134	130	50			9		2	1
老挝	3	1					12		
马来西亚	47	263	23			3		13	
缅甸	7	6							
菲律宾	365	305	2		11	11	21	14	
泰国	278	692	45			2	112	23	
越南	113	184	18			4	2		
新加坡	66	71					143		
日本	783	911	8		173		85	18	
韩国	696	1038	40			75	90	67	
澳大利亚	497	226	78	11			174	2	6
新西兰	580	134	4				84	3	1

资料来源：综合贸易情报门户（I-TIP，Integrated Trade Intelligence Portal）数据库。

2020 年 10 月，在与我国贸易额较多的十大贸易伙伴中，东盟、日本、韩国、澳大利亚起着重要作用，其贸易额（进出口总额）占中国进出口总额的 31.4%。但随着中国对外贸易的不断发展，对 RCEP 成员国技术方面的出口逐年增加，尤其是近几年来贸易顺差增速越来越快，RCEP 各个成员国开始实施非关税贸易壁垒，尤其是日本、韩国、澳大利亚等发达国家。我国是一个出口大国，RCEP 成员国非关税贸易壁垒的实施对我国的出口影响非常大。数据显示，近三年来，RCEP 成员国非关税贸易壁垒主要集中在 SPS 和 TBT 两种形式上。尤其是 SPS，近三年来，日本、韩国、泰国、菲律宾、马来西亚、新西兰、缅甸都有所增加，实施 SPS 最多的国家是日本。

2020 年 11 月 15 日，第四次区域全面经济伙伴关系协定领导人会议以视频方式举行，会后东盟十国和中国、日本、韩国、澳大利亚、新西兰共 15 个亚太国家正式签署了《区域全面经济伙伴关系协定》，标志着当前世界上人口最多、经贸规模最大、最具发展潜力的自由贸易区正式启航。2021 年 11 月 2 日，《区域全面经济伙伴关系协定》（RCEP）保管机构东盟秘书处发布通知，宣布文莱、柬埔寨、老挝、新加坡、泰国、越南 6 个东盟成员国和中国、日本、新西兰、澳大利亚 4 个非东盟成员国，已向东盟秘书长正式提交核准书，达到协定生效门槛。根据协定规定，RCEP 于 2022 年 1 月 1 日对上述十国开始生效。RCEP 的生效涉及货物贸易、服务贸易与投资。

首先，货物贸易领域具体包括：第一，RCEP 的生效使得 RCEP 各成员普遍实现了较高的自由化水平，区域内 90% 以上的货物贸易将最终实现零关税；第二，RCEP 在货物贸易领域的一大亮点是原产地累积原则，即在确定产品原产资格时，可将各 RCEP 其他成员国的原产材料累积计算，来满足最终出口产品增值 40% 的原产地标准，从而更容易享受到优惠关税；第三，在货物贸易便利化方面，RCEP 各成员就海关程序、检验检疫、技术标准等达成了一系列高水平的规则。

其次，在服务贸易领域，中方服务贸易开放水平达到已有自贸协定的最高水平。

最后，在投资领域，形成了当前亚洲地区规模最大的投资协定安排，有助于营造更稳定、开放、便利的投资环境。RCEP 消除内部贸易壁垒的目标将向前迈进一大步。

（二）分析要求

（1）什么是非关税贸易壁垒，其具有何特点？案例中涉及了哪些非关税贸易壁垒？

（2）根据案例材料，请简要分析 RCEP 成员国非关税贸易壁垒形式主要集中在 SPS 和 TBT 上的原因有哪些？

（3）请结合案例谈谈中国应如何应对非关税贸易壁垒？

参考答案：

（1）首先，非关税贸易壁垒的定义及特点：非关税壁垒指一国或地区在限制进口方面采取的除关税以外的所有措施，这种措施可以通过国家法律、法令以及各种行政措施的形式实现。非关税贸易壁垒具有灵活性、针对性、隐蔽性和歧视性的特点。

其次，本案例涉及的非关税贸易壁垒主要有九种，具体包括技术性贸易壁垒（Technical Barriers to Trade，TBT）、卫生和植物检疫壁垒（Sanitary and Phytosanitary，SPS）、反倾销（Antidumping，AD）、反补贴（Countervailing，CV）和保障措施（Safeguards，SG）、特别保障措施（Special Safeguards，SSG）、关税配额（Tariff-Rate Quotas，TRQ）和出口补贴（Export Subsidies，XS）、数量限制（Quantitative Restrictions，QR）。

（2）RCEP 成员国非关税贸易壁垒形式主要集中在 SPS 和 TBT 上的原因：

1）SPS，即实施动植物卫生检疫措施，指一国政府为了维护本国国民和本国动植物的健康安全，对进口食品、动植物检疫所指定的一系列强制性标准措施。

TBT，即技术性贸易壁垒，以国家或地区的技术法规、协议、标准和认证体系（合格评定程序）等形式出现，涉及的内容广泛，涵盖科学技术、卫生、检疫、安全、环保、产品质量和认证等诸多技术性指标体系，运用于国际贸易中，呈现出灵活多变、名目繁多的特点。

2）各成员国的非关税贸易壁垒之所以集中在 SPS 和 TBT，一方面，SPS 和 TBT 设置的一系列产品标准有助于维护消费者生命健康安全及实现环境保护的目标；另一方面，作为全球关税水平不断下降背景下对于关税的替代手段，SPS 和 TBT 的实行常常以一种隐蔽的方式出现，实施起来更加便利，且能更容易地实现保护本国产品的目的。

（3）中国应对非关税贸易壁垒的做法。尽管相较于关税等传统贸易壁垒，非关税贸易壁垒特别是 TBT 使得国内外产品整体品质提升，消费者福利得到一定弥补，对经济持续发展也有正面效应。但其本质上在于保护本国生产者，会导致进口产品数量减少，价格上升，最终出口商和进口国消费者受损。因此，我国应做到：

1）倡导各成员国降低或取消非关税壁垒，大力推行贸易自由化。中国企业长期以来出口的许多商品，从农产品到化工产品、矿产品、电子产品等都不同程度地遭到非关税壁垒的影响。虽然越来越多的企业了解并积极应对外国所制定的技术法规和标准，但面对隐蔽性强、复杂而多样化的技术性贸易壁垒和检验检疫措施，出口企业的处理难度加大，企业无法完全从困境中走出来。从案例中也可看出，技术性贸易壁垒和检验检疫措施实施的数量极多，这加剧了出口企业的经营风险。因此，中国与各贸易国间应积极改变保护主义倾向的贸易政策，尽可能实现贸易自由化。

2）中国出口企业应加快技术改进步伐，提高商品质量。无论什么时候，技术都是一国能够拥有国际话语权的重要保证。从结果看，非关税壁垒特别是

TBT 会对出口贸易起抑制作用，因此企业要加快技术改造，密切关注各国质量认证体系的相关信息，积极应对其中的最新技术法规和标准；企业应提高生产人员和技术人员的技术能力，提高商品的科技含量和附加值，大力开发高科技产品。

3）政府、相关行业协会及企业应建立应对机制，了解最新的国外非关税贸易壁垒发起国、针对的产品等具体内容。中国应与各贸易国加强沟通，共享最新信息。《区域全面经济伙伴关系协定》的正式生效，将使各成员国间的贸易壁垒逐渐瓦解，沟通与联系更加密切，我国应合理利用这一协定带来的好处。特别地，企业应学习并掌握国际法律法规，规避贸易摩擦，实现自身利益的最大化。

十二、美国对华征收反补贴税

（一）案例内容——反补贴关税（美国对华征收反补贴税）

主旨：随着中美之间贸易竞争不断加剧，美国对华开展反补贴调查愈加频繁，对中国多类出口产品征收反补贴税，削弱了 18 个制造业出口产品的国际竞争优势。为了应对美国对华反补贴调查，中国调整对外贸易结构，以提升中高端及高端制造业产品出口占比来促进出口增长。并通过打造产品技术上的优势，提升产品创新力度，注重产品内在品质，增加产品多样性，转变出口贸易结构，从而实现出口贸易多维度高质量新发展。

美国是我国的主要出口贸易国，大额贸易总量导致频繁的贸易争端。加之中国强势崛起，由贸易大国向贸易强国转变，中美之间贸易摩擦更加严重，补贴与反补贴争端也随之增多。如何应对好补贴与反补贴争端问题成为我们关注的焦点。自 2001 年至 2021 年，美国对华采取的反补贴调查数高居世界各国首位，并且调查数多达 104 起，远远高于第二名加拿大的 29 起，如图 5-3 所示。

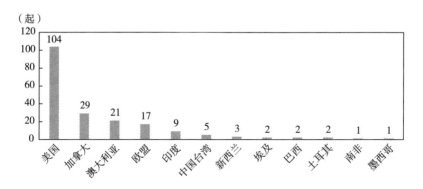

图 5-3　各国对华采取反补贴调查数

21世纪初，伴随着世界经济的动荡，美国国内制造业持续衰退、失业率屡创新高，加剧了美国国内社会的不稳定，并且美国的经济可持续增长模式日渐疲软，加之人民币被低估，中美贸易顺差逐年增大，美国政府面临着巨大的政治压力。2006年，美国向中国发起了第一件反补贴调查案，针对产品是铜版纸，属于低端制造业中的造纸工业。

美国对华发起的反补贴调查大体分为三个阶段：第一阶段（2006~2009年），次贷危机背景下的反补贴调查数量增加。第二阶段（2010~2016年），世界经济复苏反补贴调查数量减少。第三阶段（2017年至今），美国采取了新一轮贸易保护主义政策。美国对华的反补贴案件数呈现了波动增长的趋势，在2009年次贷危机时，加大了对华的调查数量，2018年，因为美国贸易保护导致的中美贸易摩擦，又一次导致美国对华反补贴调查力度增大，如图5-4所示。

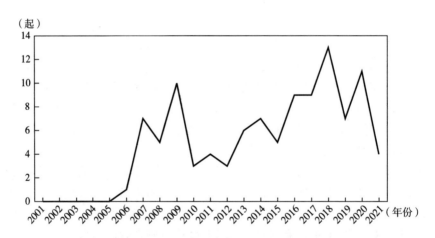

图5-4　2001~2021年美国对华反补贴案件数

近年来，美国对华发起的反补贴调查涉及18个行业，从劳动密集型到资本密集型再到高新技术行业。但美国主要调查的行业呈现集中态势，这些集中遭受反补贴调查的行业都是中国在美国市场上具有相对优势的行业，表明了美国遏制中国优势行业发展的明显意图。如图5-5所示，2001~2021年，金属制品行业、钢铁行业、化学原料和制品行业受到的反补贴调查次数居前三位，分别受到57起、32起、20起调查，可见各行业在中美贸易中被美国采取反补贴调查的力度存在行业间差异。如表5-6所示，金属制品和钢铁行业是中低端行业，化学原料和制成品是中高端及高端行业。

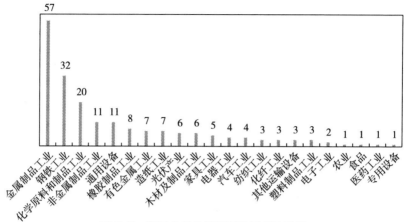

图 5-5 我国各行业接受反补贴调查次数

表 5-6 2012~2020 年美国对华征收反补贴税的实际案例

年份	反补贴案对应产品	所属工业	制造业分类
2012	应用级风电塔	电气工业	中低端制造业
	不锈钢拉制水槽	金属制品工业	中低端制造业
2013	三氯异氰尿酸	化学原料和制品工业	中高端及高端制造业
	取向电工钢	钢铁工业	中低端制造业
2014	晶体硅光伏产品	光伏产品	中高端及高端制造业
	碳钢合金盘条	钢铁工业	中低端制造业
2015	三聚氰胺	化学原料和制品工业	中高端及高端制造业
	无涂层纸	造纸工业	低端制造业
2016	非晶硅织物	非金属制品工业	中低端制造业
	卡车和公共汽车轮胎	橡胶制品工业	中低端制造业
2017	硬木胶合板	木材及制品工业	低端制造业
	铝箔	有色金属工业	中低端制造业
2018	塑料装饰丝带	塑料制品业	中低端制造业
	刚货架	金属制品工业	中低端制造业
	直径 12~16.5 英寸钢轮	汽车工业	中高端及高端制造业
	可重复使用不锈钢啤酒桶	金属制品工业	中低端制造业
	铝制电线电缆	电气工业	中高端及高端制造业
2019	拉伸变形丝	纺织工业	低端制造业
	预制钢结构	钢铁工业	中低端制造业

年份	反补贴案对应产品	所属工业	制造业分类
	玻璃容器	非金属制品工业	中低端制造业
2020	液力端	金属制品工业	中低端制造业
	集装箱拖车底盘及部件	通用设备	中高端及高端制造业

根据上述分类，基于三元边际理论分析中国出口美国制造业产品趋势。计算分解框架如下：

拓展边际：$EM_{jm} = \dfrac{\sum_i I_{jm} p_{rmi} q_{rmi}}{\sum_i I_{rm} p_{rmi} q_{rmi}}$

数量边际：$Q_{jm} = \prod_i I_{jm} \left(\dfrac{q_{jmi}}{q_{rmi}} \right)^{w_{jmi}}$

价格边际：$P_{jm} = \prod_i I_{jm} \left(\dfrac{p_{jmi}}{p_{rmi}} \right)^{w_{jmi}}$

式中，j 为本国；m 为进口国；r 为参考国（一般为整个世界）；p 为输出产品的价格；q 为输出产品的数量；I_{jm} 与 I_{rm} 则分别指中国和世界输出 m 国产品的集合；w_{jmi} 为中国出口商品的权重。因此，拓展边际代表了在世界出口 m 国产品总额中，中国出口 m 国的这些产品种类所占的比重，比重越高，则说明中国与 m 国的产品贸易与世界和 m 国的产品贸易重合度越高，也就是说中国出口 m 国的产品种类越丰富。数量边际与集约边际，分别代表了中国的产品贸易数量和价格与世界平均水平之比。其中，Q_{jm} 表示数量边际，P_{jm} 表示价格边际，EM_{jm} 表示拓展边际，能够分别表示制造业产品在固定种类上的出口数量、制造业产品在固定种类上的出口价格、制造业产品出口种类的多样性。

中国经济初期的快速发展依靠的是低端以及中低端制造业产品出口为主，对国外市场具有较强的依赖性，后来出口产品由于贸易保护措施和贸易壁垒而减少。近年来，随着世界经济下行，全球贸易进入寒冬，同时人民币的购买力增强，也降低了我国出口产品的价格优势，增速放缓甚至有所下降，制造业出口进入一段低迷期；而与此同时，中国制造业产品市场结构还相对单一，缺少高端技术的支撑，依附性较强。相对于之前依赖于出口产品数量多、价格低的传统优势，出口贸易开始降低出口的产品数量而不断提高产品质量，稳定产品种类，出口增长的关键逐渐主要依赖于产品质量和价格的提升。摆脱以往低附值的生产出口模式是我国的进步所在，不过这种模式会使出口产品对商场价格的依赖性较大，市场的波动对产品出口和产业发展会产生较大的冲击，甚至影响到国内市场。

依据 2006~2021 年前瞻性和国际信息研究中心（Centre d'Études Prospectives et d'Informations Internationales，CEPII）的中国出口产品数据，应用三元边际理论分析出口发展趋势，如图 5-6 所示。三元边际在中高端及高端制造业中带来的作用比较明显，中高端产业具有较高的附加价值和技术含量，而较高的附加价值和技术含量对应着较高的价格、数量和扩展边际。在美国贸易保护主义的背景下，我国要大力发展中高端制造业的技术密集型产品，打造产品技术上的优势，提升产品创新力度，注重产品内在品质，增加产品多样性，转变出口贸易结构，实现出口贸易多维度高质量新发展。

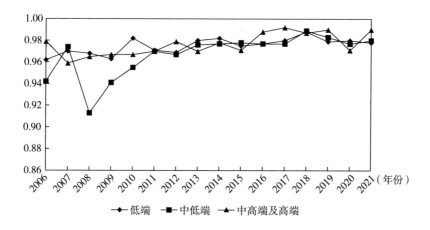

图 5-6　2006~2021 年拓展边际（EM）趋势

全球光伏产业在 21 世纪初飞速发展，高收益和高增长吸引了国内厂商的投资热情。2011 年，全球光伏需求量 20GW，中国光伏行业的产能已接近 40GW。从 2011 年开始，美国、欧盟等国对我国光伏产品接连提出"双反"调查。中国光伏产品出口量约占到全球的 90%，严重依赖国际市场，国际市场状况变动造成了企业恐慌，光伏产业二级市场大量低价抛售，国内光伏市场也遭受了冲击，中国的光伏产业大面积停产。究其根本，当时多数中国的光伏企业的模式是原材料、技术、市场三头在外，几乎完全依赖于欧美市场。反补贴裁决直接使中国企业丧失了价格优势，同时中国企业的核心技术、关键设备甚至原材料都来自国外，这一弱点被牢牢抓住。

2015 年后，我国抓住全球新一轮能源转型的机遇，中国光伏企业也更多地"走出去"。为有效规避"双反"，光伏产业的视线移出欧美市场找到了新方向，"一带一路"沿线国家的光伏产业正处于起步阶段，庞大的市场规模和迅速增加的需求量，能带动中国光伏产业化解产能过剩的问题，也是中国光伏企业得天独厚的海外市场。

（二）分析要求

（1）什么是反补贴关税？美国对华开展反补贴调查会对中国相应企业造成怎样的影响？

（2）结合三元边际理论，你认为我国该如何促进出口增长？

（3）结合我国光伏产业发展的案例和各国实施的反补贴政策，谈谈你对我国光伏产业出口贸易前景的看法。

参考答案：

（1）反补贴关税的定义以及美国对华开展反补贴调查会对中国相应企业造成的影响分析如下：

1）反补贴关税的定义：反补贴关税是一种进口附加税，旨在对那些接受出口补贴的外国商品在进口环节征收，以抵消这些商品所接受的补贴额。具体来说，反补贴税的征收需要满足三个条件。首先，必须有补贴的事实，即出口国直接或间接对商品给予补贴。其次，必须有损害的结果，即这些商品的进口对进口国国内相关产业造成了损害或威胁。最后，补贴与损害之间必须存在因果关系。

2）美国对华开展反补贴调查会对中国相应产业造成的影响：对于被征收反补贴税的企业，其影响主要体现在以下四个方面：①成本增加。反补贴税的征收相当于增加了企业的成本，因为它们需要支付额外的税款。这可能会削弱企业的价格竞争力，尤其是在价格敏感的市场中。②利润压缩。由于成本的增加，企业的利润空间可能会受到压缩。如果企业不能将额外的成本转嫁给消费者，它们的利润率可能会下降。③市场准入障碍。反补贴税可能会增加企业进入新市场的障碍，因为进口国的关税壁垒可能会提高。④国际贸易关系。被征收反补贴税可能会影响企业与征收国及其贸易伙伴的关系，可能会导致贸易争端。反补贴税的征收通常是一个复杂的过程，涉及详细的调查和分析，以确保征税的合理性和公平性。

（2）结合三元边际理论，我国促进出口增长的措施：三元边际理论将出口增长分为拓展边际、数量边际和质量边际。拓展边际指的是出口产品种类的增加；数量边际是指在原有产品种类的基础上增加出口数量；质量边际则是指提高出口产品的附加值和技术含量。

要促进出口增长，我国可以从六个方面着手：①提高贸易便利化水平。贸易便利化可以降低贸易成本，提高出口产品的竞争力。我国应积极参与国际双边和多边贸易合作，推动贸易便利化政策的制定和实施，简化进出口手续，提高通关效率。②加大对外直接投资的支持。FDI 可以带动出口增长，促进产业升级。我国政府应鼓励企业赴海外投资，特别是在"一带一路"沿线国家，以拓展市场、获取资源和提高技术水平。同时，优化 FDI 政策环境，提高投资效益。③提升出口产品附加值和技术含量。我国企业应加大研发投入，提高产品质量和品牌形象，推动出口产品向高附加值、高技术含量方向转型。此外，加强与国际先进技术的交流合作，提高产业整体竞争力。④培育新兴产业和优势产业。我国应积极发展新兴产业，如新能源、新材料等，以满足国际市场对高技术产品的需求。同时，发挥我国传统优势产业的作用，如纺织、家电等，提高出口产品的市场竞争力。⑤加强人才培养和科技创新。我国应加大对人才的培养力度，提高人才素质，为出口增长提供人才支持。同时，强化科技创新，推动产业升级，提高出口产品的附加值。⑥营造良好的国际贸易环境。积极参与国际事务，推动全球贸易规则的制定和改革，为我国出口增长创造有利的外部环境。

通过以上措施，我国可以在三元边际理论的指导下，实现出口增长的多元化、质量和效益型发展。

（3）结合我国光伏产业发展的案例和各国实施的反补贴政策，对我国光伏产业出口贸易前景的展望：

面对欧美国家的"双反"调查，我国光伏产业经历了一段艰难的时期。然而，这一挑战也催生了中国光伏产业转型升级的动力。为了规避"双反"风险，中国光伏企业开始积极开拓国际市场，特别是在"一带一路"沿线国家，市场需求巨大，为中国光伏产业提供了一个新的增长点。在这一过程中，中国光伏企业需要加强与国际合作，提升自身的技术创新能力，降低对外部市场的依赖。通过提高产品质量、降低成本、增强品牌影响力，中国光伏企业可以在国际市场上获得更大的竞争优势。同时，中国政府也应继续支持光伏产业的发展，提供政策扶持和资金支持，鼓励企业进行技术研发和市场拓展。此外，为了实现可持续发展，中国光伏产业还需要关注以下五个方面：①拓展光伏应用领域。除了传统的太阳能发电领域，光伏产业还可以在光伏农业、光伏建筑一体化、光伏交通等领域发挥重要作用。这有助于提高光伏产品的附加值和市场竞争力。②注重技术优化。不断优化光伏电池技术，提高光伏组件的转化效率，降低成本，以满足不同场景的需求。③加强人才培养和科技创新。提升光伏产业的人才素质，加强科技创新，为光伏产业的发展提供源源不断的动力。④推动光伏产业与其他产业的融合发展。例如，光伏产业与大数据、物联网、智能制造等新兴产业的融合发展，提高光伏产业的智能化水平和整体竞争力。⑤加强国际合作。积极参与全球光伏产业的标准制定、技术交流和市场拓展，提升中国光伏产业的国际地位。

总之，中国光伏产业在应对"双反"调查的过程中，不仅要规避风险，还要抓住国际市场的新机遇，实现可持续发展。通过加强技术创新、拓展市场领域、提高产业竞争力，中国光伏产业有望在全球能源转型中发挥更大的作用。

十三、中美铜版纸"反倾销反补贴"案

（一）案例内容——双反措施（中美铜版纸"反倾销反补贴"案）

主旨：美国对华采取反倾销反补贴的大门已经彻底打开。我们更加应该关注WTO的补贴与反补贴、倾销与反倾销制度，对我国现行的补贴政策、税收和银行法律制度进行调整和完善，并运用WTO规则维护自身的合法权益。

2006年10月31日，新页纸业集团向美国商务部（DOC）提交申请，对从中、韩、印度尼西亚进口的铜版纸进行反倾销和反补贴立案调查。DOC同意并选择中国最大的两家铜版纸业企业金东纸业、晨鸣纸业展开调查。2006年12月15日，美国国际贸易委员会（USITC）初步裁定，有合理的证据表明原产于上述三国的铜版纸的补贴和倾销行为给美国国内产业造成了实质性损害和损害威胁。2007年1月9日，中国商务部向美国国际贸易法院动议，主张临时性限制美国商务部作出裁定。3月29日，美国国际贸易法院裁定，DOC有权考虑是否对中国企业启动反补贴调查，宣布对原产于中国的铜版纸做出反补贴初裁。9月14日，中国政府就上述裁定提起WTO争端解决项下的磋商请求，中国认为美国的裁决违反了美国在GATT关于反补贴、反倾销协议中的规定。10月17日，DOC宣布对来自中国的铜版纸征收最终反倾销和反补贴税。

在反补贴方面，一直积极应诉的金东纸业由初裁时20.35%的临时税率下降到7.4%，而晨鸣纸业则因放弃应诉，由初裁时10.90%的临时税率上升至44.25%，其他企业的税率为74%。在反倾销方面，金东纸业等4家企业获得21.12%的反倾销税率，而初裁时这些企业的税率为23.9%或30.22%，晨鸣纸业以及其他企业的税率高达99.65%。这改变了美国持续24年不对"非市场经济体"适用反补贴税的做法。

2007年11月20日，USITC以五票对一票的裁决认定，从中国、韩国、印度尼西亚进口的铜版纸未对美国产业造成伤害，推翻了美国商务部DOC于10月17日作出的中、印度尼西亚、韩产品存在倾销及补贴的终裁认定。这一终裁意

味着，美国对中国入世以来发起的第一起反倾销反补贴合并调查案以失败告终。

（二）分析要求

（1）什么是反倾销、反补贴？

（2）分析美国"双反措施"对我国的影响。

（3）我国应该如何应对反倾销与反补贴调查？

参考答案：

（1）反倾销、反补贴的含义：反倾销指对外国商品在本国市场上的倾销所采取的抵制措施。一般是对倾销的外国商品除征收一般进口税外，再增收附加税，使其不能廉价出售，此种附加税称为"反倾销税"。

反补贴是指一国政府或国际社会为了保护本国经济健康发展，维护公平竞争的秩序，或者为了国际贸易的自由发展，针对补贴行为而采取必要的限制性措施，包括临时措施、承诺征收反补贴税。

（2）美国"双反措施"对我国的影响：美国对我国产品实行的"双反措施"采用了双重标准，对于我国出口企业非常不公平，也给我国的贸易和经济带来非常不利的影响。

1）直接影响我国出口企业的经济效益。一般来说，只要出口产品被进口国提起反倾销、反补贴调查，就会马上影响该产品对该进口国的正常出口。而且，一旦该产品被裁定倾销或补贴成立，就会被征收高额反倾销税或反补贴税，这意味着我国的相关企业将完全丢失国外市场，这对出口企业极为不利。

2）阻碍我国对外贸易的发展。在美国"双反"的示范连锁效应下，其他国家纷纷对原产于我国的产品发起"双反"调查，进一步降低了我国产品在国际市场中的竞争地位，影响我国出口。

3）对我国国内经济产生不良影响。美国频繁对我国产品实施"双反"调查，我国产品受阻于国外市场，势必返销国内市场，导致内销市场竞争加剧。

（3）我国应积极应对反倾销与反补贴调查：

第一，在市场经济地位获得承认的问题上，仍要积极主动。因为市场经济建设是我国的大政方针，最终还得让WTO其他成员确认我国的市场经济地位。但在此过程中，不能急于求成，否则会付出很大代价。同时要充分理解有关成员的法律条文，采取灵活机动、各个击破的方式，让企业积极参与企业和行业的市场经济地位认证，最终使企业成为独立、负责任的市场参与者。

第二，尽快培养掌握WTO相关法规知识的专门人才，并扶持一批相关的研究机构。加大力度研究 WTO 成员间反倾销与反补贴争端案件，尤其是发达国家与发展中国家之间的争端案件。必须有一大批专门人才能掌握和了解案件的缘由、WTO 争端解决机构的程序以及案件涉及的反倾销和反补贴等协定，以便今后我们从容地应对贸易摩擦局面。与此同时，要大力普及倾销和反倾销、补贴与反补贴知识，尤其要让从事贸易、经济的人员了解和掌握倾销和补贴的内容，并培养一批懂外语、精通反倾销、反补贴知识的律师和其他法律工作者。

第三，加快完善我国的市场经济制度，尽快提升主要出口产业的层次。这样使企业能够按照市场经济的规则发展自己、保护自己，培养拥有自主知识产权和核心技术的骨干出口企业，不断增强企业产品的竞争力，健全市场经济运行的竞争措施，最终转变我国的经济增长方式。

十四、中美轮胎特保案

（一）案例内容——贸易救济措施（保障措施）（中美轮胎特保案）

主旨：中美轮胎特保案中，美国在现行进口关税的基础上对中国的乘用车与轻型卡车轮胎连续三年加征特别关税，导致中国第一年轮胎产品将不能出口到美国，既影响中国工人的就业，也损失了出口额，同样也对在华美资企业带来了损失。

中美轮胎特保案是指美国国际贸易委员会于 2009 年 6 月 29 日提出，建议对中国输美乘用车与轻型卡车轮胎连续三年分别加征 55%、45% 和 35% 的从价特别关税。根据程序，2009 年 9 月 11 日，美国总统巴拉克·奥巴马决定对中国轮胎特保案实施为期三年的限制关税。在磋商无果的情况下，中国于 2009 年 12 月 9 日要求 WTO 设立专家组予以裁决。2010 年 12 月 13 日，WTO 驳回中国提出的美国对其销美轮胎征收反倾销惩罚性关税的申诉，仲裁小组表示美国在 2009 年 9 月对中国销美轮胎采取"过渡性质保护措施"征收惩罚性关税未违反 WTO 规定。2011 年 9 月 5 日，世界贸易组织裁定中国败诉。

美国钢铁工人联合会声称，中国输美轮胎数量在 2004～2008 年增加了 215%，造成五家轮胎厂倒闭。2009 年 4 月 20 日，美国钢铁工会向美国国际贸易委员会提出申请，对中国产乘用车轮胎发起特保调查。其在诉状中声称，从中国大量进口轮胎损害了当地轮胎工业的利益；若不对中国轮胎采取措施，到 2009 年底还会有 3000 名美国工人失去工作。

2009 年 4 月 29 日，美国国际贸易委员会在联邦纪事上公告，启动对中国轮胎产品的特保调查。这是时隔三年多后，美国又一次对中国产品发起特保调查，而且涉案金额巨大。我国政府对此表示强烈不满并坚决反对。

2009年6月18日，美国国际贸易委员会对中国乘用车及轻卡车轮胎特保案做出肯定性损害裁决，认定中国轮胎产品进口的大量增加，造成美国国内产业的市场混乱。中国政府对此深表遗憾。

2009年6月29日，美国国际贸易委员会（ITC）以中国轮胎扰乱美国市场为由，建议美国在现行进口关税（3.4%~4.0%）的基础上，对中国输美乘用车与轻型卡车轮胎连续三年分别加征55%、45%和35%的从价特别关税。根据美国调查程序，在8月7日的听证会后，美国总统奥巴马将于9月17日前做出是否采取措施的最终决定。9月12日，根据奥巴马的裁定，对从中国进口轮胎实施的惩罚性关税税率第一年为35%，第二年为30%，第三年为25%。

中国生产的轮胎中，40%出口，而其中1/3出口美国。最高征收高达35%的关税，这意味着第一年中国的轮胎产品将不能出口到美国了。据初步测算，这将影响到10万左右工人的就业，损失约10亿美元出口额。截至2009年，美国在华有4家轮胎生产企业，所生产的产品占中国对美轮胎出口的2/3，限制中国轮胎产品进口也将给这些美资企业带来直接损失。

（二）分析要求

（1）什么是贸易救济措施？

（2）促成中美轮胎特保案的原因及其造成的影响后果？

（3）此案给我们什么样的启示？

参考答案：

（1）贸易救济措施的概念：贸易救济指对在对外贸易领域或在对外贸易过程中，国内产业由于受到不公平进口行为或过量进口的冲击，造成了不同程度的损害，各国政府给予它们的帮助或救助。中国的贸易救济措施主要包括反倾销、反补贴、保障措施。世界贸易组织的贸易救济制度主要规定在关税与贸易总协定、反倾销协定、反补贴协定和保障措施协定中。

（2）促成中美轮胎特保案的原因及其造成的影响：

1）促成中美轮胎特保案的原因主要有：①中美经济发展不平衡。近几年，美国一直是中国的第一大贸易顺差国，中国贸易顺差额的近一半来自对美的顺差。②美国国内就业压力。在金融危机发生的背景下，世界经济处在困难之中，美国轮胎业发展困难，希望政府能够采取措施，遏制失业率上升。③中国产业结构的问题。在"廉价、低价"的背后是产业结构引发的贸易冲突，中国所能生产的产品，固然具有较高的价格竞争力，但却并不具备技术竞争优势或不可替代优势，因此很容易触到海外技术性贸易壁垒。④中国企业自身的一些不当做法。许多企业存在着"薄利多销"的传统理念，不少企业为了扩大国外市场，利用价格战术把产品价格定得过低，这种相互竞价的做法不但使得获利空间下降，而且容易使得国外将其销售行为视为反倾销，导致更多的贸易摩擦产生。⑤WTO争端解决机制不完善。WTO争端解决机制程序是一个沉重的负担。大多数时候，它们需要求助于收费昂贵的发达国家的法律机构。这大大降低了发展中国家启用争端解决机制以维护自身利益的效率和意愿。WTO争端解决机制缺乏对拖延执法的约束机制。

2）中美轮胎特保案造成的影响主要有：①对全球的影响。美国此次针对中国的特保案不仅会影响到轮胎行业，而且这种影响还会扩散到其他领域的世界贸易中，"开了一个极坏"的贸易保护先例，向世界发出贸易保护主义的错误信号，极有可能引起贸易保护措施的连锁反应。②对中国的影响。本次轮胎特保案涉及金额达17亿美元、企业20多家，使中国轮胎出口的国际贸易环境进一步恶化，给中国国内轮胎贸易带来巨大冲击，影响中国轮胎出口，导致生产过剩，并加剧中国国内轮胎业的竞争，对中国轮胎及其相关上下游产业造成巨大的冲击。且美国的特保调查可能会引起其他WTO成员仿效，遏制和限制我国轮胎或其他产品出口。③对美国的影响。首先，会减少美国制造业的就业率，将抬高美国轮胎市场价格，损害消费者福利。较高的从价关税将中国生产的廉价轮胎拒在美国市场之外，使得美国消费者面临更少的选择，供给的减少势必导致美国轮胎市场价格提高。其次，此案将扰乱短期内美国轮胎市场供应链，特保案将中国轮胎拒之门外，导致短期内美国低端轮胎市场空白。美国国内的轮胎生产企业已集中在高端产品领域，其没有利益动力再去生产低端产品。最后，此案损害部分美方轮胎生产企业的利益。美方在华有4家轮胎生产企业，并占中国对美轮胎出口的2/3，本案将直接影响它们的利益。

（3）此案给我们的启示：

1）应适当提高出口轮胎价格。我国的轮胎出口商品处于产业链最低端，一直靠价格低廉取胜，正是因为凭低廉价格占领市场，才屡屡被扣上倾销的帽子。

2）技术创新。我国应培育自主品牌，开拓海外中高端市场，实现技术升级，这是中国制造必须要走的路。我们的重点企业可以利用技术优势到国外投资和合作建厂，防范国外贸易壁垒风险。各级政府和有关部门要加大轮胎生产、出口的宏观调控力度，加大政策、资金等方面的扶持力度，力促轮胎出口从数量型向技术型、效益型转变。

3）扩大内需。降低对出口过度依赖，促进经济增长模式的转型，提高内需占 GDP 的比重，其意不仅在于保增长，也是很好地规避贸易壁垒，应对贸易保护主义的途径之一。

4）建立出口贸易壁垒预警机制。加强对外贸易规则和信息的收集与研究，建立出口贸易壁垒预警机制。这就要求企业要逐步熟悉 WTO 和相关国家的贸易相关规则，密切关注国外市场的相关法律、信息以及出口产品可能涉及的知识产权要求，按照规则的要求进行交易，解决争端，减少损失。检验检疫总局和国家有关部门要建立统一的轮胎生产企业和产品准入管理制度，建立出口价格预警机制，规范轮胎出口市场。

十五、面向全球的工厂　通往世界的平台——发展中的中国出口加工区

（一）案例内容——出口加工区（面向全球的工厂　通往世界的平台——发展中的中国出口加工区）

主旨：作为政策优惠、通关快捷、管理简便、设施完善的海关特殊监管区域，中国出口加工区成为吸引投资的最新亮点。

自 2000 年 4 月起到 2005 年 2 月，国务院相继在全国批准设立了 39 个出口加工区。这是我国规范加工贸易管理、推动加工贸易转型升级而采取的重要举措。这些出口加工区是目前政策优惠、通关快捷、管理简便、设施完善的海关特殊监管区域，已成为吸引投资的最新亮点。

出口加工区实行特殊的税收优惠政策，对国内原材料进入出口加工区视同出口，即办理出口退税。海关、工商、税务、外汇管理局和检验检疫等部门在出口加工区实施简便高效的管理办法。2005 年，全国陆续建成了一批高质量、高标准、具有良好基础设施和运行条件的出口加工区。

2004 年，33 个已封关运作的出口加工区进出口总值达 354 亿美元，同比增长 96%，占当年全国加工贸易进出口总值的 6.2%。实践证明，国务院批准设立出口加工区的决策是正确的，出口加工区这一新型加工贸易管理模式正以倍增的实绩和明显的社会经济效益显示出其生命力。出口加工区的作用体现在以下四方面：

第一，促进了进出口增长，带动了国内原辅料出口。全国出口加工区不仅对所在省（自治区、直辖市）发展加工贸易贡献突出，更重要的是出口加工区企业的原材料、零配件、包装物料等 50% 来自境内采购，拉动了国内企业的间接出口。

第二，推动了国内产业结构升级，带动了产业链形成。截至 2004 年底，全国出口加工区共引进企业 806 家，出口产品 90% 为机电产品。在达丰、英特尔、本田、日立等一批超大型项目的示范带动下，形成了 IT 和制造产业的集群，因

而吸引了众多的配套厂商在周边地区投资落户。在江苏昆山，出口加工区内一家笔记本电脑厂商，在区外有200多家企业为之做配套产品。在上海松江，出口加工区外已聚集了613家配套厂商。广州、深圳、成都出口加工区引进本田汽车、日立环球、英特尔芯片后，产业聚集效果明显增强。

第三，提供了众多就业岗位，培养了大批技术工人。目前，仅上海松江、江苏昆山两个出口加工区已有近50000从业人员，其中大部分是经过专门培训的高科技企业技术工人。据测算，一个产业工人约带动七个为之配套服务的从业人员，这两个出口加工区就创造了约35万个就业岗位。从两个出口加工区的情况看，一个3平方千米的出口加工区全部建成后，一般能够提供10万~15万个就业岗位。

第四，创造集约用地新模式，单位面积产出新亮点。截至2005年2月，全国出口加工区已引进投资97.48亿美元，其中上海松江、江苏昆山两个出口加工区引进投资约25亿美元，每平方千米的投资密度约5亿美元。2004年两区每平方千米的出口货值约31.4亿美元。这不仅表明出口加工区单位面积的投资密度在国内较高，还预示着出口加工区存在巨大的经济效益和社会效益。由此可以说明，出口加工区的建设改变了我国经济发展粗放型用地的格局，为我国合理利用土地发展经济探索出一条可借鉴的经验。

（二）分析要求

（1）什么是出口加工区？

（2）中国出口加工区的发展对中国经济起了何种作用？

（3）设立出口加工区应具备什么条件？

参考答案：

（1）出口加工区的概念：出口加工区（Export Processing Zone）是国家划定或开辟的专门制造、加工、装配出口商品的特殊工业区。作为经济特区的形式之一，出口加工区常享受减免各种地方征税的优惠。出口加工区一般选在经济相对发达、交通运输和对外贸易方便、劳动力资源充足、城市发展基础较好的地区，多设于沿海港口或国家边境附近。世界上第一个出口加工区是1956年建于爱尔兰的香农国际机场。此后，一些国家也效法设置。中国在20世纪80年代实行改革开放政策后，沿海一些城市开始兴建出口加工区。

（2）中国出口加工区的发展对中国经济所起的作用：从2000年我国设立第一批出口加工区以来，出口加工区已逐渐成为我国高新技术产业的先导区、出口创汇的重点区、规范加工贸易的示范区，同时在带动周边经济、扩大就业等方面发挥了积极作用。出口加工区已成为拉动外向型经济发展和未来推动我国加工贸易转型升级的重要载体。它对我国经济的作用主要表现在以下几个方面：

1）优化产业结构。例如，2004 年底，全国出口加工区共引进企业 806 家，在达丰、英特尔、本田、日立等一批超大型项目的示范带动下，形成了 IT 和制造产业的集群。广州、深圳、成都出口加工区引进本田汽车、日立环球、英特尔芯片后，产业聚集效果明显增强。

2）推动加工贸易的发展。例如，2004 年，33 个已封关运作的出口加工区进出口总值达 354 亿美元，同比增长 96%，占当年全国加工贸易进出口总值的 6.2%，极大地促进了我国加工贸易的发展。

3）加快引进投资。例如，截止到 2005 年 2 月，全国出口加工区已引进投资 97.48 亿美元，其中上海松江、江苏昆山两个出口加工区引进投资约 25 亿美元，每平方千米的投资密度约 5 亿美元。

（3）设立出口加工区应具备的条件：2004 年 4 月 8 日，为规范对设立出口加工区的管理，防止重复建设，促进出口加工区健康发展，根据国务院要求，海关总署会同发展改革委、财政部、国土资源部、商务部、税务总局、工商总局、质检总局、外汇局研究制定《设立出口加工区的审批标准和程序》。设立出口加工区要满足以下条件：

1）出口加工区原则上设在经国务院批准的国家级开发区内，同一开发区内只能设立 1 个出口加工区。

2）出口加工区要坚持以出口为导向，申请设立出口加工区的国家级开发区加工贸易年进出口总值一般应达到 1 亿美元以上。

3）加工贸易年进出口总值低于 10 亿美元的省（自治区、直辖市），原则上只设立 1 个出口加工区。

4）加工贸易年进出口总值超过 10 亿美元的省（自治区、直辖市），虽已设有出口加工区，根据加工贸易发展的需要，可经批准增设出口加工区。

5）东部各省（直辖市）的出口加工区封关运作后加工贸易年进出口总值达到或超过 5000 万美元的；中部各省出口加工区封关运作后加工贸易年进出口总值达到或超过 2000 万美元的；西部各省（自治区、直辖市）出口加工区封关运作后加工贸易年进出口总值达到或超过 1000 万美元的，方可申请在该省（自治区、直辖市）增设出口加工区或扩大原有出口加工区的面积。

6）出口加工区如申请扩大面积，须区内已摆满项目、基础设施及配套建设发展用地已得到充分利用，且扩大的面积不超过 3 平方千米。

7）出口加工区须自批准之日起 2 年内建设完毕并申请验收。如 1 年内未启动建设，由海关总署商有关部门书面提请有关省（自治区、直辖市）予以注意。之后 1 年内仍未有进展的，由海关总署会同有关部门报请国务院予以撤销。

8）出口加工区封关运作后 3 年内仍无投资项目，或虽有投资项目，但加工贸易年进出口总值低于 100 万美元的，由海关总署会同有关部门书面提请有关省（自治区、直辖市）予以注意。之后 1 年仍达不到要求的，由海关总署会同有关部门报请国务院予以撤销。

十六、美光"被禁"——中国在半导体领域的反制

（一）案例内容——贸易管制（美光"被禁"——中国在半导体领域的反制）

主旨：2023 年 5 月 21 日，全球半导体产业的巨头美光科技在我国的禁售事件，引发了全球的广泛关注。在中美科技领域博弈激烈的当下，这是中国国家第一次对美国资本背景的外来企业进行主动审查。这一事件不仅揭示了我国在科技领域的自主创新实力，更是我国对于外部制裁的坚决回应。"美光事件"提醒着我们，无论是中国企业还是其他国家的企业，都应遵守国际规则和市场规则，以规范的行为参与全球竞争，共同推动行业的健康发展。

美光科技（Micron Technology Inc.）成立于 1978 年，拥有着从晶圆制造、芯片设计、封装测试到最终存储模组的集成一体化生产能力，2022 年营收 307.6 亿美元，市值高达 809 亿美元，是全球第五大芯片公司，也是全球三大存储芯片巨头之一。

2023 年 3 月 31 日，网络安全审查办公室发布公告，为保障关键信息基础设施供应链安全，防范产品问题隐患造成网络安全风险，维护国家安全，依据《中华人民共和国国家安全法》《中华人民共和国网络安全法》，网络安全审查办公室按照《网络安全审查办法》，对美光公司（Micron）在华销售的产品实施网络安全审查。2023 年 5 月 21 日，网络安全审查办公室公布"发现美光公司产品存在较严重网络安全问题隐患，对我国关键信息基础设施供应链造成重大安全风险，影响我国国家安全。为此，网络安全审查办公室依法做出不予通过网络安全审查的结论"。按照《中华人民共和国网络安全法》等法律法规，我国国内关键信息基础设施的运营者应停止采购美光公司产品。在存储寒冬中，美光 2023 财年第二财季营收为 36.9 亿美元，上年同期为 77.9 亿美元，同比下降约 53%，亏损 23.1 亿美元，其中含计提超 14 亿美元的库存损失。随着中国对美光的审查和举措，周期低谷中的美光在中国的营收面临进一步下滑。2022 财年年报数据显示，美光在中国的收入为 33.11 亿美元，同比增长 34.8%，占总收入的 10.76%。曾经中国也是美光的大市场，一度营收占比超 50%，如今已经跌至 10% 左右。若

按照最严格的限制措施估算，将存储晶圆等半成品包含在内，根据美光科技2022年财报数据，其此时退出市场，就会留出最少33亿美元（约合人民币230亿元）的市场"空白"，以待其他厂商进行填补。

与美国实施的一长串出口管制和技术制裁相比，这是中国维护国家安全的必要举措。记录显示，过去5年，美光至少对美国政府进行了170次游说，这些游说文件几乎涉及贸易保护、知识产权纠纷、中国竞争威胁等内容，主要针对中国相关企业。涉及技术研发、芯片制造、商业间谍等内容，与中国企业有关的占据了游说文件的2/3以上。中国拥有的三个主要存储芯片制造基地之一是与台湾联电公司合作的福建晋华。在福建晋华正式投产之前，美光公司将其告上了美国法庭，声称福建晋华窃取了它们的技术。2017年12月，美光公司向加州联邦法院提起诉讼，指控联电公司窃取了其存储芯片的关键技术，并将其交给了福建晋华。由于这一指控，福建晋华于2018年被美国列入实体清单。当时晋华大量进口了来自美国的半导体设备，但很多设备最终无法正常运作，导致晋华遭受重创。另外两家制造商分别是合肥长鑫和长江存储，2022年10月，美国正式对这两家公司实施封锁。

2023年6月16日，美光向美国证券交易委员会（SEC）提交文件显示，受中国国家网信办对其做出的审查结论对其在华业务的影响，美光来自总部位于中国的客户营收预测约有一半将面临风险。同日，美光宣布计划在未来几年中对其位于中国西安的封装测试工厂投资逾43亿元人民币。还表示已决定收购力成半导体（西安）有限公司（以下简称"力成西安"）的封装设备，计划在美光西安工厂加建新厂房。美光此时宣布这项投资计划，显然有稳住中国市场的考虑。但这一"临时抱佛脚"之举能否奏效还有待观察。

（二）分析要求

（1）什么是贸易制裁？贸易制裁的原因有哪些？

（2）根据案例材料，请简要分析贸易制裁的方式主要有哪些？

（3）请结合案例谈谈中国应如何应对贸易制裁？

参考答案：

（1）贸易制裁的含义及其原因：贸易制裁（Trade Sanctions）是经济制裁（Economic Sanctions）的一项重要内容，指一个国家或国际组织，为了维护本身经济贸易利益和规则，对某一国家采取限制或剥夺贸易权益的行为和措施。

贸易制裁的原因如下：

1）维护经济贸易利益。用贸易制裁手段惩戒对方，迫使对方做出妥协、让步，以维护本国企业的利益。为了维护美国的知识产权和得到"公平"贸易机会，美国经常动用"超级 301 条款"和"特殊 301 条款"威胁和制裁其他国家。

2）追求政治目的和利益。1959 年 1 月后，卡斯特罗领导武装革命推翻了巴蒂斯塔亲美独裁政府后，开始实行国有化，征收和接管美国公司及其所有土地，引起了美国的不满。美国开始对古巴进行贸易制裁。1963 年 7 月，美国冻结古巴在美国的所有财产，继续实行贸易禁运。1996 年 5 月后，美国按照《赫尔姆斯—伯顿法案》，将对古巴的制裁措施扩大到第三国。禁止第三国在美国销售古巴产品，不给与古巴有经贸往来的公司经理、股东及其家属发放入美签证，不允许古巴加入国际金融机构，不允许其向古巴提供贷款，谋求通过联合国安理会对古巴实行国际制裁。

3）谋求军事和安全利益。1979 年 12 月 27 日，苏联进军阿富汗，严重影响了美苏在中亚和中东地区的战略平衡，威胁到美国的利益。此后，美国宣布对苏联进行贸易制裁，包括停止出售高新技术产品，停止提供 1700 万吨粮食，限制苏联渔船在美国水域捕鱼。欧共体也宣布对苏联实行贸易制裁，包括停止向苏联出口谷物、奶制品，取消对苏联出口的黄油补贴等。

（2）根据案例材料，贸易制裁的方式主要有三大类：

1）取消已经达成的贸易合同。如美国政府在没有事实根据的情况下，指责中国冶金设备总公司（中冶公司）对巴基斯坦出口导弹零部件，从事导弹扩散活动，于 2001 年 9 月 1 日起对中国冶金设备总公司实施制裁。制裁内容为：两年内将不向该公司发放导弹技术控制组织（MTCR）附属项目的个别许可证；两年内该公司将不能获得与 MTCR 附属项目有关的新的政府合同；两年内禁止向该公司出口 MTCR 附属项目、某些空间和军事项目以及一些电子产品项目。

2）限制、禁止部分或全部贸易往来。这种制裁措施的具体办法包括：对某种或某些产品的进口课以惩罚关税或实施严格的配额限制，禁止受制裁的外国公司的产品进入本国市场；断绝一切经济贸易往来；动用武力或军事手段，封锁对方国家的海岸或边境，强制性地限制受裁国与外界的经济贸易往来。如伊拉克 1990 年 8 月入侵科威特后，联合国安理会通过第 661 号决议，对伊拉克一直实施包括石油禁运在内的经济贸易制裁，而且动用军队封锁伊拉克的领空领海，实行强制性的海运检查，监督对伊拉克的制裁。

3）冻结存款、资产与援助款项等。①冻结账户存款和其他资产。冻结账户存款和其他资产是贸易制裁常用的一种方式，它一般发生在两国政治交恶或国际经济主体相互对立的时期。如因朝鲜战争爆发和中国参加抗美援朝战争，

1950 年 12 月 16 日，美国宣布冻结中国在美国的财产和资金。为了回击美国，中国也于同年 12 月 28 日冻结美国在中国的一切财产。②冻结和取消预期应得的援助款项等。如 1995 年 8 月 29 日，日本政府为抗议中国进行核试验，决定冻结 1994 年部分对华无偿援助（共 78 亿日元），并将减少 1995 年对华无偿援助金额。

对于此次的审查，审查内容主要包含有以下内容：一是产品用于关键信息基础设施之中带来的风险，包括："产品和服务使用后带来的关键信息基础设施被非法控制、遭受干扰或者破坏的风险"，以及"产品和服务供应中断对关键信息基础设施业务连续性的危害"；二是产品本身的风险，包括"产品和服务的安全性、开放性、透明性"；三是产品和服务提供者的行为，其"遵守中国法律、行政法规、部门规章情况"。而审查带来的结果是我国国内关键信息基础设施的运营者应停止采购美光公司产品，属于贸易制裁中禁止部分贸易往来的方式。

（3）中国应积极应对贸易制裁。美光"被禁"这是中国维护国家安全的必要举措。早在 2018 年，美国对中兴公司进行制裁，揭开了中美间半导体贸易摩擦的序幕，同时让中国认识到了国内半导体企业仍与国际水平存在着差距。福建晋华于 2018 年被美国列入实体清单。2019 年，美国再次把以华为为首的 70 多家企业列入"实体清单"，限制华为对美高新技术器件的购买，对中国半导体产业的发展造成了冲击。2022 年 10 月，美国正式对合肥长鑫和长江存储实施封锁。面对这种对外需要应对贸易制裁、对内需要加紧追赶的紧张形势，中国需要在研发自主性、调整半导体产业的产品结构等方面积极推进，具体如下：

第一，要加强技术研发的自主性，进行开放性创新。拥有核心技术，才是在面对贸易制裁时能保持本国产业长足发展的重要根据。此外，半导体产业还是如计算机、通信、人工智能等高新技术产业的基础性产业，其重要性被比喻为"产业的粮食"，发展好半导体技术也将使其他高新技术产业的发展事半功倍。

第二，要积极调整半导体产业的产品结构，鼓励重组企业进行自主经营决策。在美国对中国的半导体产业实施制裁的冲击下，中国高科技企业业绩出现下滑。为了应对这种情况，需要中国企业积极调整产品结构与销售结构，提高高附加值产品所占的比例。对于拆分重组后成立的专门从事半导体业务的公司，要警惕其现决策仍受原公司限制的问题，提高其经营决策的自由度，从而灵活地进行资源配置的调整。

第三，要积极拓展产业链条布局。中国的半导体生产设备制造产业较弱，以晶圆为代表的半导体材料也依赖进口，导致中国半导体产业发展受到的外国限制较大。在应对贸易制裁、发展国内产业时，也应注意这类上下游产业的发展。

第四，要积极利用WTO等多边贸易争端解决机制。我们要积极利用多边贸易争端解决机制，针对美国违反国际贸易规则的行为，联合其他国家积极发起诉讼，并争取在WTO等国际组织内的话语权，积极参与规则的制定与使用。

第五，中国要继续开拓其他市场，实现广泛的国际合作。过于依赖美国的技术或市场会导致中国的半导体产业受制于人、丧失主动性，为了摆脱被动情况，中国要寻求与其他发展中国家的合作，积极开发第三方市场，同时加强与其他发达国家的合作，突破美国对中国的技术封锁。我们应大力推进区域全面经济伙伴关系（RCEP）建设，依托"一带一路"深化与日韩和与东盟的经贸关系，加强中日韩自由贸易区与中国和东盟自由贸易区的建设，争取达成吸引国外投资、合理布局产业链、扩大市场的效果。同时，可与欧盟和日本等发达国家（地区）加强技术交流与合作，发挥自身的比较优势，提升技术水平。

第六章　国际贸易发展

主要内容

- 跨国公司与国际贸易
- 区域经济一体化
- 国际贸易条约与协定
- 当代国际贸易发展格局

学习要点

- 跨国公司的概念、跨国公司的内部贸易及跨国公司的有关理论
- 区域经济一体化形成与发展和区域一体化理论
- 国家间贸易条约与协定的类型、原则、内容和目的

本章重点

- 跨国公司的概念、经营战略和竞争方式
- 跨国公司的相关理论
- 区域经济一体化形成与发展的影响因素
- 区域经济一体化理论：关税同盟理论、大市场理论、综合发展战略理论、效应验证理论
- 国际贸易条约与协定的类型、原则、内容和目的
- 当代国际贸易发展格局

本章难点

- 垄断优势理论
- 内部化理论
- 区域一体化的形式、层次和特点
- 关税同盟理论：贸易创造效应、贸易转移效应、贸易扩大效应
- 国际贸易条约与协定适用的法律条款

- 国际商品协定的内涵
- 国际贸易格局的演变

第一节 基本概念

一、跨国公司与对外直接投资

跨国公司（Transnational Corporation）是股份制的或非股份制的企业，包括母公司和它们的子公司。只要是跨国界进行直接投资并且获得控制权的企业就称为跨国公司，又称为多国公司。母公司是一家在母国以外的国家控制着其他实体资产的企业，通常拥有一定的股份。股份制企业拥有10%或者更多的普通股或投票权者，或者非股份制企业拥有等同的数量（资产）者，通常被认为是资产控制权的门槛。子公司是一家股份制的或非股份制的企业，一个其他国家的居民投资者对该企业管理拥有可获得持久利益的利害关系。

对外直接投资（Foreign Direct Investment，FDI）指一国国际直接投资的流出，即投资者直接在国外举办并经营企业而进行的投资。对外直接投资可分为：

（1）参加资本，只参加少量的投资，不参与经营，必要时也派遣技术人员和顾问担任指导。

（2）开办合资企业。由双方共同投资并派遣拥有代表权的人员参加经营。一些发展中国家为了保障本国利益，对合资企业中的外资比例都有立法限制。

（3）收买现有企业。

（4）开设子公司（或分店），由总公司出资，根据当地法律开设独立经营企业。对外直接投资有利于被投资国解决资金困难、引进先进技术、扩展出口贸易、增加就业机会，因而被广泛接受。世界各国为促进本国经济发展，大都采取开放政策以吸收国外直接投资，同时注意制定相应的政策法律，保护民族权益。

二、跨国公司内部贸易

公司内部贸易是跨国公司内部化的主要形式，指在跨国公司内部展开的国际贸易活动，即在跨国公司分处不同国家的母公司与子公司之间的贸易关系，以及同一系统子公司之间跨国界的贸易关系。

内部化率，即跨国公司内部进出口额占一国进出口总额的比率，是衡量公司内部贸易重要程度的一个指标。

跨国公司内部贸易发展的动因：降低外部市场造成的经营不确定风险；维持技术垄断，适应高技术产品生产的需要；降低交易成本；满足跨国公司生产体系中对中间产品的特定需求；增强竞争力，实现全球利润最大化；有利于内部贸易价格的运用。

三、跨国公司内部贸易价格

公司内部贸易所采取的价格，通常称为转移价格，即公司内部总公司与子公司、子公司与子公司之间在进行商品和劳务交换中，在公司内部所实行的价格。公司内部贸易的价格与市场价格相脱离，是由公司上层制定的。转移价格可分为转移高价和转移低价。

公司内部贸易实行转移价格的原因：减轻纳税负担（逃避关税、规避所得税）；增强子公司竞争力；调拨资金；规避风险及各种管制等。

四、区域经济一体化、一体化与专业化

区域经济一体化是指区域内或者区域间的国家和政治实体通过书面文件，逐步实现彼此之间在货物、服务和要素的自由流动，进行各种要素的合理配置，促进相互间的经济与发展，取消关税和非关税壁垒，进而协调产业、财政和货币政策，并相应建立超国家的组织机构的过程。

一体化（Integration）是指把若干分散企业联合起来，组成一个统一的经济组织。这种统一的组织可以是联合公司或企业集团。企业实行一体化经营的方式有纵向一体化和横向一体化两种。一体化过程既涉及国家间经济，也涉及政治、法律和文化，或整个社会的融合，是政治、经济、法律、社会、文化的一种全面互动过程。由于它涉及的主权实体间的相互融合，并最终成为一个在世界上具有主体资格的单一实体，因而它不同于一般意义上的国家间合作，涉及的也不仅仅是一般的国家间政治或经济关系。

专业化（Specialization）是指产业部门中根据产品生产的不同过程而分成的各业务部分。按照现代广泛运用的利伯曼"专业化"标准的定义解释，所谓"专业"，应满足以下基本条件：一是范围明确，垄断地从事于社会不可缺少的工作；二是运用高度的理智性技术；三是需要长期的专业教育；四是从事者个人、集体均具有广泛自律性；五是专业自律性范围内，直接负有作出判断、采取行为的责任；六是非营利性，以服务为动机；七是拥有应用方式具体化的理论纲领。

五、优惠贸易安排

优惠贸易安排（Preferential Trade Arrangement）是区域经济一体化最初级和最松散的一种形式。在优惠贸易安排的成员间，通过协定或者其他形式，对全部商品或者一部分商品规定特别的关税优惠。但是，优惠贸易安排并不一定涉及全部商品领域，其优惠幅度也并不一定达到完全取消关税和非关税壁垒的程度。

六、自由贸易区和自由贸易试验区

自由贸易区（Free Trade Area）指签订自由贸易协定的成员国相互取消商品贸易中的关税和数量限制，使商品在各成员国间可以自由流动的区域，但保留各

自对非成员国的贸易壁垒。

自由贸易试验区（Pilot Free Trade Zone）是我国根据其自身情况单方面设立的特殊区域，不涉及双边或多边协定。在该区域，准许外国商品豁免关税自由进出。自贸试验区的贸易、投资、金融方面的政策对所有贸易商和投资者一致适用，不设专门针对某些国家的特定优惠。原则上，在自贸试验区内，除非与其他国家或地区签订的双边贸易与投资协定的相关内容比自贸试验区现有规定更优惠，一般均适用自贸试验区规定。截至 2023 年 5 月，我国已经先后成立了 21 个自由贸易试验区。

七、关税同盟

关税同盟（Tariff Union）是指成员国间完全取消关税和其他贸易壁垒，并对非成员国实行统一的关税税率，推行共同的对外贸易政策的组织。一些彼此间实行自由贸易的国家对世界其他国家或地区实行共同关税壁垒的财政合作形式。较之自由贸易区，关税同盟在经济一体化的程度上向前迈进了一步。

八、共同市场

共同市场（Common Market）较关税同盟在经济一体化的程度上又向前迈进了一步。在共同市场内部，生产要素在成员国之间可以自由流动。

九、经济同盟

经济同盟（Economic Union）的建立所需要的协调与合作程度比共同市场的要求更高。与共同市场一样，经济同盟包含商品和生产要素在成员国间的自由流动以及采取共同的对外贸易政策。与共同市场不同的是，经济同盟还要求有共同的货币和财政政策。

十、完全经济一体化

完全经济一体化（Complete Economic Integration）是经济一体化的最高形式。在这个阶段，区域各国在经济、金融和财政等政策上完全统一化；在成员方间完全废除商品、资金、劳动力等自由流动的人为障碍；且各成员的社会、政治、防务等方面的政策也趋于一致。

十一、国际贸易条约与协定

国际贸易条约（International Trade Treaty），泛指国家间在经济贸易关系方面规定相互权利义务的各种书面协议的总称，又称"商约"。

国际贸易协定（International Trade Agreement）指缔约国为调整贸易关系而达成的书面协议。

多边贸易条约与协定，两个以上国家或单独关税区签订的贸易条约和贸易协定称为多边的贸易条约与协定，如 1947 年关贸总协定等。

十二、最惠国待遇原则与国民待遇原则

最惠国待遇原则（Most Favoured Nation Treatment）指缔约国一方现在和将来

给予第三国的一切特权、优惠和豁免，也同样给予对方。主要作用：使该国出口的商品在外国市场上获得与任何第三国同等的竞争条件，使其企业或船舶在外国享有不受歧视的地位。

国民待遇指一个国家对外国自然人或法人在某些事项上（如在民事权利方面）给予不低于本国自然人或法人的待遇。

十三、国际商品协定

国际商品协定指某些初级产品的主要出口国和进口国间为稳定该项产品的经济收益、保证供销稳定和促使其发展等目的所缔结的政府间多边的书面文件。国际商品协定主要对象是发展中国家所生产的初级产品。这些产品由于受到市场经济动荡不定，行情变化异常的影响，价格经常变动。发展中国家为了保障它们的利益，希望通过协定维持合理的价格。第二次世界大战前存在小麦协定（1933 年签订）和糖协定（1937 年签订），"二战"后签订了更多商品协定糖（1953 年）、锡（1956 年）、咖啡（1962 年）、小麦（1949 年）、橄榄油（1958年）、可可（1973 年）、天然橡胶（1979 年），到 20 世纪 90 年代，国际商品协定已有 8 个，主要有三种类型。

十四、国际贸易格局

国际贸易格局（International Trade Pattern）指世界各国国际贸易优势的比较关系。

第二节　基本理论

一、跨国公司理论

（一）垄断优势理论（Monopolistic Advantage Theory）

垄断优势理论由美国学者海默（Stephen Herbertt Hymer）创立，由金德尔伯格（Charles P. Kindleberger）加以完善。在该理论前的经济学理论认为，对外直接投资和间接资本输出都是国际资本移动；资本国际移动源于各国利率的差异，资本从资本充裕的国家流向资本稀缺的国家。而垄断优势理论认为，直接投资与间接投资具有不同的性质。传统的国际资本流动理论已经不能解释对外直接投资现象，因为直接投资的特征在于控制国外的经营活动，而间接投资不以控制投资企业的经营活动为核心，投资的目的在于获得股息、债息和利息。该理论指出，企业对外直接投资必须满足两个条件：一是企业必须拥有竞争优势，以抵消在与当地企业竞争中的不利因素；二是不完全市场的存在，使企业拥有和保持这些优势。随后，金德尔伯格将不完全市场或不完全竞争市场作为企业对外直接投资的决定因素。

垄断优势论解释了企业为什么进行海外直接投资，主要由于市场不完全，寡占产业林立，企业为寻求进一步的发展必须扩展海外实力。尽管欲从事海外直接投资的企业在与东道国企业竞争中处于不利位势，但市场的不完全使得企业在专有技术、管理经验、融资能力、销售渠道等方面拥有优势，企业可以利用这些优势抵消与当地企业竞争中的劣势，从事有利的海外直接投资活动。

（二）内部化理论（Internalization Theory）

内部化理论形成于 20 世纪 70 年代中期，由英国学者巴克利（Peter J. Buckley）和卡森（Mark O. Casson）提出，由加拿大学者拉格曼（A. M. Rugman）加以发展。该理论认为，中间产品（技术等知识产品、零部件、原材料等）市场是不完全的。中间产品市场不完全有两种基本形式：一是技术等知识中间产品市场的不完全；二是零部件、原材料中间产品市场不完全。为追求最大限度利润，企业必须建立内部市场，利用企业管理手段协调企业内部资源流动与配置，避免市场不完全对企业经营效率的影响。当企业内部化超越国家范围时就是企业对外投资的过程，因此，企业内部化的因素就成为决定企业对外直接投资的因素。

巴克利和卡森认为，影响中间产品市场交易成本和企业实现中间产品市场内部化的因素有四种：①行业特定因素，包括中间产品特性、外部市场结构等。②国别特定因素，指东道国的政治、法律、经济状况。③地区特定因素，指地理位置、社会心理、文化差异等。④企业特定因素，指企业的组织结构、管理经验、控制和协调能力等。

（三）国际生产折衷理论（The Eclectic Theory of International Production）

国际生产折衷理论由英国里丁大学邓宁（J. H. Dunning）提出。他创立了一个关于国际贸易、对外直接投资和非股权转让三者一体的理论——通论。国际生产折衷理论认为，企业欲对外直接投资必须满足三个条件：第一，企业在供应某一特定市场时拥有对其他国家企业的净所有权优势，这些所有权优势主要表现为独占某些无形资产的优势和规模经济所产生的优势；第二，如果企业拥有对其他国家企业的净所有权优势，那么在它使用这些优势时，必须要比将其转让给外国企业去使用获得的收益更大，也即要具有内部化优势；第三，如果企业在所有权与内部化上均具有优势，那么对该企业而言，把这些优势与当地要素，即区位因素进行结合必须使其有利可图。由此可见，企业必须同时兼备所有权优势、内部化优势和区位优势才能从事海外直接投资活动。

（四）战略联盟理论（Strategic Alliance Theory）

战略联盟是现代企业竞争的产物，它指一个企业为了实现自己的战略目标，通过采取任何股权或非股权形式的共担风险、共享利益的长期联合与签订合作协议的方式，与其他企业在利益共享的基础上形成的一种优势互补、分工协作的松散式网络化联盟。它可以表现为正式的合资企业，即两家或两家以上的企业共同出资并且享有企业的股东权益；或者表现为短期的契约性协议。

二、国际投资理论

（一）国际直接投资理论（Theory of International Direct Investment）

国际直接投资，是一国投资者为实现持久利益而对本国之外的企业进行投资，并对国外企业的经营管理实施有效影响和控制的经济活动。既包括上述两个经济实体之间的初次交易，也包括它们之间以及所有附属企业之间的后续交易。

（二）国际间接投资理论（Theory of International Indirect Investment）

国际间接投资，是在国际证券市场上通过购买外国企业发行的股票和外国企业或政府发行的债券等有价证券，以获取利息或红利的投资行为。国际间接投资以取得一定的收益为目的，一般不存在对企业经营管理权的取得问题。即使是在对股权证券进行投资的情况下，也不构成对企业经营管理的有效控制。

三、区域经济一体化理论

（一）关税同盟理论（Theory of Tariff Union）

关税同盟理论的代表人物是范纳（J. Viner）和李普西（R. G. Lipsey）。按照范纳的观点，完全形态的关税同盟应具备三个条件：完全取消参加国间的关税；对来自非成员国或地区的进口设置统一的关税；通过协商方式在成员国之间分配关税收入。关税同盟的建立对成员国以及非成员国的影响，可以归纳为两类：关税同盟的静态效应和动态效应。

关税同盟的静态效应包括贸易创造效应、贸易转移效应、贸易扩大效应。

（1）贸易创造效应。当关税同盟中一个国家的一些国内产品被来自同盟中的另一国家的较低生产成本的进口产品所替代时，就产生了贸易创造。贸易创造的效果：①由于取消关税，成员国由原来生产并消费本国的高成本高价格产品，转向购买成员国的低价格产品，从而节省开支，提高福利。②从成员国或关税同盟整体来看，起到提高生产效率，降低生产成本的效果。

（2）贸易转移效应。当一国的进口从一个非关税同盟的低成本国家被另一关税同盟的高成本国家所代替时，就发生了贸易转移。贸易转移的效果：①由于成立关税同盟，阻止从外部低成本进口，而以高成本的供给来源代替，使消费者增加了开支，减少福利。②从全世界的角度看，这种生产资源的重新配置导致了生产效率的降低、生产成本的提高，不能有效地分配和利用资源，从而使世界的福利水平降低。

（3）贸易扩大效应。关税同盟可以促进贸易的扩大，增加经济福利。成立关税同盟后的进口国消费者购买商品的价格一般会比关税同盟成立前要低。因此，如果该国对商品存在价格需求弹性，则该国对商品的需求就会增加，从而该国对商品的进口就会增加，这就是贸易扩大效果。

关税同盟的动态效应主要是分析关税同盟对成员国的就业、产业、国民收入、国际收支和物价水平的影响，又称次级效应。

（二）大市场理论（Theory of Big Market）

大市场理论是分析共同市场成立与效益的理论。共同市场的目的是把那些被贸易保护主义分割的小市场统一起来，结成大市场。通过大市场内的激烈竞争，实现大批量生产等方面的目标。大市场理论的核心是：共同市场导致市场扩大，促进成员企业竞争，达到资源合理配置，获得规模经济，提高经济效益。

（三）综合发展战略理论（Theory of Comprehensive Development Strategy）

综合发展战略理论认为，一体化是发展中国家的一种发展战略，不局限于市场的统一，也不必在所有情况下都追求尽可能高级的其他一体化。两极分化是伴随一体化的一种特征，只能用有利于发挥较不发达国家优势系统的政策来避免它。许多情况下，私营部门在发展中国家一体化进程中占统治地位，这是一体化失败的重要原因之一。有效的政府干预对于经济一体化的成功是重要的，要把发展中国家一体化、综合化作为它们集体自力更生的手段和按照新秩序逐渐变革世界经济的要素。

（四）效应验证理论

地区经济一体化引起世界银行经济学家们的关注，他们总结现有地区经济一体化的成绩与问题，21世纪初提出验证地区经济一体化成效的方法。此外，美国埃默里大学国际关系学罗伯特·A.帕斯特教授在其所著的《走向北美共同体》（Toward a North American Community）一书中，对北美自由贸易区和欧盟进行比较研究，提出欧盟实践得来的启示，丰富了整体验证论。

检验地区经济一体化协议是否成功的方法：是否降低了共同的对外贸易壁垒；是否促进了竞争；是否减少交易成本并延伸到投资和服务领域。

第三节　案例分析

一、国际资源流动与中国跨国公司国际化

（一）案例内容——跨国公司（国际资源流动与中国跨国公司国际化）

主旨：伴随中国经济的高速发展，中国跨国公司在国际贸易中发挥着日益重要的作用，推动资源配置全球化、贸易自由化。中外大型跨国公司的跨国指数对比表明，中国跨国公司在国际化程度和经营绩效方面均有待提升。

　　跨国公司的核心特征是公司生产、研发、销售、服务等链条布局的国际化，在全球范围内配置资源，整合生产和服务能力。衡量跨国公司国际化的常用指标是跨国公司海外收入占比、海外资产占比和海外员工占比，联合国贸发会议采用三者均值构造了跨国指数（Trans-Nationality Index，TNI）并对全球跨国公司进行排名，该指标已成为反映跨国公司国际化程度的权威指标。2011 年起，中国企业联合会和中国企业家协会开始发布中国 100 大跨国公司报告。从中国和世界百强的数据对比可以发现，最近 10 年中国的大型跨国公司在国际化程度上有了一定的提升，但同世界领先公司还存在明显差距。如表 6-1～表 6-3 所示。

表 6-1　2019 年中国和世界 100 强跨国公司基本情况对比

分类	资产（万亿美元）		收入（万亿美元）		员工（万人）		平均跨国指数（%）
	海外	总资产	海外	总收入	海外	总员工	
世界百强（A）	9.2	15.5	5.6	9.3	956	1743	64.5
中国百强（B）	1.4	8	0.9	4.5	139	1296	19.7
B/A（%）	15.2	51.6	16	48.4	14.5	74.4	30.5
世界百强行业分布（数量）	机动车（12）、能源、采掘与加工（13）、医药（11）、电力/煤气/水（10）、食品饮料（5）、化工及相关产品（6）、电信（7）、计算机与数据处理（6）、电子设备相关（10）、其他（20）						
中国百强行业分布（数量）	制造业（40）、建筑业（14）、能源、采掘与加工（10）、商贸综合（9）、交通运输（7）、房地产业（6）、电信/软件和信息技术服务业（9）、电力/煤气/水（5）						
世界百强的地域分布（数量）	美国（19）、英国（14）、法国（13）、德国（11）、日本（10）、中国（6）、其他（27）						

表 6-2　中国和世界百强跨国公司国际化指标平均值对比　　　　单位：%

年份	跨国指数		海外资产占比		海外收入占比		海外员工占比	
	世界	中国	世界	中国	世界	中国	世界	中国
2011	67.1	12.2	62.9	21.1	64.9	14.8	58.9	4.2
2015	65.4	15.6	61.6	15.6	64.2	19.7	56.9	7.6
2019	64.5	19.7	59.5	16.9	60.2	20.2	54.8	10.7

表6-3 2019年中外著名跨国公司国际化程度与绩效对比

行业	公司名称	海外资产		海外收入		海外员工		ROA	ROE
		亿美元	占比（%）	亿美元	占比（%）	万人	占比（%）	%	%
能源	中石油	1313	34	1624	45	1.3	26	5.5	4.3
	荷兰壳牌	3437	86	2816	69	5.8	71	9.8	11.8
计算机与通信设备	中国联想	185	65	321	63	1.7	31	3.7	17.6
	中国华为	1535	15	1675	26	4.5	24	12.4	21.5
	美国苹果	523	42	50	63	5.5	42	20.6	55.6
	韩国三星	847	28	1361	61	21.6	70	19.3	18.3
医药	中国复星	226	36	66	18	2.0	65	6.8	9.7
	美国强生	1158	76	583	71	10.1	75	12.3	25.6
计算机与数据加工	中国腾讯	733	48	15.6	3	3.5	56	15.5	24.3
	甲骨文	446	32	208	52	8.8	64	9.0	34.3
	亚马逊	1153	71	915	39	459	39	6.9	28.3
	阿尔法公司	533	23	736	54	2.2	23	14.3	21
	美国微软	1146	44	544	49	5.3	40	15.7	20

注：ROA（Return on Assets）表示资产收益率，用来衡量每单位资产创造多少净利润的指标；ROE（Rate of Return on Common Stockholders' Equity）表示净资产收益率，用以衡量公司运用自有资本的效率的指标，两者代表公司经营绩效。

（二）分析要求

（1）什么是跨国公司？

（2）对比中国百强和世界百强，从三张表格可以发现什么变化规律，我国跨国公司还有哪些不足？

（3）我国应如何提高跨国公司国际化水平？

参考答案：

（1）跨国公司的概念：跨国公司主要指以本国为基地，通过对外直接投资，在世界各地设立分支机构或子公司，凭借雄厚的资本和先进的技术，按"全球战略"在世界范围内从事国际生产、销售或其他经营活动，获取垄断高额利润的企业。

跨国公司（Transnational Corporation），又称多国公司（Multi-National Enterprise）、国际公司（International Firm）、超国家公司（Supernational Enterprise）

和宇宙公司（Cosmo-corporation）等。20 世纪 70 年代初，联合国经济及社会理事会组成了由知名人士参加的小组，较为全面地考察了跨国公司的各种准则和定义后，于 1974 年作出决议，决定联合国统一采用"跨国公司"这一名称。

（2）对比中国百强和世界百强，从三张表格可以发现的变化规律以及我国跨国公司的不足有：

1）由表 6-1 可知，对比中国和世界百强跨国公司，中国的大型跨国公司还有很大的发展空间。在世界百强跨国公司中，2019 年中国入围 6 家企业，不到美国的 1/3，低于英国、法国、德国和日本。在行业分布方面，中国百强跨国公司集中于中国具有比较优势的传统领域，在新兴的电子信息和互联网服务等领域也有所分布。中国百强跨国公司主要集中于工业制造（40 家）、建筑工程（14 家）、能源采矿业（10 家）。相比之下，世界 100 强企业的行业分布相对比较均衡。

2）由表 6-2 可知，从跨国指数对比中可以看出，中国百强公司的国际化程度与世界百强相差较大，但绝对差距正在逐步缩小。从海外资产占比、海外收入占比和海外员工占比指标看，中国跨国公司距离世界百强跨国公司还有较大差距。从动态发展看，中国百强跨国公司的跨国指数连续 10 年明显提升，相比之下世界百强的跨国指数却呈现下降的态势。

3）由表 6-3 可知，就国际化水平而言，在海外资产方面，中国华为与腾讯均呈现出较强的竞争力；在海外收入方面，中国华为与中国联想的发展势头强劲，而其他中国代表性跨国公司则呈现较低的发展水平；在海外员工占比上，中国的中石油、中国联想、中国华为以及中国复星这几个代表性公司均低于各发达国家的代表性公司，对于人力资本的国际化流动有待加强。就经营绩效而言，除中国腾讯外，中国各代表性跨国公司的经营绩效均有待提升。总体而言，中国各代表性跨国公司仍在不断发展进步，但依旧还存在较大提升空间。

（3）我国提高跨国公司国际化水平的做法：

1）制定清晰的国际化战略，选择适宜的国际化模式。在国际贸易和投资保护主义加剧的大背景下，中国企业跨国经营需要结合企业自身优势和所处的行业和市场特征，制定清晰的战略方向，选择适宜的国际化模式，无论是新建还是并购，均不能急于求成。虽然政府政策对企业海外经营有很大影响，但提升企业国际化程度的根本动力仍在于企业自身的微观动能。

2）加强研发创新能力，提升产品和服务的竞争力。在全球技术竞争日趋激烈，发达国家纷纷增加技术领域审查和限制的背景下，创新能力成为我国跨国公司提升价值链层次的关键。一方面，我国目前一些关键产业的核心技术仍存在瓶颈，如汽车产业的发动机总成开发技术、机床产业的数控系统、微电子产业的芯片系统等，制约中国企业在这些领域内的长期发展。中国公司要想缩小与世界大型跨国公司国际化发展水平的差距，必须加大创新研发投入，把握核心技术，提高产品和服务质量，推动"中国制造"向"中国创造"的转型。另一方面，企业要注重维持技术优势，选择有利的技术转移方式。跨国企业技术转移内部化要以完善的税法体系为基础，通过国内立法、接轨OECD国际转让定价体系以及预约定价等方式规范无形资产跨国交易。

3）发挥我国优势并结合国外本土特点，积极构建合理高效的对外投资网络体系。在中国企业对外直接投资时，打造网络体系可从两方面入手：一是充分利用我国强大的生产制造能力和上下游关联，发挥协同效应，借助中国境外合作区等方式，建立和培育合作伙伴网络；二是积极寻求当地资源、企业的支持，通过战略联盟，如研发、生产、销售联盟和合资经营等方式，加强同当地企业的互动，实现优势互补，将当地企业融入自身的网络体系中，提升经济的关联效应，增强本土化的适应能力。

4）合法合规经营，重视社会责任担当和品牌形象。跨国公司的合法合规经营是企业生存和可持续发展的前提。中国企业应该充分认识到中外在法律法规、文化风俗、管理方式方法等方面的差异，尊重法律法规，深入了解当地经济、社会和环境保护及劳工标准，履行环境和社会发展责任，构建利益共同体，树立强大的社会形象和品牌影响力，赢得客户和员工的尊重。

5）培养高端人才，建立国际化管理团队。管理的复杂性是跨国公司面临的重要挑战，管理的核心在于人才。中国的跨国公司要想发展壮大，需要培育一批精通国内国际法规、理解商业运行深层逻辑、深谙国际文化差异的高端管理人才，注重高校与企业的研发合作，形成市场为导向、企业为主体、产学研有效分工协作的创新体系，助力中国跨国公司进行国际化经营。

二、中国农业对外直接投资

（一）案例内容——跨国公司（中国农业对外直接投资）

主旨：中国农业对外直接投资是农业"走出去"的重要组成部分，2017 年以后中国农业对外直接投资流量有所下降；"走出去"企业的比较优势及技术优势导致对外投资产业向种植业集中；对外投资环节主要集中在生产环节。为提高对外直接投资，中国农业需加强农业对外直接投资企业的金融和财政政策支持，保障农业"走出去"企业利益、扩大农业对外投资产业领域，不断优化投资产业布局、推动对外投资环节向产业链后端移动，提高全产业链的掌控能力。

改革开放以来，党和政府对农业对外直接投资的重视程度不断提升，依据不同时期的国情农情制定了相应的农业对外直接投资政策，并对投资主体、投资区域、投资产业、投资环节等具体支持政策作了重要部署。总体来看，中国农业对外直接投资政策演进可分为理念萌芽阶段、起步阶段、深化阶段三个阶段，如表 6-4 所示。

表 6-4　中国农业对外投资的阶段性特征

阶段 特征	理念萌芽阶段 （1978~2000 年）	起步阶段 （2001~2012 年）	深化阶段 （2013 年至今）
投资管理	审批管理制度	核准制	备案为主，核准为辅
投资产业	林业和渔业	种植业	种植业、畜牧业、林业、渔业、农资
投资环节	生产环节	生产和加工环节	生产、加工、仓储、物流、科研及品牌环节
投资主体	国有企业	以国有企业为主，民营企业竞争力增强	央企、国企、民营企业等多元化主体参与
投资区域	非洲、美洲、大洋洲	亚洲、欧洲、大洋洲	亚洲、欧洲、大洋洲

2013~2015 年，我国农业对外直接投资流量持续增长，2015 年，达到投资流量高峰，2016 年后农业对外直接投资流量出现下降趋势。2019 年流量数据异常，主要是因为对印度尼西亚的投资量高达 50.91 亿美元，占到 2019 年流量（79.35 亿美元）的 64.2%，2021 年投资流量为 16.62 亿美元，同比下降 26.20%，如图 6-1 所示。

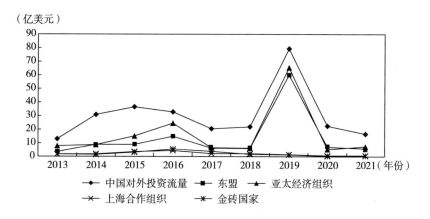

图 6-1　2013~2021 年中国和世界各组织农业对外直接投资流量

截至 2021 年底，对外投资排名前三的产业分别是种植业、畜牧业和林业，分别为 136.53 亿美元（占比 50.35%）、43.19 亿美元（占比 15.93%）、16.94 亿美元（占比 6.25%），如图 6-2 所示。

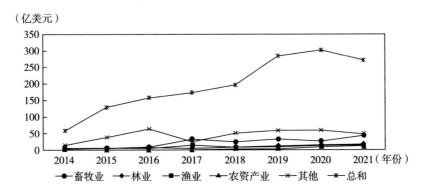

图 6-2　2014~2021 年中国农业对外投资存量分布

2020 年中国在农业生产环节投资了 13.23 亿美元，占总投资流量的 58.75%。在 2020 年对外投资经营单一业务的企业中，82.82%（482 家）从事农业生产，5.15%（30 家）从事加工行业，4.64%（27 家）从事品牌业务，3.61%（21 家）从事科研，如图 6-3 所示。投资农业生产环节具有一定的风险性，而仓储、物流、科技是通过农业对外直接投资长期布局国内粮食安全的关键环节，有利于提高抵御世界粮食危机的能力。

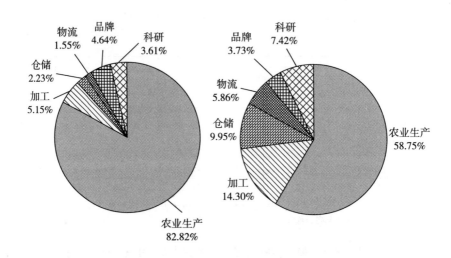

图 6-3　中国农业对外投资流量、投资企业主营业务类别

（二）分析要求

（1）什么是对外直接投资？

（2）结合图 6-1、图 6-2、图 6-3，分析中国农业对外直接投资的特征。

（3）思考如何加强中国农业对外直接投资？

参考答案：

（1）直接投资的含义：直接投资是对工厂、资本品、土地和存货的直接投资，资本和管理都由投资者一手安排，投资者保留着对已投资资本使用的控制权。直接投资通常以一家公司成立分公司或接管另一家公司的形式出现（如购买另一家公司绝大多数股权）。在国际环境中，直接投资通常被一些跨国公司用来介入制造、原料提取、服务等行业。

（2）依据图 6-1、图 6-2、图 6-3，中国农业对外直接投资的特征分析如下：

1）由图 6-1 可知，对外投资流量呈下降趋势，不利于提升中国农业国际竞争力和话语权，而投资回报率低、人民币贬值、企业核心竞争力不强是造成农业对外直接投资下滑的经济因素，全球海外投资监管力度加强是制约对外投资的非经济因素。

2）由图 6-2 可知，对外投资产业集中于种植业，不利于提高企业利润。企业"走出去"的动机是利益导向，国内企业在资源密集型的种植业方面具有比较优势，东道国丰富的土地资源、较低的劳动力成本具有吸引力，使企业偏向发展种植业。国内企业在农资产业、畜牧业等技术密集型行业没有显著的跨国经营优势，因此，"走出去"企业投资这些行业的偏少。

3）由图 6-3 可知，对外投资环节集中于生产环节，不利于提高对粮食供应链的掌控能力。境外企业的设立主体大多为传统农业企业，传统农业企业更了解与农业生产相关的信息，后端的仓储、港口等基础设施建设的经验较少，对产业链后端的加工环节、港口的修建等也不具有优势，此外，投资产业链后端加工、仓储、物流等环节需企业认证、产品认证等各种繁杂手续，门槛更高，使得对外投资集中在生产环节。

（3）加强中国农业对外直接投资的措施：

1）健全对外投资政策支持体系，保障农业"走出去"企业利益。加强农业对外直接投资的基础研究、优化农业政策支持、完善服务体系、精简审批程序，是健全对外投资政策支持体系的重要方向，主要可通过加强农业对外直接投资的基础研究、加强农业对外直接投资企业的金融和财政政策支持以及完善企业境外投资服务体系、建立高效的信息服务平台三方面措施，以促进中国农业对外直接投资的发展。

2) 扩大农业对外投资产业领域，不断优化投资产业布局。一是大力发展物联网、大数据、人工智能等技术，提升农资产业、畜牧业等农业技术密集型企业的实力；二是通过提供信息服务、给予补贴等方式引导企业向资本和技术密集型行业的关键领域倾斜；三是鼓励企业通过提供农业社会化服务间接参与境外农业发展，在发挥中国企业技术优势的同时，减少生产经营面临的不确定性；四是通过给予补贴、提高生产技术等方式调整种植业的内部投资结构。

3) 对外投资环节向产业链后端移动，提高全产业链的掌控能力。引导企业"走出去"的重心由种粮生产环节转向农产品加工、仓储、物流、服务等环节，提高全产业链的掌控能力。就物流和仓储产业而言，应重视非农企业的作用，发挥其在海外投资基建方面的优势。加工环节方面，鼓励农业加工企业突出主业，积极对外投资，延伸产业链条。品牌环节投资方面，加快构建国际市场营销网络。科研环节方面，鼓励企业投资设立境外研发中心、创新中心等科技创新平台，开展高水平联合研究，从而获取技术的反哺。

三、戴姆勒-克莱斯勒的中国之行

（一）案例内容——跨国公司（戴姆勒-克莱斯勒的中国之行）

主旨：戴姆勒-克莱斯勒集团公司是由原德国戴姆勒-奔驰汽车公司与美国克莱斯勒汽车公司合并而成，而后此集团公司进驻中国，在中国共有 5 个合资和独资项目，通过跨国公司经营，基于全球布局、强势品牌、丰富产品、领先技术四大支柱战略，成功在全球最大五百家公司中位列第八。

戴姆勒-克莱斯勒集团公司成立于 1998 年，强强联手让戴姆勒-克莱斯勒集团公司一跃成为当时世界上第二大汽车生产商。戴姆勒-克莱斯勒（以下简称"戴-克公司"）的总部分别设在德国和美国，公司业务主要集中在汽车行业，年均创造收入 1510 多亿美元，在世界 150 多个国家和地区设有分支机构和办事处，全球雇员总数达 46.6 万人。在《财富》杂志 2000 年全球 500 家最大公司排名中位居第 5 位。

东北亚是戴-克公司优先发展长期业务的地区之一。虽然如此，但该公司在这一地区的营业额远远不能反映其真正的生产潜力，为此，戴-克公司把中期目标定位在提高这一地区及整个亚洲市场在公司总收入中的份额。自 1998 年戴姆勒-奔驰公司与克莱斯勒公司合并以来，戴-克公司就开始持续不断地建设以中国为核心的东北亚地区市场。为了扩大在中国的业务发展，2001 年 2 月 1 日，戴姆勒-克莱斯勒中国投资有限公司在北京成立。随着这家公司的成立，戴-克公司计划在中国发展更多的战略联盟，扩大现有合作伙伴的关系并在未来的国际竞争层面上进行更为灵活的经营活动。戴-克中国投资有限公司是戴-克公司在东北亚地区的核心，负责包括中国、韩国、中国香港和中国澳门在内的25个代表处及分支机构的业务发展和协调。这家公司的首要业务活动包括加强梅赛德斯-奔驰轿车、面包车和卡车在中国市场的开拓，同时支持现有合资企业项目进一步在中国寻找新的机遇，并开拓新的合作关系。戴-克公司的大多数业务分支均在中国开展，如轿车、商用车、柴油发动机、飞机发动机、汽车电子和服务等业务。

截至2010年，该公司在中国共有5个合资和独资项目：北京吉普、亚星-奔驰、苏州安特优发动机、上海新代车辆技术以及MTU珠海维修有限公司。在服务领域，1990年建立了戴姆勒-克莱斯勒服务集团，主要从事金融财务和信息技术服务，其核心部分是为汽车产品提供金融和租赁服务，同时为特许经销机构提供融资支持。戴-克公司的服务业务也在向其他领域扩展，比如航空、航海、建筑、工业设备、信息技术、房地产和通信等。

戴姆勒-克莱斯勒的战略基于全球布局、强势品牌、丰富产品、领先技术四大支柱。戴姆勒-克莱斯勒拥有全球化人力资源以及遍及世界各地的股东。2006年在360385名员工的共同努力下，戴姆勒-克莱斯勒的营业收入达到了1516亿欧元，在《财富》杂志2007年度全球最大五百家公司排名中名列第八。

（二）分析要求

（1）戴姆勒与克莱斯勒合并的优点有哪些？

（2）简述戴姆勒-克莱斯勒要发展中国以及整个亚洲地区业务的目的。

（3）跨国公司进行业务扩展的目的有哪些？

参考答案：

（1）戴姆勒与克莱斯勒合并的优点：

1）扩大公司经营的市场范围。两家公司在保持本国市场的同时，可以到对方的地区拓展自己的产品销售份额，真正实现业务整合的最大价值。合并后戴姆勒-克莱斯勒集团公司一跃成为当时世界上第二大汽车生产商。

2）提高企业竞争力。世界汽车市场的竞争归根结底是成本的竞争。两大汽车公司的合并，有助于在采购、营销、技术合作及零部件交换等领域开展协作，从而达到降低成本的目的，增强其在市场上的竞争力。

3）发挥行业榜样的示范作用。两大公司合并的事实，是经济全球化的反映，为其他汽车生产制造商提供了企业联合的示范。

(2) 戴姆勒-克莱斯勒要发展中国以及整个亚洲地区业务的目的：

克莱斯勒要发展中国以及整个亚洲地区的业务的目的是占领中国国内巨大的市场，营造品牌，增加销售，以获得巨额利润。具体而言如下：

1) 利用广阔的消费市场。中国作为人口大国，亚洲作为人口大洲，拥有着快速成长的、巨大的国内消费市场。企业是以盈利为本的，巨大的市场将造就巨额利润，戴姆勒-克莱斯勒发展这些地方业务的目的在于进入并逐渐占领广阔的市场。

2) 利用劳动力资源。从整体上说，中国以及整个亚洲地区的劳动力资源丰富，劳动力也较为廉价，能够吸引大量外国企业在华投资设厂，充分利用当地人力资源。该公司在中国有苏州安特优发动机、上海新代车辆技术以及MTU珠海维修有限公司等项目，就是看中当地劳动力资源的表现。

3) 利用政策等优惠条件。中国有着优惠的投资政策、稳定的政治环境及日益增强的国际影响力，吸引着戴姆勒-克莱斯勒发展中国以及整个亚洲地区业务。

(3) 跨国公司进行业务扩展的目的：

1) 促进技术进步。跨国公司进行业务拓展的过程中，需要不断学习新技术，最终掌握新技术，促使技术发展。

2) 实现产品的多样化。跨国公司将业务拓展，可以涉足多个领域的生产活动，从而达到生产产品种类多、样式丰富的目的。

3) 获得更多的利润。跨国公司将业务拓展到更多利润丰厚的行业，如航空、房地产等，将获取巨额利润。

四、3M 公司的出口战略

(一) 案例内容——跨国公司 (3M 公司的出口战略)

主旨：跨国公司面对激烈的竞争环境，为了求得长期生存和不断发展，会对公司的生产经营活动实行总体管理，即公司战略管理。适应时代发展的战略有助于公司自身目标的有效实现，3M 公司的出口战略展示了适应时代发展的战略应该如何制定。

明尼苏达矿产和制造公司 (3M) 是全世界知名的跨国公司之一。1994 年，该企业 150 亿美元的总收入中几乎有一半是在美国以外的市场获得的。虽然这其中的主要收入来自海外的子公司，但 3M 公司也是一家重要的出口企业，1994 年的出口额达 15 亿美元。另外，3M 公司经常以出口为先导进入外国市场。只有当出口额达到一定水平并且有充分理由进行本地化生产的时候，3M 公司才开始在海外建立生产设施。

3M 公司的出口战略原则非常简单，其中第一个原则叫作"FIDO"，意思是"捷足先登，先发制人"。"FIDO"的本质是先于他人进入一个国家（市场），了解那个国家（市场）的情况并且学习如何在那里做生意，从而最终获得竞争优势。3M 公司的第二个原则是"造一点，销售一点"。意思是公司以适量的投资小规模地进入外国市场并且集中销售一种基本产品，如在苏联销售交通标志的反射贴膜以及在匈牙利销售百洁丝等。一旦 3M 公司认为它对市场已经有了足够了解并且把失败的风险降低到合理的水平后，它就会增加额外的产品。3M 公司的第三个原则是雇佣当地的人员来销售产品。3M 公司通常在当地设立一家销售子公司，负责对这个国家的出口业务，然后为这家子公司招募当地员工。3M 这样做的理由是，外国员工比美国员工更了解如何在他们自己的国家销售产品。基于这个原因，3M 公司 39500 名海外员工中只有 160 名是美国人。

3M 公司的另外一个通行做法是为出口以及最终的海外生产制订战略计划。计划制订以后，公司就给各地管理人员相当大的自主权，让他们自行决定在自己所在的国家采取何种最佳的销售办法。1981 年，3M 公司计划通过大量赠送样品的方式向海外销售"一贴得"留言便条，公司让各地的管理人员自行决定最佳的行动方案。在英国和德国，当地的管理人员雇用了办公室清洁工人分发样品；在意大利，人们借助于办公产品分销商分发样品；马来西亚的管理人员雇佣年轻的妇女向各家办公室送样品。等到"一贴得"留言条的销售量足够大时，来自美国的出口被当地的生产所取代。因此，1984 年，3M 公司在法国建立了生产厂，为欧洲市场供应"一贴得"留言条。

（二）分析要求

（1）跨国公司的主要特征是什么？

（2）3M 公司出口战略的精华是什么？

（3）3M 公司出口战略对中国企业"走出去"战略有何启示？

参考答案：

（1）跨国公司的主要特征：

1）一般都由一个国家实力雄厚的大型公司为主体，通过对外直接投资或收购当地企业的方式，在许多国家建立子公司或分公司；

2）一般都有一个完整的决策体系和最高的决策中心，各子公司或分公司虽各自都有自己的决策机构，都可以根据自己经营的领域和不同特点进行决策活动，但其决策必须服从于最高决策中心；

3）一般都从全球战略出发安排自己的经营活动，在世界范围内寻求市场和合理的生产布局，定点专业生产，定点销售产品，以牟取最大的利润。

（2）3M 公司出口战略的精华是创新。3M 公司出口战略的三大原则无不体现了创新的思想，将勇于创新的精神贯彻始终。"捷足先登、先发制人"的原则体现了创新性地开展多国化经营投资的战略；"造一点，销售一点"的原则体现了创新性地实施回避风险的战略；"雇佣当地人员"的原则体现了创新性地开展本土化经营的战略。

（3）对我国企业"走出去"战略的启示。

1）促进东道国的人力资源开发。我国企业"走出去"常常将资本、技术、管理、培训、贸易和环境保护结合在一起进行"一揽子"行动，为东道国带来"一揽子"有形和无形的综合资产，加强对东道国的人力资源开发无疑对我国上述资源的充分使用大有裨益。

2）切实了解当地文化。开展国际贸易，我国企业"走出去"不能抱着盲目做大的思想，而应抱着服务当地的态度将中国产品带出去，打造中国品牌，从而为我们带来盈利。

五、跨国公司在华投资的动机和影响

（一）案例内容——跨国公司（跨国公司在华投资的动机和影响）

主旨：我国对外开放步伐持续加速，自贸试验区投资环境优化，开放政策密集落地，吸引跨国公司纷纷扩大在华投资规模。

据 2018 年 8 月 4 日央视新闻报道，我国对外开放步伐持续加速，稳定的投资环境，较强的产业配套能力，潜力巨大、正在升级而且不断开放的消费市场，吸引外资企业纷纷扩大在华投资规模。

跨国公司扩大在华投资设厂——德国宝马公司将投资 200 亿元在华开设第三座工厂，曾预计 2022 年建成后年产整车 40 万辆。不仅宝马，2018 年上半年英特尔、波音等跨国公司已经大幅扩大在华投资。商务部数据显示，2018 年上半年，我国新设立外商投资企业同比增长 96.6%，实际使用外资 683.2 亿元人民币，同比增长 4.1%。

自贸试验区优化投资环境——与此同时，自贸试验区引领全国外资增长，11 个自贸试验区实际使用外资 578.4 亿美元，同比增长 32.6%。在天津自贸区，通用电气全球首家美国之外的智能制造技术中心在这里落户，同时将它们的亚洲第一家生物科技园落户广州开发区。商务部外资司司长指出，外商对投资中国充满信心。这种信心，来源于中国对外开放的坚定决心，来源于中国市场的良好成长空间，来源于中国投资环境的持续优化。

开放政策密集落地——2018 年 6 月 15 日，《关于积极有效利用外资推动经

济高质量发展若干措施的通知》发布，涉及电信、文化、农业、采矿等多个领域的对外开放；7月30日，商务部发布了《关于修改〈外国投资者对上市公司战略投资管理办法的决定〉（征求意见稿）》，考虑大幅放宽对外国投资者战略投资上市公司的准入条件，降低准入门槛。这些新政的出台，最突出的特点是开放的力度之大、开放的范围之广，而且从中央政府到地方政府的执行力之强，是前所未有的。

（二）分析要求

（1）跨国公司与国内公司的区别在于何处？

（2）结合案例内容，解释跨国公司持续在华投资的动机。

（3）跨国公司持续加大在华投资对我国会产生什么影响？

参考答案：

（1）跨国公司与国内公司的区别：一方面，跨国公司的战略目标是以国际市场为导向的，目的是实现全球利润最大化，而国内企业是以国内市场为导向的；另一方面，跨国公司是通过控股的方式对国外的企业实行控制，而国内企业对其较少的涉外经济活动大多是以契约的方式来实行控制。

（2）结合案例内容，跨国公司持续在华投资的动机：

1）生产要素量多价廉，生产成本低。外商在投资生产前会首先考虑原料的供应情况，如果能获得便利廉价的原材料进行生产，企业就有投资的意愿。中国地大物博，拥有着丰富的自然资源，而且，在改革开放之初，为了吸引外资，国家对自然资源缺乏有效管制，开采混乱且价格低廉，由此吸引了众多原料导向型和资源导向型的企业在华进行大规模的投资生产。例如，肯德基、麦当劳、丰田等企业都对中国的自然资源有着较强的依赖性。

2）抢占市场，提高企业利润和竞争力。中国作为世界上最大的发展中国家，经济发展速度比较快，居民消费水平不断提高，强大的市场购买力，完全符合跨国公司寻找最佳投资市场的要求。跨国公司在投资过程中还会根据中国消费者的消费习惯、消费偏好进行深入的研究分析，然后进行规模化生产。跨国公司在华投资，一方面，可以最快速地抢得本地市场先机，节省时间成本，提高市场份额；另一方面，靠近市场就近生产可以及时接收市场反馈，调整生产规模，更好地迎合市场需求，从而提高企业的行业竞争力。

3）稳定的环境，优惠的政策。为了继续保持对外资的强劲吸引力，2018年以来，我国进一步对外开放举措密集落地，外资进入中国市场利好政策相继兑现。对跨国企业来说，能在很大程度上减少投资的风险，降低投资成本，并快速打入市场。此外，我国社会环境稳定和谐。在优惠的政策支持、高质量开放程度和水平的吸引下，来华投资的跨国企业越来越多，投资规模越来越大。

4）环境规制水平较低，转移环境污染。据了解，转移环境污染是部分跨国公司选择在华投资的目的。在我国的外商投资行业分布结构中，制造业占比达50%以上。改革开放初期，我国急于发展经济，在外资法规中对环境的要求微乎其微，导致外商在华投资的高污染、高能耗的行业不断增多，使本就环境污染严重的我国雪上加霜。最近几年，雾霾的肆虐给国人的生活和健康造成了极大损害，中国应该汲取历史的教训，走一条边发展边治理的可持续发展道路，保护我们不可逆的生态环境。

（3）跨国公司持续加大在华投资对我国产生的影响：

1）积极影响：①推动了我国经济的发展。跨国公司进入中国，扩大了我国的开放程度，加速了我国经济体制改革，推动了开放型经济的建立和发展。②一定程度上激励了我国的技术创新。过去，跨国公司一般将已经过时或者将要淘汰的技术转让给中国企业，但现在越来越多的跨国公司在华设立R&D机构，直接将先进技术带入中国，并且通过合作、交流和竞争，促进中国企业技术创新。③激发了我国本土企业的竞争活力。例如，我国饮料行业虽然在可口可乐的强大进入下大批倒闭，但我国本土的饮料企业也在激烈的竞争中新生了一批知名品牌，如"健力宝""娃哈哈"等。同样，正是面对激烈的竞争，海尔集团力促国际化，提出了"国际市场国内化，国内市场国际化"的经营理念。④创造了大量就业机会。跨国公司在解决我国就业问题上发挥着很重要的作用。跨国公司已成为吸收就业的重要载体，为我国富裕的劳动力就业市场提供了广阔的空间，有效地减轻了我国政府的就业压力。⑤带动了我国产业链的发展。由于跨国公司在华投资的系统化，将带动上、中、下游各个阶段的产品开发，其必定引导和带动我国企业形成配套的产业链，因此，这种连带效应不仅为我国带来更多的资金和技术，更带动了我国相关产业的发展，提升了产业升级能力。⑥提供了企业管理的经验借鉴和大批人才。跨国公司不断地将先进的管理方法引入中国，为我国的企业管理和企业文化建设提供了有益的借鉴。同时，跨国公司为适应全球性竞争的需要，往往会花费大量时间与金钱加强对员工的培训以提高中国员工的能力，从而为中国培养了一大批技术及管理人才。

2）消极影响：①跨国公司可能形成垄断。跨国公司有雄厚的经济实力和全球发展经营战略，而我国的一些民族企业，无论在资金、技术或经营理念、发展战略上都不是跨国公司的对手。因此，跨国公司对我国某些产业的股权和非股权控制，易形成对这些产业部门的垄断，阻碍我国民族企业的建立与发展，不利于民族工业的发展。而且，跨国公司对我国技术转移成本太高，加固了其垄断地位。②环境污染加重。跨国公司投资造成的环境污染，原因有两方面：一方面，发达国家特别重视环境保护，对环境的标准要求相当高，公民的环保意识也相当强，迫于本国环境保护的压力，个别跨国公司会把一些污染程度高的行业（如橡胶、塑料等）生产转入我国，甚至把一些废弃设备"出口"到我国；另一方面，我国环境标准比西方发达国家低，有关环境保护的法律、法规也不甚健全，因此，很容易忽视环境保护的问题。③人才流失。跨国公司会抢夺我国"物美价廉"的人才资源，挤占中国的科研资源。对跨国公司而言中国不仅具有巨大的市场，智力资源同样丰富。跨国公司会以各种方式吸纳我国高端人才，导致我国人才流失严重。④价格转移问题突出。转移价格是跨国公司利用国际税收差异及其他政策差异，转移资金、逃避税收、弱化外汇管制作用、谋求利润最大化的一种常用手段。其不利影响主要表现在：首先是高进低出，即高估进口设备、原材料、零部件的价格而压低其制成品的出口价格，这使跨国公司设在海外低税地区的企业先行保证了足额的利润；其次表现在对华子公司收取的市场调研、广告、雇员培训等服务费用远高于市场价，从而使设在我国境内的企业利润减少甚至亏损，最终少纳应缴税，造成我国国民收入和税收的大量流失。

六、可口可乐公司在华投资经营战略和启示

（一）案例内容——跨国公司（可口可乐公司在华投资经营战略和启示）

主旨：可口可乐公司作为软饮料行业最大的跨国公司，在全球拥有高至48%的市场占有率，在200个国家拥有160种饮料品牌。可口可乐公司通过跨国经营、全球化布局，成为全球非酒精饮料行业的领军者，为我国跨国公司发展提供了借鉴意义，同时对国际贸易也产生了极大影响。

可口可乐公司诞生于1886年，总部在美国的亚特兰大，是世界软饮料销售的领袖和先锋，拥有近400种饮料品牌，畅销世界200多个国家和地区。可口可乐每日销量超过15亿杯，占全世界软饮料市场的48%，并拥有全球最畅销软饮料品牌前五名的四个，包括可口可乐、健怡可口可乐、雪碧和芬达。可口可乐在"二战"后真正开始了它的国际化道路，运用音乐、运动、激情的品牌主调获得青年一代消费者的欢迎，并以其独特的传统口味赢得了顾客的青睐。截至2010年，可口可乐公司旗下拥有超过3500种以上口味的饮料，员工达到14万人，其业绩的73%来自于它本土之外的国外市场。

　　可口可乐在上海设立公司，第一年的销量就很高。新中国成立后退出中国市场，直至 1978 年重新登陆中国市场，自此开始了在中国饮料市场的角逐之路。可口可乐的销售在中国一直保持高速增长。2011 年，可口可乐在中国的销售量占全球销售量的 7%，已经连续成为中国最著名的商标之一。2022 年，公司营收为 430.04 亿美元，增长 11%，超出市场预期的 428 亿美元；经营利润为 109.09 亿美元，增长 6%；每股收益为 2.48 美元，增长 7%；全球单箱销量增长 5%。可口可乐公司在中国碳酸市场中品牌的质量认可度是最高的，其旗下的可口可乐、雪碧、芬达都占有很大的市场知名度。如在 2022 年第二季度碳酸饮料品牌口碑排名中，可口可乐位列总口碑指数第一，雪碧、芬达口碑指数均排名前列，如图 6-4 所示。并且在 2021 年中国碳酸饮料市场竞争格局中，可口可乐占据着最大的市场份额，如图 6-5 所示。

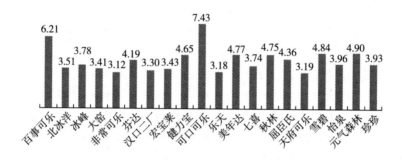

图 6-4　2022 年第二季度碳酸饮料品牌口碑认可度

资料来源：《中国品牌口碑指数：2022 年第二季度饮料品牌口碑报告》。

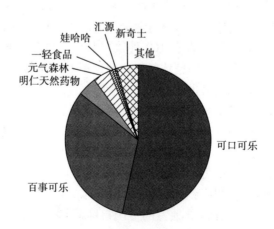

图 6-5　2021 年中国碳酸饮料市场竞争格局

资料来源：Euromonitor 前瞻产业研究院。

可口可乐通过与全球各瓶装伙伴的广泛合作，拥有世界上最庞大的分销系统。同时，可口可乐公司在全球不仅拥有众多员工，而且运用先进的营销管理，跨越文化差异，不断促进当地经济发展和人民生活水平的提高。

很多人都想知道，到底是什么因素使得可口可乐历经百年不衰？

可口可乐成功的因素有很多，我们此次仅从跨国公司的角度，分析其经营战略，讨论它的成功之处。

早期，可口可乐刚进入中国市场中，技术控制是很严格的。在中国的可口可乐工厂只能拿到可口可乐出售的原液，无法拿到原液配方，中国的生产技术人员也无法接触到它的配方，可口可乐公司只把用原液稀释成可口可乐成品的技术方法交给生产工厂。这样严格的技术控制让可口可乐公司的配方成为一个谜，保证了口味的独特性，去除其他饮料企业的模仿而保证其在中国市场的占有率。可口可乐公司采用的是国际战略，利用母公司的产品和技术获得更多利润。可口可乐公司通过提高其产品在全球的可获得性、全球服务能力以及全球知名度来强化顾客偏好。此外，可口可乐公司运用全球营销战略，尤其是通过特色的广告战略来实现差别化策略，使消费者觉得可口可乐的产品与其他的饮料不一样。

可口可乐公司的多国战略显著表现在其对本土化战略的应用。

一是产品本土化。可口可乐的董事长杜达富所说："只有本地化的饮料才是畅销的饮料。"他们发现亚洲消费者每人每年消费的碳酸饮料不到100罐，而美国人要豪饮395罐，亚洲碳酸饮料的受欢迎程度是无法同美国和欧洲相比的。亚洲人特别是中国人，更喜欢果汁和传统的茶饮料，可口可乐看到了这种需求变化，对产品作了相应调整。自2002年成功推出第一款非碳酸饮料"冰露水"，之后又相继推出了酷儿、天与地、水森活、美汁源、果粒橙、茶研工坊、健康工坊等一系列非碳酸甚至是本土特色的饮料深受市场欢迎。

二是包装本土化。除了在品牌命名、产品、广告等方面本土化之外，可口可乐公司还注重在包装上大做文章。例如，2001年春节期间，可口可乐为了推广其本土化的品牌形象，特别推出了深具中华民族特色的泥娃娃"阿福"的产品包装，外包装上双双怀抱可口可乐的两个金童玉女，笑容可掬、天真可爱，在热闹非凡的新年市场上显得越发亲切醒目。它标志着可口可乐首次在全球运用中国文化，设计出了具有浓郁本土特色并极具收藏价值的纪念性包装。另外，可口可乐采用中国传统12生肖贺岁包装，迎合中国传统年文化，以中国人熟悉和喜爱的动物形象进行宣传。

三是宣传本土化。可口可乐公司总部对广告统一严格控制，但于1999年在中国推出的电视广告中，第一次选择在中国拍摄，第一次请中国广告公司设计，第一次邀请中国演员拍广告，画面以活力充沛的健康形象出现，注重中国本土化形象。同时几十年来，可口可乐全力支持和积极参与中国的各项公益事业，承担起企业的社会责任建立了良好的社会形象。

可口可乐公司通过提高其产品在全球的可获得性、全球服务能力以及全球知名度来强化顾客偏好。此外，可口可乐公司运用全球营销战略，尤其是通过特色的广告战略实现差别化策略，使消费者觉得可口可乐的产品与其他的饮料不一样。

可口可乐公司发展至现在，已经成为全球最具有价值的品牌。可口可乐之所以能够取得如此大的成绩，与其把国际战略、多国战略和全球战略有效地组合在一起密不可分。

那么像可口可乐这样的跨国公司对国际贸易又有什么影响呢？

一是加速了世界经济一体化进程。跨国公司作为经济全球化的主要载体和动力，加速了全球化的进程，使世界经济从各国国民经济的简单排列组合变为跨国公司的排列组合，从而突破经济发展的地域限制。跨国公司经营的全球化、内部化和网络化发展，加深了世界各国之间生产、交换、流通、消费、技术与产品研究开发等方面的协作关系。

二是跨国公司成为世界经济增长的重要引擎。跨国公司通过对研究与开发的巨大投入，推动了现代科技的迅猛发展，其在产值、投资、就业、出口、技术转让等方面的突出贡献，在世界的经济舞台上已占有重要地位。

三是推动了国际贸易规模的扩大和贸易结构的转变。跨国公司对国际贸易的促进作用，既反映在外资企业对东道国出口的直接贡献上，同时反映在由国际直接投资进入引起的当地企业的产品出口努力中。包括当地企业在外资企业的竞争压力下所采取的产品出口努力，以及跨国公司的当地采购和零部件分包安排等。跨国公司不仅通过外部市场促进贸易的自由化，更通过内部市场促进贸易自由化，从而促进了国际贸易量的扩大和国际贸易结构的改变。

四是对母公司和东道国的经济发展发挥了积极作用。对于跨国公司母国而言，通过跨国公司的对外直接投资，扩大了资本输出、技术输出、产品输出和劳务输出，增加了国民财富，同时在一定程度上增强了对投资东道国的影响。对于接受跨国公司投资的东道国来说，引进跨国公司的同时，也引进了发展经济所必需的资本、先进的技术和管理理念，增加了就业机会，扩大了出口，提升和优化了产业结构。

（二）分析要求

（1）如何理解跨国公司？

（2）可口可乐公司在中国的经营动机是什么？

（3）可口可乐在中国的成功经营对我国跨国公司经营有哪些启示？

参考答案：

（1）跨国公司的含义：跨国公司是股份制的或非股份制的企业，包括母公司和它们的子公司。母公司指一家在母国以外的国家控制着其他实体的资产的企业，通常拥有一定的股份。股份制企业拥有10%或者更多的普通股或投票权者，或者非股份制企业拥有等同的数量（资本权益）者，通常被认为是资产控制权的门槛。子公司指一家股份制的或非股份制的企业，在那里一个其他国家的居民投资者对该企业管理拥有可获得持久利益的利害关系。综上所述，只要跨国界进行直接投资并且获得控制权的企业就叫跨国公司。

（2）可口可乐公司在中国的经营动机：

1）拓展市场。由于国内的饮料市场的逐渐成熟和饱和，本土市场竞争越来越激烈，市场占有度随着百事可乐这些饮料品牌的崛起而大为削减，为了保证和扩大其市场占有额度，可口可乐高层就把目光转向国外市场。在对国外市场开发到一定程度后，对于当地市场的生产和销售就更为有利。

2）全球战略。在可口可乐公司的全球化发展到一定阶段后，在国外占领了一定的市场份额，可口可乐开始战略的调整，在全球合理配置资源。如今可口可乐在欧洲的市场基本稳定后，转而把战略重点转向亚洲的印度、中国以及非洲这些新兴的发展中国家和地区，以保证全球战略目标和利益的实现。

3）利润导向。跟其他跨国公司一样，可口可乐跨国经营的一个很重要的动机是利润。当本土市场饱和、利润额度降低时，可口可乐会将它的市场转到国外未开发的市场。中国大量的人口基数和不发达的经济导致中国劳动力相对于其他欧洲国家廉价，在高品牌知名度和强大的资金支持下，可口可乐可以迅速占领国外市场，从而获得更大的利润空间。

4）风险分散。经营过程中由于本国资源、资金市场的局限性，往往会给公司带来很多风险。可口可乐作为一个公司也不可避免地会遇到这些问题，所以可口可乐会选择跨国经营，利用国外市场的资源和资金对本国市场进行互补，在多国交叉的环境下，非常有利于风险的规避。

（3）可口可乐在中国的成功经营对我国跨国公司经营的启示：

1）制定清晰的国际化战略，选择适宜的国际化模式。在国际贸易和投资保护主义加剧的大背景下，中国企业跨国经营需要结合企业自身优势和所处的行业及市场特征，制定清晰的战略方向，选择适宜的国际化模式。

2）加强研发创新能力，提升产品和服务的竞争力。在全球技术竞争日趋激烈，发达国家增加技术领域审查和限制的背景下，创新能力成为我国跨国公司提升价值链层次的关键。

3）切实了解当地文化，加强本土化竞争，开启国际贸易。我国企业走出去不能抱着盲目做大的思想，而应抱着服务当地的态度创新使品牌本土化，从而带来盈利。

七、2008 年外企撤离

（一）案例内容——国际资本流动（外商投资）（外企撤离）

主旨：以劳动密集型的传统制造业为主的中小型外企的撤离，有利于当地的产业升级，有利于缓解当地企业招工难的问题，且给产业腾出了升级的空间，为当地承接高端制造业、现代服务业，提升产业结构水平提供契机。

2008 年，全国范围撤离的外企以中小型企业为主，合同外资多在 300 万美元左右，这些企业以劳动密集型传统制造业为主，处于产业链的终端，对上端的依赖不是很强。一些地方政府并不担心外企撤离的动向，反而认为这有利于当地的产业升级，有利于缓解当地企业招工难的问题。

2007 年，广东有 244 家外商投资企业撤离，山东有至少 103 家韩资企业撤离。2008 年初，国内关于外资企业撤离的担忧有扩大之势。然而，自 2008 年 3 月起，撤离的外资企业大多源自劳动密集型和加工贸易型的低端企业，而在服务业领域，外资企业仍在急切进入，并且大额投资逐渐增多。

"外资撤离并非呈现全局性，而是结构性的。"业内专家表示，低端外资企业的撤离对于我国整体引进外资、提升使用外资质量并无大碍，从另一种角度看，恰是合理的淘汰，更是我国产业升级的需要。

外商大额投资增多，以山东为例，2007 年实际利用外资 110 亿美元，比上年增长 10%，其中大项目所占比重显著增加，新批 3000 万美元以上大项目 123 个，1 亿美元以上项目 10 个，比 2006 年分别增长 92.6%和 100%。

"这说明部分韩资企业的撤离并没有影响山东吸引外资的大局，反而，山东引进外资的质量在提高，比如服务业方面进展很快，大项目也越来越多。"对外经济贸易大学国际经济研究院副研究员蓝庆新表示。

蓝庆新认为，从长远看，市场竞争优胜劣汰，部分缺乏竞争力、经营不规范的企业被淘汰或搬迁，是有益于中国经济的，"中国已进入新一轮的对外开放阶段，招商选资才符合我国目前产业升级的需要"。

商务部部长陈德铭在"两会"新闻中心接受境内外媒体集体采访时也曾指出，大项目进入我国的速度在加快，特别是 3000 万美元以上的企业投资比 2007 年增长了 2.5 倍，说明国际资本、境外投资者仍然是看好中国经济发展的。

前往广州东莞进行调研的中信证券分析师诸建芳指出，目前撤离的外企以中小型企业为主，合同外资多在 300 万美元左右，这些企业以劳动密集型传统制造业为主，主要分布在五金、玩具、服装、制鞋、塑胶等行业，这些行业处于产业链的终端，对上端的依赖不是很强，主要依赖的是订单，国外客商只要取得稳定的供货就行，不在乎订单是在越南、柬埔寨、中国生产的。

与此同时，在广东，电子行业企业基本没有发生外迁现象，因为整个行业的产业链在这里，具有良好的配套供货系统，劳动力素质也比较高，这是越南、柬埔寨所不具备，也很难复制的，因此，即使人工成本高些，企业也不易迁走。

前往江苏南京进行调研的中信证券分析师陈济军则表示，江苏当地政府并不担心外企撤离的动向，反而认为这有利于当地的产业升级。

"这些低附加值、劳动密集型企业的撤离恰恰腾出了空间，为当地承接高端制造业、现代服务业，提升产业结构水平提供了契机。"陈济军说，当地本来就存在招工难的问题，劳动力相对紧缺，成本升高，这些企业撤离还缓解了这些压力。

调研中，也有不少企业认为自己能够消化目前上升的成本压力，其员工工资本来就比当地最低工资高出许多，招人反而比过去容易。

（二）分析要求

（1）什么是国际资本流动？

（2）那些外企在此次撤离的原因何在？

（3）简述此次撤离对我国有哪些影响？

参考答案：

（1）国际资本流动的含义：国际资本流动是资本从一个国家或地区转移到另一个国家或地区，即资本在国际间的转移。按流动方向可分流入和流出两种：资本流入，指外国（或地区）输出资本，本国输入资本，表现为外国在本国的资产增加，即本国对外国的负债增加，或外国对本国的负债减少，即本国在国外的资产减少；资本流出，指本国（或地区）输出资本，外国输入资本，表现为本国在外国的资产增加，即外国对本国的负债增加，或本国对外国负债减少，即外国在本国的资产减少。

（2）案例中外企撤离的原因主要是劳动力成本压力。2008 年 3 月起，撤离的外资企业大多源自劳动密集型和加工贸易型的低端企业，这些企业来中国建厂生产主要看重的是廉价的劳动力。但随着中国良好的发展势头，人民生活水平大幅提高，劳动力成本逐渐上升，这些企业无力承受成本上升的压力，因此做出撤离中国的选择。

（3）案例中外企撤离对我国的影响：

1）为我国产业结构升级提供条件。低附加值、劳动密集型企业的撤离恰恰为我国产业升级腾出了空间，为当地承接高端制造业、现代服务业，提升产业结构水平提供了契机。

2）缓解劳动力和资源供应紧张的局面。这些企业初始来华投资主要是看中中国的廉价劳动力和资源，如今劳动力和资源供应紧张，这些企业撤出可以缓解此种情况。

3）提升中国吸引外资水平。虽然在华投资的企业数量减少，但利用外资的金额增加了。这意味着会有更多的优质外资进入中国市场，有利于中国引资质量的提高。

4）外企撤出对中国企业来说是机遇也是挑战。为了弥补国内市场空缺，国内企业必须提高产能和服务。另外，留下的外企大多具有较强的竞争力，在与外企较量过程中，会促使国内相关行业积极进行产品升级和技术创新。

八、2018 年全球直接投资的流动

（一）案例内容——国际资本流动（2018 年全球直接投资的流动）

主旨：对外直接投资的动机是为了获得更高的收益、分散风险、避开关税和国家对进口商品的其他限制。而当前全球贸易和投资政策环境充满挑战，保护主义抬头，贸易优惠不断变化，导致国际投资环境发生恶化。2018 年，全球外国直接投资流量连续第三年出现下降。

2018 年，全球外国直接投资流量继续下滑，减少 12%，降至 1.5 万亿美元。这是外国直接投资流量连续第三年出现下降，其主要原因是，2017 年底美国实行税制改革后，美国跨国企业在 2018 年前两个季度将累积的国外收益大规模汇回本国。流入发达经济体的外国直接投资达到 2004 年以来的最低点，减少了 27%。流入欧洲的投资减少了一半，不到 2000 亿美元；流入美国的投资量减少了 9%，至 2520 亿美元，但仍居于全球最多外资流入国地位。流入发展中国家的投资保持稳定，增长了 2%。由于这种增幅以及对发达国家的外国直接投资的异常下降，发展中国家在全球外国直接投资流入量中所占份额上升到 54%，创下历史新高。同时，中国流入量达到 1390 亿美元的历史最高水平，高于 2017 年的 1340 亿美元，增长 4%；中国香港及新加坡分别以 1160 亿美元、780 亿美元排名第三和第四。2018 年，流入亚洲发展中经济体的外国直接投资增加了 4%，达到 5120 亿美元。增长主要出现在中国、中国香港、新加坡、印度尼西亚和其他东盟国家，以及印度和土耳其。亚洲仍然是世界上接受外国直接投资最多的地区，2018 年吸收了全球 39% 的流量。2018 年，流入东亚的投资增长 4%，至 2800 亿

美元，但仍远低于 2015 年 3180 亿美元的峰值；流入东南亚的投资增长 3%，达到创纪录的 1490 亿美元。

2007～2018 年外国直接投资流入和流出情况如图 6-6 所示。

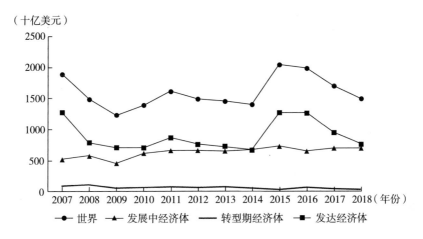

图 6-6　2007～2018 年外国直接投资流入和流出

资料来源：UNCTAD 数据库。

自 2008 年以来，外国直接投资趋势增长乏力。2008～2018 年，外国直接投资的年均增长率仅为 1%，而 2000～2007 年为 8%，2000 年以前则超过 20%。国有跨国企业的数量趋于稳定，数量接近 1500 家，与 2017 年的数字相近。它们在国外的收购活动放缓，在全球跨国企业百强中的数量增加了 1 家，至 16 家。它们的并购活动价值在并购总值中所占比例较 2008～2013 年平均 10% 的比例逐步下降，2018 年收缩至 4%。国际生产的持续扩张在很大程度上是由无形资产推动的。

（二）分析要求

（1）运用国际资本流动相关知识分析全球直接投资流量持续下滑的原因。

（2）为什么在全球外国投资流量下降的情况下，流入中国的外国直接投资却增加了？

（3）面对全球外国直接投资额的不断下降，中国应该采取什么样的措施应对？

参考答案：

（1）全球直接投资流量持续下滑的原因：

1）对外直接投资税收改革、巨额交易和不稳定的资金流动。

2）外国直接投资回报率下降、投资形式日益转向轻资产型以及不太有利的投资政策环境。当前全球贸易和投资政策环境充满挑战，保护主义抬头，贸易优惠不断变化。

3）当前世界经济面临巨大的不确定性。英国脱欧、经贸摩擦、美国财政与货币政策走向、市场信心脆弱、政府财政脆弱、地缘政治风险等，这些事件直接影响世界经济复苏，给世界经济带来不确定性。

4）发达经济体对国际资本的吸引力逐渐减弱。

（2）在全球外国投资流量下降的情况下流入中国的外国直接投资增加的原因：中国改革的步伐越来越快，开放的大门越来越大，经济预期良好，市场潜力较大，而且中国正在不断努力改善投资环境，为各国投资者提供更加公平、公正、可预期的环境，创造更多发展机遇，共同促进全球贸易投资自由化与便利化，共同构建开放型世界经济。流入中国的外国直接投资呈现谨慎乐观的前景。

（3）中国应该采取的应对措施：

1）强化关键环节自主创新，提高供应链稳定性和安全性。FDI规模的下降会导致发达国家对我国高技术领域的投资大幅缩水，扰乱我国在参与国际分工中向价值链高端攀升的"正常"进程，我国发展转型、产业升级和技术进步更加紧迫。针对撤资严重的产业，要加大政策关注力度，随时做好内资"补链"的准备，实时监控关键行业的外资流向并及时评估其可能对上下游行业产生的连锁影响，规避外资结构突变引致的系统性风险。

2）加速数字基础设施建设，支持供应链平台。延伸服务链条，提升全球服务本领。利用好数字化发展的机遇，强化对数字基础设施的投资，适应全球投资向数字化、智能化、服务化领域倾斜的大趋势，投资促进战略需转向基础设施和服务领域。以新基建为突破口，配套建设和提升数字基础设施水平，加速数字化进程，提升对服务业、制造业新业态等领域的外资吸引力。

3）发挥我国大市场优势，提升我国在亚洲区域供应链中的地位。发挥我国产业体系完善和超大规模国内市场的优势，做大做强优势产业链，形成新型国际分工体系。进一步降低关税和非关税壁垒，吸引更多原创成果来华研发、转化、产业化，把国外创新主体吸引进来并留在国内经济的大循环之中。

以 RCEP、中日韩自贸协定、中国—东盟自由贸易区为突破口，提升我国与周边国家贸易投资自由化水平，构建一个以国内供应链为基石，与周边国家和"一带一路"沿线国家供应链一体化的区域产业链体系。

九、欧洲联盟的成立

（一）案例内容——区域经济一体化（欧洲联盟的成立）

主旨：欧洲联盟的成立有力地促进了欧洲各国家政治经济的发展，极大地提升了欧洲在国际上的政治与经济地位，是区域经济一体化的典型案例。

欧洲联盟，简称欧盟（EU），是由欧洲共同体发展而来的政治和经济共同体，由于"二战"使欧洲各国衰落并反思战争，在美苏冷战下为维护自身安全而设立的。欧洲联盟是欧洲地区规模较大的区域性经济合作的国际组织。成员国已将部分国家主权交给组织（主要是经济方面，如货币、金融政策、内部市场、外贸）。其发展历史为：1952 年欧洲煤钢共同体成立，1957 年《罗马条约》签订，1967 年欧洲煤钢共同体、经济共同体、原子能共同体三者正式合并为欧洲共同体，1992 年签订《马斯特里赫特条约》，1993 年欧盟正式成立，到 2002 年欧元正式启用。同时欧盟不断东扩，成员国不断增加。

其特点如下：

（1）由武力统一到和平统一。在经历了 20 世纪上半期两次惨绝人寰的世界大战洗礼后，西欧各国终于认识到欧洲必须在国际一体化尤其是经济一体化的范围内通过和平途径重建。

（2）由局部到整体的经济一体化。从最初的煤钢共同体到关税同盟、共同农业政策、统一市场、统一货币。

（3）由经济统一到政治统一。欧盟是具有经济和政治双重性质的组织。

（4）规模由小到大。最初有法国、联邦德国、意大利、荷兰、比利时、卢森堡 6 国。后来不断扩大，至 2007 年已有 27 国。

其中，欧盟的成立既有积极影响也有负面影响。

积极影响如下：

（1）对于欧洲：整合了欧洲的各国资源，增强了整体经济实力，使欧洲各国经济合作更加缜密，经济水平快速增长，民众生活极大改善；并提升了欧洲在国际上的政治地位和经济地位。

（2）对于世界：对世界其他地区的经济联合起到了示范作用；增强了世界经济多极化趋势，促进世界政治新格局的形成。

（3）对于中国：欧盟的关税、规则、壁垒，包括手续都是统一的，中国如进入其中一国，也就进入了欧盟各国，减少了入关和流通成本。政治上，中、欧能更多地进行合作，共同促进世界政治多极化的发展。

负面影响如下：

（1）在国际利益和集体利益间存在冲突，内部利益分配不均；

（2）成员迅速增加引发大量隐患，东扩的速度过快加重欧盟的压力，东扩意味着欧盟要平衡东部与西部之间经济实力和经济体制、文化传统和行为理念上存在的巨大差异。

（3）货币一体化可能会导致各国失去对经济的自主性调节，导致区域经济发展相对不平衡。

（二）分析要求

（1）如何理解区域经济一体化？

（2）区域经济一体化对国际贸易有什么影响？

（3）欧洲经济一体化中会遇到哪些挑战？

参考答案：

（1）区域经济一体化的含义：区域经济一体化指地理上临近的两个或以上的国家或地区，通过协商并缔结经济条约或协议，实施统一的经济贸易政策。消除商品、要素、金融等市场的人为分割和限制，在提高国际分工水平的基础上，使要素得以重新配置和更有效利用，从而获得更大的经济效果，把各国或各地区的经济融合起来，形成一个区域性经济联合体的过程。

（2）区域经济一体化对国际贸易的影响：

1）促进了内部贸易的自由化；

2）促进了区域内部的国际分工和生产专业化的发展；

3）加速了组织内部的资本集中和垄断；

4）改变了国际直接投资的方式和流向；

5）加强了一体化组织在国际贸易中的地位和竞争力。

（3）欧洲经济一体化中可能会遇到的挑战：

1）国家主权的让渡和民族利益矛盾。如今，一个扩大了的欧盟，为保障经济一体化进一步深入，需要政治上的一体化，这意味着其成员国必须让渡更多的国家主权。政治权力的中心，必将由各国的首都越来越向布鲁塞尔和斯特拉斯堡转移。对地域面积小，人口少的成员国来说，国家主权和职能的让渡，意味着本国的许多重要的内政事务要由欧盟确定，而欧盟执行机构和立法机构中，几个大国具有决定性的影响。这样，小国就丧失了自己的主权而把有关自己的重要事务交由他人决定。对成员的每个公民来说，主权的转移，也意味着在有关自己切身利益的重大事务上较难有自己的发言权。当一件事务以全欧范围的视角考虑时，某一国家公民的利益可能被忽视或被牺牲。

2）中央与地方权力结构的改变。民族国家随着边防检查、国家技术标准、环境保护、社会立法和产业政策等涉及国家主权的事务，越来越多地向欧盟让渡，其中央政府的调控职能日益受到限制。与之相反，欧盟成员国家地方政府的作用将变得更加重要。在新的政治经济结构中，经济成功将越来越取决于地方的经济活动，地方一级政府在工商环境、地方税赋、土地政策及环保政策、信息服务、教育等事务上，将有更大的发言权和行动空间。而地方政府职能的扩大，意味着现今欧盟国家中央与地方权力结构的改变。

3）欧洲的高失业率。以德国为例：1999 年以来，德国的失业率保持在11.4%~11.6%，高福利政策以及社会保障制度，使企业不愿轻易雇用员工。这一结构性因素，使德国劳工市场的就业状况很难有较大改变。当欧元启动，欧盟一体化程度进一步加深后，德国企业将进一步转移资本，向劳动成本低廉的南欧或东欧地区转移，资本的转移与大量来自生活水平较低的欧盟成员国国民的涌入，必定会进一步加剧劳工市场的紧张状态，导致失业率的进一步提高。就业前景的恶化，必然会促进极端社会思潮的抬头，造成社会的不稳定和现存政治格局的变化。这是当今政治领导人极不愿意见到的。但一体化的进一步发展，外国人与本国人在劳工市场上所面临的竞争问题以及资本外流所造成的失业问题，都将进一步突出。

4）集体安全问题。随着经济一体化和政治一体化的发展，建立欧洲自身的安全体系也提上了议事日程。在欧盟大国中，英国与美国不论在外交还是军事领域，都保持着传统的特殊关系。德国也是美国在欧洲的坚定盟友，而法国却一直与美国为首的北约保持着一定的距离。法国一向主张建立欧洲自己的防务体系，甚至提出把德国纳入自己的核保护伞之下。这使德国处于两难境地。德法这两个国家被称为欧洲一体化的发动机，但在防务安全上，德国一向主张美国在保护欧洲防务方面应起主导作用。法国与美国在欧洲独立防务问题上意见相差甚远。错综复杂的防务问题，使欧洲一体化的发动机产生了不协调。这也使欧洲防务及安全一体化进程严重受阻。

5）经济利益的矛盾。欧盟各国央行对本国货币政策的制定权让渡给了欧洲中央银行。但欧洲央行没有一个强大的国家主权力量作为欧元的信用依托。当各成员国家因利益冲突，或成员因国内经济状况或政治状况的压力而不遵守欧盟的纪律，如实行大肆举债的扩张性财政政策，或几个国家同时以法不责众方式使国家财政赤字超过规定的3%时，就能导致欧元的动荡而失去信用。

十、北美自由贸易区的建立

（一）案例内容——自由贸易区（北美自由贸易区的建立）

主旨：北美自由贸易区（North American Free Trade Area，NAFTA）建立后，美、加、墨三国由于取消贸易壁垒和开放市场，实现了经济增长和生产力提高。这成为南北区域经济合作的成功范例，国际间对于发达国家和发展中国家能否通过自由贸易实现经济的共同增长、迈向经济一体化的疑问基本得到消除。

美国、加拿大和墨西哥三国于 1992 年 8 月 12 日就《北美自由贸易协定》达成一致意见，并于同年 12 月 17 日由三国领导人分别在各自国家正式签署。1994 年 1 月 1 日，协定正式生效，北美自由贸易区宣布成立。三个会员国彼此必须遵守协定规定的原则和规则，如国民待遇、最惠国待遇及程序上的透明化等，借以消除贸易障碍。自由贸易区内的国家货物可以互相流通并减免关税，而自由贸易区以外的国家则仍然维持原关税及壁垒。

自由贸易区建立后，美、加、墨三国由于取消贸易壁垒和开放市场，实现了经济增长和生产力提高。20 多年来，北美自由贸易区（NAFTA）取得的成果主要有：促进地区贸易增长和直接投资（FDI）增加、发达国家保持经济强势地位、发展中国家受益明显、合作范围不断扩大等。

首先，促进地区贸易增长和 FDI 增加。北美自由贸易协定自生效以来，由于关税的减免，有力地促进了地区贸易的增长。根据国际货币基金组织统计，经过10 年发展，NAFTA 成员国间的货物贸易额增长迅速，三边贸易额翻了一番，从1993 年的 3060 亿美元增长到 2002 年的 6210 亿美元。由于 NAFTA 提供了一个强大、确定且透明的投资框架，确保长期投资所需要的信心与稳定性，因而吸引了创纪录的直接投资。2000 年，NAFTA 三国间的 FDI 达到 2992 亿美元，是1993 年 1369 亿美元的两倍多。同时，从 NAFTA 区域外国家吸引的投资也在增长。

其次，发达国家继续保持经济强势地位。自由贸易区内经济一体化加快了发达国家与发展中国家间的贸易交往和产业合作，其中，美向墨西哥的出口增加了1 倍多，从 511 亿美元增至 1072 亿美元。自由贸易区还强化了各国的产业分工和合作，资源配置更加合理，协议国间的经济互补性提高了各国产业的竞争力。如墨西哥、加拿大的能源资源与美国互补，加强了墨西哥、加拿大能源生产能力。特别在制造业领域，墨西哥的人力资源与美国的技术资本互补，大大提高了美国制造业的竞争力，使美国将一些缺乏竞争性部门的工作转移到更有竞争性的部门，把低技术和低工资的工作转变为高技术和高工资的工作。如在汽车、电信设备等美国许多工业部门都可以看到这种就业转移的影响。在美国汽车工业中，1994 年以来整个就业的增长速度远远快于 NAFTA 前的年份。以至美国马里兰大学商学院教授彼得·莫里奇在谈到自由贸易带来的好处时指出："一个自由贸易协定可能是在一种促进竞争力的新的国家战略中的关键因素。"

　　再次，发展中国家受益明显。一般认为，在北美自由贸易区中，发展中国家墨西哥是最大的受益者。加入 NAFTA 以来，墨西哥与伙伴国的贸易一直增长迅速，1993~2002 年，墨西哥向美国和加拿大的出口都翻了一番，变化最明显的是墨西哥在美国贸易中的比重，其出口占美全部出口的比重从 9.0% 上升到 13.5%，进口从 6.8% 上升到 11.6%。墨西哥与 NAFTA 伙伴国的贸易占其总 GDP 的比重，从 1993 年的 25% 上升到 2000 年的 51%。墨西哥在加入协定后，其进口关税大幅度下降，对外国金融实行全面开放，加上拥有的大量廉价劳动力，使大量外国资本流入墨西哥，FDI 占国内总投资的比重从 1993 年的 6% 增长到 2002 年的 11%。截至 2001 年，墨西哥的年均累积 FDI 已达到 1119 亿美元。

　　最后，合作范围不断扩大。近年来，NAFTA 南扩趋势明显，有关成员国在 2005 年 1 月 1 日前完成了美洲自由贸易区（FTAA）的谈判。在 NAFTA 中占主导地位的美国除把 NAFTA 看作增加成员国贸易的手段外，还把 NAFTA 看作其外交政策的一部分，以及向美洲和全球贸易自由化扩展的重要工具，因此美加两国和墨西哥签订的协议在很多方面都是样板性的。2000 年后，美国贸易政策变得更加外交化，NAFTA 已成为美国实现区域贸易对外扩张的样板，开始向 FTAA 扩展。

　　（二）分析要求

　　（1）什么是自由贸易区？北美自由贸易区的建立有什么特点？

　　（2）结合材料分析区域合作的作用影响，以及北美自由贸易区中发达国家和发展中国家是如何相互受益的？

　　（3）在北美自由贸易区经济一体化中，各个国家是怎么分工协作的？

参考答案：

　　（1）自由贸易区的内涵以及北美自由贸易区建立的特点：

　　1）自由贸易区（Free Trade Area，FTA）指签订自由贸易协定的成员国相互彻底取消商品贸易中的关税和数量限制，使商品在各成员国间可以自由流动。但是，各成员国仍保持自己对来自非成员国进口商品的限制政策。有的自由贸易区只对部分商品实行自由贸易，如"欧洲自由贸易联盟"内的自由贸易商品只限于工业品，而不包括农产品。这种自由贸易区被称为"工业自由贸易区"。有的自由贸易区对全部商品实行自由贸易，如"拉丁美洲自由贸易协会""北美自由贸易区"，对区内所有的工农业产品的贸易往来都免除关税和数量限制。

2）北美贸易自由区建立的特点：促进地区贸易增长和直接投资（FDI）增加、发达国家保持经济强势地位、发展中国家受益明显、合作范围不断扩大等。

（2）区域合作的作用影响以及北美自由贸易区中发达国家和发展中国家相互受益的实现方式：

1）区域合作的作用影响：区域合作能使发达地区保持国际竞争力。10多年的发展证明，发达地区想要保持较强的国际竞争力，最重要的是使本地区一直处于国际经济发展的主流地位，极力避免边缘化。保持区域经济的主流地位就必须融入某个区域一体化组织（自由贸易区、经济圈），应尽量在这个大区域中占据重要地位或者核心地位。

2）北美自由贸易区中发达国家和发展中国家相互受益的实现方式：区域合作以经贸为主，通过协议循序渐进发展。北美自由贸易区由于是发达国家与发展中国家建立的自由贸易区，有关协议国对实现区域内自由贸易采取了以合作协议来逐步推进的方式。各协议国签订了大量的双边和多边协议，主要内容包括消除关税和削减非关税壁垒、开放服务贸易、便利和贸易有关的投资，以及实行原产地原则等，还包括劳工（NAALC）、环境（NAAEC）等附属协定。考虑到不同国家的发展水平，主要协议条款规定在10年内逐步消除所有贸易和投资限制，对几个敏感行业的过渡期为15年。这是一个复杂的国际协议框架，它提供了一整套的规则和制度框架来管理三国间的贸易和投资关系，同时提供吸纳新成员和采用新的争端解决程序的机制，这是先前其他国际经济协定中都不具备的。这样一种事先确定制度和法律框架的合作，对我国的跨区域合作有借鉴意义。

（3）在北美自由贸易区经济一体化中各个国家分工协作的方式：区域合作注重产业一体化中的分工协作。北美自由贸易区的成立，将美国、加拿大和墨西哥共同纳入一个产业一体化中的分工协作体制。最明显的是加拿大的原材料、墨西哥的劳动力与美国的技术管理相结合，形成了以美国为轴心的生产和加工一体化。其中，美、加生产一体化主要表现为水平产业内分工，如两国在飞机和汽车制造、钢铁、食品加工、化学品和布料加工业等领域形成了更密切的产业内联系。而美、墨生产一体化的行业主要集中在电器、汽车和服装这几个行业，带有明显的垂直产业内分工的特点，主要是美国将零部件运到墨加工后再返回美国。这种产业一体化中的分工协作体制使各国的产业优势得到更大的发挥，这对我国的跨区域合作是很有启示的。

十一、北美自由贸易协定的终止

（一）案例内容——自由贸易区（北美自由贸易协定的终止）

主旨：《北美自由贸易协定》是在区域经济集团化进程中，由发达国家和发展中国家在美洲签订的。美国重启谈判，主要原因是要吸引制造业就业岗位回流美国。其中，制造业中的钢铁产业涉及的上下游产业链较多，是美国重点关注的行业。

1994年1月1日，《北美自由贸易协定》正式生效，北美自由贸易区宣布成立。特朗普2017年1月就任总统，认定这份区域自贸协定的部分条款让美国"吃亏"，同年4月，特朗普声称美国即将退出该协议的言论，触发了三国之间紧张的贸易局势。在特朗普的施压下，墨西哥、加拿大同意重新谈判，主要目标之一是为美国汽车行业扩大海外市场、吸引制造业就业岗位回流美国。

2018年12月3日，根据路透社报道，美国总统特朗普表示，他很快就会正式通知国会，将终止《北美自由贸易协定》（NAFTA），并敦促国会批准他与墨西哥和加拿大两国首脑签署《美国—墨西哥—加拿大协定》（USMCA）。

美国要重启《北美自由贸易协定》（NAFTA）谈判的企图从特朗普政府上台就一直在准备。2018年5月31日，美国宣布对加拿大、墨西哥和欧盟征收25%的钢铁关税和10%的铝关税将于6月1日生效。更是以此作为谈判筹码，准备多方贸易协定的重新谈判。

在钢铁方面，自从北美自由贸易区建立以来，区域内钢材贸易量增加了一倍以上，美国对加拿大和墨西哥的钢材贸易顺差都很大，但是美国仍选择开战，主要是由于钢铁产业涉及的上下游产业链较多，跟汽车、制造业等关系密切。2017年1~9月，美国的最大钢铁产品供应来源地（按进口量计算）依次是加拿大、巴西、韩国、墨西哥和俄罗斯。这个排序说明了美国、加拿大和墨西哥在钢铁产业方面的密切联系。

北美自由贸易区内各国的钢铁生产能力极强。据加拿大钢铁生产商协会提供的数据，截至2017年7月，北美自由贸易区拥有粗钢年产能1.587亿吨，粗钢年产量达到1.116亿吨，产能利用率为70.4%，与在此期间的全球平均水平相当。2017~2018年，美国将继续引领发达国家钢材需求增长。2016年，美国与墨西哥的双边货物贸易赤字为630亿美元，这一赤字的很大一部分是由于两种用钢密集的运输设备和机械的贸易。美国钢材是墨西哥汽车和机械生产的主要来源，由于北美钢铁和制成品供应链的综合性，墨西哥出口到美国的制成品含有大量美国制造的钢材。

2018年11月30日，美墨加协定取代北美自贸协定，并于2020年7月1日正式生效。《美墨加协定》将给予美国更多机会进入总值190亿美元的加拿大乳制品市场，同时鼓励美国国内生产更多的汽车和卡车，增加环境和劳工法规，并引入最新的知识财产措施。《北美自由贸易协定》被《美国—墨西哥—加拿大协议》取代是好事还是坏事，对这三国尤其是对美国是祸还是福，对世界经济的影响是积极的还是消极的，尚需时间检验。

（二）分析要求

（1）北美自由贸易区（NAFTA）和欧盟（EU）在关税政策上的异同。

（2）北美自由贸易区（NAFTA）重新谈判关税方面的原因。

（3）以钢铁产业为例，分析重新谈判后分别对美国、加拿大和墨西哥三国的影响。

参考答案：

（1）北美自由贸易区（NAFTA）和欧盟（EU）在关税政策上的异同：

1）相同点：无论是 NAFTA 还是 EU，都实现了货物在成员国之间的自由流动。

2）不同点：NAFTA 是自由贸易区，区内的成员国之间会消除国家间的关税或非关税壁垒，各成员国对区域外的国家仍实行各成员国自己的关税政策。NAFTA 取消了三个国家间的几乎所有关税（一些产品除外，主要是农业产品）。EU 作为共同市场，还实现了生产要素在成员国之间的自由流动，成员国实行了共同的贸易政策。EU 作为贸易共同体对非成员国实行共同关税。

（2）北美自由贸易区（NAFTA）重新谈判关税方面的原因：

1）美国认为 NAFTA 机制不公平，对于美国而言是导致美国制造业工作岗位流失以及对墨西哥贸易赤字的罪魁祸首。美国为了缓解国内失业问题，解决劳动人口就业，需要吸引制造业向美国本土回流，创造更多的工作岗位。因此对 NAFTA 的相关机制重新谈判。

2）美国为了减少与墨西哥之间的贸易逆差，获得更多贸易利益。一般认为，在北美自由贸易区中，发展中国家墨西哥是最大受益者。北美自由贸易区促进墨西哥国内的经济增长，吸引了大量外资，并引进了先进技术和管理经验。截至 2017 年，墨西哥对美国出口的商品结构发生了重大变化。在 NAFTA 签署之前，墨西哥 80% 以上的出口为原油和初级产品。2017 年，墨西哥的制成品出口占墨西哥向美国出口总额的 80% 左右，美国从墨西哥进口的 40% 的产品来自于美国设在墨西哥的工厂。2017 年，美国是墨西哥的第一大贸易伙伴，墨西哥是美国的第三大贸易伙伴。美国有 600 万人的就业与美墨贸易有关。据统计，每分钟墨美贸易额达 100 万美元。墨西哥最主要的出口市场是美国，美国约占其出口总额的 82%，对美出口汽车占墨汽车出口总量的 60%。美、墨货物贸易从美国约有 13 亿美元的顺差转变为 2016 年的 640 亿美元逆差。

3）美国认为在现行的 NAFTA 机制中，加拿大的农产品政策损害了美国利益。加拿大政府在现行的北美自由贸易协定中对乳制品行业实施管制式经济政策。特朗普以前就已经攻击过加拿大对国内乳制品业的贸易保护政策，称其为"一件不光彩的事"，还指责说因为这件事美国绝大多数农民的日子都不好过。而美国由于过度生产的问题，乳制品价格持续低迷，售价甚至低于成本，导致美国的乳业农民入不敷出，大多濒临破产。

（3）以钢铁产业为例，重新谈判后对美国、加拿大和墨西哥三国的影响分别为：

1）对美国的影响：重新谈判后，对美国会有正面和负面两方面的影响。正面影响是，在钢铁方面美国对墨西哥加税，促使墨西哥的制造成本提升。最终可能会导致一些美国汽车制造企业将工厂迁到美国国内，提高美国工人的就业率。负面影响是，短期内会导致美国汽车出口行业不能依赖原有的加拿大和墨西哥的供应商，成本急剧增高。最终不得不提高汽车的售价，从而将失去美国汽车的出口竞争力。

2）对加拿大的影响：重新谈判后，会对加拿大的钢铁行业带来不确定性。在钢铁产品方面美国对加拿大是贸易顺差。2016 年，美国向加拿大出口 97 亿美元钢铁产品，并从加拿大进口 74 亿美元钢铁产品，美国钢铁贸易顺差达到 23 亿美元。在钢材方面，美国与加拿大贸易盈余达 5.42 亿美元。美国依然对加拿大钢铁征收 25% 关税以及对铝征收 10% 关税，主要是以此施压加拿大政府，促使加拿大重启跟美国的贸易谈判。目前，增税对加拿大的影响是将减少其对美国的钢铁出口。

3）对墨西哥的影响：重新谈判后，会冲击墨西哥的汽车产业。由于墨西哥在价值链所处位置的关系，美国每年要从墨西哥进口大量钢铁制成品。新协定规定，40%~45% 的汽车生产比例应由时薪不低于 16 美元的工人生产，直接提高了墨西哥的人力成本。在一些更明细的条款中规定，汽车所采用的钢铁、铝和玻璃等必须产自北美。而此前，墨西哥同类工人平均时薪在 3 美元左右，这将汽车产业链上更多的环节和就业机会从墨西哥"驱赶"回美国本土。

十二、中国—东盟自由贸易区经济合作

（一）案例内容——自由贸易区（中国—东盟自由贸易区经济合作）

主旨：基于区域经济一体化的发展趋势，完善中国—东盟自由贸易区发展模

式，有助于推动实现贸易自由化和资源有效配置。

自 2010 年中国—东盟自由贸易区正式建成以来，双边经贸、投资等领域的合作取得了丰硕的成果。在世界经济一体化的发展背景下，中国—东盟经济贸易发展通过利用双方经济的互补性，不断增强国家的经济实力，提高经济效益和区域整体活力，加快东亚区域经济一体化的迅速发展。在日益频繁的贸易合作中，双方发展机制不断健全完善，各自经济实力、区域整体竞争力不断提升。通过双方贸易、投资及其他领域的密切合作，有助于推动中国和东盟的经济贸易发展。

自从双方自由贸易区计划启动后，中国—东盟自由贸易区贸易额以年均 20% 的速度不断递增，东盟成为我国经济发展的第五大贸易合作伙伴。2019 年，双方贸易总额达 5023.05 亿美元，中国向东盟出口总额达到 3008.49 亿美元，较 2018 年增长 3.1%；中国从东盟进口总额达 2014.56 亿美元，增长 0.5%，具体如表 6-5 所示。

表 6-5　2019 年东盟对中国货物贸易进出口数据　　　　　单位：亿美元

序号	国家	进出口总额	出口总额	进口总额
1	文莱	11.01	4.29	6.72
2	柬埔寨	85.98	10.12	75.86
3	印度尼西亚	728.92	279.62	449.31
4	老挝	33.53	16.72	16.81
5	马来西亚	760.55	336.90	423.65
6	缅甸	122.00	57.54	64.47
7	菲律宾	365.71	98.14	267.56
8	新加坡	1006.52	516.19	490.33
9	泰国	738.61	280.68	457.93
10	越南	1170.20	414.34	755.86
11	东盟	5023.05	2014.56	3008.49

资料来源：UN Comtrade Database。

然而，我国与东盟各国贸易发展依然受到诸多因素的阻碍，双方并不是主要的经济贸易伙伴，甚至由于产业结构相似，在很多领域中双方都是彼此强劲的竞争对手。双方在国际市场上的激烈竞争局面，不仅影响双边贸易额增长，也对进一步合作带来负面影响。一方面，由于地理位置、自然条件、生产条件及技术水平具有相似性，使得我国与部分东盟国家的经济发展水平相当，双方主要产业为农业、资源密集型和劳动密集型，都主要面向美国、日本等发达国家出口，产品出口市场竞争激烈；另一方面，中国与东盟国家政治制度、经济发展方面存在较大的差异性，贸易自由化方面各成员国家之间存在意见分歧，再加上相关措施的封闭性，这些都从不同程度上阻碍了中国—东盟自由贸易区的构建与发展。

（二）分析要求

（1）中国—东盟自由贸易区属于经济一体化的哪种形式，其特点是什么？

（2）建立中国—东盟自由贸易区对双方经济发展有哪些影响？

（3）实现中国—东盟贸易利益最大化可采取哪些对策？

参考答案：

（1）中国—东盟自由贸易区属于经济一体化的具体形式及其特点：

根据世界经济一体化发展水平及目标的不同，世界经济一体化主要表现为特惠关税区、自由贸易区、关税同盟、共同市场、经济同盟以及完全经济一体化等形式。中国—东盟自由贸易区属于自由贸易区的形式。

自由贸易区内允许外国船舶自由进出，外国货物免税进口，取消对进口货物的配额管制，也是自由港的进一步延伸，是一个国家对外开放的一种特殊的功能区域。自由贸易区除具有自由港的大部分特点外，还可以吸引外资设厂，发展出口加工企业，允许和鼓励外资设立大的商业企业、金融机构等促进区内经济综合、全面地发展。自由贸易区的局限在于，它会导致商品流向的扭曲和避税。

（2）建立中国—东盟自由贸易区对双方经济发展的影响：

首先，主要体现在贸易方面。有助于扩大中国出口的规模，显著提升出口竞争力，不断优化出口商品的结构，最终促进形成一个多元化的市场战略形势。贸易出口通过降低关税和非关税壁垒来扩大规模，基于此产生的贸易创造效益要大于贸易转移的效益。东盟不再从其他国家进口，而选择从中国进口，并以此扩大出口规模，通过规模效应提高我国贸易出口的竞争力。

其次，体现在地理位置上。我国与东盟各国家相邻，因而东盟各国家为我国特别是西南省份的经济发展提供了大规模的出口市场，增强双方贸易的互补性。基于自由贸易区，东盟各国家也为我国出口提供了广阔的市场空间，促使我国西南省份积极参与到国际分工，推动区域经济的协调稳定发展，进而提升我国整体经济实力。

最后，体现在经济互补上。自由贸易区的构建为东盟经济发展创设机遇，在自然资源、技术、旅游及劳务方面，中国与东盟形成互补性，双方资源条件具有差异性。

（3）实现中国—东盟贸易利益最大化可采取的对策：

1）完善合作机制，强化区域产业合作理念。基于"一带一路"倡议等发展机制，加强我国与东盟各国的经济合作关系。同时强化区域产业合作理念，采取补充措施促进双方产业合作。一方面，发挥中国、东盟国家信贷、丝路基金及中国—东盟银行联盟在合作中的作用，加强对产业项目的融资和保险等金融服务；另一方面，在物流、技术法规、知识产权、标准和资格程序、法律咨询及信息服务等方面，从会计服务和商业咨询等领域提供多项配套产业服务，发展多领域、多形式的经济技术合作，加强双方工业合作，巩固和加强双方的友好关系。

2）加强交流与合作，加快自由贸易的发展。中国—东盟自由贸易区的构建，推动中国与东盟各国的交往密切与频繁，促使我国市场经济快速发展并趋于平稳。针对自由贸易区发展过程中遇到的阻塞，我国应采取积极的应对办法，充分利用国内优质资源和广阔的市场空间，对市场份额进行巩固，以良好的国内环境积极吸引外国合作。并与东盟各国加强往来交流达成共识，助力自由贸易区的发展。

3）优化产业结构，加强互补产业的合作。随着中国与东盟经济合作的不断深化发展，双方应积极调整和优化自身经济结构，推进实现互补竞争。中国可以为部分经济发展水平较为落后的国家提供资本和开发技术。由于经济快速发展对能源资源需求相应增加，而东盟国家在自然资源、能源产品、农产品出口方面具有较大优势，双方在这一领域具有很好的互补性，未来合作前景可观。

十三、欧盟东扩的贸易创造和贸易转移

（一）案例内容——贸易创造和贸易转移（欧盟东扩的贸易创造和贸易转移）

主旨：欧盟东扩后在欧盟内部将产生贸易创造效应，而对于区域外的经济体在理论上则会产生贸易转移效应。但事实上，其对中欧贸易的转移效应微乎其微。

自欧盟成立以来，1958~1993年，由于贸易创造效应，欧盟区内贸易额增长了9倍，年均增长6.7%；而区外贸易额仅增长了4倍，年均增长4.8%；截至20世纪90年代，区内贸易总额已约占全部贸易总额的60%，而区外贸易总额只占全部贸易额的40%。

2004年，东扩以前的欧盟十五国为荷兰、比利时、卢森堡、意大利、法国、德国、英国、爱尔兰、丹麦、希腊、葡萄牙、西班牙、奥地利、芬兰和瑞典。2004年5月，欧盟接纳了新入盟的捷克、斯洛文尼亚、塞浦路斯、马耳他、爱沙

尼亚、匈牙利、拉脱维亚、立陶宛、波兰和斯洛伐克 10 个新成员国，完成了欧盟历史上的第五次扩大。欧盟东扩后，在欧盟内部将产生贸易创造效应，而对于区域外的经济体会产生贸易转移效应。就中欧贸易来说，由于我国和新成员国中的大多数同是转型国家，产业结构相似，因此，东扩后老成员国极易选择从新成员国进口。

欧盟东扩后产生贸易创造效应显著。除以旅游业为主要收入的塞浦路斯、马耳他以外，东扩后的 8 个新成员国对老成员国的贸易额呈大幅增长态势，且其占全世界贸易额的比例稳步增长，如表 6-6 所示。

表 6-6　东扩后新成员国对老成员国贸易额、世界贸易额及其占比变化

单位：亿欧元，%

年份	出口额	进口额	贸易总额	世界贸易额	占比
2005	1724.62	1861.46	3586.08	144033	2.4898
2006	2027.41	2211.76	4239.17	164615	2.5752
2007	2342.56	2611.35	4953.91	173116	2.8616
2008	2533.79	2784.48	5318.27	190287	2.7949

资料来源：External and intra-European Uniontrade, Statistical Yearbook, 2008 edition。

新成员国对老成员国的贸易总额由 2005 年的 3586.08 亿欧元上升至 2008 年的 5318.27 亿欧元，四年间增长了 48.3%。这说明欧盟东扩后，贸易创造效应明显。进一步考虑世界经济快速发展的大环境，东扩后新成员国对老成员国的贸易额占全世界贸易额的比例在四年间由 2.49% 增加到 2.79%。这说明东扩后，欧盟新老成员国间贸易关系日益紧密，贸易往来逐渐增多，贸易创造效应得到了进一步体现。

与新入盟的中东欧国家相比，我国出口产品并不具备竞争优势。中东欧国家与我国经济发展水平相近，具有相似的出口产品结构，产品高度可替代。例如，匈牙利和捷克等国出口中的 80% 以上是劳动密集型的工业品，中国对欧盟出口中的工业制成品也占了 80%，同样以劳动密集型产品为主。欧盟东扩后，欧盟老成员国与新成员国间实现自由贸易，享受统一关税，价格等方面上的优势必然会使欧盟将这些传统产品贸易转移到盟内，致使我国对老成员国的出口量下降，产生贸易转移效应。综上所述，根据关税同盟理论，我国对老成员国的进出口额在欧盟东扩后应该得到锐减，进而我国与老成员国之间的经济关系应该得到弱化。然而，事实表明，欧盟东扩后，中国对老成员国的进出口额不仅没有减少，反而有扩大趋势，如表 6-7 所示。中国与老成员国的经济关系不仅没有弱化，反而加

强了。

表 6-7　2002~2007 年中国对老成员国进出口额　　　　单位：亿美元

年份	2002	2003	2004	2005	2006	2007
进出口额	868	1252	1681	2066	2564	3273
出口额	482	722	998	1348	1690	2213
进口额	385	531	682	717	873	1063

之所以存在这种矛盾，并不是"贸易转移效应"失灵，而可能是以下因素抵消了贸易转移效应所产生的影响：一是欧盟东扩给中国带来更多发展机遇；二是关税同盟的动态效应部分抵消了静态的贸易转移效应；三是新欧盟内部整体贸易环境的改善有利于中国对欧盟的出口。

（二）分析要求

（1）什么是贸易创造和贸易转移？

（2）结合案例材料，简述贸易创造效应与贸易转移效应的表现。

（3）尽管欧盟扩张对中国的贸易转移效应影响甚微，为进一步促进中欧贸易发展，我国应采取什么措施？

参考答案：

（1）贸易创造与贸易转移的定义：贸易创造和贸易转移理论是由加拿大经济学家瓦伊纳（Jacob Viner）于 20 世纪 50 年代初提出的，该理论建立在关税同盟的基础上。当一些国家结成关税同盟后，由于对内取消关税，对外统一关税，有可能产生贸易创造和贸易转移两种效应。贸易创造指关税同盟内实行自由贸易后，产品从成本较高的国内生产转往成本较低的成员国生产，从成员国进口商品，从而创造出过去所不可能发生的新贸易。贸易转移指由于关税同盟对外实行保护贸易，导致从外部非成员国较低成本的进口转向从成员国较高成本的进口。

（2）贸易创造效应与贸易转移效应的表现：

1）本案例贸易创造效应的具体表现：

第一，进口低成本产品，提高消费者福利。由于取消关税，成员国由原来生产并消费本国的高成本、高价格产品，转向购买成员国的低成本、低价格产品，从而使消费者节省开支，提高福利。东扩后，欧盟老成员国从其他新成员国进口低于国内价格的商品，新成员国对老成员国的贸易总额由 2005 年的

3586.08 亿欧元上升至 2008 年的 5318.27 亿欧元，四年间增长了 48.3%；新成员国对老成员国的贸易额占全世界贸易额的比例在四年间由 2.49% 增加到 2.79%。这说明欧盟东扩后，贸易创造效应明显，欧盟成员国由于创造效应带来了比国内价格更低的商品，提升了成员国国内消费者的福利。

第二，提高生产效率，降低生产成本。从一国看，以扩大的贸易取代了本国的低效率生产；从整体看，生产从高成本的地方转向低成本的地方，关税同盟内部的生产资源可以重新配置，改善了资源的利用。欧盟东扩后，新成员国增加了对老成员国的贸易，在市场机制作用下，产品的生产从高成本的地方转向低成本的地方，资源得到了重新配置。

2）本案例中的贸易转移效应没有体现出来，因为一些因素的存在抵消了贸易转移效应所产生的影响。①欧盟东扩给中国带来更多发展机遇。新欧盟统一大市场的商品种类、吸纳能力、市场规模、消费层次等都会进一步扩大，产品需求更加多样化，新欧盟内部贸易创造效应的增强为中国企业拓展欧洲市场提供了新的发展机遇。②关税同盟的动态效应部分抵消了静态的贸易转移效应。贸易创造效应刺激了欧盟实际收入水平增加和消费增长，同时为区域外国家提供了更多的贸易机会，有利于中国扩大对欧出口。③新欧盟内部整体贸易环境的改善有利于中国对欧盟的出口。过去，中东欧国家市场经济还不成熟、体制还不完善，入盟后在欧盟统一框架内，政治、经济、周边环境相对更加稳定，关税和技术等标准得到了统一，从而给中国企业提供了更多的贸易和投资机会。总体看，欧盟东扩给中国带来的贸易转移效应微乎其微，贸易创造效应明显。

（3）随着全球的关税税率不断下降，配额不断减少，以欧盟东扩为背景，欧盟对发展中国家的经济和贸易政策已发生了明显的变化，贸易优惠已不再是发展中国家进入欧洲市场的金钥匙。尽管欧盟的新一轮东扩给我国的进出口贸易带来了种种影响，但良好的中欧经贸关系无疑符合中欧双方的共同利益。只要我们认真分析形势，调整好自己的步伐，就可以抑制贸易转移的不良影响，充分发挥贸易创造的积极作用。面对这样的情况，我国应该拿出积极的应对措施。

1）中国企业应大力实施"走出去"倡议，加大对欧盟新成员国的投资力度。欧盟东扩后，由于新成员国加入，贸易环境和投资环境都有极为明显的改善。中国可以借此机会加大与欧盟新成员国贸易往来，尤其是可以大力推行实施"走出去"倡议，鼓励中国企业到海外市场寻求发展。欧盟贸易保护程度高，尤其是各种非关税壁垒严重。当我国与欧盟直接贸易成本上升或遇到阻碍时，投资是进入市场的最好方式。而且新成员国加入欧盟后，无论从投资环境，还是在贸易流通方面都会有比较大的改善。有条件的企业应把握时机，加强与这些新成员国的经济技术合作。采取独资或合资等方式在新成员国开办企业，充分利用新成员国相对低廉的生产成本优势、进入欧盟市场的税率优势以及与西欧、俄罗斯等地缘、文化联系紧密的优势，从而降低成本、避免高关税以及各种非关税壁垒。这有助于扩大产品在整个欧盟的市场份额、降低贸易成本，也增大了我国企业在欧盟内部资源配置选择的余地。

2）优化商品结构，利用规则扩大对欧盟的出口。由于中国出口结构与欧盟新成员国相似，新成员国产品对中国产品有很高的可替代性，因此会产生一些贸易转移效应。中国企业应加强市场适应能力，优化出口产品结构，提高出口产品的竞争优势。企业要积极调整现有的竞争策略，在扩大出口数量的同时，要进一步加快新产品研发，提高出口产品的质量和档次，丰富产品的结构和层次，增加产品附加值，在对外贸易中做到以质取胜。另外，要努力增强培育自主品牌的能力，引导企业开创国际品牌。用品牌开拓市场、用品牌创造价值，既可保证信誉，又可防止贸易壁垒的困扰，使我国出口商品长期以来依靠单一的价格优势转变为依靠科技、品牌、质量和价格的综合优势，提高综合竞争力。

3）发挥政府职能作用，应对技术壁垒。中国政府要积极运用规则妥善解决不合理限制及技术性壁垒。与欧盟建立磋商机制，在维护安全、卫生、健康和环保的原则下，及时解决中国产品欧盟市场准入的问题。同时，加大法规标准的制定力度，将技术规范纳入法规，积极采用国际标准，尽力争取将我国具有相对优势的项目标准纳入国际标准体系。从而将未达到我国技术标准的欧盟产品拒之门外，增加我国经贸谈判的筹码。

十四、中国水产品出口贸易

（一）案例内容——贸易创造（中国水产品出口贸易）

主旨：我国自 2009 年起连续 13 年保持东盟第一大贸易伙伴，同时自 2020 年起东盟连续三年成为我国第一大贸易伙伴，目前双方正积极在 RCEP 框架下推进自贸区 3.0 版谈判。由于日本核污水的排放，水产品获得全球广泛关注。当前，我国和东盟水产品贸易额不断增长，贸易结合度指数不断提高，而与日本、美国、加拿大、韩国等非中国—东盟自贸区成员国的贸易结合度指数降低，中国—东盟自贸区的建设促进贸易创造的发生。因此，我国应全面推进 RCEP 和 FTAAP 进程，提高水产品贸易的一体化水平，打造全面开放的贸易新格局。

1. 当前中国正加快推进自贸区战略进展

截至 2023 年 12 月，中国已签署自贸协定 22 个，涉及国家和地区 29 个，包含亚洲、大洋洲、拉丁美洲、欧洲和非洲等多个区域，今年与塞尔维亚、厄尔多瓜、尼加拉瓜新签订自贸区协定。

表 6-8　中国实施自贸区战略进展情况

已签署	在谈判	拟议中
中国—东盟自贸协定及其升级版（CAFTA）	中国—韩国自贸协定第二阶段谈判	中国—加拿大
中国—巴基斯坦及其升级版	中国—秘鲁自贸协定升级谈判	中国—瑞士自贸协定升级联合研究
内地与香港更紧密经贸关系安排（CEPA）	中日韩	中国—蒙古国
内地与澳门更紧密经贸关系安排（CEPA）	中国—挪威	中国—哥伦比亚
中国—柬埔寨	中国—斯里兰卡	中国—斐济
中国—新加坡及其升级版	中国—以色列	中国—尼泊尔
中国—智利及其升级版	中国—巴勒斯坦	中国—巴新
中国—秘鲁	中国—摩尔多瓦	中国—孟加拉国
海峡两岸经济合作框架协议（ECFA）	中国—巴拿马	
中国—格鲁吉亚	中国—海合会	
中国—澳大利亚		
中国—韩国		
中国—瑞士		
中国—冰岛		
中国—哥斯达黎加		
中国—新西兰（含升级）		
中国—毛里求斯		
中国—马尔代夫		
中国—塞尔维亚		
中国—厄尔多瓜		
中国—尼加拉瓜		
《区域全面经济伙伴关系协定》（RCEP）		

资料来源：中国自由贸易区服务网，http：//fta. mofcom. gov. cn/index. shtml，访问时间 2023 年 12 月 8 日。

2. 东盟是中国的第一大贸易伙伴

我国自 2009 年起连续 13 年保持东盟第一大贸易伙伴。同时，自 2020 年起，东盟已经连续 3 年成为中国第一大贸易伙伴。2002 年我国与东盟签订了《中国—东盟全面经济合作框架协议》，正式启动自由贸易区建设。中国—东盟自由贸易区（China and ASEAN Free Trade Area，CAFTA），是中国与东盟十国组建的自由贸易区，也是世界上三大区域经济合作区之一，其中十个成员国为文莱、柬埔寨、印度尼西亚、老挝、马来西亚、菲律宾、新加坡、泰国、缅甸和越南。由图 6-7 可知，2010 年 CAFTA 的全面建成迎来了贸易高质量发展机会，2022 年双方贸易额 9753 亿美元，同比增长 11.2%，比 2013 年的 4436 亿美元扩大了1.2 倍，也就是十年间扩大 1.2 倍。目前正在双方正积极推进自贸区 3.0 版谈判。

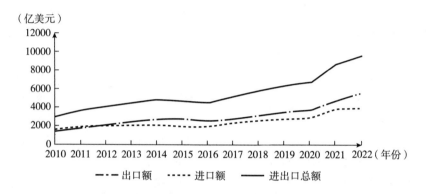

图 6-7　2010~2022 年中国—东盟进出口贸易情况

资料来源：联合国商品贸易统计数据库（UN Comtrade）。

3. 中国和东盟水产品贸易不断增加

自 2012 年以来，受自由贸易区降税和需求拉动，我国与东盟的水产品贸易总额不断增加，年均增长 13.3%，远高于对全球 5.6% 的增速，如图 6-8 所示。近年来，我国和东盟水产品贸易额不断增长，东盟已成为我国第一大水产品贸易伙伴。2022 年，我国与东盟双边贸易总额达 9753.4 亿美元，其中水产品贸易额为 57.6 亿美元，包括对泰国出口 17.1 亿美元，增长 10.1%；对马来西亚出口16.5 亿美元，增长 25.3%。

水产品是重要的农产品，也是我国农产品中最具出口竞争力的产品之一。中国是世界最大的水产品生产和出口国，2002 年以来中国水产品出口贸易额一直稳居世界首位。据联合国商品贸易数据库统计，2014 年，中国水产品出口额达到最高值 216.98 亿美元，随后呈现波动上涨趋势，2022 年为 230.31 美元，比2014 年增加了 6.14%。中国凭借资源禀赋优势成为世界渔业大国，人口红利进一步加强资源和劳动密集型水产品的比较成本优势，出口贸易具有较强的国际竞争力。现阶段中国水产品出口贸易主要依靠供给侧生产能力的推动，而外需拉动

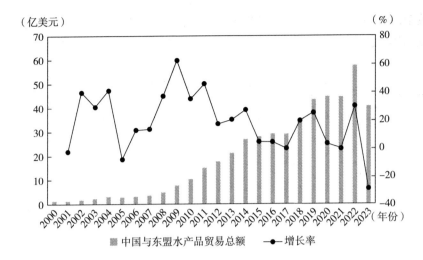

图 6-8　2000～2023 年中国与东盟水产品贸易额变动趋势

注：2023 年的数据为前 11 个月的数据。

资料来源：联合国商品贸易数据库（UN Comtrade）、中国海关总署。

不足，给中国提升水产品质量和品牌竞争力提出了新的要求。当前，以美国为代表的部分国家对中国出口实施制裁，在中美贸易摩擦不断升级的背景下，中国水产品贸易存在出口区域过度集中、对部分市场依赖程度较高等问题，中国水产品出口贸易亟须突破瓶颈。

贸易结合度指数由经济学家布朗（A. J. Brown，1947）提出，后经过小岛清（1958）等的研究得到了完善，是一个比较综合性的指标，用来衡量两国在贸易方面的相互依存度。本文中用来衡量中国与贸易伙伴国间的水产品贸易紧密程度，计算公式为：

$$A_{ij} = (T_{ij}/T_i)/(M_j/M)$$

式中，A_{ij} 表示 i、j 两国的水产品贸易结合度指数（i 代表中国，下同）；T_{ij} 表示 i 国对 j 国的水产品出口贸易额；T_i 表示 i 国的水产品出口贸易总额；M_j 表示 j 国的水产品进口总额；M 表示世界水产品进口总额。当 $A_{ij}>1$ 时，表明 i、j 两国的水产品贸易联系紧密；反之，则相对松散。

2007～2021 年，我国和一些国家的水产品出口贸易结合度指数如表 6-9 所示。自由贸易协定通过降低双边贸易成本促进贸易便利化，CAFTA 的正式建立使中国与东盟水产品贸易实现全面自由化，从而极大促进东盟水产品出口贸易的增长。CAFTA 对中国水产品出口贸易的促进效应显著。另外，在全球经济复苏曲折背景下，中国水产品出口在传统欧美市场份额下降，CAFTA 框架下东盟新兴市场的贸易潜力得以广泛提升。"一带一路"倡议、自由贸易协定（FTA）及

《区域全面经济伙伴关系协定》（RCEP）为中国水产品出口开辟新的贸易市场，为其稳定发展提供了重要路径，对优化中国出口贸易格局具有重要意义。

表6-9 2007~2021年水产品出口贸易结合度指数

年份 国家	2007	2009	2011	2013	2015	2017	2019	2021
日本	2.25	1.79	1.66	1.61	1.60	1.62	1.61	1.59
美国	1.24	1.33	1.18	1.06	0.94	0.92	0.93	0.93
韩国	3.82	3.46	2.95	2.48	2.15	2.21	2.14	2.11
加拿大	1.12	1.29	1.04	0.88	0.82	0.81	0.84	0.81
墨西哥	3.42	4.13	3.49	3.42	2.70	2.62	2.53	2.35
马来西亚	3.02	3.54	3.94	4.75	3.26	3.82	3.24	3.11
泰国	0.29	0.44	0.79	1.27	2.76	2.94	3.27	2.94
菲律宾	4.43	7.82	7.51	9.15	7.96	7.41	7.23	7.01
越南	0.44	0.97	3.64	1.51	0.38	0.46	0.43	0.28
新西兰	1.56	1.22	1.22	1.34	1.55	1.61	1.6	1.48

资料来源：联合国商品贸易统计数据库（UN Comtrade）。

（二）分析要求

（1）如何理解贸易创造？

（2）结合上述表6-9，分析中国的贸易创造情况如何？

（3）思考如何进一步促进中国与东盟水产品贸易发展？

参考答案：

（1）贸易创造的含义：贸易创造是指当关税同盟中一个国家的一些国内产品被来自同盟的另一个国家的生产成本较低的进口产品替代时，就产生了贸易创造。例如，由于更低的生产成本和进口产品的竞争，消费者可以以更低的价格购买到相同品质的产品；贸易创造使得消费者能够从更广泛的选择中获益，可以购买更多种类的产品，提高生活水平；贸易创造鼓励资源的有效配置。当一个国家专注于其有竞争优势的产业，而另一个国家专注于其相对优势的产业时，生产效率就会提高。

（2）结合上述表6-9，分析中国的贸易创造情况：自由贸易协定通过降低双边贸易成本促进贸易便利化，CAFTA 的正式建立使中国与东盟水产品贸易实现全面自由化，从而极大促进东盟水产品出口贸易的增长。CAFTA 对中国水产品出口贸易的促进效应显著。另外，在全球经济复苏曲折背景下，中国水产品出口在传统欧美市场份额下降，CAFTA 框架下东盟新兴市场的贸易潜力得以广泛提升。"一带一路"倡议、自由贸易协定（FTA）及区域全面经济伙伴关系协定（RCEP）为中国水产品出口开辟新的贸易市场，为其稳定发展提供了重要路径，对优化中国出口贸易格局的重要意义。

由表 6-9 可知，我国和东盟国家的水产品贸易结合度指数总体上不断提升，而与日本、美国、加拿大、韩国、墨西哥和新西兰这些非中国—东盟自贸区成员国的贸易结合度指数降低，中国—东盟自贸区的建立促进了贸易创造的发生。中国作为全球贸易的巨头，长期以来一直在国际贸易中实现了贸易创造的原因主要有以下四方面：

1）低成本制造业优势。中国以其庞大而廉价的劳动力资源，建立了世界上最大的制造业基地。这使得中国能够以较低的成本生产各种产品，并出口到全球市场。这种低成本制造业优势为中国带来了贸易创造的机会。

2）全球供应链参与度。中国积极参与全球供应链，与许多国家和地区建立了紧密的贸易关系。作为世界上最大的商品出口国之一，中国通过与其他国家的合作和贸易，实现了贸易创造，提高了产品的竞争力和效益。

3）贸易伙伴多样性。中国不仅与发达经济体（如美国、欧盟）保持着重要的贸易关系，还与发展中国家和新兴经济体（如东盟国家、非洲国家）加强了合作。这种多样化的贸易伙伴关系为中国创造了更广阔的市场和更多的贸易机会。

4）自由贸易区建设。中国积极推动自由贸易区的建设，与其他国家签署了一系列自由贸易协定。这些协定为中国提供了更加便利和优惠的贸易条件，刺激了贸易创造。

中国通过其庞大的市场规模、低成本制造业优势、全球供应链参与度以及与多个贸易伙伴的合作，实现了贸易创造。这为中国带来了经济增长、就业机会和技术发展等多方面的益处。

（3）进一步促进中国与东盟水产品贸易发展的措施：

1）优化中国水产品贸易结构。中国与东盟水产品贸易种类较为集中且结构较为单一，贸易结构亟待优化。中国相关企业应加大科技创新力度，引进先进生产管理技术，在降低成本的同时提升产品品质，提高中国水产品国际市场竞争力。

2）强化中国在贸易网络中的中心位置。在中国—东盟水产品贸易网络中中国居于核心国地位，距离中心位置也较为接近，但当前位置与中国现有的经济体量相比仍有差距，作为世界第二大经济体，中国应进一步推动国家间水产品贸易的协同发展和利用自身优势充分发挥主导作用，不断巩固自身核心地位。

3）推进 RCEP 和 FTAAP 进程，加强与网络内各国家间的合作。中国和东盟国家的渔业资源十分丰富，同时双方对水产品的需求都非常大，中国应加强与东盟国家在渔业领域的合作，促进信息共享，消除信息不对称。在现有合作基础上进一步深化推进建设 21 世纪"海上丝绸之路"和"丝绸之路经济带"，提升中国—东盟水产品贸易网络的密度和中心性，提高水产品贸易的一体化水平，打造全面开放的贸易新格局。

4）利用现代科学技术促进水产品行业朝着"生物技术+信息化+智能化"发展。推动产业链现代化建设，提升传统制造业高端化、智能化、绿色化水平，夯实现代化产业体系的基底。促进水产品行业加快转型升级，推进智慧水产养殖，引导物联网、大数据、人工智能等现代信息技术与水产养殖生产深度融合，开展数字渔业示范，大力发展优质、特色、绿色、生态的水产品。

参考文献

［1］Bhagwati J N. Free trade today ［M］. New Jersey：Princeton University Press，2021.

［2］Flath D. A perspective on Japanese trade policy and Japan-US trade friction ［R］. New York：Columbia University，1998.

［3］Irwin D A，Chepeliev M G. The economic consequences of sir robert peel：A quantitative assessment of the repeal of the corn laws ［J］. The Economic Journal，2020（640）：7-14.

［4］Krueger Anne O. Wilful ignorance：The struggle to convince the free trade skeptics ［J］. World Trade Review，2004，3（3）：483-493.

［5］Mcelroy J，Creamer J，Workman C. A review of recent development in the U. S. automobile industry including an assessment of the Japanese voluntary restraint agreements ［M］. Washington，D. C.：USITC Publication，1985.

［6］O'Rourke K. Tariffs and growth in the late 19th century ［J］. Papers，1997，110（463）：456-483.

［7］Salvatore，Dominick，et al. Protectionism and world welfare ［M］. New York：Cambridge University Press，1993.

［8］Sun-chan P. Measuring tariff equivalents in cross-border trade in services ［M］. Seoul：Korea Institute for International Economic Policy，2002.

［9］安徽省外商投资企业协会官网，http：//www. ahws. com. cn.

［10］白当伟，陈漓高. 北美自由贸易协定成立前后美、加、墨三国经济增长的比较研究 ［J］. 经济评论，2003（5）：103-107.

［11］白子明，周慧秋. 中国—东盟水产品贸易网络演变及特征分析 ［J］. 价格月刊，2022（2）：54-60.

［12］保罗·克鲁格曼（Paul R. Krugman），茅瑞斯·奥伯斯法尔德（Maurice Obstfeld）. 国际经济学（第5版）［M］. 海闻等译. 北京：中国人民大学出版社，2002.

［13］保罗·克鲁格曼（Paul R. Krugman），茅瑞斯·奥伯斯法尔德（Maurice Obstfeld）. 国际经济学：理论与政策（第十一版）［M］. 黄卫平译，北京：中国人民大学出版社，2021.

［14］曹洪建，王兆顺，丁荔等. 近年来山东苹果国际市场出口趋势宏观分析［J］. 中国果树，2023（7）：126-130+140.

［15］查尔斯·希尔. 今日全球商务（中译本）［M］. 孙建秋译. 北京：机械工业出版社，1999.

［16］车经社. 惊心动魄的日美汽车贸易战，如何击碎日本的"远东英国梦"？［N］. 易车号，2020-02-20（2）.

［17］陈继勇，蒋艳萍，王保双. 中国与"一带一路"沿线国家的贸易竞争性研究：基于产品域和市场域的双重视角［J］. 世界经济研究，2017（8）：3-14+135.

［18］陈宁陆，米加，董程. 农业贸易百问：中国—东盟水产品贸易知多少？［J］. 世界农业，2023（11）：136-137.

［19］陈伟，朱俊峰，田国强. 中美贸易摩擦对中国大豆的影响及对策分析［J］. 大豆科学，2019，38（1）：118-123.

［20］程鉴冰，金祥荣. 浅议纺织品服装技术性贸易壁垒［J］. 浙江工程学院学报，2003，20（2）：132-137.

［21］崔小如. 中美轮胎特保案启示［J］. 企业家，2010（9）：62-63.

［22］董文海，郝永涛. 铜版纸反倾销反补贴案终裁中方获胜［J］. 中华纸业，2007，28（12）：66-68.

［23］多米尼克·萨尔瓦多. 国际经济学（中译本）［M］. 杨冰译. 北京：清华大学出版社，2004.

［24］多米尼克·萨尔瓦多. 国际经济学（中译本）［M］. 杨冰译. 北京：清华大学出版社，2015.

［25］多米尼克·萨尔瓦多. 国际经济学（中译本）［M］. 杨冰译. 北京：清华大学出版社，2016.

［26］冯宗宪. 国际贸易理论和政策［M］. 西安：西安交通大学出版社，2009.

［27］冯跃，夏辉. 国际贸易理论、政策与案例分析［M］. 北京：北京大学出版社，2012.

［28］符磊，强永昌. 世界非关税壁垒形势与我国的策略选择［J］. 理论探索，2018（4）：98-106.

［29］耿献辉，魏晓宇，彭世广. 中国与东盟水果产业内贸易及影响因素研究［J］. 中国果树，2021（9）：102-108.

［30］郭鑫，张婧婧，池康伟等．中国与美国、日本、德国制造业国际竞争优势比较研究及相关政策建议［J］．中国科学院院刊，2023，38（8）：1130-1153.

［31］郭培兴．2002年国际商品市场回顾与2003年前瞻［J］．黑龙江对外经贸，2003（Z1）：9-11.

［32］海闻·P.林德特等．国际贸易［M］．上海：上海人民出版社，2003.

［33］海闻·P.林德特，王新奎．国际贸易［M］．上海：上海人民出版社，2012.

［34］胡友．中国—RCEP非关税贸易壁垒特征［J］．全国流通经济，2021（16）：16-18.

［35］胡尊国，王耀中，尹国君．落后地区的城镇化与工业化——基于劳动力匹配视角［J］．经济评论，2016（2）：98-111.

［36］黄文升．关税同盟贸易效应的一个悖论——基于欧盟东扩后中欧贸易变化的分析［J］．科技经济市场，2008（5）：53.

［37］黄雅慧．宝洁公司在华直接投资战略演变历程的启示［J］．北方经济，2010（21）：92-93.

［38］霍丽君．近期国际石油价格回顾与预测［J］．国际石油经济，2022，30（1）：109-112.

［39］冀鹏茜．外资企业看好中国经济　持续加大在华投入［J］．中国外资，2018（4）：60-61.

［40］姜函雨．美国征收反补贴税对我国制造业出口的影响研究［D］．上海海关学院硕士学位论文，2023.

［41］姜晔，茹蕾，杨光，陈瑞剑．"一带一路"倡议下中国与东盟农业投资合作特点与展望［J］．世界农业，2019（6）：12-16+118.

［42］蒋学海，汪婉盈．中国"里昂惕夫悖论"与"H-O"理论探析［J］．对外经贸，2016（2）：46-50.

［43］康学芹．海尔推进全球化品牌战略的经验与启示［J］．对外经贸实务，2016（2）：72-75.

［44］康子君，胡宝贵．中国鲜食苹果国际竞争力分析［J］．北京农学院学报，2023，38（3）：81-86.

［45］孔菲．北美自由贸易区的成效［J］．新财经（理论版），2010（4）：72.

［46］李昌奎．世界贸易组织反倾销争端案例1995～2003其他国卷［M］．北京：机械工业出版社，2005.

［47］李海莲，张楚翘．中韩、中日工业制成品产业内贸易特征及影响要素的比较研究［J］．东北亚经济研究，2017，1（3）：104-120.

［48］廖军政，朱启娴．WTO 体制下的 TBT-SPS 规则修改与前景预测［J］.
南京财经大学学报，2008（1）：98-101.

［49］林珏．国际贸易案例集［M］.上海：上海财经大学出版社，2001.

［50］林烨晗．"资源陷阱"与区域经济增长研究［J］.大众投资指南，
2018（15）：11-12.

［51］刘超，刘蓉，朱满德．高保护经济体农业支持政策调整动态及其涵
义——基于欧盟、日本、韩国、瑞士、挪威、冰岛的考察［J］.世界农业，2020
（4）：13-22+30.

［52］刘晨．中美贸易战中华为公司应对危机的实践及启示［J］.产业与科
技论坛，2020，19（10）：106-107.

［53］刘佳妮，周士尊，刘明新．美国 232 钢铝关税问题研究［J］.国际法
与比较法论丛，2022（1）：216-266.

［54］刘江华．印度软件业的崛起与启示［J］.南方经济，2001（7）：
72-74.

［55］刘戒骄．生产分割与制造业国际分工——以苹果、波音和英特尔为案
例的分析［J］.中国工业经济，2011（4）：148-157.

［56］刘义程．浅析都铎王朝的重商主义政策的影响［J］.井冈山师范学院
学报，2001，22（2）：28-31.

［57］卢军．欧盟新普惠制实施后我国出口应如何应对"后普惠制"时代
［J］.对外经贸统计，2005（3）：19-21.

［58］吕文辰，王荣浩．跨国公司全球竞争的战略导向分析——以苹果公司
为例［J］.技术与创新管理，2012，33（1）：32-34+40.

［59］吕真真．中国胶合板生产企业出口贸易面临的问题与对策［J］.对外
经贸实务，2018（4）：52-55.

［60］美国宣布对进口钢铁和铝制品征收关税［EB/OL］.新华网，http：//
www. xinhuanet. com/world/2018-03/09/C_1122509186. htm.

［61］美墨加协定正式生效［EB/OL］.新华网，http：//www. xinhuanet. com/
world/2020-07/02/c_1126187215. htm.

［62］孟东梅，游美，田东明．中国农产品贸易条件变动的影响因素研究
［J］.商业时代，2013（34）：48-49.

［63］倪雨晴．存储巨头美光在华销售产品未通过审查　存储市场影响几何？
［N］.21 世纪经济报道，2023-05-24（011）.

［64］PHBS 智库（北大汇丰智库（The PHBS Think Tank））.国际专题报告：
RCEP 对中国贸易增长的机遇和挑战［R］.北京大学汇丰商学院，2022.

［65］仇焕广，雷馨圆，冷淦潇．中国农业对外直接投资的政策演进与策略选择［J］．改革，2023（9）：85-98.

［66］任洁．宝洁公司发展特点与全球化思考［J］．经济研究导刊，2013（8）：16-18.

［67］任靓．特朗普贸易政策与美对华"301"调查［J］．国际贸易问题，2017（12）：153-165.

［68］任宇佳，侯方淼．中国胶合板出口美国遭遇的非关税贸易壁垒及其影响分析［J］．世界林业研究，2015，28（1）：67-72.

［69］任玉娟．浅谈后金融危机时代中国企业如何"走出去"［J］．现代经济信息，2010（16）：157+167.

［70］商务部．2018年中国全行业对外直接投资1298.3亿美元［N］．新浪财经，2018-01-16（3）.

［71］邵帅，齐中英．自然资源富足对资源型地区创新行为的挤出效应［J］．哈尔滨工程大学学报，2009，30（12）：1440-1445.

［72］沈四宝，王秉乾．北美自由贸易区的经验及对我国的启示［J］．法学杂志，2005（6）：103-106.

［73］师求恩．从"201钢铁案"看美国贸易政策中的单边主义［J］．经济经纬，2003（6）：50-52.

［74］石洪宇，李惜时．近期国际石油价格回顾与预测［J］．国际石油经济，2023，31（9）：89-92.

［75］石晓婧，杨荣珍．美国反补贴调查对中国企业出口影响的实证研究［J］．世界经济研究，2020（2）：33-46+135-136.

［76］宋宁华，张钰芸．上海自贸区3.0版呈现三大亮点！首次提出设立自由贸易港区［N］．新民晚报，2017-04-01（3）.

［77］谭宇轩，汤春玲．宝洁公司的多品牌营销战略探析［J］．中国市场，2017（32）：132-134.

［78］汤金丽．中国—东盟贸易数据分析与贸易利益研究［J］．商场现代化，2020（19）：60-62.

［79］仝菲．科威特经济发展战略与"一带一路"倡议［J］．阿拉伯世界研究，2015（6）：31-44.

［80］万志宏，王晨．中国对外直接投资与跨国公司国际化［J］．南开学报（哲学社会科学版），2020（3）：67-77.

［81］王常．两头在外 中间在内——联想集团国际化经营成功之路［J］．世界机电经贸信息，1996（10）：21-22.

［82］王富民.欧洲一体化发展研究［J］.法制博览，2019（4）：277-278.

［83］王海松，张晓薇，谭琳元等.我国鲜苹果出口价格波动特征及趋势预测分析［J］.中国果树，2023（9）：122-127.

［84］王鹏.美墨贸易协定：曙光还是梦魇？［J］.中国经济周刊，2018（35）：73-74.

［85］王书特.可口可乐公司发展策略与商业模式分析［J］.中国市场，2022（32）：88-90+198.

［86］王莹，凌明.“零关税”夜谭［J］.中国海关，2003（5）：35-37.

［87］韦倩青，张朝帅.中国遭遇服务贸易壁垒评估研究——基于关税等值的测度［J］.价格理论与实践，2020（1）：69-73.

［88］巫本立.日本汽车工业的全球性发展［J］.国际商务研究，1988（4）：79-80.

［89］吴冰冰.试析沙特阿拉伯的对外战略［J］.中国国际战略评论，2011（1）：269-278.

［90］吴秋晗.新型贸易政策工具的应用及对中国的影响——基于美日汽车行业贸易摩擦的研究［J］.全国流通经济，2019（4）：34-36.

［91］邢来顺.德国工业化经济——社会史［M］.武汉：湖北人民出版社，2003.

［92］许瑶，纪建悦，周乾.中国水产品出口贸易空间格局演变及影响机理［J］.地域研究与开发，2023，42（5）：1-6.

［93］薛黎.外企“结构性”撤离产业升级空间骤现［N］.上海证券报，2008-03-21（6）.

［94］薛荣久等.国际贸易（第七版）［M］.北京：对外经济贸易大学出版社，2020.

［95］杨定豪.中国与日、韩产业内贸易比较分析［J］.黑龙江生态工程职业学院学报，2018，31（3）：52-54+121.

［96］叶陈毅，姜艳霞，郭兰英.欧盟东扩后的贸易创造与贸易转移［J］.石家庄经济学院学报，2009，32（1）：40-43.

［97］叶全良，王世春.国际商务与技术性贸易壁垒［M］.北京：人民出版社，2005.

［98］尹小平，郭懿紫，李天琦.美国贸易制裁下日本半导体产业的由盛转衰及其启示［J］.现代日本经济，2023，42（3）：35-49.

［99］余少谦.国际贸易显性竞争优势指数实证研究［J］.商业时代，2007（31）：32-33.

　[100]　远宜.如何在非关税贸易壁垒的陷阱中生存？——一桩跨国经济纠纷官司背后的故事［J］.北京皮革（中外皮革信息版），2004（11）：36-37.

　[101]　张超.戴姆勒－克莱斯勒合并案［J］.产权导刊，2010（12）：69-71.

　[102]　张丰胜，石洪宇.近期国际石油价格回顾与预测［J］.国际石油经济，2023，31（8）：101-104.

　[103]　张海霞.浅谈欧盟东扩后的贸易创造与贸易转移［J］.科技信息，2010（25）：831+749.

　[104]　张鸿，文娟.国际贸易（第二版）［M］.上海：华东师范大学出版社，2024.

　[105]　张建新.美国的战略性贸易政策［J］.美国研究，2003（1）：64-80+4-5.

　[106]　张群，邱斌，孙少勤.RCEP框架下服务贸易自由化的贸易与福利效应估计［J］.世界经济，2023，46（6）：3-30.

　[107]　张锡嘏，唐宜红.国际贸易［M］.北京：对外经济贸易大学出版社，2003.

　[108]　赵健，张海燕.论格兰仕的国际化经营［J］.商场现代化，2009（4）：106.

　[109]　赵芸芬.北美自由贸易协定重新谈判影响北美钢铁业［N］.世界金属导报，2017-10-17（6）.

　[110]　郑晨烨.美光"被禁"国产存储芯片供需格局重塑［N］.经济观察报，2023-05-29（020）.

　[111]　中国科学院大学国际资本流动与金融稳定研究课题组.2018年国际资本流动分析［J］.中国金融，2019（2）：60-62.

　[112]　周砥.美日汽车贸易的失衡状况与争端的始末［J］.湖南大学学报（社会科学版），1999（S1）：48-50.

　[113]　周申，海鹏，张龙.贸易自由化是否改善了中国制造业的劳动力资源错配［J］.世界经济研究，2020（9）：3-18+135.

　[114]　周文贵.北美自由贸易区：特点、运行机制、借鉴与启示［J］.国际经贸探索，2004，20（1）：16-21.

　[115]　朱春江，范郁尔，骆汝九，许强，朱荣，马文斌.基于要素禀赋理论的中国与东盟农业合作潜力分析［J］.贵州农业科学，2020，48（5）：162-166.

后　记

　　国际贸易是指世界各个国家（或地区）在商品和劳务等方面进行的交换活动。它是世界各个国家（或地区）在国际分工的基础上相互联系的主要形式，反映了各个国家（或地区）在经济上的相互依赖关系，是由各个国家（或地区）对外贸易的总和构成的。

　　本书作者从事国际贸易相关课程教学和研究工作二十余载，在整理过去教学资料的基础上，拟订了写作大纲。在编写过程中，感谢众多本领域专家学者的指导，感谢参与资料整理的历届博士和硕士研究生，感谢西安理工大学教材建设项目和研究生课程案例教学建设项目的支持。另外，本书还参考和引用了部分国内外相关研究成果、文献和教材，在此一并表示诚挚的谢意！

　　限于作者学识有限，书中还有不妥之处，诚挚地欢迎读者批评指正。

作　者

2024 年 2 月 1 日于曲江校区